Deutschbuch

Handreichungen für den Unterricht

6

Neue Grundausgabe

Herausgegeben von
Bernd Schurf und
Andrea Wagener

Erarbeitet von
Christoph Berghaus, Günther Biermann,
Friedrich Dick, Ute Fenske,
Josi Ferrante-Heidl, Marlene Koppers,
Anna Löwen, Sabine Matthäus,
Katja Reinhardt, Toka-Lena Rusnok,
Marco Schlegel, Bernd Schurf,
Andrea Wagener und Carolin Wemhoff

Cornelsen

SPRECHEN • ZUHÖREN • SCHREIBEN • SPRECHEN • ZUHÖREN • SCHREIBEN • SPRECHEN • ZUHÖREN • SCHREIBEN • SPRECHEN • ZUHÖREN •

LESEN • UMGANG MIT TEXTEN UND MEDIEN • LESEN • UMGANG MIT TEXTEN UND MEDIEN • LESEN • SPRECHEN • ZUHÖREN • SCHREIBEN

Vorwort

1 Zur Grundkonzeption des Lehrwerks

Das „Deutschbuch" ist ein integratives Lehrwerk. Es trennt den Deutschunterricht nicht in Sprach- und Literaturunterricht mit den traditionellen Leitmedien Sprachbuch und Lesebuch, sondern geht von der Erfahrung vieler Lehrerinnen und Lehrer aus, dass die Binnengliederung des Fachunterrichts in die Teildisziplinen „Sprache" und „Literatur" weder von den Gegenständen her gerechtfertigt ist noch dem pädagogischen Grundsatz entspricht, alles erfolgreiche Sprachlernen entwickle sich aus komplexen und realitätsnahen Lernsituationen heraus. Mündliche und schriftliche Mitteilungen, Gebrauchs- oder Sachtexte eröffnen die Möglichkeit, ihre sprachlichen Besonderheiten zu thematisieren sowie die Bedingungen sprachlichen Handelns zu reflektieren. Literarische Texte sind solche, in denen sich ein Überschuss an Sprache geltend macht. Insofern sind sie besonders geeignete Objekte, um Sprachaufmerksamkeit zu erzeugen. Entsprechend ist die Integration von Sprache und Literatur im Fach Deutsch ein didaktisches Konzept, zu dem es eigentlich keine Alternative gibt. Auch die Lehrpläne und Bildungsstandards verlangen – selbst wenn sie das Fach gegenstands- und bereichsspezifisch gegliedert vorstellen – die Integration der Teilbereiche des Faches in der konkreten Planung von Lernprozessen.
Integration im „Deutschbuch" heißt Integration von den Gegenstandsstrukturen her und Integration von den intendierten Lernprozessen her.
Ausgangspunkte der 13 Kapitel, in die der Jahrgangsband gegliedert ist, sind im Sinne eines erfahrungsbezogenen Unterrichts Problemstellungen und Themen, die sich an der Alltagsrealität der Schülerinnen und Schüler orientieren. Sie erhalten ihre fachspezifische Ausprägung jeweils dadurch, dass in den auslösenden Lebens- und Lernsituationen Sprache bzw. Kommunikation zum Problem wird oder literarische bzw. pragmatische Texte Erfahrungen anderer Menschen darlegen und zur Diskussion stellen.
Die konsequente Anknüpfung an die Lebenswelt der Schülerinnen und Schüler und an gesellschaftliche Schlüsselprobleme verlangt, dass das Integrationsprinzip an manchen Stellen auch die Bereiche des Faches Deutsch überschreitet und die Verbindung zu anderen Fächern herstellt. Dies gilt vor allem dann, wenn Unterricht handlungsorientiert (bis hin zum Projekt) angelegt werden soll und der zu erarbeitende oder zu erforschende Bereich nicht nur Sprache und Literatur umfasst. Hier schließt das fachimmanente Integrationsprinzip nahtlos an das fachübergreifende an. Das ist gerade im Deutschunterricht auch insofern gerechtfertigt, als in den Sachfächern ja häufig sprachlich und an Texten gearbeitet wird. Deswegen wird man im „Deutschbuch" Aufgabenstellungen finden, die auf Gegenstände, Textbeispiele oder Arbeitsergebnisse anderer Fächer zurückgreifen. Mit der Berücksichtigung der sprachlichen Dimension in den Sachfächern versucht das „Deutschbuch" einen Beitrag zur Überwindung der Aufsplitterung des schulischen Lernens und Arbeitens im künstlichen System der „Fächer" zu leisten. Dabei gewährleistet das Prinzip des exemplarischen Arbeitens eine angemessene Reduktion der Stofffülle.

1.1 Die Kompetenzbereiche

In den neuen Bildungsstandards und Lehrplänen hat sich die Gliederung des Faches in die Kompetenzbereiche „Sprechen – Zuhören – Schreiben", „Nachdenken über Sprache" und „Lesen: Umgang mit Texten und Medien" als eine pragmatische Entscheidung durchgesetzt. Darüber hinaus heben die curricularen Standards die besonderen Anforderungen an Methoden und Lernstrategien des fachlichen und fachübergreifenden Arbeitens hervor. Das Lehrwerk „Deutschbuch" berücksichtigt die Einteilung des Faches in Kompetenzbereiche bei der Anordnung der einzelnen Kapitel. Sie dient der Übersichtlichkeit und der gewünschten didaktisch-methodischen Schwerpunktsetzung im konkreten Unterricht.
Nach einem einleitenden Kapitel, das anhand einer besonders wichtigen, altersspezifischen Fragestellung in das Deutschprogramm des jeweiligen Jahrgangs einführt, folgen thematisch orientierte Kapitel zu den drei zentralen Kompetenzbereichen (drei weitere Kapitel zu „Sprechen – Zuhören – Schreiben", sechs zu „Lesen: Umgang mit Texten und Medien" und zwei zu „Nachdenken über Sprache"), die aus Schülerperspektive als Arbeitsbereiche fungieren. Den Abschluss bildet ein Kapitel, das methodisches Lernen zum Gegenstand hat.
Der Bereich „Arbeitstechniken und Methoden" ist im „Deutschbuch" besonders hervorgehoben. Ihm ist das abschließende Kapitel („*Das Lernen lernen*") gewidmet, in dem übergreifende Lernstrategien und -techniken an fachlichen

Inhalten exemplarisch eingeübt werden, so z. B. basale Lese- und Verstehenskompetenzen im Umgang mit Sachtexten sowie Techniken des Visualisierens, Präsentierens und Zuhörens. Darüber hinaus kommt das Methodenlernen in allen weiteren Kapiteln integriert zur Anwendung, beispielsweise das Schreiben eines Lerntagebuchs im 10. Kapitel („*‚Das fliegende Klassenzimmer' – Roman und Film im Vergleich*") oder Schreibkonferenz im 4. Kapitel („*Ein Blick in die Steinzeit – Beschreiben und erklären*").
Die Entscheidung für eine angemessene Berücksichtigung der Leitprinzipien „Schüler- und Wissenschaftsorientierung" ist von den Herausgebern und Mitarbeitern am „Deutschbuch" so getroffen, dass in jedem Einzelfall überlegt wird: „So viel Situations- und Erfahrungsanbindung wie möglich, so viel Fachsystematik wie unbedingt nötig." Die Folge des durchgehend geforderten Prinzips „Lernen in Zusammenhängen" ist, dass das Lehrgangsprinzip im „Deutschbuch" nur noch dort Gültigkeit für die Organisation von Lernprozessen hat, wo fachlichem Klärungsbedarf anders nicht zu entsprechen ist, z. B. beim Aufbau einer grammatischen „Verkehrssprache" in Sachen Wortarten und Satzbau. Aber auch dort geht es nicht um das systematische Lernen von Regeln und Definitionen, sondern um operatives Erarbeiten und „(sprach)entdeckendes" Lernen, das Sprachaufmerksamkeit fördert und kontinuierlich Sprachbewusstsein entwickelt. Einheiten des Rechtschreibunterrichts können sich z. B. im Gefolge eines Schreibvorhabens oder aber im Anschluss an eine Sprachreflexion ergeben. Natürlich wird man auch die Grammatik als thematisiertes Sprachbewusstsein wiederfinden: Warum und wie unterteilen wir Wörter nach ihrer Leistung im Satz und nach ihren Bildungsregeln in „Wortarten"? Warum lernen wir verschiedene Satzfunktionen kennen? Aber es gibt immer Angebote, die Sprachreflexion mit anderen Bereichen des Deutschunterrichts thematisch zu verklammern. Schreib- und Lesesituationen, kommunikative Anlässe oder auch Sprachspiele ermöglichen Einsichten in Bauformen, Funktionen und Leistungen der Sprache.

1.2 Das Prinzip der Integration in den einzelnen Kapiteln

Integration bedeutet im „Deutschbuch" nicht das Hintereinanderschalten von Arbeitsteilen aus den drei Sektoren des Deutschunterrichts, um überall ein gewisses Fortschreiten zu verzeichnen. Integration bedeutet vielmehr, dass traditionell unterschiedlich zugeordnete fachspezifische Tätigkeiten der Schülerinnen und Schüler im Zusammenhang einer nachvollziehbaren Lernsituation gemeinsam entwickelt werden. Aus dem Umgang mit literarischen Texten z. B. kann eine produktive Schreibaufgabe, eine analytische Operation oder eine Sprachbetrachtung erwachsen – je nach der konkreten Unterrichtskonstellation.
Die meisten Kapitel des „Deutschbuchs" sind nach dem Prinzip des *Dreischritts* aufgebaut:
- Im ersten Teilkapitel dominiert das systematische Arbeiten in einem der drei Kompetenzbereiche.
- Im zweiten Teilkapitel wird ein weiterer Kompetenzbereich integriert.
- Das dritte Teilkapitel dient dem Anwenden, Üben und Vertiefen des zuvor Gelernten (bis hin zur Organisation eines Projekts).

Ein Farbsystem informiert über das jeweilige Zusammenspiel von dominanten und zugeordneten Kompetenzbereichen. Der dritte Kompetenzbereich wird in allen Teilkapiteln situativ durch einzelne Aufgabenstellungen integriert.
Die Arbeitsaufträge verknüpfen den dominanten Kompetenzbereich mit dem ergänzenden oder erweiternden Bereich. Der „Ausflug" über die Grenzen der Kompetenzbereiche hinaus erfolgt also nicht nur auf der Ebene der Materialien, sondern konkret auf der Ebene der einzelnen Tätigkeiten der Schülerinnen und Schüler. Ersatz- und Umstellproben etwa sind nicht nur Operationen des Grammatikunterrichts zur Bestimmung von Satzgliedern, sondern sie haben eine weitere Funktion beim Verbessern eigener Texte und beim Analysieren von Literatur. Im dritten Schritt, dem der Übung und Festigung, werden die integrativen Momente dadurch verstärkt, dass nicht mehr klassifikatorisch unterschieden wird, wohin nun eine vorgeschlagene Tätigkeit gehört. Gerade das dritte Teilkapitel bietet ein didaktisch abgestimmtes, reichhaltiges Angebot zum Üben, Vertiefen und selbstständigen Anwenden des Gelernten, wie es neuere Bildungsstandards nachdrücklich fordern.
Die Entscheidung für die dreigliedrige Grundstruktur der Kapitel sichert eine Zentrierung auf wesentliche Aspekte. Die Transparenz der Schrittfolge ermöglicht nicht nur eine schnelle Orientierung für die Lehrerin / den Lehrer, sondern fördert im Besonderen den organischen Aufbau des Lernprozesses, sodass Schülerinnen und Schüler erhöhte Chancen der aktiven Teilnahme und des produktiven Verstehens erhalten. Die Kapitel sind nicht darauf angelegt, vollständig erarbeitet zu werden. Je nach Lernsituation und vorgesehenem Zeitraum können einzelne Teilkapitel oder auch nur wenige Abschnitte in der gewünschten Schwerpunktsetzung behandelt werden.

2 Weitere Besonderheiten des Konzepts

2.1 Lernen in Unterrichtsprojekten

Jeder Jahrgangsband enthält Projektvorschläge, die zwar einen fachspezifischen Ausgangspunkt haben, sich aber nicht auf das Fach Deutsch beschränken, sondern Aspekte anderer Fächer mit einbeziehen. Aus der Didaktik des Projektunterrichts stammen die beiden wichtigsten pädagogischen Prinzipien des handlungs- und erfahrungsorientierten Lernens und des selbst organisierten und selbsttätigen Arbeitens in Gruppen. Aus der Fachdidaktik stammen die Prinzipien der besonderen Berücksichtigung des sprachlichen Anteils an den Lernprozessen. Dabei können unterschiedliche Texte, Schreib-, Lese- und Sprachverwendungssituationen zur Verständigung der Teilnehmer und zur Organisation der Arbeit dienen. Der Anteil „Deutsch“ ist weder zu unterteilen in „Sprechen – Zuhören – Schreiben“ oder „Lesen: Umgang mit Texten und Medien“ noch abzugrenzen gegenüber Fächern wie z. B. Religionslehre / Ethik oder Politik; je nach Thema auch nicht gegenüber Fächern wie Erdkunde, Musik oder Kunst.

2.2 Fachübergreifendes Lernen

Nicht nur in den projektorientierten Teilkapiteln ist fachübergreifendes Arbeiten sinnvoll. Auch in den übrigen Kapiteln finden sich Fachgrenzen überschreitende Arbeitsschritte. So sind zum Beispiel im Kapitel 6 („*Helden, Zwerge, Zauberinnen – Sagen von Griechenlan bis Hameln*“) die Fächer Deutsch und Geschichte miteinander in Bezug gesetzt, in Kapitel 9 („*‚Im Viertelland‘ – Wir spielen Theater*“) die Fächer Deutsch, Kunst, Musik. Die fachübergreifenden Schritte sind so konzipiert, dass sie Absprachen zwischen den Fächern sinnvoll erscheinen lassen, dass sie aber auch von der Deutschlehrerin oder dem Deutschlehrer allein durchgeführt werden können.

2.3 Integration des Umgangs mit informationstechnischen Medien

Sowohl Medien- als auch Methodenkompetenzen können sich nur aufbauen und erweitern, wenn Anwendungen im Zusammenhang mit entsprechenden Lern- und Gegenstandsbereichen ermöglicht werden. Deshalb werden überall dort, wo der Lerngegenstand es erfordert oder sinnvoll erscheinen lässt, Aufgabenstellungen zum Umgang und zur Verwendung der modernen Informations- und Kommunikationsmedien integriert. So liefert das „Deutschbuch“ fachspezifische methodische Grundlagen zur Nutzung des PC bei der Informationsbeschaffung sowie bei der Be- und Verarbeitung von Texten, z. B. im Kapitel 4 („*Ein Blick in die Steinzeit – Beschreiben und erklären*“), im Kapitel 7.3 („*Projekt: Der Löwe ist [k]ein Fabeltier*“) oder im Kapitel 12.1 („*Kinder in aller Welt – Tipps zum Rechtschreiben*“).

2.4 Wörterlisten

Am Ende eines jeden Kapitels werden Wörterlisten angeboten, die für verschiedene Operationen und Zielsetzungen einsetzbar sind. Die Lehrkraft und / oder die Schülerinnen und Schüler können hier selbst Schwerpunkte zum Üben und Festigen des vorangegangenen Lernstoffes setzen. Im Kapitel „Rechtschreibtraining“ (S. 201 ff.) werden diese Operationen eingeführt und erläutert. Sie eignen sich sowohl für Übungen zu Rechtschreibphänomenen als auch für das Erweitern des Wortschatzes und für Übungen auf syntaktischer Ebene.

3 Didaktische Prinzipien in den Kompetenzbereichen

Innerhalb der Kompetenzbereiche des Deutschunterrichts haben sich fachdidaktisch begründete methodische Neuansätze ergeben, die in den Bildungsstandards und auch in Lehrwerken wie im „Deutschbuch“ ihren Niederschlag finden. Im Bereich „Sprechen – Zuhören – Schreiben“ sind das die Integration des darstellenden Spiels in den Deutschunterricht und die Reform des Aufsatzunterrichts zur prozessorientierten Schreibdidaktik, im Bereich „Nachdenken über Sprache“ der integrative, funktionale und operative Grammatikunterricht und die neuen Wege im Rechtschreibunterricht. Im Bereich „Lesen: Umgang mit Texten und Medien“ sind es der erweiterte Textbegriff, speziell die Integration des Umgangs mit den elektronischen Medien, der Aufbau einer basalen Lese- und Verstehenskompetenz im Umgang mit Sachtexten und literarischen Texten sowie der produktive Ansatz im Literaturunterricht.

3.1 Sprechen – Zuhören – Schreiben

Die didaktisch-methodischen Innovationen im Bereich des „Sprechens und Zuhörens" beziehen sich weniger auf den kommunikativen Grundansatz, der weiter ausgebaut wird, indem explizit Gesprächsregeln und bewusste Formen der Gesprächsführung angeboten und gelernt werden sollen, sondern auch auf die Berücksichtigung rhetorischer Fähigkeiten, die in den vergangenen Jahrzehnten vernachlässigt worden sind. Zu diesen gehören das gestaltende Sprechen, der freie Vortrag und die Präsentation von Texten sowie das szenische Lesen mit verteilten Rollen. In Kommunikationssituationen, in denen vor und zu anderen gesprochen wird, ist aufmerksames Zuhören erforderlich. So kommt der Förderung des Hörverstehens eine besondere Aufgabe zu.
Durch die systematische Einbeziehung methodischer Möglichkeiten des „Darstellenden Spiels" bei den Aufgabenstellungen und bei den Vorschlägen zur Projektarbeit soll gewährleistet werden, dass die ästhetische Komponente in diesem Arbeitsbereich angemessen berücksichtigt wird.
Im Bereich „Schreiben" haben sich in der fachdidaktischen Diskussion erhebliche Veränderungen vollzogen. Nach der so genannten „kommunikativen Wende" in der Aufsatzdidaktik waren die traditionellen Aufsatzgattungen und deren Begründung als „Naturarten" der Schriftlichkeit stark in Zweifel gezogen worden. Die Einbeziehung des Adressaten, die Berücksichtigung der Schreibsituation und die Orientierung an Schreibplan und Schreibziel beim Verfassen eigener Texte sind wesentliche Funktionen des Schreibvorgangs. Um den Prozesscharakter des Schreibens zu betonen, spricht das „Deutschbuch" vom Erzählen, Berichten, Beschreiben, Erörtern usw. als Tätigkeiten.
Kreative Formen des Schreibens erhalten im „Deutschbuch" einen besonderen Stellenwert. Das Spektrum reicht vom freien, spontanen, textungebundenen Schreiben bis zum produktiven Schreiben im Anschluss an Textvorlagen.
Wichtig und neu hinzukommend zu allen Formen des „Aufsatzschreibens" ist das funktionale Schreiben. Es handelt sich um Arbeitstechniken der Schriftlichkeit, die nicht zu in sich geschlossenen Texten führen, wohl aber im Alltag zur Bewältigung von Lernsituationen große Bedeutung besitzen. Dazu gehören nicht nur die bekannten „Notizzettel" und „Stichpunktsammlungen", sondern auch der schriftliche Entwurf von Argumentationsskizzen, die Mitschriften in Gesprächen und der Entwurf von Gliederungen für umfangreichere Ausführungen.
Eine besondere Art des funktionalen Schreibens ist das Verbessern von Geschriebenem. Der Arbeitsschwerpunkt „Textoptimierung" (mit und ohne Einbezug computergestützter Schreibprogramme) besitzt ein großes Gewicht im gegenwärtigen Deutschunterricht. Unter dem Aspekt des Selbstkontrollierens und der eigenen Überprüfung des Lernfortschritts reicht dieses Verfahren bis zur Möglichkeit, Texte von Schülerinnen und Schülern erst nach der vorgenommenen Textverbesserung zu bewerten. Der Aufgabenschwerpunkt „Überarbeiten von Schülertexten" wird im „Deutschbuch" an zahlreichen Stellen integriert. Dabei ist es Aufgabe der Lehrkraft und der Lerngruppe, im Sinne einer inneren Differenzierung und Individualisierung die jeweiligen Hinweise des Lehrbuchs, insbesondere auch zur Rechtschreibung, situativ angemessen zu nutzen.

3.2 Lesen: Umgang mit Texten und Medien

Besondere Aktualität kommt dem Bereich „Lesen: Umgang mit Texten und Medien" nicht zuletzt nach der PISA-Studie zu. Das Lesen und Erfassen von Texten gilt als eine wesentliche Kompetenz zum Erwerb von Wissen und ist damit eine wichtige Voraussetzung für die Teilhabe an unserer Kultur, für die Mitgestaltung gesellschaftlicher Entwicklungen sowie für die personale und berufliche Weiterentwicklung. Im „Deutschbuch" wird dem Rechnung getragen durch die Auswahl unterschiedlicher Texte und durch vielfältige Anregungen zum Lesen.
Den Schülerinnen und Schülern begegnen Texte sowohl in kontinuierlicher, schriftlicher Form – z. B. als literarische und anwendungsbezogene Texte – als auch in Form von diskontinuierlichen Texten – etwa als Grafiken, Tabellen, Schaubilder und Diagramme. Darüber hinaus rezipieren sie Texte sowohl in gesprochener Form (z. B. Reden) als auch in audiovisuellem Format (z. B. Medientexte wie Film und Fernsehen).
Bei der Textauswahl für das „Deutschbuch" werden unterschiedliche Gattungen, historische Zusammenhänge, Autorinnen und Autoren der Vergangenheit und Gegenwart sowie interkulturelle Themen berücksichtigt. Gleichfalls werden Texte aus dem Bereich der Kinder- und Jugendliteratur, Sachtexte und solche aus audiovisuellen Medien angeboten. Ausschnitte aus altersgemäßen Jugendbüchern und Lesetipps sollen zum Weiterlesen als Klassenlektüre oder zur individuellen Lektüre einladen.
Sach- und Gebrauchstexte werden vorwiegend unter dem Aspekt des Lesens, der Entnahme, Verknüpfung und Auswertung von Informationen angeboten. Entsprechende Aufgabenstellungen fördern das sinnerfassende Lesen und das Sichern, Reflektieren und Bewerten von Informationen. Dabei werden auch diskontinuierliche Texte und Bilder einbezogen.

Das „Deutschbuch“ widmet dem Umgang mit Medien ein eigenes Kapitel (Kap. 10: *„‚Das fliegende Klassenzimmer‘ – Roman und Film im Vergleich“*). Dabei werden sowohl medienpädagogische Aspekte als auch filmanalytische und produktive Verstehens- und Handlungskompetenzen entwickelt.
Eine wichtige Form der Auseinandersetzung mit Texten ist das kreative und freie Schreiben im Literaturunterricht. Gemeint sind unterschiedliche Formen des Wechsels der Schülerinnen und Schüler aus der Rezipienten- in die Produzentenrolle. Das „Deutschbuch“ entwickelt hier zahlreiche Vorschläge, bis hin zur Einbeziehung produktiver Aufgabenstellungen in Klassenarbeiten. Der Sinn dieses didaktischen Ansatzes ist es, den Schülerinnen und Schülern das Recht auf subjektive Formen des Verstehens zu verschaffen und ihnen nahezubringen, dass das fantasievolle Weiterdenken und das experimentierende Eingreifen in Gegenstände der Lektüre nicht deren Zerstörung bedeutet, sondern einen Weg zu besserem und tieferem Verstehen darstellen kann. Produktionsorientierte Arbeitsweisen beim Umgang mit Texten stellen eine wesentliche Ergänzung analytisch-hermeneutischer Methoden dar, die selbstverständlich ihre Berechtigung behalten.

3.3 Nachdenken über Sprache

Im Bereich „Nachdenken über Sprache“ ergeben sich wesentliche Innovationen. Besonders wichtig ist der Schritt vom systematischen Grammatikunterricht hin zur situativen, funktionalen und integrativen Sprachbetrachtung. Es geht um die Abkehr vom Regel- und Auswendiglernen hin zum operativen Lernen. Ausgangspunkt sind spontan gebildete subjektive („innere“) Regeln, über die Schülerinnen und Schüler verfügen; Ziel ist die Schreibentscheidung des erwachsenen und kompetenten Schriftbenutzers.
Deswegen wird im „Deutschbuch“ in Anlehnung an neuere didaktische Konzepte ein anderer Weg beschritten. Sprachliche Phänomene wie z. B. Wortarten werden nicht mehr über Definitionen gelernt, sondern funktional eingeführt. Dabei sind sowohl die grammatischen Merkmale wichtig als auch deren semantische, syntaktische, stilistische oder kommunikative Funktion. Entscheidend ist, dass es keine allumfassenden Definitionen mehr gibt, sondern Prototypenbeschreibungen: Kann man ein Wort mit einem Artikel versehen, kann man es deklinieren und bezeichnet es einen in der Wirklichkeit vorkommenden Gegenstand, Vorgang oder Gedanken, dann ist das ein Nomen. Die Schülerinnen und Schüler lernen mit solchen prototypischen Beschreibungen als Prüfinstrument umzugehen. Ihr deklaratives und operatives Sprachwissen hilft ihnen, Situationen zu bewältigen, die metasprachliche Kompetenzen erfordern. Dies bezieht sich z. B. auf die Erschließung von Texten, das Thematisieren sprachlicher Alltagssituationen und das Bewältigen von Schreibaufgaben sowie auf die Beherrschung der Rechtschreibung.
Ziel des Rechtschreibunterrichts ist es, Sprachaufmerksamkeit, d. h. Fehlersensibilität bei Schülerinnen und Schülern zu wecken und eine sprachbewusste Lösungskompetenz zu vermitteln, die zur Verbesserung der Schreibkompetenz führt. Das geschieht in Form von Übungen, die darauf achten, dass Phänomene, die zwar systematisch gesehen zusammengehören, einander im Lernprozess aber hemmen, nicht zusammen gelernt werden. Über das Rechtschreibtrainingskapitel hinaus, in dem Rechtschreibübungen aus Schreibsituationen, Schülertexten und Lesesituationen erwachsen, besteht in den übrigen Kapiteln des „Deutschbuchs“ die Möglichkeit, Übungen zur Rechtschreibung integriert einzubringen. Dabei wird ein besonderer Schwerpunkt auf unterschiedliche Verfahren der Überarbeitung von Texten gelegt.
Auch wenn die beiden **Trainingskapitel zu Grammatik und Rechtschreibung** die grüne Farbe des Lernbereichs „Nachdenken über Sprache“ haben, heißt das nicht, dass sie von den beiden anderen getrennt wären: Im Sinne des integrativen Konzepts des „Deutschbuchs“ ergeben sich immer wieder im funktionalen Zusammenhang mit Sprach- und Schreibsituationen sowie der Analyse von Texten / Medien grammatische und orthografische Fragestellungen; über Querverweise mit den Trainingskapiteln verbunden, können sie dort vertieft werden.

4 Methodische Entscheidungen

Die methodischen Entscheidungen kommen in besonderer Weise in den Aufgabenstellungen und den dort impliziten Tendenzen zum Ausdruck. Leitend sind die Prinzipien des thematischen, induktiven und selbst regulierten Lernens. Den Benutzern des „Deutschbuchs“ wird dabei vor allem die Mischung aus kreativen, handlungsorientierten und analytischen Aufgabenstellungen auffallen, die den Schülerinnen und Schülern auch die Möglichkeit eröffnen, über ihr Arbeiten zu reflektieren.

4.1 Selbstständiges Lernen / Aufgabenstellungen

Eigenverantwortliches und handlungsorientiertes Arbeiten der Schülerinnen und Schüler fördern die Effizienz des Lernprozesses und stärken die Selbstständigkeit. Diese Zielsetzung wurde bei der Formulierung der Aufgabenstellung besonders berücksichtigt. Oftmals kann die Aufgabenstellung von der Lehrkraft je nach situativem Unterrichtskontext problemlos modifiziert werden; sie enthält Alternativen oder lädt ein, einen Versuch zu unternehmen, der nicht unbedingt zu einem vorzeigbaren „Ergebnis“ kommen muss. Insgesamt ist der Prozess des Lernens wichtiger als das jeweils entstehende Produkt.
Aufgabenstellungen haben im „Deutschbuch“ oft einladenden Charakter, sie enthalten mehrere Vorschläge, von denen sinnvollerweise nur einer wirklich realisiert werden sollte. Darin liegt auch eine Aufforderung an die Schülerinnen und Schüler, selbst mit zu entscheiden, welche Variante der vorgeschlagenen Tätigkeiten sie für sich aussuchen. Besonders bei Vorschlägen für Gruppenarbeit und in den projektartig angelegten Teilen des Unterrichts ist es wünschenswert, dass die Lerngruppe aushandelt und selbst organisiert, was jetzt von wem zu tun ist.
Die Aufgabenstellungen des Lehrbuchs steuern den Verstehens- und Lösungsprozess nicht schrittweise. Materialarrangement und Aufgaben sind so angelegt, dass eigenverantwortliche Entscheidungen von der Lerngruppe getroffen werden. Anregungen zur Anwendung prozeduraler, metakognitiver und evaluierender Strategien fördern den kommunikativen Aufbau des Lernprozesses, sodass Wissen im Zusammenhang verfügbar wird und Ergebnisse nicht beziehungslos nebeneinanderstehen. In wechselnder Akzentuierung erfüllen die Aufgaben Funktionen des entdeckenden Lernens, des operativen analytischen und produktiven Arbeitens sowie der transferierenden Anwendung.

4.2 Hinweise zur Arbeitsorganisation

Die Arbeitsorganisation bleibt in den Aufgabenstellungen weitgehend offen. Ob etwas als Gruppenarbeit oder Einzelaufgabe gelöst werden soll, ist zunächst einmal Angelegenheit der Lehrerin / des Lehrers und der Lerngruppe. Aber das Lehrbuch macht Vorschläge, die sinnvoll sein könnten und praxiserprobt sind.
Arbeitsschritte, Materialien und Aufgabenstellungen sind im „Deutschbuch“ so organisiert, dass Lehrerinnen und Lehrer phasenweise eine stärker moderierende und prozessbegleitende Rolle einnehmen können. Diese Lehrmethoden erlauben den Schülerinnen und Schülern zunehmend ein selbsttätiges und mitverantwortliches Arbeiten, das ihre sozialen und kommunikativen Kompetenzen stärkt.
Die Kapitel des „Deutschbuchs“ eröffnen vielfältige Möglichkeiten für eine situations- und lerngerechte Aufbereitung im Unterricht. Je nach Lernsituation und vorgesehenem Zeitrahmen können einzelne Teilkapitel oder auch nur wenige Abschnitte in der gewünschten Schwerpunktsetzung sinnvoll behandelt werden.

4.3 Differenzierung in heterogenen Lerngruppen: Kopiervorlagen und Differenzierungsmaterialien zum Textverstehen

Im Schulalltag werden Schülerinnen und Schüler in der Regel in Gruppen unterrichtet, in denen alle Leistungsstufen vertreten sind. Die in diesen Handreichungen angebotenen Kopiervorlagen und Differenzierungsmaterialien zum Textverstehen am Ende jedes Kapitels können die Lehrkraft dabei unterstützen, auf die vielen verschiedenen Begabungen und auch Lernschwierigkeiten zu reagieren sowie die Schülerinnen und Schüler in ihren Fähigkeiten zu fördern und zu fordern.
Gerade bei der Auseinandersetzung mit Texten brauchen Schülerinnen und Schüler in der Einzel- und Partnerarbeit zusätzliche Hilfen oder auch Herausforderungen. Speziell die Differenzierungsmaterialien am Ende von Kapitel 1, 2, 4 und 6 sind zu verstehen als ein Baustein im Rahmen einer kreativen, lebendigen Auseinandersetzung mit einem

Lesetext. Hierbei kann der Austausch in der Gesamtgruppe mit der Einzel- und Partnerarbeit abwechseln und umgekehrt.
Aufgaben mit unterschiedlichem Schwierigkeitsgrad sollen möglichst selbstverständlich an die Schülerinnen und Schüler herangetragen werden. Diese sind sich ihrer Unterschiedlichkeit oft bewusst und gehen meist sehr offen damit um, wenn dies auch von der Lehrkraft unterstützt wird. Grundvoraussetzung ist hierbei vor allem die Haltung der Lehrkraft: Heterogenität der Lerngruppe sollte als Chance begriffen werden, denn Leistungsschwache können von Leistungsstarken lernen und umgekehrt. Ob die Lernenden selbst wählen, welche Aufgabe mit welchem Schwierigkeitsgrad sie bearbeiten, oder ob die Lehrkraft diese Auswahl trifft, hängt also von den in der jeweiligen Lerngruppe etablierten Umgangsformen ab. Manchmal ist es auch sinnvoll, die Auswahl als Lehrkraft zu treffen, um den Lernweg der Schülerinnen und Schüler gezielter zu unterstützen.

4.4 Orientierungswissen

Eine wichtige Rolle für das selbstständige Lernen – und dies gilt gleichermaßen für leistungsstärkere wie leistungsschwächere Schülerinnen und Schüler – spielt das Orientierungswissen. Dort, wo in den Kapiteln das von den Schülerinnen und Schülern erarbeitete Wissen gesichert werden muss, weil es die Grundlage für das weitere Vorgehen bildet, wird es zur Orientierung zusammenfassend dargestellt. Auf diese Weise festigt sich auch die eingeführte Terminologie, sodass den Schülerinnen und Schülern die notwendigen Begriffe für ihre Lernaktivitäten zur Verfügung stehen. Das Orientierungswissen bietet eine überschaubare Zusammenfassung von deklarativem, operativem und methodologischem Wissen. Daneben liefern Tipp- und Regel-Kästen sowie Arbeitstechniken Anregungen und Hilfen zur eigenständigen Problemlösung. In keinem Fall beeinträchtigen die Orientierungshilfen das Prinzip des entdeckenden Lernens.
Entlastende Funktion kommt dem Anhang zu: Dort wird das Orientierungswissen im Überblick dargestellt, sodass die Schülerinnen und Schüler es selbstständig nachschlagen können, wenn sie sich nicht im Kapitelzusammenhang bewegen. Gleichzeitig verschafft das Orientierungswissen den Lernenden einen Überblick über die in den Bildungsstandards festgelegten Kompetenzen. Es bietet somit einen wichtigen Hinweis für Leistungsanforderungen bei Lernerfolgskontrollen, Tests und Klassenarbeiten.
Vorschläge und Materialien für Lernerfolgskontrollen und Klassenarbeiten bieten die Handreichungen für den Unterricht am Ende jedes Kapitels an.

4.5 Freiarbeit

Freiarbeit ist den Schülerinnen und Schülern vielfach aus der Grundschule vertraut. In der Sekundarstufe I wird diese Lernorganisation, bei der die Schülerinnen und Schüler weitgehend selbst gesteuert arbeiten, meist phasenweise eingesetzt. Das „Deutschbuch" lässt sich in dreifacher Weise für solche Freiarbeitsphasen nutzen:

- Das **Schülerbuch** bietet an zahlreichen Stellen Möglichkeiten des Einsatzes von Freiarbeit im Rahmen des themengebundenen Unterrichtsvorhabens. Übungsbezogene Materialien, Hinweise für Projektschritte und vielfältige Impulse für Einzelarbeit finden sich schwerpunktmäßig oft im dritten Teilkapitel, z. B.: *Einen Antrag zum Fußballspielen auf dem Schulhof formulieren* (S. 37 f.); *Ein Sicherheits-Plakat erstellen* (S. 52); *Lügen- und Schelmengeschichten schreiben* (S. 83 – 86); *Heimatsagen gestalten* (S. 102 – 104); *Fabeln schreiben* (S. 116); *Einen lyrischen Kalender gestalten* (S. 136); *Theaterszenen schreiben* (S. 141 – 145); *Ein Lerntagebuch führen* (S. 168).
- Die **Handreichungen für den Unterricht** liefern zahlreiche Zusatzmaterialien, die zur Akzentuierung einzelner Aspekte oder auch zur Förderung besonders interessierter, aber auch leistungsschwächerer Schülerinnen und Schüler genutzt werden können. Hier sei besonders auf die Kopiervorlagen und Differenzierungsmaterialien am Ende der Kapitel verwiesen, die darüber hinaus (mit Lösungen für die Hand des Schülers) als Word- und PDF-Dateien auf der diesen Handreichungen beigefügten CD-ROM zugänglich sind.
- Das **Arbeitsheft** enthält ein besonders reichhaltiges Angebot an Freiarbeitsmaterialien. Da den Schülerinnen und Schülern zu sämtlichen Aufgaben die Lösungen in einem Beiheft vorliegen, ist hier die Chance des selbst gesteuerten Lernens im Sinne der Individualisierung und Differenzierung in besonderem Maße gegeben. Darüber hinaus bietet das Arbeitsheft einen abschließenden Test zur Lernstandserhebung der in der Jahrgangsstufe zu erreichenden basalen Kompetenzen in den Bereichen Textverstehen, Grammatik, Rechtschreibung und Schreiben von Texten.

5 Zusatzmaterialien rund um das „Deutschbuch“

Neben den vorliegenden **Handreichungen für den Unterricht** und dem **Arbeitsheft** (siehe unter 4.5) bietet der Verlag weiteres Übungsmaterial zum „Deutschbuch“ an:

- Die diesen Handreichungen beigefügte CD-ROM stellt editierbare Word- und PDF-Dateien der Kopiervorlagen und Differenzierungsmaterialien am Ende jedes Kapitels sowie deren Lösungen bereit.
- Das **„Deutschbuch Hörbuch 5/6“** enthält u. a. ausgewählte Erzählungen und Gedichte, Märchen, Fabeln und Jugendbuchauszüge, die das Textangebot des „Deutschbuchs“ themenorientiert ergänzen. Prominente Sprecherinnen und Sprecher, in einigen Fällen die Autoren selbst, tragen Texte vor, machen sie hör- und erlebbar. Indem das Hörbuch an die lange Kultur des Erzählens und Vorlesens anknüpft, weckt es die Fantasie der Schülerinnen und Schüler und fördert das Hörverstehen. Es bietet vielfältige Möglichkeiten zum Einsatz im Unterricht, kann einen besseren Zugang zu langen oder schwierigen Texten vermitteln, Grundlagen für die Diskussion des interpretierenden Vortrags geben und Möglichkeiten für produktionsorientiertes Arbeiten schaffen. Das Booklet zum Hörbuch gibt methodische Hinweise zum Textverstehen auf der Basis des gestaltenden Sprechens.
- Die auf die Lerninhalte des „Deutschbuchs“ abgestimmte Lernsoftware **„Deutschbuch 6 interaktiv“** ermöglicht die selbstständige Einübung und Festigung der Kenntnisse in Rechtschreibung, Grammatik und Zeichensetzung am Computer. Außerdem sind Übungen zur Textarbeit in einer Detektivhandlung (Bereich „Aktion“) integriert. Die umfangreichen Übungsinhalte der Lernsoftware sind differenziert in die Schwierigkeitsstufen „leicht“, „mittel“ und „schwer“. Abwechslungsreiche Methoden, gezielte Rückmeldungen und vielfältige Hilfestellungen fördern den Lernprozess. In der Handreichung zur Software sind die Lösungen sämtlicher Übungen aufgeführt. Die Übersicht am Ende der vorliegenden Handreichungen (S. 237 ff.) zeigt Verknüpfungen einzelner Kapitel aus dem „Deutschbuch 6“ (Neue Grundausgabe) mit passenden Software-Übungen aus dem „Deutschbuch 6 interaktiv“.
- Der Band **„Deutschbuch – Ideen für den Unterricht 5/6“** bietet Kopiervorlagen mit CD-ROM zu allen Arbeitsbereichen des „Deutschbuchs“ sowie weitere Klassenarbeitsvorschläge.
- Das **„Deutschbuch – Trainingsheft für Klassenarbeiten und Lernstandstest 6“** bietet differenziertes Übungsmaterial zu Klassenarbeiten aller Aufgabentypen und zu geschlossenen Aufgabenformaten, wie sie in Lernstandserhebungen üblich sind.
- Die CD-ROM **„Deutschbuch – ITG im Deutschunterricht“** enthält unterrichtspraktische Arbeitsmaterialien, Aufgaben und Anregungen für den Umgang mit Computer und Internet.
- Im **Internet** sind schließlich weitere Übungsmaterialien und Vorschläge für Klassenarbeiten zu einzelnen Kapiteln des „Deutschbuchs“ unter www.cornelsen.de/deutschbuch-realschule und www.cornelsen.de/deutschbuch-gesamtschule zu finden.
- Auf die zu dem jeweiligen Kapitel passenden Zusatzmaterialien wird in den vorliegenden Handreichungen auf der Konzeptionsseite jedes Kapitels verwiesen; die Vignette und ein kurzer Hinweis im fortlaufenden Text machen außerdem gezielt auf die korrespondierenden Beiträge aus dem Hörbuch aufmerksam.

Zur Aufgabennummerierung in diesen Handreichungen

1 Diese Form der Nummerierung verweist auf die entsprechenden Aufgabennummern im Schülerbuch. Auch die Aufgabenlösungen der Differenzierungs- und Zusatzmaterialien, der Lernerfolgskontrollen und Kopiervorlagen sind auf diese Weise kenntlich gemacht.

1 Diese Nummern kennzeichnen die Aufgaben der Differenzierungs- und Zusatzmaterialien, der Lernerfolgskontrollen und Kopiervorlagen.

1 Diese Form kennzeichnet solche Aufgaben, die zur Leistungsdifferenzierung verwendet werden können.

1 Freundschaft schließen – Erzählen und gestalten

Konzeption des Gesamtkapitels

Für Schülerinnen und Schüler der Klassenstufe 6 stellt Freundschaft noch einen selbstverständlichen, wenngleich keinesfalls immer konfliktfreien Bereich des Alltagslebens dar. Freundschaft ist in diesem Alter nicht mehr nur reine Spielpartnerschaft, sondern erhält für den Freizeit- und Schulbereich eine bedeutende Funktion. Sie wird zunehmend zum Ort von Geheimnissen und Interessen, die vor allem Eltern sowie Lehrerinnen und Lehrer ausgrenzt. Freundschaft versteht sich so als ein Stück Freiheit. Damit einher gehen jedoch auch neue, zum Teil konfliktbesetzte Erfahrungen, wie zum Beispiel das Ausplaudern von Geheimnissen, das Nicht-eingeladen-Werden zu einer Geburtstagsparty usw. Grundsätzlich ist Freundschaft die Basis für die zunehmend eigenständigere Entdeckung der Alltagswelt und entscheidend für die Selbstfindung. Seinem privaten Charakter entsprechend, verlangt das Thema im Unterricht einen behutsamen Umgang.
Das erste Teilkapitel **(„Freundschaft im Alltag – Erfahrungen austauschen")** versammelt inhaltlich unterschiedlich akzentuierte Bezüge zur Lebenswelt der Schülerinnen und Schüler und bietet somit hinsichtlich des Lernbereichs „Sprechen – Zuhören – Schreiben" Anreize zur selbst geleiteten Hinterfragung des Themas und der eigenen Freundschaftserfahrungen.
Im zweiten Teilkapitel **(„Freundschaftsgeschichten – Erzählungen untersuchen")** schließt sich eine Sequenz literarischer Freundschaftstexte an, wobei die Texte zunächst geschlechtsspezifisch zwischen Jungen- und Mädchenfreundschaften unterscheiden, um danach die Freundschaft zwischen einem Jungen und einem Mädchen zu thematisieren. Analytische Arbeitsschritte ermöglichen hier die intensive Textarbeit zum vertieften Textverständnis, die durch produktionsorientierte Verfahren ergänzt werden können. Das Teilkapitel mündet in das Projekt „Freundschaftsbücher empfehlen".
Das dritte Teilkapitel **(„Freundschaftliche Mitteilungen – Vom Brief zur SMS")** thematisiert unterschiedliche Kommunikationsformen, die sich im Lauf der Zeit entwickelt haben (Brief, E-Mail, SMS), und berücksichtig dabei insbesondere die Veränderung der Sprache.

Literaturhinweise

Biermann, Franziska/Stemm, Antje von: Zwei Freundinnen packen aus! Beltz & Gelberg, Weinheim/Basel/Berlin 2002

Dengel, Dorothee (Hg.): Von dir und mir. Freundschaftsgeschichten. Mit Stempelbildern von Simone Klages. Deutscher Taschenbuch Verlag, München ²1998 (dtv junior)

Herkendell, Beate/Knödler, Christine: Zu zweit, zu dritt, zusammen: Freundschaft. Deutscher Taschenbuch Verlag, München 2002 (dtv pocket reader)

	Inhalte	Kompetenzen
S. 9	**1.1 Freundschaft im Alltag – Erfahrungen austauschen**	Die Schülerinnen und Schüler können – Wunschvorstellungen verbalisieren und schriftlich formulieren – eigene Erfahrungen und Ansichten mit Fremderfahrungen vergleichen – ihre eigene Rolle als Freundin / Freund abschätzen – zwischen Äußerlichkeiten und inneren Aspekten bei Freundschaften unterscheiden – zwischen schriftlicher und mündlicher Kommunikation unterscheiden – über Freundschaften vor einer Gruppe berichten
S. 11	**Von Freundschaften erzählen**	
S. 12	**Über Freundschaften schreiben**	
S. 13	**1.2 Freundschaftsgeschichten – Erzählungen untersuchen**	– in literarischen Texten Erzählideen und Konfliktsituationen erfassen und darüber diskutieren – Aufbau und Gestaltung von Erzählungen untersuchen – über Mädchen und Jungenfreundschaften reflektieren – addressatengerechte Buchbesprechungen zum Thema „Freundschaft“ verfassen – Prospekte mit Buchbesprechungen verfassen – die Sprache von Erzählungen untersuchen – zwischen Umgangssprache und Hochsprache (Standardsprache) unterscheiden
S. 13	*A. Jacobsson / S. Olsson* Berts intime Katastrophen	
S. 16	*Manfred Mai* Eine neue Freundin	
S. 18	*Jutta Richter* Im Gruselhaus	
S. 21	**Freundschaftsbücher empfehlen – Ein Projekt**	
S. 23	**1.3 Freundschaftliche Mitteilungen – Vom Brief zur SMS**	– Vor- und Nachteile elektronischer wie traditioneller Mitteilungsformen erkennen und die passende Anwendung begründen – geschlechtsspezifische Unterschiede beim Abfassen von Mitteilungsformen wahrnehmen – Sprachwandel und Sprachvarietäten erkennen

1.1 Freundschaft im Alltag – Erfahrungen austauschen

Die Materialien und Arbeitsanregungen des ersten Teilkapitels bieten unterschiedliche Gesprächs- und Schreibanlässe. Einerseits haben sie für die Schülerinnen und Schüler einen Wiedererkennungswert, der es ihnen ermöglicht, die Bildsituationen und Texte angemessen zu kommentieren und auf ihre Aussagekraft hin zu überprüfen, andererseits fordern sie die Schülerinnen und Schüler heraus, ihre Freundschaftserfahrungen und -bekenntnisse mit Fremdsituationen zu vergleichen und die eigene Freundesrolle besser wahrzunehmen. Durch vorsichtige Gewichtung der Schülerbeiträge kann deutlich gemacht werden, dass Sprechen über Freundschaft sowohl auf Äußerlichkeiten, sichtbare Handlungen und Verhaltensweisen Bezug nimmt als auch auf Gefühle und Ansichten.

S. 9

Auftaktseite

1/**2** *Sicherlich werden die Schülerinnen und Schüler Freundschaftsaspekte in den Bildern wiedererkennen und zahlreiche Ergänzungsvorschläge machen; dabei könnte man an der Tafel oder auf Folie Stichworte sammeln und anschließend die Schülerinnen und Schüler dazu anhalten, zwischen typischen, zu verallgemeinernden Kriterien und ganz persönlichen Freundschaftsvorstellungen zu unterscheiden; also z. B. zwischen Äußerungen wie „ein guter Freund muss immer mit ins Kino gehen“ und „auf eine Freundin muss man sich verlassen können“ etc.*

S. 10

Gegensätze ziehen sich an – Gleich und gleich gesellt sich gern

1 *Nach einem ersten Bekunden der persönlichen Einstellung zu den Sprichwörtern werden auch schon Schülerinnen und Schüler der Jahrgangsstufe 6 sich nicht ganz auf eines der beiden festlegen wollen, etwa mit dem Tenor: „Beides kann wichtig sein – Hauptsache, man versteht sich.“ Die Beispiele der Schülerinnen und Schüler könnten bereits zeigen, dass die Entscheidung für eines der beiden Sprichwörter häufig kontext- und situationsabhängig ist, zumindest sollte von der Lehrkraft darauf hingewiesen werden. Beispiel: Heiraten in der Nachbarschaft zwei Mitglieder eines Tennisklubs und ein Hobby-Wanderer eine leidenschaftliche Motorradfahrerin, so greifen dieselben Nachbarn, Freunde und Verwandten zu beiden Sprichwörtern, um jeweils die scheinbar logische Entscheidung zu begründen. Erinnern kann man auch daran, dass Sprichwörter auf Erfahrungen beruhen und Menschen immer nach anschaulichen Erklärungen für ihre Verhaltensweisen suchen.*
***Zusätzlich** ließen sich in Partnerarbeit Vor- und Nachteile, die mit den jeweiligen Sprichwörtern verbunden sind, zusammenstellen und diskutieren.*

„Gegensätze ziehen sich an“	
Vorteile	Nachteile
- Freundschaft wird interessanter. - Es ist nicht so langweilig. - Man lernt etwas Neues kennen. - …	- Auf Dauer könnte man das Interesse an den fremden Hobbys und Vorlieben des anderen verlieren. - Es kommt leichter zu einem Streit, weil man sich nicht einigen kann.

Im Anschluss an die Schülerkommentare kann gefragt werden, ob sich die Schülerinnen und Schüler bei ihrer Bildentscheidung eher vom Äußeren der Kindertypen haben leiten lassen oder von dem jeweils erkennbaren Hobby- bzw. Spielgegenstand.

2 *a–c) Im Rahmen dieses Arbeitsschrittes kann ein bewussterer Umgang mit dem Thema „Freundschaft“ geübt werden. Bei Bedarf können die Schülerinnen und Schüler folgende umfassendere Aufgabenstellung bearbeiten:*
- *Wie stellt ihr euch eure beste Freundin/euren besten Freund vor?*
  Entwerft eine Personenbeschreibung (Persönlichkeitsprofil) mit Hilfe folgender Stichworte:
  - *Alter*
  - *äußere Erscheinung*
  - *besondere Eigenschaften, die euch wichtig sind*
  - *Interessen/Hobbys*
- *Ergänzt weitere Punkte, die für eine Personenbeschreibung wichtig sein könnten.*

Je nach Unterrichtsverlauf kann u. a. auch auf folgende Leitfrage zurückgegriffen werden, um die besondere Qualität von Freundschaft im Vergleich zu den anderen Alltagsbeziehungen (Eltern, Geschwister, Verwandte) hervorzuheben:

– *Worüber kann man sich mit einer Freundin/einem Freund besser aussprechen als mit Geschwistern, Eltern oder Verwandten?*

3 *a/b) Mögliche Ergänzungen und Rangfolge:*
Freunde/Freundinnen:

- *treffen sich ab und zu draußen*
- *wissen voneinander, wo sie wohnen*
- *gehen zusammen ins Kino*
- *übernachten ab und zu beieinander*
- *kennen die Geburtstage des/der anderen*
- *helfen einander*
- *wissen, wie sie in bestimmten Situationen reagieren*
- *erzählen einander wichtige Dinge aus ihrem Leben*

4 *Nachdem sich die Schülerinnen und Schüler mit der Bedeutung des Themas „Freundschaft" grundsätzlich auseinandergesetzt haben, besteht nun die Möglichkeit, subjektive Aspekte von Freundschaften stärker zu betonen. Dabei liegt der Schwerpunkt auf dem mündlichen Erzählen, das an dieser Stelle möglicherweise noch unstrukturiert ist.*

S. 11

Von Freundschaften erzählen

1 *Der Comic erzählt die Geschichte zweier Jungen, die beim Hunde-Gassi-Führen an einem zugefrorenen See vorbeikommen. Einer der Jungen betritt – trotz Warnung – die dünne Eisdecke und ermuntert den am Ufer bleibenden Jungen dazu, ebenfalls das Eis zu betreten. Dieser überlegt noch, während das Eis bricht und der Freund ins Wasser fällt.*

2 *Die Reaktion des am Ufer wartenden Freundes kann eine große Rolle für den weiteren Verlauf der Freundschaft spielen. Denkbar ist der Vorwurf des im Eis Eingebrochenen, dass ihm sein Freund nicht folgte. Auch die Art der Rettungsaktion und der Anteil des am Ufer wartenden Freundes daran können die Entwicklung der Freundschaft beeinflussen.*

3 *Bei dieser Aufgabenstellung sollen die Schülerinnen und Schüler sowohl das Vortragen als auch das gezielte Zuhören üben. Insofern bietet sich eher eine kleinschrittige Vorgehensweise an, nämlich zuerst den inhaltlichen Aspekt zu erarbeiten, bevor die Art der Präsentation in den Mittelpunkt rückt. Da Schülerinnen und Schüler häufig Schwierigkeiten haben, den Unterrichtsbeiträgen ihrer Mitschülerinnen und Mitschüler konzentriert zu folgen und detailliert zu beurteilen, werden auch sie mit entsprechenden Fragestellungen konfrontiert.*
Die Schülerinnen und Schüler, die einen Vortrag präsentieren, können sich an den Tipps „Arbeitstechnik Vortragen/Zuhören" (Merkkasten im Schülerbuch, S. 12) orientieren. Die Zuhörenden beurteilen mit Hilfe eines Beobachtungsbogens (vgl. Schülerbuch, S. 245) den Vortrag.

S. 12

Über Freundschaften schreiben

1–**4** *Während die vorangegangenen Übungen das Hauptaugenmerk auf die mündliche Darstellung gelegt haben, sollen sich die Schülerinnen und Schüler nun vertieft mit dem schriftlichen Erzählen auseinandersetzen. Dabei sollten ihnen die Unterschiede von schriftlicher und mündlicher Kommunikation bewusst gemacht werden. Neben dem Aufbau einer Erzählung, der bereits bei der mündlichen Kommunikation thematisiert wurde, liegt jetzt ein weiterer Schwerpunkt auf Syntax (Erzählen in ganzen Sätzen) und Stil (Vermeidung von Umgangssprache u. Ä.). Auch die Erzählperspektive kann in den Blick gerückt werden.*

1.2 Freundschaftsgeschichten – Erzählungen untersuchen

S. 13

A. Jacobsson/S. Olsson

Berts intime Katastrophen

Die folgenden Aufgaben knüpfen an eine intensive Textlektüre an. Es werden inhaltliche, sprachliche und handlungsorientierte Aspekte erarbeitet.

1 – *Bert lebt in Schweden (Z. 131).*
– *Bert ist bald 13 Jahre alt (Z. 108).*
– *Arne verbringt seinen Urlaub auf den Kanarischen Inseln (Z. 21/22).*
– *Seine Freundin heißt Nadja (Z. 114).*

2 *a/b) Mögliche Fragen:*
– *Wie heißen Arnes Laubfrösche?*
– *Warum ist Arnes Vater erbost über den Anruf von Arne?*
– *Worüber unterhalten sich die Jungen am Telefon?*
– *Warum will Arne ein Wurmlabor eröffnen?*
– *Warum schreiben die beiden Jungen einen Brief an die Vereinten Nationen?*
Mögliche Aussagen:
– *Arne ist Ameisenspezialist. (Wurmspezialist)*
– *Arne trägt ein Foto seiner Freundin in der Brieftasche. (seiner Mutter)*
– *Berts Rockband heißt „Hermann Hunter". (Heman Hunters)*
– *Bert ist Songwriter der Band. (Textdichter)*
– *Erik sammelt Fußballbilder. (Briefmarken)*
– *Dagmar ist Berts Freundin. (Arnes kleine Schwester)*
– *Bert will unbedingt ein Fahrrad haben. (Mofa)*

3 *a) – Arne behauptet, dass er aus einer vornehmen Familie abstammt.*
– *Seine Mutter ist tot.*
– *Seine kleine Schwester heißt Doris.*
– *Er verreist mit seinem Vater und seiner Schwester in den Ferien auf die Kanarischen Inseln.*
– *Er ist Wurmspezialist, weil seine beiden Wasserfrösche Lasse und Hasse täglich viele Würmer verspeisen.*
– *Er ist Mitglied in Berts Band „Heman Hunters".*
– *Er veranstaltet Luxusfeten für seine Freunde.*
– *Er findet Mopeds sehr gut.*

5 *a–c) Den Schülerinnen und Schülern bietet sich die Gelegenheit, anhand des Textes über Jungenfreundschaft die geschlechtsspezifischen Aspekte – falls sie als solche wahrgenommen werden – zu benennen, zu reflektieren und darüber zu diskutieren.*

6 *a/b) „Halli hallo" (Z. 2) – Hallo/Guten Tag*
„Kumpel" (Z. 3) – Freund, Kamerad
„echt flotte Mieze" (Z. 7/8) – tolles Mädchen
„rumgeknutscht" (Z. 9) – geküsst
„irre Sache" (Z. 21) – aufregende, interessante Sache
„Typen" (Z. 27) – Jungen
„Scherzkeks" (Z. 45/46) – Klassenkasper
„echt makrofetzige Schau" (Z. 53/54) – außergewöhnlich gutes Fest
„Luxusfete" (Z. 56) – tolles Fest, Party
„Luxus-Limo" (Z. 76) – sehr gute Limonade/Brause
„Luxus-Popcorn poppen" (Z. 77) – leckeres Popcorn essen
„entlangzusausen" (Z. 117) – entlangzulaufen
„verkalkter Rektor" (Z. 135) – älterer Schulleiter

Für *leistungsstärkere* Schülerinnen und Schüler bietet sich weiterhin an, den Sprachwitz der Autoren zu untersuchen. Dazu kann eine Aussage der beiden herangezogen werden; in einem Interview äußerten nämlich Sören Olsson und Anders Jacobsson einmal, sie wollten aktuelle Probleme von Kindern und Jugendlichen mit Humor aufgreifen, sodass diese erkennen, dass es immer einen Ausweg gibt.

S. 16

Manfred Mai

Eine neue Freundin

Die Geschichte schildert eine Konfliktsituation zwischen Eltern und Kind: Katrin hat eine neue Freundin, die Eltern sind mit der Wahl ihrer Tochter nicht einverstanden, da ihnen das Elternhaus der Freundin nicht gefällt. Trotz aller Einwände der Eltern besteht Katrin auf ihrer Freundschaft mit Martina.

2 *a) Argumente der Eltern gegen die neue Freundin:*

- *Martina ist schmuddelig, unordentlich (Z. 31–33).*
- *Die Eltern pflegen ihren Garten nicht (Z. 62).*
- *Die Fenster sind schmutzig (Z. 65/66).*
- *Martinas Vater geht nicht zur Arbeit und sitzt in Kneipen herum (Z. 72/73).*

Gegenargument Katrins: Martinas Vater hat Zeit für seine Tochter (Z. 78–80).

4 *Die Schülerinnen und Schüler versetzen sich in die literarische Person, beschreiben deren Gefühle und verfassen an ihrer Stelle einen Tagebucheintrag. Anschließend können die Tagebucheinträge vor der Klasse vorgelesen, die sicherlich unterschiedlichen Stimmungen und Einstellungen den Eltern gegenüber verglichen und Lösungsmöglichkeiten diskutiert werden.*

7 *Streit mit den Eltern oder unter Freundinnen und Freunden gehört zum alltäglichen Leben und lässt sich nicht immer vermeiden. Im Kontext der Unterrichtsreihe könnten Schülerinnen und Schüler lernen, mit Streitsituationen besser umzugehen und Lösungen zu finden.*
Für ein Rollenspiel zum Thema „Streit unter Freunden" sollten einige Vorbereitungen getroffen werden, etwa in Form der folgenden Anleitung, die man den Kindern in die Hand gibt. So werden sie mit den Arbeitstechniken vertraut und können weitgehend selbst ihr Lerntempo bestimmen, kleine Veränderungen vornehmen, die Arbeit innerhalb ihrer Gruppe aufteilen etc.

Streit unter Freunden

1 Bildet kleine Gruppen und überlegt, welche Konflikte ihr häufig erlebt (in der Schule, in der Freizeit ...).
Beschreibt genau, in welcher Situation sich der Konflikt ereignet und worum es geht.
Bestimmt einen in der Gruppe, der sich Notizen macht.

2 Verfasst ein kleines „Drehbuch". Überlegt euch passende Dialoge, szenische Anweisungen.

3 Spielt euer „Streitstück" in der Klasse vor.

4 Die Klasse nimmt Stellung.
Versucht dabei auch einmal, auf folgende Weise das Rollenspiel zu kommentieren:
Entscheidet euch für eine der dargestellten Personen, die ihr anders gespielt oder von der ihr ein anderes Verhalten erwartet hättet, und antwortet mit:
„Ich als Person X hätte mich folgendermaßen verhalten ..." oder:
„Ich als Person X hätte gesagt ...".

5 Anschließend äußern sich die Spielerinnen und Spieler darüber, was sie von den Antworten halten und ob sie nun den Konflikt vielleicht anders darstellen würden.

6 Erscheinen allen Beteiligten die Antworten und Verbesserungsvorschläge der Klasse einleuchtend, kann das Stück in der veränderten Fassung noch einmal gespielt werden.

S. 18

Jutta Richter

Im Gruselhaus

Der Textausschnitt aus Juttas Richters Roman „Der Tag, als ich lernte die Spinnen zu zähmen" thematisiert die Mutprobe der Ich-Erzählerin, die im „Gruselhaus" über ihren eigenen Schatten springt und ihrem Freund Rainer zu Hilfe eilt. Der Schwerpunkt der Aufgabenstellungen liegt auf der intensiven Auseinandersetzung mit dem Inhalt des Textausschnitts. Hierzu wird auf den Seiten 28 bis 31 **Material zur Leistungsdifferenzierung** angeboten.

1 *Die Ich-Erzählerin will sich nicht als „Feigling" und als „typisches Mädchen" bezeichnen lassen (Z. 9ff.). Daran könnte sich eine Diskussion anschließen, die das Phänomen „Typisch Junge – typisch Mädchen" thematisiert. Dabei sollte mit Hinweis auf den Romanauszug das Thema „Mutprobe bei Jungen/Mädchen" angerissen werden. Da in dieser Szene das Mädchen ihrem Freund zu Hilfe kommt, um ihn aus der für ihn gefährlichen Situation zu befreien, können Klischees hinterfragt werden.*

2 *a) Mögliches Tafelbild:*

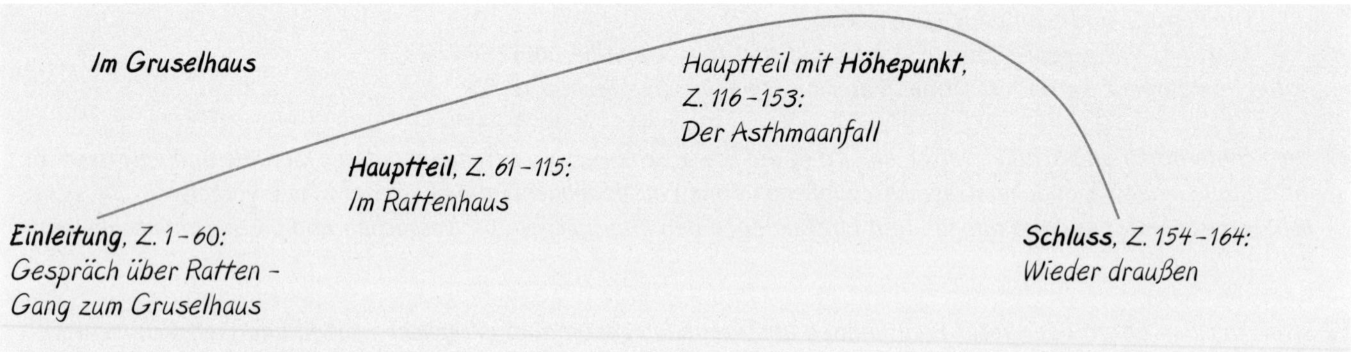

Weitere mögliche Fragestellungen:

– *Was macht das „Gruselhaus" so unheimlich?*
  Das Gruselhaus, bei dem es sich um ein altes, verfallenes Gebäude handelt, wird durch die Erzählungen der Erwachsenen erst unheimlich. So ranken sich die Gerüchte, dass darin ein Kind umgebracht wurde, und die Eltern verbieten den Kindern bei Androhung großer Strafen, das Haus zu betreten.
– *Was zeichnet die Freundschaft der beiden Kinder aus?*
  - *Warum findet die Ich-Erzählerin die Freundschaft mit Rainer so spannend?*
  - *Was bewegt Rainer dazu, mit einem Mädchen befreundet zu sein?*

  Sie sind miteinander befreundet, obwohl sowohl das Geschlecht als auch die Außenseiterposition Rainers eigentlich dagegensprechen. Ein besonderer Reiz besteht für die Ich-Erzählerin darin, dass sie eher spannende Dinge miteinander tun, wie Kellerkatzen verjagen, Gruselhäuser aufsuchen u. Ä. Für den Außenseiter Rainer ist das Mädchen einer der wenigen sozialen Kontakte. Die Ich-Erzählerin hört ihm zu, folgt ihm bei seinen Streifzügen in die Umgebung und hilft ihm aus brenzligen Situationen.
– *Das Mädchen begleitet ihren Freund nur sehr ungern. Listet alle Merkmale auf, die verdeutlichen, was in ihr vorgeht.*

Z. 2	*Mir lief ein Schauer den Rücken hinunter.*
Z. 13	*Ich trat von einem Bein aufs andere.*
Z. 14/15	*Am liebsten hätte ich mich in Luft aufgelöst.*
Z. 74/75	*Mir war ganz schlecht vor Angst.*
Z. 81	*Ich stand mit angehaltenem Atem.*
Z. 92/93	*Meine Hand in Rainers Hand war ganz schwitzig.*
Z. 93/94	*Mein Herz klopfte bis in die Fingerspitzen.*

Für leistungsstärkere Schülerinnen und Schüler

Perspektivenwechsel: Die Geschichte wird aus der Perspektive des Mädchens erzählt. Stellt euch vor, jemand hätte das Geschehen beobachtet. Schreibt die Geschichte ab Z. 33 aus der Perspektive eines Beobachters in euer Heft.
a) Vergleicht die beiden Fassungen. Was verändert sich?
b) Welche Wirkung wird jeweils erzielt?
c) Habt ihr ähnlich spannende Erlebnisse mit euren Freunden erlebt? Erzählt davon.

S. 21

Freundschaftsbücher empfehlen – Ein Projekt

Das hier vorgestellte Projekt ist im Unterricht erprobt, überschaubar und leicht umsetzbar. Die Zusammenarbeit mit einer Buchhandlung oder einer Bücherei ist empfehlenswert, jedoch nicht unbedingt nötig. Wichtiger ist, dass die Schülerinnen und Schüler gezielt unterschiedliche Möglichkeiten der Informationsbeschaffung bei der Suche nach weiteren Freundschaftsbüchern sowie Gestaltungsmerkmale von Buchanzeigen und Buchbesprechungen und deren Wirkung kennen lernen.

1 *Neben einer spontanen Auseinandersetzung sowie der subjektiven Wahrnehmung sollen im weiteren Verlauf des Projekts die Gestaltungsmerkmale der Darstellung erarbeitet und die erzielte Wirkung untersucht werden.*

Gestaltungsmerkmale von Buchanzeigen und Buchbesprechungen:

- *Angaben zu Autor, Titel des Buches, Verlag und Verlagsort, Erscheinungsjahr, Preis, Lesealterempfehlung, eventuell Seitenzahl*
- *knappe Inhaltsangabe:*
  - *entweder mit lebendigem, anschaulichem Einstieg („Mit Windpocken fallen einem die verrücktesten Sachen ein: ...") und passendem, jugendbezogenem Ausdruck (z. B. „das kostet natürlich eine Menge Geld") wie in Textbeispiel 1*
  - *oder eher konventionell wie in Beispiel 2 („Die Geschichte handelt von ...")*

  Welche Form man wählt, hängt vom Bezugstext ab: Handelt es sich um ein lustiges oder eher um ein ernstes Buch?
- *Wichtig: Bei Buchanzeigen und Werbetexten verrät die Inhaltsangabe nicht den Schluss der Geschichte und deutet Handlungsstränge nur an. Die weitere Entwicklung bleibt bewusst offen.*
- *Buchanzeige wie Buchbesprechung wollen einen Leseanreiz schaffen. Dies geschieht oft dadurch, dass der Spannungs- bzw. Konfliktaufbau geschildert und – bei einem positiv bewerteten Buch – dem Leser versprochen wird, dass er bei der Lektüre interessante Erfahrungen und Entdeckungen machen wird (z. B. wie sich Menschen in schwierigen Situation bewähren oder scheitern).*

2 *Zur Vorbereitung sollten noch einmal die Gestaltungsmerkmale erinnert und ggf. auf einem großen Plakat ausgehängt werden (Aufg. 1). Natürlich kann auch schon in der Jahrgangsstufe 6 im Rahmen dieses Projekts zwischen Buchanzeige und Buchbesprechung unterschieden werden.*
*Im Grunde genommen handelt es sich bei den Textbeispielen im Schülerbuch um **Buchanzeigen**: Hier dominieren die Kürze, der Leseanreiz durch Aussparen entscheidender Handlungsschritte und des Ausgangs der Geschichte; hinzukommt eine klare Empfehlung.*
*Für die **Buchbesprechung** gilt es zu ergänzen: Sie ist häufig umfangreicher; stellt gegebenenfalls auch den Schluss dar; erläutert begründend Stärken und Schwächen des Buches; macht sie durch einige Zitate anschaulich; gibt zusätzliche Informationen zum Autor und zu den Hintergründen des Themas.*
*Um weitere Freundschaftsbücher zu finden, können die Schülerinnen und Schüler gezielt **unterschiedliche Möglichkeiten der Informationsbeschaffung** kennen lernen:*

- *Sie sollen z. B. das Angebot der **Stadtbibliothek** nutzen (auch deren Informationsdienst; sie können die Mitarbeiter/innen um Auskunft über Neuanschaffungen bei Jugendbüchern bitten).*
- *Sie können im **Internet** nach Büchern recherchieren; empfehlenswert ist besonders die Seite der Stiftung Lesen: www.stiftunglesen.de.*
- *Lohnend sind auch die regelmäßigen **Kinder- und Jugendbuchseiten in den großen Tages- und Wochenzeitungen**, z. B. in der „Zeit".*
- *Ist eine Zusammenarbeit mit einer **Buchhandlung** verabredet, so wird diese den Schülerinnen und Schülern gerne bei der Suche nach Neuerscheinungen behilflich sein; die Buchhandlungen halten zudem **spezielle Kinder- und Jugendbuchkataloge** mit informierenden Kurztexten und Leseproben bereit.*

3 *Das höfliche Anredepronomen „Sie" und das entsprechende Possessivpronomen „Ihr" schreibt man in allen Fällen groß, die Anredepronomen „du" und „ihr" mit den entsprechenden Possessivpronomen „dein" und „euer" können in Briefen auch großgeschrieben werden.*

Als zusätzliches Angebot zum Thema Freundschaft eignet sich die Erzählung „Der Freund" von Gina Ruck-Pauquèt, die auf der CD-ROM **„Deutschbuch Hörbuch 5/6"** von Juliane Posch vorgelesen wird. Es geht um die zunächst unbeschwerte Freundschaft zwischen einem Jungen und einem Mädchen, die aber zunehmend schwieriger wird.

1.3 Freundschaftliche Mitteilungen – Vom Brief zur SMS

Das folgende Teilkapitel thematisiert die rasante Entwicklung der Kommunikationsformen in den letzten Jahren und die daraus resultierenden Folgen für die Sprache, die deutlich verkürzt und z. T. in Zeichen (insbesondere E-Mails) umgesetzt wird. Die Materialien und Texte sind so gestaltet, dass sie vom für den Schüler eher antiquiert wirkenden umfangreichen Brief bis zur sprachverkürzten SMS reichen und sowohl den äußeren Rahmen und Umfang als auch die inhaltliche Ausgestaltung und sprachliche Varianten verdeutlichen. Werden die Schülerinnen und Schüler zu Beginn des Teilkapitels mit dem Bereich des Sprachwandels vertraut gemacht, sensibilisieren sie die nachfolgenden Texte im Hinblick auf Umgangs- und Standardsprache bzw. schriftlichen Sprachgebrauch und Adressatenbezogenheit des Schreibens.
Die im Brief wichtige Funktion des Pronomens wurde bereits im letzten Teilkapitel wiederholt.

S. 23

Liebe Friederike!

1/2 *Über die Fragestellung nach dem Inhalt und der „Fremdartigkeit" des Briefes können inhaltliche Aspekte, vor allem aber auch Sprachvarianten und Sprachwandel exemplarisch erarbeitet und verdeutlicht werden. Interessant wäre an dieser Stelle, die Schülerinnen und Schüler aufzufordern, alte Briefe der Großeltern/Urgroßeltern, sofern noch vorhanden, mitzubringen und diese vorzulesen.*
Ein Brief, verfasst in altdeutscher Schrift, könnte insbesondere das Thema „Lesbare äußere Form" verdeutlichen.

3 *Folgende Gliederung ist möglich:*
Z. 1–13: Jedes Familienmitglied und das Kindermädchen werden vorgestellt.
Z. 14–23: Elisabeth beschreibt das tägliche Leben, insbesondere die Art des Einkaufs von Lebensmitteln.
Z. 24–26: Elisabeth kauft ihre Kleidung nicht im Geschäft, sondern eine Näherin näht die Kleidungsstücke und bessert diese aus, eine Waschfrau wäscht diese.
Z. 27–31: Elisabeth berichtet über die Abende, wenn die Eltern Besuch empfangen.

4 *Konservatorium (Z. 8), das Klavierspiel erlernt (Z. 8), Milchmann (Z. 14), Semmeln (Z. 15), Trog (Z. 17), Hühnerfrau (Z. 18), Kolonialwarenhändler (Z. 19), Tanzfest (Z. 25), Leibwäsche (Z. 26), Waschfrau (Z. 26), artig sein, knicksen (Z. 27), tafeln (Z. 28), musiziert (S. 29), in Bälde (Z. 32)*
Um die Methode des Nachschlagens nachhaltig einzuüben, bietet es sich an dieser Stelle an, auf Lexika, Wörterbücher oder auch CD-ROMs zurückzugreifen.

S. 24

Hallo, Lotta!

1/2 *Kontrastiv zum ersten Brief spiegelt der zweite Brief sowohl inhaltlich als auch sprachlich den Erfahrungshorizont heutiger Schülerinnen und Schüler wider. Insofern bietet sich erfahrungsgemäß zunächst die inhaltliche Auseinandersetzung an, bevor nach einem allgemeinen Austausch über Briefkontakte die sprachliche Bearbeitung folgt.*

3 *a/b) In dieser Jahrgangsstufe finden sich meist Schülerinnen und Schüler, die Erfahrungen mit Brieffreundschaften haben und darüber berichten; dabei kommen die Vorzüge (z. B. Berichte über anderes Klima, anderes Schulsystem, andere Freizeitgewohnheiten, also der Reiz des Unbekannten) wie auch die häufigen Probleme (Abreißen des Briefkontakts, als komisch empfundene Informationswünsche des Briefpartners, eigene Überheblichkeit oder die des anderen etc.) meist von selbst ins Spiel. In der Regel kennen und besitzen Kinder dieser Altersstufe Kinder- und Jugendzeitschriften, die allesamt eine Rubrik „Brieffreundschaften" aufweisen. Es lohnt sich, diese Zeitschriften mitbringen zu lassen. Darin befindet sich stets eine Menge Anzeigen, deren Inhalt und Gestaltung besprochen und die zugleich als Muster für eigene Entwürfe verwendet werden. Die Schülerinnen und Schüler sollten sich zugleich überlegen, welche Anzeige sie selbst ansprechen würde. Dies alles kann man in einen kleinen Klassenwettbewerb einbinden: Die Schülerinnen und Schüler verfassen Anzeigen, anschließend werden sie in der Klasse besprochen und die drei besten bzw. originellsten werden prämiert.*

4

„Hängst du ... am Telefon?" (Z. 3)	„Telefonierst du gerade?"
„... hat's gebrannt" (Z. 7)	„... hat es gebrannt"
„... standen rum" (Z. 8/9)	„... standen herum"
„unsre Lehrer" (Z. 16)	„unsere Lehrer"
„groß motzen" (Z. 26)	„schimpfen"
„keinen Bock" (Z. 27)	„keine Lust"
„nen Tipp" (Z. 28)	„einen Tipp/Ratschlag"
„möglichst easy" (Z. 28)	„möglichst leicht"
„Übung in so was" (Z. 30)	„Übung in solchen Dingen"

5 *Heute besteht die Möglichkeit, die Anredepronomina „du" und „ihr" in Briefen sowohl groß- als auch kleinzuschreiben.*

S. 26

Hallo, Saskia ...

1 *Unterschiede zwischen E-Mail und SMS:*

	E-Mail	SMS
Inhalt	längerer Inhalt thematisieren längeren Zeitraum	kürzerer Inhalt auf den Moment bezogen ausschnitthaft in der Aussage
Sprache	häufig vollständige Sätze Abkürzungen/Buchstabenbilder Wortkürzungen (hi) evtl. Smileys/Emoticons	häufig unvollständige Sätze

2 *Über das in der Klasse zu erstellende Meinungsbild hinaus sollte man das Ergebnis an möglichst vielen Beispielen überprüfen. Mögliche Kriterien: bevorzugte Inhalte/Themen – häufige Verwendung bestimmter Ausdrücke (z. B. „süß" von Mädchen).*

3 *Vor- und Nachteile der einzelnen Mitteilungsformen können auch anhand einer Tabelle erarbeitet werden. Das folgende Muster kann helfen, zu einer übersichtlichen Annäherung zu kommen und eine Diskussionsgrundlage zu schaffen. Unter bestimmten Voraussetzungen sind Vor- und Nachteile nicht bei allen Stichworten genau zu bestimmen; so kann eine wichtige oder schöne E-Mail durchaus gespeichert und wie ein Brief für lange Zeit aufbewahrt werden. Das Telefon wiederum kann für kurze, aktuelle Nachrichten genutzt werden, aber auch für lange Aussprachen. Vorschlag für einen Hefteintrag:*

	Brief	E-Mail	SMS	Telefon	Mündliche Mitteilung
schnell, aktuell	–	ja	ja	ja	möglich, wenn die Partner in der Nähe sind
lesefreundlich					
ausführlich					
schnelllebige Botschaft					
Anwesenheit des Adressaten					
unmittelbare Reaktionsmöglichkeit					
Zeit zum Überdenken					
wert, aufgehoben zu werden					

Vorschläge für Übungen und Klassenarbeiten

Vorschlag 1: Einen Brief schreiben (Personenbeschreibung; auch für Kap. 4 geeignet)

1 *Stell dir vor, du suchst etwas unter der Schulbank. Da findest du zufällig einen Brief auf dem Fußboden. Du beginnst ihn zu lesen, weil du neugierig bist und wissen willst, wer ihn verloren hat. Dabei merkst du, dass es um dich geht. Deine beste Freundin/Dein bester Freund schreibt über dich an eine fremde Person. Was meinst du, was steht wohl in diesem Brief?*
*Verfasse eine **Personenbeschreibung** von dir. Denke an deine Eigenschaften, Hobbys, Vorlieben, aber auch an deine Stärken und Schwächen.*
Schreibe nicht in der Ich-Form, sondern aus der Perspektive deiner Freundin/deines Freundes.

Vorschlag 2: Auf der Basis von Materialien erzählen

Bezugstext: „Im Gruselhaus" von Jutta Richter (Schülerbuch, S. 18–20)

1 *Die Ich-Erzählerin erzählt ihrer Freundin von dem Besuch im Gruselhaus. Verfasse eine passende E-Mail/einen passenden Brief.*

2 *(Ergänzende Grammatikübung:) Unterstreiche alle Pronomen in deinem Text.*

Vorschlag 3: Das Textverständnis sichern

Siehe die **Kopiervorlage** „Das Dransfeld" von Burkhard Spinnen, S. 24 f. Ein Vorschlag für einen Bewertungsbogen ist auf der gegenüberliegenden Seite abgedruckt (Lösungen siehe S. 227 ff. und CD-ROM).

Vorschlag 4: Produktionsorientierte Texte schreiben

Siehe die **Kopiervorlage** „Eine" von Irmela Brender, S. 26 (Lösungen siehe S. 227 ff. und CD-ROM).

Erwartungshorizont/Hinweise

1 *In Jahrgangsstufe 6 kann sicherlich nur die Ich-Form erwartet werden; oder man empfiehlt, den Erzählfiguren Namen zu geben, dann fällt es leichter, auch in der 3. Person zu schreiben.*

3 *Der Vorschlag enthält eine Kombination aus analytischer und produktionsorientierter Aufgabenstellung.*

4 *Die Geschichte, in der beide Figuren keinen Namen haben, eignet sich vor allem zur Verdeutlichung der Funktion von Personalpronomen.*

Vorschlag 5: Einen Jugendroman vorstellen

Siehe die **Kopiervorlage** „Steckbrief für einen Jugendroman", S. 27.

Weiteres Übungsmaterial

Übungen im **„Deutschbuch Arbeitsheft 6"**:
- Erzählen (Einleitung, Hauptteil, Schluss), S. 7 ff.
- Zu einer Bildergeschichte erzählen, S. 10 f.
- Erzähltexte vorlesen und vorstellen, S. 82 ff.

Die CD-ROM **„Deutschbuch 6 interaktiv"** bietet zum Thema „Briefe schreiben" im Teilkapitel 1.3 ein Diktat an (Synopse, S. 237 ff.).

Unter www.cornelsen.de/deutschbuch-realschule und www.cornelsen.de/deutschbuch-gesamtschule finden Sie weitere Übungsmaterialien.

Bewertungsbogen zu Burkhard Spinnen: Das Dransfeld

Thema: **Freundschaften**

Klassenarbeit Nr.: Klasse: Datum:

Name: ______________________________

\+ = gut oder sehr gut
o = weitgehend zufriedenstellend
– = kaum oder gar nicht gelungen

1	Du hast die äußere Form des Briefeschreibens beachtet (Briefkopf, Datum, Grußformel).	
2	Du hast das neue Umfeld von Konrad beschrieben.	
3	Du hast erläutert, warum Konrad seinen kleinen Bruder Peter mitnimmt.	
4	Du hast alle wesentlichen Aspekte von Konrads Suche berücksichtigt.	
5	Du hast die Pronomen richtig geschrieben.	
6	Du hast die richtige Tempusform gewählt.	
7	Du hast auf die Groß- und Kleinschreibung geachtet.	
8	Dein Ausdruck und Satzbau sind verständlich und abwechslungsreich.	
9	Du hast auf die Schrift und eine saubere Form geachtet.	

Beachte: Die Punkte 1 bis 9 haben bei der Benotung unterschiedliches Gewicht!

Burkhard Spinnen

Das Dransfeld (1)

Schon an diesem Umzugstag hat Konrad begonnen, das Dransfeld ganz genau zu untersuchen und seine Untersuchungsergebnisse aufzuschreiben. Er hat dafür ein kleines Hausaufgabenheft genommen, das er im letzten Schuljahr noch angefangen hatte, auf dem aber nur die erste Seite beschrieben war. Die hat er herausgerissen, auf die nächste hat er geschrieben: *Dransfeld-Untersuchung* und seitdem notiert er alles, was er herausfindet, in dem kleinen Heft.

Konrads erstes Untersuchungsergebnis war, dass nicht nur die neuen Häuser im Dransfeld einander ziemlich ähnlich sind, sondern auch die neuen Bewohner. Zum Beispiel haben sie alle einen *Volkswagen Passat* oder wenigstens ein Auto, das so ähnlich aussieht. Jedenfalls muss es länglich sein und eine Heckklappe haben. Und auf der Heckklappe muss ein „Baby an Bord“-Aufkleber sein. Entweder ein neuer oder einer, der schon halb abgerissen ist oder den die Waschanlage ganz blass geschrubbt hat.

Außerdem sind immer ein Vater und eine Mutter in eine der Doppelhaushälften eingezogen und die haben jeweils zwei Kinder. Das heißt, manche haben nur eines und ein paar auch drei, aber die meisten haben zwei, und wenn die, die drei haben, denen, die nur eins haben, eins abgeben würden, dann hätten alle zwei. Konrad hat das in seinem Heft nach den Regeln der Durchschnittsberechnung ausgerechnet und es hat beinahe genau gestimmt. Allerdings könnte es sein, dass ein paar von den Müttern demnächst noch ein Baby kriegen werden, und das würde seine Rechnung ziemlich verderben.

Doch das wäre nicht schlimm. Denn es bliebe ja dabei, dass er und Peter jetzt auf einen Streich sehr viele Kinder zum Spielen bekommen haben. Eine einfache Rechnung: 47 Doppelhäuser mal zwei Familien mal zwei Kinder macht maximal 188 Kinder! Und alle in der nächsten Nachbarschaft. In dem großen Haus in der Danziger Straße hatte überhaupt niemand gewohnt, mit dem man spielen konnte. Erst drei Häuser weiter wohnte Philipp, und bis zum Justus war es schon so weit, dass Konrad erst seit dem dritten Schuljahr allein hingehen durfte. Vorher hatten Mama und Papa ihn jedes Mal abholen müssen und dabei hatten sie oft vom „kindgerechten Wohnumfeld“ gesprochen. Was das ist, das weiß Konrad jetzt. Bald wird er so viele Kinder im Dransfeld kennen, dass er sich, theoretisch betrachtet, ein Jahr lang jeden zweiten Tag mit einem anderen wird verabreden können. So ungefähr jedenfalls.

Natürlich hat Konrad in den drei Wochen noch nicht alle anderen Kinder kennen gelernt, aber bald wird er damit durch sein. Es ist nämlich ganz leicht, die anderen Kinder im Dransfeld der Reihe nach kennen zu lernen. Überall stehen dauernd die Haustüren offen, weil die Leute noch etwas hinein- oder hinaustragen oder weil sie in ihren kleinen Vorgärten arbeiten. Und die einfachste Methode, alle anderen Kinder rasch kennen zu lernen, ist es, von der Nummer 17 a schnurstracks durch eine der offenen Türen zu spazieren.

Konrad geht dann durch den Flur und die Treppe hinauf. Oben sind zwei Türen direkt nebeneinander, in den a-Häusern sind sie rechts, in den b-Häusern links von der Treppe – das sind die Kinderzimmer. Das ist in allen Häusern gleich und auf den meisten dieser Türen kleben auch schon die Namen der Kinder in bunt angemalten Holzbuchstaben. Da kann Konrad dann sehen, ob hinter der Tür ein Junge oder ein Mädchen wohnt und wie sie heißen.

Wenn da nun ein Mädchen wohnt oder gar zwei, dann geht Konrad leise-leise wieder die Treppe hinunter und macht sich möglichst unerkannt aus dem Staub. Pech gehabt, doch man kann ja nicht mit Mädchen spielen.

Wohnt da aber ein Junge, dann braucht er nur anzuklopfen, und wenn jemand „Herein!“ ruft, dann geht er hinein und sagt: „Hallo Sebastian, ich bin der Konrad aus Nummer 17 a“ oder „Hallo Christoph“, „Hallo Fabian“, „Hallo Viktor“ oder wie es eben gerade richtig ist. Alles andere ergibt sich dann von selbst.

Seit der letzten Woche nimmt Konrad zu diesen Besuchen auch Peter mit. Manchmal waren die Jungen nämlich nicht im richtigen Alter. Einmal hat Konrad bei einem Michael angeklopft, der hat auch richtig laut „Herein!“ gesagt, aber dann saß da ein ziemlich kleiner Junge auf dem blauen Teppichboden und spielte mit ziemlich großen Holzklötzen. Das war schon peinlich. Doch zu allem Überfluss stand dann

Burkhard Spinnen

Das Dransfeld (2)

plötzlich eine Mutter in der Tür und sagte, das sei aber nett, dass jemand komme, um mit dem Michael zu spielen, woraufhin Konrad geschlagene zwei Stunden auf dem blauen Teppichboden sitzen und mit den ziemlich großen Klötzen spielen musste.

Damit das nicht mehr vorkommen kann, wird jetzt Peter mitgenommen, und wenn wieder so ein Kleiner hinter der Tür ist, dann sagt Konrad eben: „Hallo Michael, hier ist mein Bruder Peter. Wollt ihr nicht zusammen spielen?" Und wenn die das wollen, und die wollen das eigentlich immer, dann kann Konrad seinen kleinen Bruder dalassen und rasch weitergehen zur nächsten offenen Tür und zum nächsten Kind im richtigen Alter.

Die Sache ist übrigens völlig gefahrlos. Normalerweise nimmt man ja nicht seinen kleinen Bruder an die Hand und stellt ihn irgendwo bei fremden Leuten ab. Alles, bloß das nicht! Aber hier im Dransfeld herrschen andere Gesetze. Das hat der Papa gesagt. Hier könne man sich völlig sicher sein und jeder sei für den anderen da. Der Papa hat das gesagt, als sie an ihrem zweiten Tag im Dransfeld beim Abendessen saßen und nacheinander fünfzig Leute klingelten und ihn darauf aufmerksam machten, dass an seinem *Passat* das Licht brenne.

(aus: Burkhard Spinnen: Belgische Riesen.

1 *Welche der folgenden Aussagen sind richtig?*

a) Der neue Stadtteil, in den Konrad gezogen ist, heißt
- ❐ *Dransfeld,*
- ❐ *Dransdorf,*
- ❐ *Dranstein.*

b) Die meisten Bewohner in Konrads neuem Viertel fahren
- ❐ *einen Porsche,*
- ❐ *ein Fahrrad,*
- ❐ *einen Kombi.*

c) Konrad beziffert die Anzahl der Kinder in der Nachbarschaft auf 188, indem er die Doppelhäuser mal 2 Familien mal 2 Kinder
- ❐ *multipliziert,*
- ❐ *subtrahiert,*
- ❐ *addiert.*

d) Konrad nimmt seinen Bruder mit auf seine Nachbarschaftserkundungen,
- ❐ *damit Peter mit den anderen kleinen Kindern spielen kann, falls Konrad nicht auf einen gleichaltrigen Jungen trifft;*
- ❐ *damit Peter Konrad gegen die starken Jungs aus dem Nebenhaus verteidigen kann;*
- ❐ *weil Peter so gerne draußen spielt.*

e) In Konrads neuer Nachbarschaft
- ❐ *stehen dauernd die Haustüren offen,*
- ❐ *entsteht eine Autobahn,*
- ❐ *ist ein Fußballstadion.*

f) Konrad lebt
- ❐ *in einer Wohnung,*
- ❐ *in einer Doppelhaushälfte,*
- ❐ *im Wohnwagen.*

2 *Fertige eine Skizze von Konrads neuem Wohngebiet an und beschrifte deine Darstellung (Vogelperspektive).*

3 *Beschreibe Konrads Versuch, neue Freunde zu finden. Auf welche Schwierigkeiten stößt er?*

4 *Verfasse einen Brief, in dem Konrad seinem Freund Philipp sein neues Leben nach dem Umzug beschreibt.*

KOPIERVORLAGE

Irmela Brender

Eine

Eine drehte sich um nach ihm, als alle anderen die Köpfe schon wieder über die Bücher beugten. Er nahm das den anderen nicht übel, er wusste, ein Neuer in der Klasse ist nicht so interessant, dass man ihn die ganze Stunde hindurch anstarren könnte, schließlich ging der Unterricht weiter, und er musste eben dasitzen und sich eingewöhnen.

Aber die eine im blauen Kleid sah immer wieder hin zu ihm, nicht neugierig, noch nicht einmal lächelnd. Das Profil, das sie ihm zeigte, manchmal auch noch ein bisschen Wangenfläche dazu, war ernst und aufmerksam, als habe sie über ihn nachzudenken. Das halbe Klassenzimmer lag zwischen ihnen, und er konnte ihre Augenfarbe nicht erkennen. Braun, schätzte er, und ein paar Sommersprossen auf der Nase, und das ganze Gesicht ein bisschen zu mager. Die gehört nicht zu den Niedlichen, dachte er, die sich um einen Neuen kümmern, weil das so gut passt zu ihrer Niedlichkeit und weil sie dann noch einen haben, der sie nett findet. Die gehört vielleicht noch nicht mal zu den Netten. Eine Struppige ist das, überlegte er, eine, die kicken kann, fast wie ein Junge, und plötzlich wegläuft, wenn man glaubt, sie sei ein Kumpel. Eine, die nicht mit Freundinnen kichert und tuschelt, sondern viel allein herumläuft, nicht spazieren geht, sondern eben herumläuft und die allerhand kennt in der Stadt. Eine, von der man manches erfahren kann.

Es fiel ihm ein, dass er sich irren könnte, aber er glaubte es nicht. Ich werde ihr ein Zeichen geben, sagte er sich, und wenn sie reagiert, dann habe ich mich nicht geirrt. Dann ist sie eine, die ich mögen könnte, zumindest mögen. Als sie sich wieder umsah, lächelte er.

(aus: Hans-Joachim Gelberg [Hg.]: Menschengeschichten. Drittes Jahrbuch der Kinderliteratur. Beltz & Gelberg in der Verlagsgruppe Beltz, Weinheim/Basel, S. 42)

Wähle ***eine*** *der Aufgaben 1 bis 3 aus und bearbeite sie:*

1 *Schreibe die Geschichte aus der Sicht des Mädchens.*

2 *Verfasse eine Fortsetzung der Geschichte, in der du schilderst, wie sich die beiden näher kennen lernen (nach Schulschluss, am anderen Schultag, bei einer zufälligen Begegnung am Nachmittag im Supermarkt/in der Nachbarschaft/in der S- oder U-Bahn …).*

3 *Beschreibe, welche Gedanken dem Jungen in der Schulstunde durch den Kopf gehen. Achte darauf, wie er das Mädchen wahrnimmt, welche Äußerlichkeiten er entdeckt, welche Vermutungen er über ihren Charakter anstellt.*

Es fiel ihm ein, dass er sich irren könnte, aber er glaubte es nicht. Ich werde ihr ein Zeichen geben, sagte er sich, und wenn sie reagiert, dann habe ich mich nicht geirrt. Dann ist sie eine, die ich mögen könnte, zumindest mögen. Als sie sich wieder umsah, lächelte er.

4 *Unterstreiche alle Personalpronomen in diesem Text.*

KOPIERVORLAGE

Steckbrief für einen Jugendroman

Checkliste

Inhalt des Steckbriefs

1. Wichtige allgemeine Informationen

- ❒ Wurde der Autor / die Autorin des Romans genannt?
- ❒ Wird der Titel des Romans genannt?
- ❒ Werden der Verlag, der Verlagsort und das Erscheinungsjahr genannt?
- ❒ Wird der Preis für eventuelle Käufer angegeben?
- ❒ Wird eine Empfehlung für das Lesealter gemacht?
- ❒ Sollte der Leser / die Leserin durch eine kurze Leseprobe / einen knappen Textauszug einen eigenen Eindruck gewinnen?
- ❒ Gibt es zum Roman eine Verfilmung und wenn ja, lohnt es sich, diese anzuschauen?

2. Informationen zum Inhalt des Romans

- ❒ Wird die Handlung des Romans informativ und spannend beschrieben?
- ❒ Gewinnt man einen Eindruck über die Figuren, die im Roman auftauchen?
- ❒ Bleibt auch das Ende der Geschichte offen, sodass der Leser / die Leserin unbedingt wissen will, wie die Geschichte weitergeht?
- ❒ Wurden die eigenen Leseeindrücke (Kritik) formuliert, z. B. durch Formulierungen wie „Gut gefallen hat mir ...", „Weniger gut gefallen hat mir ...", „Am interessantesten fand ich ..."?

3. Informationen zum Autor / zur Autorin und zum Werk

- ❒ Sind die Angaben zum Autor / zur Autorin vollständig?
- ❒ Sollten weitere Romane des Autors / der Autorin genannt und eventuell empfohlen werden?
- ❒ Wurde die Gelegenheit genutzt, weitere Informationen zum Werk und zum Autor / zur Autorin durch die Internetseite des Verlags oder des Autors / der Autorin selbst zu erhalten?

Äußere Form des Steckbriefs

- ❒ Weckt der Steckbrief Interesse durch eine ansprechende Gestaltung? (Verteilung des Textes, Abbildung des Buchumschlags, Illustration / Bild der Hauptperson ...)
- ❒ Findet sich der Leser / die Leserin schnell zurecht, ist alles Wichtige hervorgehoben? (Fettdruck, größere Schrift ...)
- ❒ Sind Buchtitel, Name des Autors / der Autorin, Name und Ort des Verlags richtig geschrieben?
- ❒ Ist der Text fehlerfrei? (Rechtschreibung, Zeichensetzung, Grammatik)

DIFFERENZIERUNGSMATERIAL

Jutta Richter

Im Gruselhaus (Schülerbuch, S. 18 f.)

Allgemeine Hinweise zum Einsatz der Differenzierungsmaterialien zum Textverstehen siehe Vorwort, S. 9 ff.

Vorschlag zum Unterrichtsverlauf (3 Unterrichtsstunden)

1. Einstieg (Gesamtgruppe)
Die Lehrkraft liest den Textausschnitt S. 19, Z. 81 – 100 zum Einstieg vor. Anschließend werden Ideen für eine mögliche Geschichte gesammelt: „Was ist wohl vorher passiert, wie geht es weiter?" / „Welche Figuren spielen in der Geschichte eine Rolle?" / „Wo könnte die Geschichte stattfinden?" / „Was haben Rainer und die Ich-Erzählerin / der Ich-Erzähler gesehen?". Die Ideen und weiterführenden Fragen der Schülerinnen und Schüler werden an der Tafel notiert. Möglich ist hier eine Strukturierung nach Figuren – Orten – Ereignissen.

2. Erste Auseinandersetzung mit der Geschichte (Gesamtgruppe)
Der Text wird gemeinsam gelesen. Verständnisfragen werden beim Lesen oder im Anschluss geklärt. Der vorher gelesene Textausschnitt wird inhaltlich eingeordnet. Anhand der Einstiegsfragen „Was passiert im Gruselhaus?" / „Was erleben Rainer und die Ich-Erzählerin im Gruselhaus?" werden die Ereignisse mündlich rekonstruiert.

3. Einsatz des Differenzierungsmaterials

Textanalyse und Textverständnis (Einzel- oder Partnerarbeit)
Die Schülerinnen und Schüler bekommen zur Textanalyse und zum Textverstehen zwei verschiedene Angebote, die sie in Einzel- und Partnerarbeit bearbeiten können.
- *Differenzierungsmaterial 1* (S. 29) ist für *leistungsstarke* Schülerinnen und Schüler gedacht,
- *Differenzierungsmaterial 2* (S. 30 f.) für *leistungsschwache.*

Vorstellen der Ergebnisse (Gesamtgruppe)
Zur Sicherung des Textverständnisses werden die Sätze aus Aufgabe 1 (S. 30, Differenzierungsmaterialien für *Leistungsschwache*) vorgelesen. Die Schülerinnen und Schüler belegen anhand des Textes richtige Aussagen. Anschließend wird der persönliche Brief (S. 29, Aufgabe 2 a, Differenzierungsmaterialien für *Leistungsstarke*) und der Dialog zwischen der Ich-Erzählerin und Rainer (S. 31, Aufgabe 3, Differenzierungsmaterialien für *Leistungsschwache*) vorgelesen. Die zuhörenden Schülerinnen und Schüler überprüfen die Schlüssigkeit von Brief und Dialog und gegebenenfalls, ob die Chronologie der Ereignisse stimmt. Beide Schülerarbeiten können zu einem Gespräch über die Freundschaft der beiden Hauptfiguren auffordern und zu einer Bewertung des Verhaltens von Rainer und der Ich-Erzählerin führen. Hierbei können die Schülerinnen und Schüler auch darauf eingehen, was ihrer Meinung nach „typisch jungenhaftes / typisch mädchenhaftes" Verhalten ist und inwieweit das auf die Hauptfiguren der Geschichte zutrifft. Mit einer selbstständig verfassten Freundschaftsgeschichte (S. 29, Zusatzaufgabe 3, Differenzierungsmaterialien für *Leistungsstarke*) kann die Textarbeit abgeschlossen werden.

Lösungen siehe S. 227 ff. und CD-ROM.

Beurteilungskriterien für die Aufgabe 2 a des Differenzierungsmaterials 1 (S. 29):
1. Darstellung der wichtigsten Handlungsschritte
2. Erklärung für das Verhalten unter Berücksichtigung der Beziehung zwischen der Ich-Erzählerin und Rainer

Jutta Richter

Im Gruselhaus

1 *Stelle fünf Verständnisfragen an den Text, die sich durch genaues Lesen beantworten lassen. Schreibe die Fragen in dein Heft und lass sie anschließend von deiner Lernpartnerin/deinem Lernpartner beantworten. Überprüfe dann die Richtigkeit der Antworten.*

2 *a) Stell dir vor, die Ich-Erzählerin schreibt Rainer nach dem Erlebnis im Gruselhaus einen persönlichen Brief, in dem sie erzählt, wie sie die Begegnung mit der Ratte erlebt hat und warum sie sich am Ende so verhält. Setze hierfür den Briefanfang passend fort.*

Lieber Rainer,

nach dem Erlebnis im Gruselhaus bin ich ziemlich durcheinander! Wahrscheinlich fragst du dich, warum ich danach einfach so weggelaufen bin. Eigentlich wollte ich dich anrufen, aber ich habe beschlossen, dir zu schreiben. Als du mir gestern von den Ratten erzählt hast, wollte ich zuerst nicht mitkommen. Dann aber ...

b) Wie könnte Rainer auf diesen Brief antworten? Schreibe einen passenden Antwortbrief.

3 *Erzähle eine eigene Freundschaftsgeschichte, in der eine Ich-Erzählerin/ein Ich-Erzähler gemeinsam mit einer Freundin/einem Freund etwas Unheimliches erlebt.*
Tipp: *Du kannst auch zu den folgenden Überschriften eine passende Geschichte erfinden:*
Der merkwürdige Nachbar – Die Nacht im Kaufhaus – Der alte Dachboden

Jutta Richter

Im Gruselhaus (1)

1 *a) Lies die Geschichte noch einmal aufmerksam durch. Überlege anschließend, welche der folgenden Sätze richtig oder falsch sind.*

	richtig	falsch
Als Rainer von den Ratten erzählt, möchte die Ich-Erzählerin zunächst nicht mitkommen.	✗	
Sie begleitet Rainer, weil er sie darum bittet.		
Das Gruselhaus steht in der Nähe des Bahndamms.		
Vor langer Zeit wurde in dem Gruselhaus angeblich eine junge Frau ermordet.		
Durch ein offenes Fenster klettern die beiden Kinder in das Gruselhaus.		
Die Ich-Erzählerin sieht die Ratte zuerst.		
Als Rainer die Ratte erblickt, bleibt er ganz ruhig.		
Die beiden drehen sich nicht um, weil die Ratte sie dann angreifen könnte.		
Die Ich-Erzählerin hält Rainers Hand, bis sie sich vom Gruselhaus entfernt haben.		
Zum Schluss macht sich Rainer über seine Freundin lustig.		

b) Wähle drei Sätze aus, die deiner Meinung nach stimmen, und schreibe sie in dein Heft. Belege ihre Richtigkeit, indem du zu jedem Satz eine passende Textstelle mit Zeilenangabe herausschreibst, zum Beispiel so:
Als Rainer von den Ratten erzählt, möchte die Ich-Erzählerin zunächst nicht mitkommen.
Textbeleg: „Nein!", rief ich. „Nie! Da geh ich nie im Leben mit!" (Z. 7/8).

2 *a) Ziehe einen Kreis um die Eigenschaften, die deiner Meinung nach gut zu Rainers Charakter passen.*

angeberisch
schwach
mutig
gefährlich
ängstlich
lustig
hilfsbereit
verspielt
zögerlich
egoistisch
merkwürdig
eigenwillig

b) „Einen Freund wie Rainer zu haben ist gut und schlecht" (Textanfang).
Wie denkst du darüber? Begründe deine Meinung schriftlich, indem du aus diesen Formulierungen wählst: „Ich denke …"/„Meiner Meinung nach …"/„Ich finde, dass …"/„Rainer könnte auf der einen Seite mein Freund sein, weil …"/„Auf der anderen Seite spricht dagegen, dass …".

DIFFERENZIERUNGSMATERIAL 2/1

Jutta Richter

Im Gruselhaus (2)

3 *Stell dir vor, Rainer und die Ich-Erzählerin treffen sich am nächsten Tag zu einem Gespräch. Beide unterhalten sich über das Erlebnis im Gruselhaus. Setze hierfür das Gespräch passend fort.*

Rainer: *Hallo! Wie gehts? Wie wärs mit einem zweiten Besuch im Gruselhaus?*

Ich-Erzählerin: *Spinnst du? Nach alldem, was passiert ist?*

Rainer: *Wieso das denn? Das ist wieder typisch Mädchen!*

Ich-Erzählerin: *Gib es doch zu! Du hattest auch Angst!*

Rainer: *Ich? Du bist schließlich am Ende weggelaufen!*

Ich-Erzählerin: *Soll ich dir sagen, warum ich weggelaufen bin? Also ...*

4 *Suche aus dem Text mindestens zehn Wortzusammensetzungen heraus und zerlege sie in Bestimmungswort und Grundwort. Lege in deinem Heft eine Tabelle wie im Beispiel an und ergänze sie.*

Bestimmungswort	**Grundwort**	**Zusammensetzung**
unter	Lippe	Unterlippe
Monster	Spinne	Monsterspinne
alt	Stadt	...

2 Klassengespräche – Argumentieren und überzeugen

Konzeption des Gesamtkapitels

Das Kapitel geht vom Lebensumfeld der Schülerinnen und Schüler sowie von ihren unmittelbaren Erfahrungen, Interessen und Erwartungen aus. Für jeden konstruktiven Kommunikationsprozess ist es notwendig, dass alle Beteiligten ihre Vorstellungen und Bedürfnisse inhaltlich und sprachlich angemessen mitteilen und die eigene Position für andere nachvollziehbar vertreten können. Diskutieren und Argumentieren sind Grundtechniken des sprachlichen Miteinanders. Sie sind für Schülerinnen und Schüler wichtig, damit sie ihre Rolle im schulischen und außerschulischen Kontext finden und Selbstbewusstsein entwickeln können. Erst die Formulierung und Reflexion des eigenen Standpunkts sowie die Durchdringung anderer Gedankengänge befähigen Schülerinnen und Schüler dazu, fundierte und begründbare Entscheidungen zu treffen.

Das erste Teilkapitel **(„Strittige Fragen – Diskutieren und argumentieren")** fokussiert zunächst die mündlich geführte Diskussion anhand einer typischen Schulklassensituation. Hierbei werden diskussionsfördernde und diskussionshemmende Verhaltensweisen analysiert. Es schließen sich unterschiedliche methodische Übungen zur Grundkompetenz des aktiven Zuhörens an; ein abschließender persönlicher Diskussionstest thematisiert das individuelle Diskussionsverhalten der Schülerinnen und Schüler und bietet so eine ichbezogene Reflexionsebene. In einem zweiten Schritt wird das schriftliche Argumentieren eingeübt. Hierbei werden Argumente syntaktisch analysiert und kritisch reflektiert. Ein Argumente-Baukasten unterstützt die Schülerinnen und Schüler beim schriftlichen Argumentieren ebenso wie grammatikalische und methodische Hinweise.

Im zweiten Teilkapitel **(„Störungen – Geschichten zum Diskutieren")** werden Erfahrungen Gleichaltriger mit Hilfe literarischer Kurztexte thematisiert; im Zentrum der „Diskussionsgeschichten" steht jeweils eine „Konfliktsituation", die die Schülerinnen und Schüler analysieren, teilweise schriftlich begründen und weiterführen müssen. Insofern werden sowohl rezeptive als auch produktive Formen des Textverstehens genutzt. Das bisher Gelernte (z. B. Diskussionsregeln) wird in die Arbeitsaufträge funktional eingebunden – grammatische Aspekte (z. B. Zeitformen) werden sinnvoll im Kontext wiederholt.

Das dritte Teilkapitel **(„Diskutieren und argumentieren üben")** zeigt den Schülerinnen und Schülern anhand altersgemäßer Themen Möglichkeiten auf, Diskussionsabläufe bzw. Argumentationstexte vertiefend zu üben: Die Themen „Handy", „Sport" und „Taschengeld" sind unmittelbarer Bestandteil kindlicher Alltagswirklichkeit. Ihre Bearbeitung bietet sich an, um die bisherigen Diskussions- bzw. Argumentationsfertigkeiten zu bündeln: Die Schülerinnen und Schüler führen entweder unter Berücksichtigung von Diskussionsregeln und -methoden selbstständig eine thematische Diskussionsrunde, sie analysieren einen vorgegebenen Argumentationsverlauf oder sie verschriftlichen eigene argumentative Gedankengänge zu einem ausgewählten Thema.

Literaturhinweise

Green, Norm / Green, Kathy: Kooperatives lernen im Klassenraum und im Kollegium. Das Trainingsbuch. Kallmeyersche Verlagsbuchhandlung, Seelze-Velber 2005

Klippert, Heinz: Kommunikationstraining. Übungsbausteine für den Unterricht. 6. Aufl., Beltz Verlag, Weinheim / Basel 1999

Mattes, Wolfgang: Methoden für den Unterricht. 75 kompakte Übersichten für Lehrende und Lernende. Schöningh Verlag, Paderborn 2002

Schulz von Thun, Friedemann: Miteinander reden. Störungen und Klärungen. Psychologie der zwischenmenschlichen Kommunikation. Rowohlt Taschenbuch Verlag, Hamburg 1981

Weidner, Margit: Kooperatives Lernen im Unterricht. Das Arbeitsbuch. Kallmeyersche Verlagsbuchhandlung, Seelze-Velber 2006

Seite	Inhalte	Kompetenzen
S. 27	**2.1 Strittige Fragen – Diskutieren und argumentieren**	Die Schülerinnen und Schüler können – die Begriffe Gespräch und Diskussion voneinander unterscheiden
S. 29	**Auf Themensuche mit Placemat**	– diskussionsförderndes und diskussionshemmendes Verhalten benennen und jeweils einordnen
S. 29	**Gut diskutieren heißt (auch) gut zuhören**	– diverse Arbeitstechniken wie Placemat-Methode und Rede-Chips-Methode themenorientiert anwenden – Grundlagen des aktiven Zuhörens erkennen
S. 31	**Schriftlich argumentieren**	– weitere Aspekte des Diskussionsverhaltens benennen, beobachten und (handelnd) verbessern – den syntaktischen / kausalen Aufbau von Argumenten benennen und nachvollziehen – lückenhafte Argumente vervollständigen – fehlerhafte Argumente verbessern – zu weiteren Themen einzelne Argumente bilden
S. 33	**2.2 Störungen – Geschichten zum Diskutieren**	– Diskussionsverläufe und „Streitgespräche" in literarischen Kurztexten schrittweise benennen und begründen
S. 33	*Annika Thor* Wie feiert man ein Klassenfest?	– Diskussionsverhalten und Gedankengänge literarischer Figuren erklären und bewerten – sich in Gedanken und Empfindungen anderer einfühlen
S. 35	*Anne Maar* Der Sprung ins Wasser	– eine Geschichte im Perspektivenwechsel umschreiben – die kontextuelle Verwendung von Zeitformen begründen und erklären
S. 37	**2.3 Diskutieren und argumentieren üben**	– weitgehend selbstständig Diskussionen führen, beobachten und reflektieren
S. 37	**Prepaid-Karte oder Vertragshandy?**	– argumentative Texte analysieren, bewerten und überarbeiten
S. 37	**Antrag zum Fußballspielen auf dem Schulhof**	– eigene Argumentationsentwürfe reflektieren und überarbeiten
S. 38	**Mehr Taschengeld?**	

2.1 Strittige Fragen – Diskutieren und argumentieren

S. 27

Auftaktseite

Es gibt viele Möglichkeiten, die Schülerinnen und Schüler auf das Thema „Diskutieren und argumentieren" einzustimmen. Die Einigung auf das Ziel eines Klassenausflugs stellt dabei eine authentische und wiederkehrende Situation im Schulalltag dar, in der die Schülerinnen und Schüler miteinander in den Dialog treten müssen, um gemeinsam eine sinnvolle Entscheidung für alle treffen zu können. Der Fokus dieses Teilkapitels liegt dabei auf dem Bereich „Diskussionsverhalten".

1 *Das Gespräch der Klasse 6a bietet einen Einstieg, der zunächst textunabhängig die Erfahrungen der Schülerinnen und Schüler aktiviert. Im Anschluss kann das Gespräch vor diesem Hintergrund mit verteilten Rollen gelesen werden. Dabei sollten die Regieanweisungen sehr genau beachtet werden, damit deutlich wird, dass sich diskussionsförderndes und diskussionshemmendes Verhalten auf unterschiedliche Weise äußern kann – Z. 12: „(ruft laut rein)", Z. 17: „(17 Schüler melden sich)", Z. 24: „(lächelt)", Z. 43: „(stöhnt)".*

2 *Die Bearbeitung dieser Aufgabe erfolgt mündlich. Sie gibt den Schülerinnen und Schülern die Möglichkeit zu spontanen Äußerungen zum Gespräch und entlastet die schriftliche Fixierung. Die klare Aufteilung in Diskussionsteilnehmer, die sich konstruktiv ins Gespräch einbringen, und solche, die nur „meckern", aber keine eigenen Vorschläge machen, kann den Schülerinnen und Schülern schwieriges Diskussionsverhalten vor Augen führen und gleichzeitig besonders viele Positivbeispiele anbieten, mit denen sie sich identifizieren und die sie auch imitieren können.*

3 *Diese Aufgabe dient der Verschriftlichung im Heft und an der Tafel. Dabei wird ebenso auf die* ***Äußerungen*** *wie auf das* ***Verhalten*** *der Klasse geachtet. Liest man die Äußerungen untereinander, so wird deutlich, dass die Äußerungen in der linken Spalte sich gegenseitig unterstützen, die der rechten Spalte nur zu Ablehnung führen, aber zu keiner Lösung des Problems.*
Mögliche Lösung:

Diskussionsförderndes Verhalten / Reden	Diskussionshemmendes Verhalten / Reden
Deniz: Schwimmen find ich gut (Z. 1). **Florian:** Dann kann man auf die Wasserrutsche und rausschwimmen (Z. 2/3). **Lisa:** Dann macht doch einen Gegenvorschlag (Z. 9/10). **Lisa:** Aber vielleicht waren ja nicht alle da. Wer von euch war schon im Schokoladenmuseum (Z. 14–16)? 17 Schüler melden sich (Z. 17). **Lisa:** OK, die meisten, dann sollten wir das jetzt nicht mehr aufschreiben (Z. 18/19). **Florian:** Ich war mit meinen Eltern in der Skihalle (Z. 20/21). **Miriam** (lächelt): Klingt ganz gut (Z. 24). **Semih:** Ich find die Idee gut ..., aber das is total teuer (Z. 25/26). Und in der Klassenkasse sind auch nur noch 32,50 € (Z. 28/29). **Lisa:** Wir wollen doch alle zusammen fahren. Habt ihr weitere Vorschläge (Z. 34/35)? **Kathrin:** Es gibt hier in der Nähe einen Aquazoo mit vielen interessanten Tieren (Z. 36/37). **Semih:** Und man kann mit Bahn oder Bus ganz einfach hinfahren (Z. 38/39). **Kathrin:** Ich kann einen Fahrplan mitbringen (Z. 40/41). **Florian:** Deniz kann auch mitkommen (Z. 46). **Lisa:** Wer bringt morgen Infos mit (Z. 48)? **Kathrin:** Ich kann mal im Internet nachsehen ... (Z. 49).	**Vanessa:** Ach nö, dann hat man nachher immer so nasse Haare (Z. 5/6). **Miriam:** Aber ich find das auch nicht so klasse (Z. 7/8). **Kevin** (ruft laut rein): ... kein Bock (Z. 12/13)! **Vanessa:** Brrr; und kalt isses auch (Z. 23)! **Kevin:** Pech für dich (Z. 33). **Vanessa** (stöhnt): Booh – ne! Nich stundenlang Tiere angucken, das ist echt uncool (Z. 43/44).

4 *Die Schülerinnen und Schüler können in der Fortsetzung des Gesprächs die positiven Strategien nutzen und eine Einigung erzielen. Die kurze Phase der Einzelarbeit kanalisiert ihre Aufmerksamkeit und dient der intensiven Vorbereitung der Diskussion. Es sollen Argumente/Beispiele in Stichworten notiert werden, die bei der Diskussion eingesetzt werden können. Natürlich werden besonders gerne die diskussionshemmenden Strategien ironisch überzogen dargestellt, was zunächst zu einer sehr lebendigen Diskussion führen wird.*

5 *a/b) Es ist wichtig, dass die Beobachter/innen das jeweilige Verhalten notieren und entsprechend zurückmelden. Wichtige Gesprächs- und Diskussionsregeln finden sich im Schülerbuch auf Seite 246. Die schriftliche Fixierung ergänzt die Tabelle (siehe Aufgabe 3).*

6 *a–c) Das gesamte Kapitel berücksichtigt Formen des mündlichen Argumentierens und der schriftlichen Erörterung. Die unterschiedlichen Schreibweisen stellen die Möglichkeiten der Sprechsprachlichkeit und der Schriftsprache dar. Die Übung dient der Sensibilisierung für den bewussten Umgang der Schülerinnen und Schüler mit beiden Formen. Hier liegt der Schwerpunkt auf der* ***Schreibweise****. Da sich einige Phänomene doppeln, reicht eine exemplarische Gegenüberstellung aus.*
Mögliche Lösung:

Gesprochene Sprache	Schriftsprache
„Schwimmen find ich gut." (Z. 1)	finde
„Da gibts auch nen Föhn." (Z. 7)	gibt es, einen
„... kein' Bock!" (Z. 13)	keinen
„... und da is immer Musik." (Z. 22)	ist
„... und kalt isses auch!" (Z. 23)	ist es
„... Nich stundenlang Tiere angucken ..." (Z. 43)	Nicht
„Ich glaub ..." (Z. 47)	glaube
„Und nachher gehn wir noch zu ..." (Z. 51)	gehen

S. 29

Auf Themensuche mit Placemat

In den einzelnen Klassen gibt es unterschiedliche Anliegen, über die die Schülerinnen und Schüler tatsächlich diskutieren möchten. Die Einbeziehung ihrer Interessen erhöht die Motivation und bietet echte Diskussionsanlässe. Die Placemat-Methode ist ein Verfahren des kooperativen Lernens, bei der zügig Ideen gesammelt und gewichtet werden können.

Vorbereitung:

- Die Schülerinnen und Schüler sitzen zu dritt oder zu viert an Gruppentischen. Jede/r hält einen Stift bereit.
- Benötigt wird pro Gruppe ein großes Blatt Papier, mindestens DIN A3, das folgendermaßen eingeteilt ist:

Dreier-Gruppe

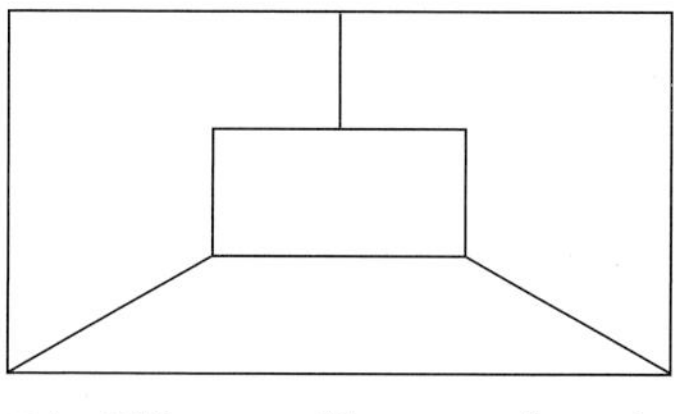

Vierer-Gruppe

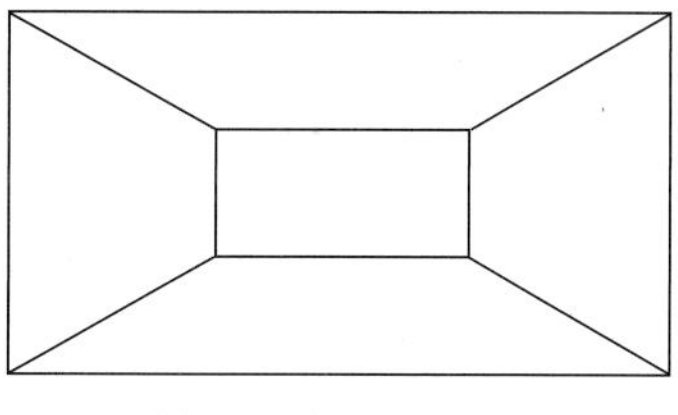

- Die Blätter sollten vorbereitet werden, da eine Erstellung durch die Schüler in dieser Klassenstufe möglich, aber auch recht zeitaufwendig ist.

Durchführung:

- Jede Schülerin/Jeder Schüler schreibt in eine Ecke des Placemats die Themenvorschläge für weitere Diskussionen. In dieser Phase wird nicht gesprochen. Sie dauert maximal fünf Minuten.
- Jetzt wird das Placemat dreimal um je eine Ecke im Uhrzeigersinn weitergedreht, sodass jedes Gruppenmitglied nacheinander die Vorschläge der anderen Gruppenmitglieder lesen kann. Diese Phase dauert ca. drei Minuten. Auch jetzt wird noch nicht gesprochen.
- Wenn die Mitglieder alle Vorschläge gelesen haben, sprechen sie über diese und einigen sich auf drei Themen, die in die Mitte des Placemats geschrieben werden (möglichst fett).

1 *a/b) Präsentation und Abstimmung:*
Variante 1: *Die Placemats können in der Klasse ausgehängt werden. Nach einem „Museumsgang", in dem alle Schülerinnen und Schüler sich nacheinander die Vorschläge ansehen, erfolgt die Abstimmung im Plenum.*
Variante 2: *Ein Gruppenmitglied stellt die drei Themenvorschläge vor und begründet kurz die jeweilige Wahl. Beim kooperativen Lernen wird besonders darauf geachtet, dass sich jeder Einzelne aktiv in den Gruppenprozess einbringt. Auf diese Art der Präsentation sollte jedes Gruppenmitglied vorbereitet sein. Sie bietet erste Möglichkeiten, Begründungen zu üben.*

c) Fixierung:
Ein Plakat an der Klassenwand dient als Themenspeicher für die gewählten und gegebenenfalls hierarchisierten Themen der Schülerinnen und Schüler.

2 *Placemat ist das englische Wort für Platzdeckchen. Wie ein Platzdeckchen liegt es auf dem (Gruppen-)Tisch aus und kann gemeinsam bearbeitet werden. Mit der Placemat-Methode können auch – z. B. arbeitsteilig – Lösungsvorschläge zu Problemaufgaben erarbeitet werden.*

S. 29

Gut diskutieren heißt (auch) gut zuhören

Rede-Chips – Echo-Spiel – Fishbowl-Diskussion

1 *Die Diskussionen, bei denen auf den Themenspeicher zurückgegriffen werden kann, finden in kleinen Gruppen mit mindestens zwei Beobachtern statt, die diskussionförderndes und diskussionshemmendes Verhalten notieren. Im Anschluss an die jeweilige Diskussion geben die Beobachter den Schülerinnen und Schülern eine Rückmeldung zu ihrem Diskussionsverhalten. Falls ein Regelplakat zum Thema „Diskutieren" in der Klasse aushängt, können sie auch auf dieses verweisen. Jede Schülerin/Jeder Schüler sollte einmal in die Rolle des Beobachters schlüpfen, um Diskussionsverhalten aus der Distanz beobachten zu können (Perspektivenwechsel).*

S. 30

Persönlicher Diskussionstest

Der Diskussionstest kann
- für alle Schülerinnen und Schüler kopiert werden,
- mit Overlay-Folien durchgeführt werden,
- am Computer von Schülerinnen und Schülern abgetippt, später ergänzt und ausgedruckt werden.

Für das Gelingen weiterer Diskussionen sind besonders die Fragen „Was lässt sich ändern? Und wie?" von Bedeutung. Hierfür sollte entsprechend Zeit eingeplant werden. Aus der Beantwortung ergeben sich mögliche Regeln für das Plakat „Diskussionsregeln" (siehe Aufgabe 4).

2 *Mögliche Lösungen:*
Bevor ich mich melde, überlege ich, ob mein Beitrag zum Thema passt.
Wenn mein Beitrag zum Thema passt, ergänzt er die Diskussion sinnvoll.
Wenn mein Beitrag nicht zur Diskussion passt, lenkt er von der Diskussion ab und verwirrt alle Gesprächsteilnehmer. Dann bringe ich den Beitrag nicht in die Diskussion ein und mache mir eine Notiz, damit ich ihn nicht vergesse.
Es stört mich, wenn mir andere ins Wort fallen.
Wenn andere mir ins Wort fallen, kann ich meinen Gedankengang nicht zu Ende führen.
Dann melde ich mich und bitte die anderen oder die Lehrkraft um Aufmerksamkeit.
Es verunsichert mich, wenn andere während der Diskussion flüstern oder kichern.
Wenn andere während der Diskussion flüstern oder kichern, kann ich mich nicht auf die Diskussion konzentrieren und werde abgelenkt.
Ich melde mich und sage, dass ich mich nicht auf die Diskussion konzentrieren kann und deswegen um Ruhe bitte.
Meine Meinung äußere ich in der Ich-Form.
Ich äußere meine Meinung in der Ich-Form, da andere Menschen eine andere Meinung haben können, die nicht meiner eigenen entsprechen muss.
Wenn ich nicht in der Ich-Form spreche, bedeutet dies, dass ich nicht nur für mich, sondern auch für andere spreche. Dies ist unangemessen und zeigt nicht deutlich, dass es sich nur um meine eigenen Gedanken handelt. Beispiel für ***ungeschickte*** *Meinungsäußerungen:* ***Manche*** *finden, dass Regen traurig macht.* ***Alle*** *glauben, dass die Klassenkasse wichtig ist. Besser ist:* ***Ich*** *finde, dass Regen traurig macht.* ***Ich*** *glaube, dass die Klassenkasse wichtig ist.*

Manchmal dauert es mir zu lange, bis ich drankomme.
Wenn es zu lange dauert, bis ich drankomme, vergesse ich das, was ich sagen möchte.
Ich mache mir in Form eines Schlüsselwortes eine kleine Notiz auf mein Notizzettelchen/meinem Block.
Ich finde nicht gut, wenn man mir widerspricht.
Wenn man mir widerspricht, habe ich das Gefühl, dass meine Äußerung nicht richtig war.
Dann frage ich, was den anderen an meiner Äußerung stört.
In Diskussionen komme ich selten zu Wort.
Wenn ich in Diskussionen selten zu Wort komme, habe ich das Gefühl, dass mein Beitrag unwichtig ist. Ich melde mich und bitte darum, öfter drangenommen zu werden, oder versuche zu verstehen, dass ich nicht die/der Einzige bin, die/der etwas sagen möchte. Die anderen wollen schließlich auch ihre Meinung äußern.
Es stört mich, wenn die anderen nicht zuhören.
Wenn andere nicht zuhören, denke ich, dass es sie nicht interessiert. Ich melde mich und bitte die anderen, mir zuzuhören, oder kürze meinen Beitrag auf zwei bis drei Sätze. (Wenn ich vielerlei sagen möchte, wähle ich nur das Wichtigste aus, also dasjenige, was am besten zum vorangegangenen Beitrag passt.)
Es gefällt mir, wenn andere an meinen Beitrag anknüpfen.
Wenn andere an meinen Beitrag anknüpfen, habe ich das Gefühl, dass die anderen mir zugehört haben und dass mein Beitrag wichtig war.
Ich habe zu wenig Zeit, meinen Beitrag zu äußern.
Wenn ich zu wenig Zeit für meinen Beitrag bekomme, kann ich meine Gedanken nicht vollständig mitteilen. Das macht mich unzufrieden. Ich bitte entweder darum, mich ausreden zu lassen, oder ich überlege, was an meinem Beitrag wichtig ist, und lasse das Unwichtige weg.

4 *Wenn die Schülerinnen und Schüler noch kein Plakat haben oder das alte unübersichtlich wird, können sie ein neues gestalten. Sie achten dabei besonders auf Übersichtlichkeit und Ordnung. Sie können z. B. eine Regelblume, eine Regeluhr, eine Regelurkunde mit Klassensiegel oder einen Regelglobus erstellen:*

Zu den „10 Diskussionsregeln“ siehe die **Kopiervorlage** auf Seite 45 (Lösungen siehe S. 227 ff. und CD-ROM).

S. 31 **Schriftlich argumentieren**

1 *a) Beide Äußerungen enthalten eine Meinung (Behauptung). Die erste Aussage enthält weder eine Begründung noch ein Beispiel. Die zweite Aussage enthält eine Begründung („weil …“) und ein Beispiel („Da …“).*

b) Die zweite Äußerung ist überzeugender, da die Meinung durch eine Begründung und ein Beispiel gestützt wird. Die Meinung hängt also nicht in der Luft, sondern wird sachlich ergänzt. Damit ist sie für alle Lesenden logisch nachvollziehbar.

Argumente-Baukasten

1 *a/b) Mögliches Tafelbild:*

Baustein 1 Meinung	Baustein 2 Begründung	Baustein 3 Beispiel	Bewertung
Wandern ist langweilig ...,	... weil wir es zu oft machen.	Alle 14 Tage ins Siebengebirge!	+
Bahn fahren ist teuer ...,	... denn ich muss jeden Tag mit dem Zug fahren.	Jede Zugfahrt kostet 2 Euro.	0
Freunde haben ist wichtig ...,	... weil ich meinen Freunden Wichtiges anvertrauen kann.	Mein bester Freund ist Jochen.	0
Musik hören ist toll ...,	... da Musik mich entspannt.	Am liebsten höre ich Songs von der Gruppe „Tokio Hotel".	0
Meine Sommerferien sind zu kurz.	Obwohl Ferien sind, werde ich einen Ferienjob ausüben.	Dabei werde ich drei Wochen lang arbeiten.	-

- *Im 2. Fall sollte ein treffenderes Beispiel gewählt werden („Das kostet über 600 Euro im Jahr!").*
- *Im 3. und 4. Fall stellt das Argument keine logische Verbindung mit dem Beispiel her.*
- *Im 5. Fall wird die Behauptung weder durch das Argument noch durch das Beispiel gestützt.*

S. 32

Klassenkasse – ja oder nein?

3 *b) Mögliche Anfänge für einen argumentativen Text:*

Eine Klassenkasse ist sinnvoll, weil wir dann im Klassenverband auch kostenpflichtige Ausflüge unternehmen können. Bei einer Klassenkasse können wir gemeinsam viel Geld sparen, **da** jedes Kind pro Woche in die Kasse einbezahlt, **beispielsweise** 50 Cent ...
Eine Klassenkasse ist nicht sinnvoll, da das Geld dann lange nutzlos in der Kasse liegt. Eine Klassenkasse verhindert **so, dass** der Einzahler jederzeit sein einbezahltes Geld wunschgemäß ausgeben darf, **zum Beispiel** für leckere Süßigkeiten ...

2.2 Störungen – Geschichten zum Diskutieren

In diesem Teilkapitel liegt der fachdidaktische Schwerpunkt darauf, das Verhalten einer literarischen Figur zu analysieren und ihre Verhaltensweisen zu begründen. Dabei muss ein Perspektivenwechsel vollzogen und verbales wie nonverbales Verhalten berücksichtigt werden. Gegebenenfalls kann dies, nach intensiver Vorarbeit, Gegenstand einer Klassenarbeit sein.

S. 33

Annika Thor

Wie feiert man ein Klassenfest?

1 *Die Klasse macht keinen harmonischen, freundlichen Eindruck. Einzelne Schülerinnen und Schüler provozieren die Lehrerin, und auch die Beziehung der Schülerinnen und Schüler untereinander wirkt gestört. Ein Junge, der stottert, wird ausgelacht; unter den Mädchen scheinen Neid und Konkurrenz zu herrschen; manche Jungen sind nur darauf aus, als Klassenclowns Aufmerksamkeit zu erregen, und zeigen sich nicht in der Lage, sich konstruktiv am Gespräch zu beteiligen. Vernünftige Gesprächsbeiträge werden abgewertet.*

2 *Gunilla ist die Lehrerin. In skandinavischen Ländern werden Lehrer z. T. von ihren Schülern geduzt. Die Geschichte wird aus der Sicht einer teilnehmenden Person berichtet, der Schülerin Nora. Sie ist die Ich-Erzählerin (Ich meldete mich. „Ja, Nora?" – „Natürlich müssen wir eine Disko haben", sagte ich. Z. 54/55).*

3 *Durch die Gegenüberstellung von hemmendem und förderlichem Diskussionsverhalten wird deutlich, dass die Störungen in diesem Klassengespräch überwiegen.*

a) Die Diskussion hemmend:
- *(abwertende) Kommentare zu Gesprächsbeiträgen geben („… ich hörte Fanny flüstern: ‚Ätzend.'", Z. 9)*
- *abwertende Kommentare zu einer Person bzw. ihren Fähigkeiten geben und damit jemanden ausgrenzen („‚Müssen solche Blödmänner, die nicht tanzen können, überhaupt kommen?', zischte Fanny.", Z. 18ff.)*
- *die Lehrerin provozieren („… Tobbe fragte: ‚Gibt's Alkohol?'", Z. 10)*
- *konkrete Vorschläge als kindisch abtun („‚Spielen', schnaubte Fanny. ‚Glaubst du, wir sind hier im Kindergarten, oder was?'", Z. 30ff.)*
- *dazwischengrölen und dies mit übertriebener Gestik untermalen (Z. 32ff.)*
- *Walkman hören (Z. 37f.)*
- *Gegenstände durch die Luft werfen (Z. 47ff.)*
- *einen Mitschüler auslachen (Z. 64)*

Für die Diskussion förderlich:
- *Fragen stellen („‚Müssen wir tanzen?'", Z. 16f.)*
- *einen konkreten Vorschlag machen („Wir könnten ja was spielen'", Z. 28f.)*
- *sich ausdrücklich einer Meinung anschließen („‚I – i – ich bin Noras Meinung'", Z. 65)*

b) Das Verhalten der Lehrerin ist unterschiedlich zu bewerten. Einerseits zeigt sie sich sehr souverän und lässt sich nicht provozieren (Z. 10f.) bzw. aus dem Konzept bringen, andererseits unterbindet sie die massiven Störungen des Klassengesprächs durch die beiden Klassenclowns Tobbe und Emil (Z. 47ff.) nicht energisch genug und lässt es zu, dass der gelegentlich stotternde Schüler Jonas von der Klasse ausgelacht wird (Z. 68ff.). Bei der Ich-Erzählerin entsteht der Eindruck, die Lehrerin fände die Stunde nicht so wichtig (Z. 44f.).

4 *a/b) Das Erarbeiten der Begründungen bereitet die anschließende Diskussion vor.*

5 *Die Aufgaben des Diskussionsleiters lassen sich kurz an der Tafel zusammenfassen:*
- *Die einzelnen Teilnehmer um ihren Diskussionsbeitrag bitten (Reihenfolge nach Eingang der Wortmeldungen)*
- *Jeden zu Wort kommen lassen*
- *Auf die Einhaltung der Diskussionsregeln achten*

Die Verschriftlichung auf Zettel dient der fundierten Vorbereitung der Diskussion. Damit wird vermieden, dass die Diskussion nur schleppend anläuft oder sich nur wenige Schülerinnen und Schüler beteiligen. Jeder hat Argumente parat und kann diese in die Diskussion einbringen.

6 *Indem eine andere Perspektive eingenommen wird, können die Schülerinnen und Schüler eigene Beurteilungen von Gesprächsverhalten einfließen lassen. Hier bekommen sie auch Gelegenheit, weitere Störungen zu beschreiben, die sie selbst häufig ablehnen. Mitunter äußern Schülerinnen und Schüler, dass Lehrkräfte viel zu wenig „sehen", viel zu wenig bemerken würden.*

S. 35

Anne Maar

Der Sprung ins Wasser

Der gekürzte Text schildert die Situation des Mädchens Eva, das Angst vor Wasser hat und nicht mehr gerne in die Schule geht, seit im Sportunterricht Schwimmen auf dem Plan steht. Sie ist eigentlich ein recht sportliches und selbstbewusstes Mädchen; seit aber ihre Angst vor Wasser bekannt wurde, gilt sie als „wasserscheu" und wird im Schwimmunterricht von ihren Mitschülern regelmäßig geärgert. Eva überlegt sich bereits morgens Ausreden, um an diesen Tagen nicht zur Schule gehen zu müssen. Sie kommt in eine verzwickte Lage, als sie vom Sprungbrett in das Becken springen soll und sowohl Mitschüler wie Lehrerin sie zum Springen auffordern oder sich über sie lustig machen. Eva steht vor einer schwierigen Situation: Wird ihre Angst vor dem Wasser siegen oder wird sie diese überwinden und damit den Hänseleien ein Ende setzen? Wird Eva springen?

Hierzu wird auf den Seiten 48 bis 53 **Material zur Leistungsdifferenzierung** angeboten.

1 *Die Aufgabe kann mündlich oder schriftlich erfolgen. Der Originalschluss der Geschichte findet sich auf Seite 271 im Schülerbuch.*

2 a) *Mögliche Beschreibungen und Beispiele für Evas Ängste:*

Angst vor Wasser:

- *Eva ist es kalt, sie hat eine Gänsehaut, ihre Zähne schlagen aufeinander. (Z. 23ff.)*
- *Als Jessica sie einmal im Spaß tunkte, schlug sie völlig panisch um sich und musste dabei vor Schreck weinen. (Z. 36ff.)*
- *Sie traut sich nicht einmal, die Haltebügel loszulassen. Sie will nicht bis zum Brettende gehen. Sie traut sich nicht, in das Schwimmbecken zu springen. (Z. 53ff.)*
- *Eva geht nur ein winziges Schrittchen vor. (Z. 89f.)*
- *Eva geht mit klopfendem Herzen langsam nach vorne. (Z. 110ff.)*
- *Eva zittert vor Kälte und Angst. (Z. 112f.)*

Angst, sich vor der Klasse zu blamieren:

- *Sie traut sich nicht mehr, zu spät zum Schwimmbad zu kommen. (Z. 18f.)*
- *Sie antwortet ihren Mitschüler/innen und der Lehrerin nicht. (Z. 53ff., 74ff.)*
- *Sie spricht nicht über ihre Angst. (Z. 29ff.)*
- *Sie versucht, ihre Angst vor dem Sprung zu überwinden. (Z. 95, 113)*
- *Sie kehrt nicht um, obwohl Frau Vogt ihr diese Möglichkeit angeboten hat. (Z. 70ff.)*

b) *Evas Vermeidungsstrategien:*

- *Eva kommt am Mittwochmorgen kaum noch aus dem Bett. (Z. 5f.)*
- *Sie täuscht Krankheit vor. (Z. 7ff.)*
- *Sie ging einmal so langsam zur Haltestelle, dass sie den Bus verpasste. (Z. 12ff.)*
- *Sie stellte sich am Anfang des Schuljahres an das Ende der Reihe oder musste angeblich dringend aufs Klo, wenn eine Übung im Wasser gemacht werden sollte. (Z. 31ff.)*
- *Sie sagt „gleich" und geht nicht weiter. (Z. 27f.)*
- *Sie geht nur ganz langsam auf das Wasser zu. (Z. 110ff.)*

3 *Mögliche Beispiele:*

Person	Vorwurf	Kommentar	Zeilenangabe
Stefanie	Eva ist überängstlich.	„Mach schon, du Angsthase."	Z. 48
Stefanie	Eva verzögert den Ablauf.	„Oder willst du da oben übernachten?!"	Z. 69
Fr. Vogt	Eva verzögert den Ablauf.	„Wir können doch nicht ewig warten."	Z. 70
Jana	Eva kann sich nicht zusammenreißen/kann nichts.	„Mein Gott, die schafft es auch nicht, einfach wieder runterzukommen."	Z. 77/78
Stefanie	Eva braucht Hilfe.	„Pass auf, am Ende müssen wir sie da oben noch zwangsernähren."	Z. 80/81
Jessica	Eva braucht Hilfe.	„Oder mit einem Kran runterholen."	Z. 83
Stefanie	Eva stellt sich an, ihr Verhalten ist „doof".	„Mann, sie kann sich ja noch bewegen!" „Ich dachte schon, sie wäre zur Salzsäule erstarrt."	Z. 99–101
Jessica	Eva stellt sich an, ihr Verhalten ist „doof".	„Ein Wunder!"	Z. 102
Stefanie	Eva stellt sich an, ihr Verhalten ist „doof".	„Total uncool."	Z. 104

4 *In einem Streitgespräch vertreten mindestens zwei Personen gegensätzliche Meinungen. An diesem Text sollte die Funktion von Körpersprache als ein Mittel zum Verdeutlichen einer Einstellung erkannt und herausgearbeitet werden. Am Anfang der Schwimmbadszene antwortet Eva auf die Aufforderung von Jessica, endlich zu springen, mit „gleich" (Z. 27). Sie zeigt ihre Einstellung durch ihr körperliches Verhalten:*

- *Die Klasse will, dass Eva schnell vom Brett ins Wasser springt, aber Eva springt nicht.*
- *Sie antwortet danach nicht mehr, was einer Verweigerungshaltung gleichkommt.*
- *Frau Vogt möchte, dass sie sich beeilt, aber Eva bewegt sich nicht.*

- *Nachdem die anderen Schülerinnen sie ignorieren, geht sie langsam auf das Ende des Brettes zu.*
- *Sie reagiert auf die Hänseleien mit geballten Fäusten.*

5 *Hier können die Kompetenzen, sich in Gruppengesprächen zielorientiert einzubringen und dabei an Gesprächsregeln halten und diese reflektieren zu müssen, weiter geübt und vertieft werden.*

6 *Die Aufgabe ergibt sich aus der intensiven Vorarbeit. Die Schülerinnen und Schüler müssen die folgenden Überlegungen mit einbeziehen:*
- *Evas Ängste beschreiben*
- *Die Gängeleien der Mitschülerinnen benennen und bewerten*
- *Das Verhalten der Lehrerin benennen*
- *Evas Entscheidung begründen: Eva ist aus Angst nicht gesprungen (die Angst vor dem Wasser war stärker) oder Eva ist gesprungen (die Angst vor weiteren Hänseleien und ihre Wut waren stärker)*
- *Formulieren, wie sich Eva nach ihrer Entscheidung fühlt*

An dieser Stelle bietet sich das Üben von Satzkonstruktionen mit Konjunktionen an (weil, denn, da, sodass, deshalb ...).
Bei der Textverfassung am Computer ist auch die Nutzung typischer Formate der digitalen Textverarbeitung wie Icons und Abkürzungen (mb = mail back) möglich.

7 *a) Präsens (Beispiel: „Seit diesem Sommer ist alles anders", Z. 1)*

b) Zwei Zeitformen der Vergangenheit, Präteritum und Perfekt, werden verwendet, weil in einer ersten Rückblende erzählt wird, welche Strategien sich Eva schon seit Anfang des Schuljahres überlegt, um dem Schwimmen zu entgehen.

c) Z. 29–47: Auch hier werden Vergangenheitsformen benutzt, Präteritum, Perfekt und Plusquamperfekt, um rückblickend weitere Situationen zu schildern, in denen Evas Angst vor dem Wasser für die Klasse und die Lehrerin erkennbar wurde. Evas Problem besteht schon länger, aber dafür ist noch keine Lösung gefunden worden.

2.3 Diskutieren und argumentieren üben

In diesem Teilkapitel geht es um Strategien der Beeinflussung. Der fachdidaktische Schwerpunkt liegt auf dem Verfassen von Anträgen. Dies ist ein mögliches Thema für eine Klassenarbeit.

S. 37

Prepaid-Karte oder Vertragshandy?

1 *a/b) Über dieses Thema sind Schülerinnen und Schüler in der Regel besser informiert als die Lehrkräfte. Die Schwierigkeit der Diskussion besteht darin, dass die Schülerinnen und Schüler in der Diskussion in ihrer Rolle als Vater, Mutter, Bruder oder Schwester nur eine Perspektive einnehmen können. Möglicherweise müssen sie gegen ihre eigene Überzeugung Argumente für die Rolle finden. Dies erfordert ein besonders gutes Diskussionsgeschick, die Argumente müssen sinnvoll miteinander verknüpft werden. Darüber hinaus sollten bereits Argumente gegen den Vorschlag der Gegenseite gesammelt werden, um in der Diskussion inhaltlich auf sie eingehen, sie „aushebeln" zu können. Vorab sollte in der Gruppe geklärt werden, welche Personen für welche Art von Handy sind. In der Einzelarbeit setzt sich jede Schülerin/jeder Schüler mit den passenden Argumenten auseinander. In der Partnerarbeit können sich die Paare (z. B. Eltern/Kinder) überlegen, welche Argumente sie verwenden wollen und wer welche Argumente vorbringt (Arbeitstechnik Argument-Karten siehe Schülerbuch S. 32).*

Beispiele für Argument-Karten:

Vater & Mutter

Für die Prepaid-Karte:	Gegen das Vertragshandy:
Kostet keine Gebühren	Feste Gebühren, auch wenn wenig telefoniert wird
Kann man sich schenken lassen (Geburtstag, Weihnachten ...)	Hohe Kosten, wenn die Kinder viel telefonieren

Bruder & Schwester

Für das Vertragshandy:	Gegen die Prepaid-Karte:
Man kann immer telefonieren (Notfall; Mitteilung, dass man später nach Hause kommt ...)	Ist möglicherweise nach zwei Wochen leer
Auch hier können Sperren eingebaut werden (z. B. 20 Euro/Monat)	Ist uncool (hat keiner mehr in der Klasse)

2 *a/b) Die Diskussionen sind daraufhin zu beobachten, ob die Kenntnisse und Kompetenzen der vorangegangenen Teilkapitel mit berücksichtigt und eingebracht werden.*
Diese Übung bietet sich als Lernzielkontrolle im Rahmen des mündlichen Aufgabentyps 3 mit dem Schwerpunkt „Gespräche führen" an (Kernlehrplan, S. 44). Die Kriterien für die Benotung werden mit den Schülerinnen und Schülern vorab besprochen. Sie ergeben sich aus den erarbeiteten Schwerpunkten der jeweiligen Klasse. Es sollte allen bekannt sein, dass eine Leistungsüberprüfung erfolgt.
Im Anschluss daran werden die Diskussionsbeiträge besprochen und möglicherweise benotet.

3 *Der Begriff „prepaid" kommt aus dem Englischen und bedeutet so viel wie „vorher bezahlt". Prepaid-Karten sind Chips für das Handy, die zu einem gewünschten Betrag gekauft werden, der dann je nach Bedarf abtelefoniert wird. Die Karte kann neu aufgeladen werden.*

S. 37

Antrag zum Fußballspielen auf dem Schulhof

1 *Dieser Antrag ist an folgenden Stellen nicht überzeugend:*
- *In Zeile 2 („In der Sporthalle ...") sind das angeführte Beispiel und die abgeleitete Begründung unpassend: Die Sporthalle ist ein Ort, der bewusst für Ballsportarten ausgelegt ist. Das trifft für den Schulhof nicht zu.*
- *In Zeile 3/4 („Wir wollen ... brauchen.") ist das Argument fadenscheinig: Man kann auch herumrennen und toben, ohne mit einem Fußball zu spielen.*
- *In Zeile 6/7 („Stillsitzen ... Spaß macht.") ist die Begründung unpassend: Stillsitzen hat nichts mit dem Fußballspielen zu tun. Stillsitzen wäre auch dann noch öde, wenn Fußballspielen weniger Spaß machen würde.*

2 *Mögliche Lösung:*
Antrag zum Fußballspielen auf dem Schulhof
Wir finden es ungerecht, dass wir auf dem Schulhof nicht Fußball spielen dürfen. Wir wollen in der Pause gerne diese Sportart ausüben, weil wir das Laufen und Balltreten als Abwechslung zum Unterricht brauchen. Man könnte auf dem Schulhof einen Bereich einzäunen, damit der Ball keine Unbeteiligten trifft. Wir könnten zusätzlich nur Schaumstoffbälle einsetzen, damit es keine Verletzungen gibt ...

S. 38 **Mehr Taschengeld?**

4 *Kriterien für die Bewertung:*
- *Anbringen echter Argumente (Stützung der Forderung durch Beispiele und Belege)*
- *Qualität der Argumente (lebensnah, realistisch)*
- *Anzahl der Argumente*
- *Verknüpfung der Argumente durch passende Gelenkwörter*
- *Reihenfolge der Argumente (das stärkste Argument steht am Ende)*
- *Vermeiden von Wiederholungen*
- *Sprachstil/Sprachrichtigkeit*

Differenzierung:
- *Mögliche Gegenargumente einbringen*
- *„Aushebeln" von Gegenargumenten*
- *Angebote/Kompromissvorschläge machen*
- *Lösungsvorschlag anbieten*

5 *Diesmal erfolgt die Überarbeitung in Einzelarbeit (Aufg. 3 – Schreibkonferenz), sie stellt eine Übung für die mögliche Klassenarbeit dar.*

Vorschläge für Übungen und Klassenarbeiten

Vorschlag 1: Eine E-Mail schreiben

Dieser Vorschlag kann auch als Erweiterung bzw. Variante des **Differenzierungsmaterials** 1/2, Aufgabe 3 a) auf Seite 51 oder als Ergänzung zum Differenzierungsmaterial 2/2, Aufgabe 4 auf Seite 53 verwendet werden.

1 *Nach der Schule tut Jessica ihr Verhalten leid. Sie möchte sich entschuldigen, aber Eva geht nicht ans Telefon. So schreibt sie ihr eine E-Mail.*
Schreibe Jessicas E-Mail an Eva. Begründe darin, wieso sie sich in der Schwimmstunde und auch schon früher so gemein Eva gegenüber verhalten hat. Stelle dar, warum sie ihr Verhalten bereut. Finde ein „Friedensangebot", mit dem Jessica Eva aufheitern kann.
So kannst du beginnen:

Hi Eva,
was heute beim Schwimmen passiert ist, tut mir total leid. Ich glaube, wir waren alle richtig fies zu dir, ich auch, dabei bin ich doch deine Freundin, oder? ...

1 *Die E-Mail sollte die Entwicklung des Konflikts und dessen Bewertung beinhalten. Dabei sollten das sprachliche Verhalten und die körpersprachlichen Signale berücksichtigt werden. Es muss überlegt werden, welches Verhalten Evas, welches der Klasse/der Lehrerin Jessica zu ihren Hänseleien herausgefordert hat. Zudem soll ein Lösungsansatz in Form des „Friedensangebots" gefunden werden.*
Kriterien der Bewertung:
- *Einhalten der Briefform/E-Mail-Form*
- *Textbezug*
- *Quantität der Argumente (mindestens drei)*
- *Qualität der Argumente*
- *Aufbau der „Erörterung"*
- *Angemessener Sprachstil*

Vorschlag 2: Überzeugungsstrategien untersuchen und bewerten

Siehe die **Kopiervorlage** „Ralf möchte seine Freunde selbst wählen" von Andreas R. Wosnitza, S. 46 f. Dieser Vorschlag ist eher für *leistungsstärkere* Schülerinnen und Schüler geeignet. Der Text eignet sich auch für ein Rollenspiel mit anschließender Bewertung der Darsteller/innen (Lösungen siehe S. 227 ff. und CD-ROM).

Weiteres Übungsmaterial

Übungen im **„Deutschbuch Arbeitsheft 6"**:
Zur Kommasetzung bei der schriftlichen Argumentation können folgende Übungen verwendet werden:
- Komma in Satzreihen, S. 47
- Komma in Satzgefügen, S. 48 f.
- Teste dich! Satzarten und Satzzeichen, S. 50

Unter www.cornelsen.de/deutschbuch-realschule und www.cornelsen.de/deutschbuch-gesamtschule finden Sie weitere Übungsmaterialien.

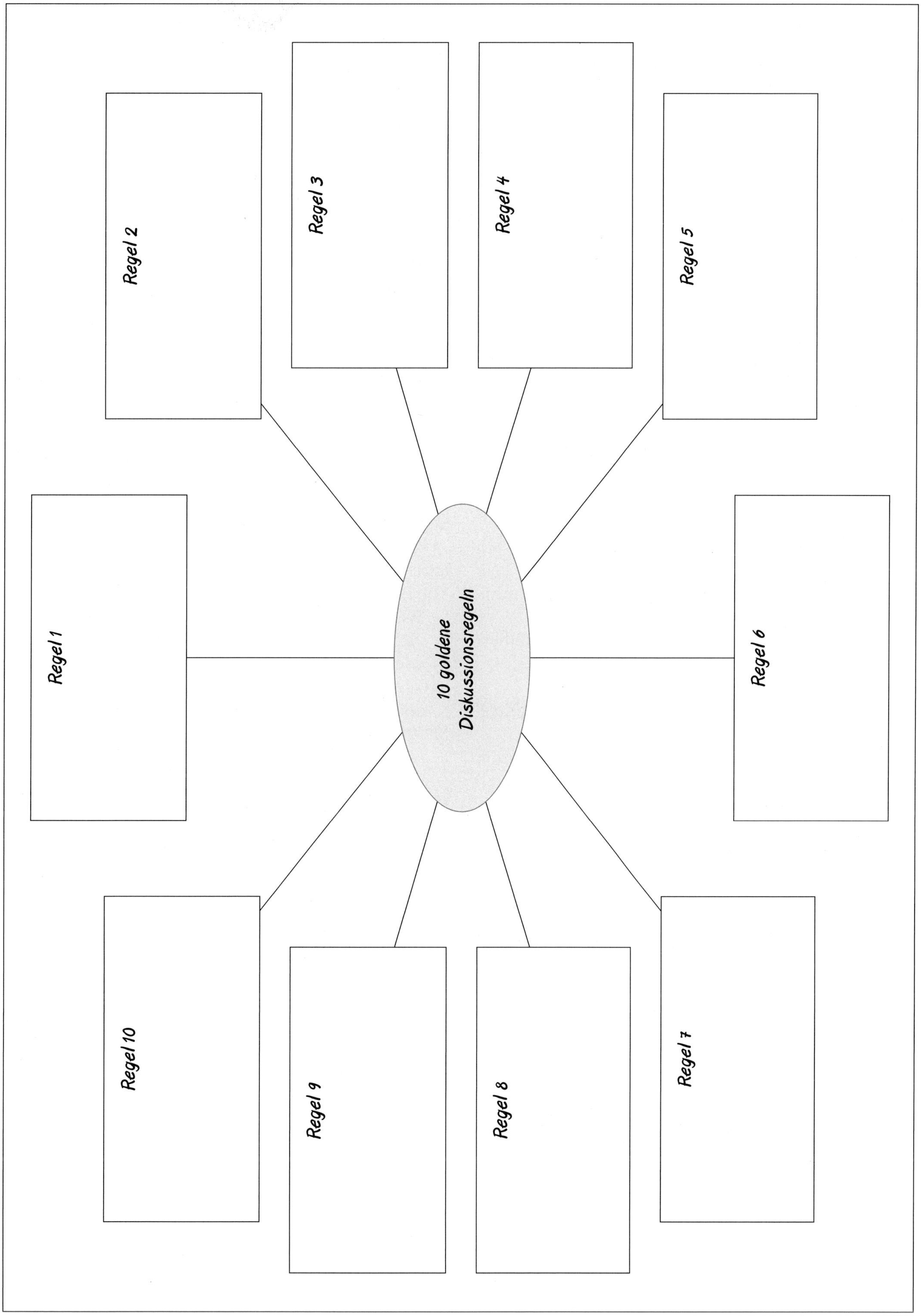

KOPIERVORLAGE

Andreas R. Wosnitza

Ralf möchte seine Freunde selbst wählen (1)

In Ralfs Zimmer. Draußen regnet es. Ralf und Jochen bauen eine Kissenlandschaft, um gleich mit einer wilden Indianerschlacht zu beginnen.

RALF: Hier Jochen, leg die zwei Kissen auf den Schreibtisch, das sind die Berge.

JOCHEN: Komische Berge.

RALF: Mensch, das musste dir so denken.

JOCHEN: Nehm'n wir se doch als Munition!

RALF: Nee, die beiden lieber nich, meine Mutter macht sonst Remmidemmi, die sind von der guten Sitzecke.

JOCHEN: Im Film war das ganz anders.

RALF: Is doch egal. Little Bick Horn sah in Wirklichkeit sicher auch anders aus als im Film!

JOCHEN: Im Garten war das viel besser.

RALF: Ich hab den Scheißregen doch nicht bestellt. Komm, du bist Schenerell Casta und ich Sitting Bull, o.k.?

JOCHEN: Na gut, gib mir die Fahne, damit muss ich doch mitten im Getümmel stehn.

RALF: Looos, Aaaangriff Uhuhuhuhu-aaa-uhhuhuhuaa. *(Kissen fliegen)*

MUTTER *(ruft aus der Küche)*: Raalf! Macht gefälligst nicht so einen Krach, sonst ist Schluss heute!

(Kampf geht weiter)

JOCHEN *(brüllt)*: Da, ihr dreckigen Hundesöhne! *(Schrei)*

RALF: Nich ins Gesicht ... Da, du weiße Ratte ... nimm das!

JOCHEN: Du Schwein, ich mach dich kalt.

(Kissen fliegen, Schreie, Stöhnen)

RALF: Hee, ich hab keine Kissen mehr, ich muss doch gewinnen.

JOCHEN: Nimm doch die Berge, du Kamel.

RALF: Uhhuhuhu-aauhuhhuhu, ihr weißen Schrottgesichter.

JOCHEN: Nimm das, du stinkender Sohn einer roten Hündin.

MUTTER *(dazwischen)*: He, Ruhe hier! Was ist denn das hier für eine schreckliche Streiterei!?

RALF: Oooch, wir machen doch 'ne Schlacht!

MUTTER: Schluss jetzt. Ich hab mir das eine Weile mit angehört. Mit Spielen hat das wohl überhaupt nichts mehr zu tun. Jochen, es ist wohl besser, wenn du nach Hause gehst.

RALF: Ooooch Mammiii!

MUTTER: Keine Widerrede und damit basta! Jochen, auf Wiedersehn!

JOCHEN: Auf Wiedersehn! ... Tschüss, bis morgen, Ralf. *(Türklappen)*

MUTTER: Morgen wirst du diesen Jochen nicht wieder treffen!

RALF: Oooch, wir wollten doch 'ne Radtour machen.

MUTTER: Aber mein Junge, das ist doch wirklich kein Umgang für dich.

RALF: Mit dem kann ich aber unheimlich gut spielen, der ist prima.

MUTTER: Spielen? Na, schau doch selbst, was er hier angerichtet hat. Das war doch wirklich nur Radau.

RALF: Wir wollten doch nur die Schlacht spielen, und da gehört das doch dazu.

MUTTER: Na, von alleine kommst du doch gar nicht auf solche Sachen. Du lässt dich immer leicht verführen. Ich will dir bei der Wahl deiner Freunde nicht hineinreden, aber manchmal muss ich dir doch helfen.

RALF: Das mit den Kissen war doch meine Idee.

MUTTER: Ich finde das ja richtig, dass du ihn verteidigst, aber würde er das auch für dich tun?

RALF: Jaa, ich glaube schon.

MUTTER: Na siehst du, du bist dir auch nicht sicher. Wer solche hässlichen Ausdrücke rumschreit, der passt doch nicht zu dir. Und so was möchte ich nie wieder hören.

RALF: Aber das gehört zum Kampf. Im Film war das auch so.

MUTTER: Das gehört nicht zum Kampf, und ich kann mir nicht vorstellen, dass das im Film gesagt wurde. Du willst doch kein Straßenjunge werden.

RALF: Nein ..., aber ...

MUTTER: Kein Aber, so etwas gehört sich nicht.

RALF: Aber Pappi hat doch neulich auch laut Scheiße gesagt. Bei dem Elfmeter im Fernsehn.

MUTTER *(ärgerlich)*: Du bist wohl nicht ganz bei Trost! Du kannst doch deinen Vater mit diesem Jungen nicht auf eine Stufe stellen!!

RALF: Nein, aber ...

MUTTER: Na also, du willst doch nicht behaupten, dass dein Vater mit solchen Kraftausdrücken herumwirft wie dieser Jochen!

RALF: Aber das hat er doch gar nicht.

MUTTER: Siehst du, du merkst das schon gar nicht mehr. Höchste Zeit, dass dir das mal jemand sagt, sonst hast du später Schwierigkeiten.

RALF: Aach ...

MUTTER: So, und nun Schluss mit der Diskussion. Jetzt räum auf und dann zeigst du mir mal deine Hausaufgaben.

(aus: F. Hebel u. a.: Sprache in Situationen. Urban & Schwarzenberg, München/Berlin/Wien 1976, S. 77–79)

Andreas R. Wosnitza

Ralf möchte seine Freunde selbst wählen (2)

1 *Welche Absichten verfolgen Ralf und seine Mutter?*
a) Suche in diesem Gespräch Textstellen, an denen man deiner Meinung nach merkt, dass jemand einen anderen überzeugen oder aber überreden will.
b) Trage zu jeder Textstelle die Zeilenangaben ein.

Zeile	Textstelle

c) Begründe deine Entscheidungen.

2 *An welchen Stellen verhält sich ein Gesprächsteilnehmer deiner Ansicht nach unfair? Begründe deine Meinung.*

Anne Maar

Der Sprung ins Wasser (Schülerbuch, S. 35 f.)

Allgemeine Hinweise zum Einsatz der Differenzierungsmaterialien zum Textverstehen siehe Vorwort, S. 9 ff.

Vorschlag zum Unterrichtsverlauf (4 Unterrichtsstunden)

1. Einstieg (Gesamtgruppe)
Die vergrößerte Illustration aus dem Schulbuch, S. 35 wird auf Folie kopiert und an die Wand projiziert. Dabei wird die linke Bildhälfte abgedeckt. Die Schülerinnen und Schüler beschreiben die Person und interpretieren ihren Gesichtsausdruck sowie die Körperhaltung. Unterstützend kann gefragt werden: „Was drückt die Person mit Gesicht und Körper aus? Was fühlt / denkt die Person? Wo befindet sich die Person?“ Anschließend wird die linke Bildhälfte gezeigt. Die Schülerinnen und Schüler können an dieser Stelle vermuten, was dargestellt wird (Ungeheuer, Wassermasse o. Ä.) und wieso die Person auf diese Art und Weise reagiert. Anschließend soll eine passende Bildunterschrift für das Bild gefunden werden. Diese kann in kurzer Stillarbeit von den Schülerinnen und Schülern erarbeitet werden. Ausgewählte Vorschläge werden im Feld unter dem Bild notiert.

2. Erste Auseinandersetzung mit der Geschichte (Gesamtgruppe)
Nach diesem Einstieg wird die Geschichte gemeinsam gelesen. In einem sich anschließenden Gespräch kann der inhaltliche Zusammenhang zwischen Text und Illustration besprochen werden. Dabei ist es möglich, den Verlauf der Geschichte in groben Zügen nacherzählen zu lassen.

3. Einsatz des Differenzierungsmaterials

Textanalyse und Textverständnis (Einzel- oder Partnerarbeit)
Die Schülerinnen und Schüler bekommen zur Textanalyse und zum Textverstehen zwei verschiedene Angebote, die sie in Einzel- und Partnerarbeit bearbeiten können.
- *Differenzierungsmaterial 1* (S. 50 f.) ist für *leistungsstarke* Schülerinnen und Schüler gedacht,
- *Differenzierungsmaterial 2* (S. 52 f.) für *leistungsschwache.*

Vorstellen der Ergebnisse (Gesamtgruppe)
Um die Ereignisse der Erzählung in Erinnerung zu rufen, wird die Darstellung aus Evas Sicht vorgelesen; außerdem werden Unterschiede zum Buchtext benannt (S. 52, Aufgabe 1, Differenzierungsmaterialien für *Leistungsschwache*). Textstellen mit Zeilenangaben können zum Beleg vorgelesen werden. In einem Perspektivenwechsel lesen die Schülerinnen und Schüler nun die Gedanken und Gefühle vor, die Eva auf dem Sprungbrett hat (S. 53, Aufgabe 3, Differenzierungsmaterialien für *Leistungsschwache*). Hierzu können Schülerinnen und Schüler ihre eigene Meinung vortragen (S. 51, Aufgabe 3, Differenzierungsmaterialien für *Leistungsstarke*). Dies kann Ausgangspunkt für eine Diskussion über Evas Verhalten und ihre Angst sein. Abschließend können die Parallelgeschichten, die zum Thema „Angst“ entstanden sind, vorgelesen werden (S. 51, Aufgabe 4, Differenzierungsmaterialien für *Leistungsstarke*).

Lösungen siehe S. 227 ff. und CD-ROM.

Anne Maar

Der Sprung ins Wasser

Diese Bildunterschrift könnte das Bild haben:

Anne Maar

Der Sprung ins Wasser (1)

1 a) *Schreibe in dein Heft einen kurzen Text über „Evas Angst", in dem du ihr Verhalten beschreibst und die Szene im Schwimmbad darstellst. So könntest du beginnen:*
Seitdem Eva Schwimmen statt Sport in der Schule hat, ist sie alles andere als glücklich.
Um nicht in die Schule gehen zu müssen ...

b) *Unterstreiche in deinem Text drei Sätze, die du mit Hilfe passender Textstellen belegst. Vergiss nicht, die Zeilen anzugeben! Beispiel für eine passende Textstelle für den unterstrichenen Satz von Aufgabe 1 a:*
„Da haben sie nämlich plötzlich Schwimmen und keinen Sport mehr. Und seitdem geht Eva nicht mehr so gern zur Schule." (Z. 2 – 5).

2 a) *Stell dir vor, Eva nimmt nach der Szene im Schwimmbad all ihren Mut zusammen und stellt ihre Klassenkameradinnen Jessica, Stefanie und Jana am nächsten Tag zur Rede. Schreibe gemeinsam mit anderen Mitschülerinnen/Mitschülern ein Rollenspiel und berücksichtige dabei die Informationen aus dem Text.*

b) *Spielt der Klasse euer Rollenspiel vor.*

Eva: *Hallo! Kann ich mal kurz mit euch reden?*

Jessica: *Was ist denn?*

Eva: *Ich wollte mit euch über die Sache im Schwimmunterricht sprechen.*

Stefanie: *Ja, das war echt total uncool! Du bist so ein Angsthase!*

Jana: ______________________________

DIFFERENZIERUNGSMATERIAL 1/1

Anne Maar

Der Sprung ins Wasser (2)

3 a) *Wie findest du das Verhalten von Eva im Schwimmunterricht? Kannst du es nachvollziehen oder hättest du dich anders verhalten? Schreibe deine eigene Meinung auf und begründe sie. Diese Formulierungen können dir dabei helfen:*
Ich finde .../Meiner Meinung nach .../Ich bin der Meinung .../Ich denke .../Auf der einen Seite ist es verständlich, dass .../Auf der anderen Seite fällt es mir schwer zu verstehen, warum .../einerseits ... andererseits .../Zunächst .../Außerdem .../Abschließend finde ich ...

b) *Tausche dich mit deiner Lernpartnerin/deinem Lernpartner aus, indem ihr euch gegenseitig eure Texte vorlest. Schreibt Gemeinsamkeiten und Unterschiede in Stichworten auf.*

Meine Meinung zu Evas Verhalten im Schwimmunterricht

4 *Schreibe eine eigene Geschichte, in der ein Kind große Angst vor etwas oder jemandem überwinden muss. Du kannst eines der folgenden Themen wählen oder dir ein eigenes ausdenken:*

Tom hat plötzlich Musik statt Kunst in der Schule und ist total unmusikalisch
Katja kann nur zu Hause übernachten. Jetzt fährt sie das erste Mal mit ihrer Klasse auf Klassenfahrt
Nicola hat große Angst vor dem Hund des Nachbarn. Beim Spielen landet ihr Ball im Nachbarsgarten

Anne Maar

Der Sprung ins Wasser (1)

1 *Eva erzählt am nächsten Tag von ihrem Erlebnis im Schwimmbad. Einiges gibt sie aber nicht so wieder, wie es in der Geschichte steht. Unterstreiche wie im Beispiel vier weitere Textstellen, die Eva anders erzählt. Wenn du die Geschichte noch einmal aufmerksam durchliest, wird dir die Antwort leichter fallen. Zur Hilfe kannst du dir Notizen an den Rand machen.*

„Seit dem Sommer hat sich einiges verändert in meiner Schule. Wir haben zusätzlich zum normalen Sportunterricht Schwimmen bekommen. Da ich ziemliche Angst vor dem Wasser habe, gehe ich seitdem nicht mehr gerne zur Schule. Vor allem am Donnerstag versuche ich eine Krankheit vorzutäuschen, damit ich nicht zur Schule muss. Jetzt traue ich mich auch nicht mehr zu spät zu kommen, da dann die anderen Mädchen sagen, dass ich mich nur drücken will. Einmal hat mich Jana im Spaß ins Wasser getunkt und da habe ich wie wild um mich geschlagen. Leider haben dann alle gewusst, dass ich Angst vor dem Wasser habe. Seitdem sagt Jana immer: „Frau Vogt, das kann uns doch Eva zeigen!" Das ist so gemein!

Nein! Statt Sport gibt es Schwimmen!

Gestern hatte ich wieder einmal große Angst im Schwimmunterricht. Ich stand oben auf dem Brett und sollte ins Wasser springen. Unten saßen die anderen Mädchen und forderten mich zum Springen auf. Meine Lehrerin hatte keine Ahnung, dass ich wasserscheu bin, und wollte deshalb, dass ich mich nicht so anstelle. Immer wieder riefen die Mädchen zu mir hoch. Zu allem Überfluss fingen auch noch Jessica und Stefanie an miteinander zu tuscheln. Schließlich habe ich mich getraut, einen winzigen Schritt weiter nach vorne zu gehen. Immerhin wollte Stefanie keine Wetten abschließen, ob ich springe oder nicht."

2 a) *Unterstreiche im folgenden Textausschnitt die Prädikate. Setze den Text vom Präsens ins Präteritum und schreibe ihn in den Kasten daneben. Unterstreiche auch hier die Prädikate.*
b) *Finde eine passende Zwischenüberschrift für diesen Abschnitt.*

Eva starrt gebannt auf das Brettende vor sich und lässt mit einer Hand den Haltebügel los. Das Brett ist glitschig und wippt ganz leicht auf und nieder. Eva geht ein winziges Schrittchen nach vorne. Unten scheint es keiner zu bemerken. Die Mädchen haben schon wieder das Interesse an ihrem Scheitern verloren und besprechen wahrscheinlich, was sie am Nachmittag unternehmen werden (Z. 86–94).	*Zwischenüberschrift:* *Eva **starrte** gebannt auf das Brettende …*

DIFFERENZIERUNGSMATERIAL 2/1

Anne Maar

Der Sprung ins Wasser (2)

3 *Versetze dich in die Lage von Eva, die oben auf dem Sprungbrett steht. Welche Gedanken gehen ihr wohl durch den Kopf? Schreibe sie auf.*

4 *Jessica und Stephanie haben wie die anderen Mädchen und Frau Vogt die Szene im Schwimmbad vermutlich anders erlebt als Eva. Wähle eine Person aus und schreibe aus ihrer Sicht.*

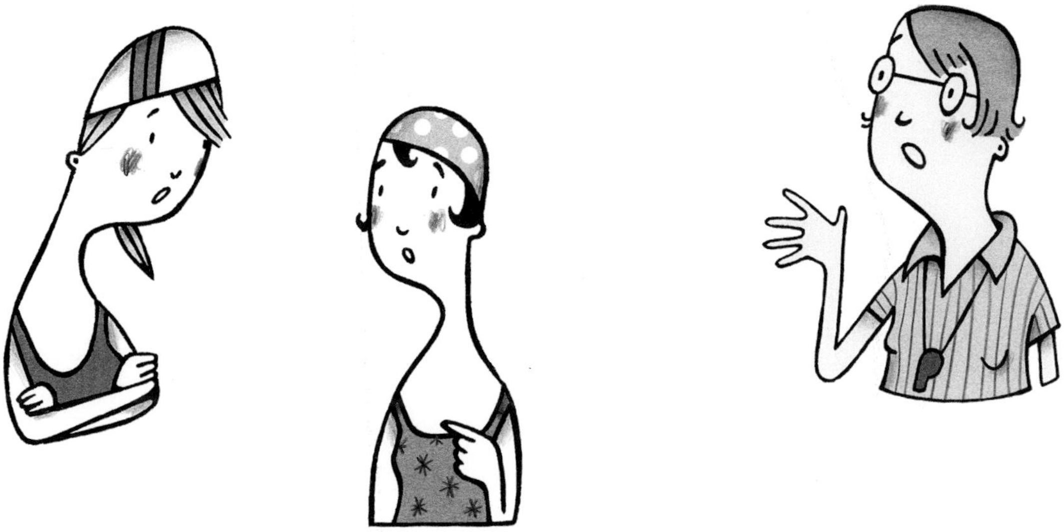

3 Wir sind mobil – Berichten und appellieren

Konzeption des Gesamtkapitels

Über ein Ereignis genau, sachlich und klar gegliedert zu informieren, fällt Schülerinnen und Schülern der Klasse 6 z. T. nicht leicht. Zu sehr ist ihre Alltagskommunikation noch von ausmalendem, ausladendem und oft auch unstrukturiertem Erzählen geprägt. Das Berichten mit seinen Anforderungen der Verknappung und Informationsverdichtung, der tatsachenorientierten und möglichst objektiven, auf persönliche Resonanz verzichtenden Darstellung muss vom Erzählen unterschieden und dann Schritt für Schritt erarbeitet werden.
Das erste Teilkapitel **(„Glück gehabt – Von Unfällen berichten")** vergegenwärtigt nicht nur die für die Altersstufe typische Erzählhaltung, sondern grenzt auch das Berichten davon ab. An Bilderfolgen, kontinuierlichen und diskontinuierlichen Texten wird die Funktion des Berichtens geklärt. Sowohl analytische Fähigkeiten als auch Schreibkompetenzen werden aufgebaut.
Im zweiten Teilkapitel **(„Klassenfahrten – Lesenswerte Berichte")** steht das Berichten über Klassenfahrten im Zentrum. Der motivationale Aspekt, der von diesem Thema ausgeht, kann dazu genutzt werden, längere Texte auf berichtende Elemente hin zu untersuchen. Historische und aktuelle Berichte über Klassenfahrten sowie Jugendherbergsbesuche im Erfahrungsbericht laden zur Nachahmung ein. Schülerinnen und Schüler erfahren, dass das Berichten in verschiedenen Textsorten eine Rolle spielen kann.
Im dritten Teilkapitel **(„Projekt: Unfälle vermeiden, appellieren")** werden die Schülerinnen und Schüler eingeladen, das Gelernte in einem Projekt zusammenzutragen und weiterzuverwenden. Die Verkehrssicherheit von Radfahrern bildet den Kern eigener Ermittlungen, die schließlich zu berichtenden bzw. informierenden Präsentationsergebnissen umgewandelt werden sollen. Der appellative Charakter von Sicherheits-Plakaten im Verkehr wird hierbei exemplarisch untersucht und für eigene Produktionen genutzt.

Literaturhinweise

Berger, Dietrich / Kienzler, Manfred: Deutsch. Aufsatz (Reihe „Pocket Teacher"). Cornelsen Scriptor, Berlin 1997

Berichten. Praxis Deutsch 195 / 2006

Kuhlmann, Matthias: Besser in Deutsch. Aufsatz 5./6. Schuljahr. Cornelsen Scriptor, Berlin 1993 (besonders das Kapitel „Berichten", S. 60–78)

	Inhalte	Kompetenzen
S. 39	**3.1 Glück gehabt – Von Unfällen berichten**	Die Schülerinnen und Schüler können – Adressaten, Funktionen und Eigenschaften von (Unfall-)Berichten nennen
S. 40	**Ein Fahrradunfall**	– die wesentlichen Merkmale eines Berichts nennen – anhand der W-Fragen über einen Fahrradunfall berichten
S. 42	**Eigentlich ist Fahrradfahren auf dem Schulhof ...**	– den „Bericht-Plan“ als Schreibhilfe nutzen – aus Zeugenbefragungen die notwendigen Sachinformationen zum Ausfüllen eines Unfallformulars ermitteln
S. 43	**Berichten nach Plan**	
S. 44	**Unfallbericht für die Versicherung**	– sich im Internet ein Unfallformular besorgen und dieses sachgerecht ausfüllen
S. 45	**Verunglückt in der Schule**	– einen diskontinuierlichen Text über Schulunfälle auswerten
S. 46	**3.2 Klassenfahrten – Lesenswerte Berichte**	– einen historischen Bericht über eine Klassenfahrt untersuchen und als Schreibanlass nutzen
S. 46	**Auf nach Lauscha!**	– unterschiedliche Berichte über Klassenfahrten auf die Merkmale eines Berichts hin untersuchen, Mängel feststellen und begründen
S. 47	**Die schnellste Schnecke im Watt**	– Berichte anhand einer selbst erstellten Mängelliste in Teamarbeit bearbeiten oder umschreiben
S. 49	**Erfahrungsbericht „Jugendherberge“**	– Informationen aus einem deskriptiven Text in ein Formular übertragen – Vor- und Nachteile von Erfahrungsberichten über Jugendherbergsaufenthalte benennen – eigene Erfahrungsberichte anfertigen
S. 51	**3.3 Projekt: Unfälle vermeiden, appellieren**	– sich mit dem Ablauf eines Projekts vertraut machen – mit Hilfe unterschiedlicher Fragestellungen Material für eine Projektarbeit sammeln
S. 51	**Ein Projektfahrplan**	– Informationsmaterial auswerten und anschaulich präsentieren
S. 52	**Ein Plakat gestalten**	– den appellativen Charakter eines Plakats anhand seines Aufbaus erläutern und die Erkenntnisse in eigenen Arbeiten anwenden

3.1 Glück gehabt – Von Unfällen berichten

S. 39

Auftaktseite

1 *Über den Weg der visuellen Impulsgebung beschreiben die Schülerinnen und Schüler Verkehrssituationen, die aus ihrer Lebenswirklichkeit stammen. Die hervorgerufenen Assoziationen können in Form eines Brainstormings zusammengetragen und schriftlich festgehalten werden. Auf diese Weise können sie später als Schreibanlässe für Berichte oder auch als Redeanlässe genutzt werden.*

2 *Ausgehend von den Abbildungen werden die Kinder über ihre eigenen Fortbewegungsmittel berichten. Hier kann auf zu stark emotionalisierte „Berichte" hingewiesen und zu sachlichen Formulierungen angehalten werden.*

3 *Ein sachliches Herangehen an das Thema „Nutzung von Fortbewegungsmitteln" bietet sich über eine Datenerhebung an, die in tabellarischer Form mit Strichlisten und Kurzkommentaren erfolgen kann, z. B.:*

Fortbewegungsmittel	Zweck	Häufigkeit	Anzahl
Fahrrad	Fahrt zur Schule	täglich	||||
Bus	Fahrt zur Schule	täglich	...
Inliner	Freizeit, Einkaufen	mehrmals wöchentlich	...
Skateboard	...	...	...
...	...	...	...

Die Datenerhebung kann auch auf die Parallelklassen ausgeweitet werden, um ein umfassendes Bild der Altersstufe zu erzielen. Eine mögliche Umwandlung der Strichliste in (Säulen- oder Torten-)Diagramme dient einer Vertiefung der Kenntnisse über die Visualisierung von Daten (siehe Deutschbuch 5, S. 226 u. 237).

Zusatzmaterial für leistungsstärkere Schülerinnen und Schüler siehe **Kopiervorlage** „Schülerunfälle 2004 nach Art der Verkehrsbeteiligung", S. 62 (Lösungen siehe S. 227 ff. und CD-ROM).

S. 40

Ein Fahrradunfall

1 *Die Bilderfolge verdeutlicht einen Fahrradunfall. Die W-Fragen lassen sich z. B. so beantworten:*

Wer?	zwei Schüler/innen, zwei Polizisten, ein Autofahrer, die Besatzung eines Rettungswagens
Wo?	Kreuzung „Manderscheiderstraße"/„Am Pixbusch"
Was?	Fahrrad-Unfall an einer Straßenkreuzung mit Beteiligung eines Autos
Wann?	Kann nicht genau ermittelt werden: vor Schulbeginn oder nach Schulschluss
Wie?	Schülerin überholt den anderen Radfahrer – Die Lenker verhaken sich – Schülerin stürzt und rutscht über die Kreuzung in ein entgegenkommendes Auto – Abtransport ins Krankenhaus – Zwei Polizisten befragen Auto- und Radfahrer und notieren den Unfallhergang

2 *Nachdem die Schülerinnen und Schüler die Befragung durch die Polizei gelesen haben, stellen sie das Gespräch nach. Die Zweiergruppen müssen genügend Zeit zur Weiterentwicklung der Befragung haben (Alter von Ela; Anschrift der Eltern; evtl. Mitschuld am Unfall etc.). Auf unwichtige Details (Pausenbrot, Riesenhunger) kann bereits bei der Lektüre der Befragung eingegangen werden.*

3 *Die Übung leitet zum mündlichen Berichten an und bereitet den schriftlichen Bericht vor. Hier sollte bereits auf die Merkmale des Berichts eingegangen werden. Der Merkkasten kann als Checkliste genutzt werden.*

4 *a/b) Die Schülerinnen und Schüler fassen in einem schriftlichen Bericht die wesentlichen Aspekte des Unfallgeschehens zusammen und nehmen dabei den Merkkasten zu Hilfe.*

5 *Bis auf die Frage nach dem Ort werden alle Fragen ausreichend beantwortet. Die Ortsangabe „in Höhe der Kreuzung Manderscheiderstraße“ müsste durch den Namen der kreuzenden Straße „Am Pixbusch“ ergänzt werden.*

S. 42

Eigentlich ist Fahrradfahren auf dem Schulhof ...

1 *Diese Aufgabe bietet die Möglichkeit zum mündlichen Berichten. Es ist strikt nach dem Merkkasten „Ein Bericht“ vorzugehen und darauf zu achten, dass unsachliche Zusatzkommentare unterbleiben.*

2 *a/b) In den Berichten sind auf jeden Fall für den Unfallhergang unerhebliche Details und Umgangssprache zu vermeiden (was total Blödes; wie immer kurz vor knapp … gedüst; Wahnsinnstempo; zack; auf jeden Fall; trotzdem bekam Svenja … richtig Ärger und musste sich … entschuldigen; wird … langsamer fahren). Die Schülerergebnisse können ausgetauscht und durch Textüberarbeitung (Schülerbuch, S. 268 f.) optimiert werden.*

S. 43

Berichten nach Plan

1 *Beispiel für eine Lösung:*
Am 13. Mai 2007 ereignete sich um 15:10 Uhr ein Unfall in der Goethestraße. Zusammen mit seinen Freunden spielte Marc auf dem Gehweg Inliner-Fußball. Als Marc den Fußball, der auf die Fahrbahn gesprungen war, zurückholen wollte, rannte er in einen vorbeifahrenden Pkw und wurde leicht verletzt. Der Pkw hatte Kratzer an der Stoßstange.

2 *a/b) Diese Aufgabe ist für Computerarbeit geeignet. Die Aufforderung, einen kurzen Bericht am PC zu schreiben, trainiert den Umgang mit diesem Medium und das Ergebnis kommt – bei entsprechender Bearbeitung – einer Zeitungsmeldung gleich. Bei der Textüberarbeitung müssen strikt die Regeln zum Abfassen eines Berichts beachtet werden.*

S. 44

Unfallbericht für die Versicherung

1 *Durch das Herunterladen des Unfallformulars trainieren die Schülerinnen und Schüler den sinnvollen Umgang mit dem Internet und lernen, dessen Angebote gezielt für den Alltag zu nutzen.*

Siehe hierzu die **Kopiervorlage** „Unfallanzeige“, S. 63 (Lösungen siehe S. 227 ff. und CD-ROM). Beim Ausfüllen des Formulars werden die Schülerinnen und Schüler noch offene Fragen haben (Nachname, Geburtsdatum, Anschrift, Unfallzeitpunkt etc.). Diese können – zum Unfallgeschehen passend – von der Lerngruppe erfunden werden. Wesentlich ist die Schilderung des Unfallhergangs.

S. 45

Verunglückt in der Schule

1 *Die Aussagen können in Partnerarbeit korrigiert werden:*
- *Falsch: Die Grafik enthält ein Säulen- und ein Balkendiagramm.*
- *Richtig: Vergleich Unfälle per Mofa/Motorrad und zu Fuß.*
- *Falsch: In der Pause passieren mehr Unfälle (328 200) als auf dem Schulweg (127 800).*

2 *a/b) Mit dem Fahrrad passieren mehr Unfälle; Mofa und Motorrad werden von weniger Schülerinnen und Schülern benutzt, daher gibt es mit diesem Verkehrsmittel weniger Unfälle. – Bei dieser Gelegenheit kann darauf aufmerksam gemacht werden, dass die Aussagefähigkeit von Diagrammen begrenzt ist und auf keinen Fall voreilig Schlüsse gezogen werden dürfen.*

3 *a/b) Schülerinnen und Schüler, die nicht an einem Schulunfall beteiligt oder dabei anwesend waren, können solchen Gruppen zugeordnet werden, in denen ein Mitglied von einem miterlebten Unfallgeschehen erzählt. Dieses wird dann von der Gruppe aufgeschrieben und anschließend anhand des Merkkastens zu den W-Fragen auf Seite 43 im Schülerbuch inhaltlich überarbeitet. Daneben sollte die Überprüfung von Rechtschreibung und Zeichensetzung (Fehlerbogen, S. 206 im Schülerbuch) nicht vergessen werden.*

3.2 Klassenfahrten – Lesenswerte Berichte

S. 46

Auf nach Lauscha!

1 *Die mittelalterliche Stadt Naumburg liegt in Mitteldeutschland, in Thüringen (an der Straße der Romantik, etwa in der Mitte der Strecke Halle – Erfurt). Das bedeutendste Bauwerk ist der Naumburger Dom.*

2 *Es handelt sich um einen Bericht: Die Beantwortung der W-Fragen ist möglich, die Sprache ist überwiegend sachlich, der Text ist im Präteritum abgefasst.*

3 *Die Klassenfahrt hat vom 12. bis 19. Juni 1938 stattgefunden. Eine ungefähre zeitliche Festlegung kann eventuell mit Hilfestellung der Lehrkraft anhand der Textstellen „frei von allen Zwängen" und „marschierten nicht in Reih und Glied" (Z. 15f.) gefunden werden. Die selbstverständliche Einhaltung der Disziplin (Z. 15) und auch Formulierungen wie „in loser Ordnung" (Z. 16), „das Kameradschaftliche" (Z. 9), aber auch „Drahtweberei" (Z. 23) weisen auf eine Zeit vor der Gründung der Bundesrepublik hin. Allein die Erlaubnis, „nicht in Reih und Glied" zu wandern, die von dem Schreiber als besondere Freiheit und Freizügigkeit des Lehrers herausgestellt wird, entspricht nicht mehr unserem heutigen Empfinden.*

4 *Die Berichte können in Partner- oder Gruppenarbeit am PC erstellt, in Schreibkonferenzen (S. 268f.) überarbeitet und in der Klasse ausgehängt oder aber tatsächlich an die Homepageverwaltung der Gemeinde geschickt werden. Auch eine Veröffentlichung in einem größeren Rahmenprojekt „Zeitung an der Schule" wäre denkbar.*

S. 47

Die schnellste Schnecke im Watt

1 *Möglich ist auch, den Inhalt aller drei Berichte in einem einzigen Satz zusammenfassen zu lassen, z. B.:*
Schüler berichten über einen Tag während ihrer Klassenfahrt auf die Insel Sylt.

2 *Tagesablauf des 23. August (Vorschlag für ein Tafelbild):*

Uhrzeit	Aktivität
06:30 Uhr	Frühsport (freiwillig)
07:00 Uhr	Aufstehen
07:30 Uhr	Frühstück
09:00 Uhr	Wattwanderung
11:30 Uhr	Rückkehr zur Jugendherberge
12:00 Uhr	Mittagessen
13:30 Uhr	Besuch des Informationszentrums Wattenmeer
15:00 Uhr	Rückkehr zur Jugendherberge
15:00 – 17:00 Uhr	Sport am Strand
17:00 Uhr	Rückkehr zur Jugendherberge
18:00 Uhr	Abendessen
19:30 Uhr	Spieleabend
22:00 Uhr	Bettruhe

3 *a) Es können drei Gruppen gebildet werden, die jeweils einen Text auf die Fragen hin untersuchen; anschließend werden die Ergebnisse im Plenum zusammengefasst. Beispiel für eine Lösung:*
- *In den drei Berichten werden alle nötigen Informationen gegeben.*
- *Alle wichtigen Angaben sind vorhanden.*

- *Die zeitliche Reihenfolge stimmt.*
- *Überflüssiges gibt es z. B. in:*
  ***Text 1:** „Nadine und Deniz hätten beinahe verschlafen" (Z. 5); „machte Michael noch Spiele mit uns. Beim Bockspringen ..." (Z. 11)*
  ***Text 2:** „Der Fußmarsch am Strand entlang ... war mühsam." (Z. 8)*
  ***Text 3:** „Nachdem ich meine Badehose endlich gefunden hatte" (Z. 1); „Die Mädchen sammelten ..." (Z. 4)*

Mögliche Gliederung der Texte 1 und 3 in Absätze:

- *Text 1: neuer Abschnitt in Z. 7: „Um 09:00 Uhr gingen wir zu einer Wattwanderung."*
- *Text 3: neuer Abschnitt in Z. 5: „Gegen 17:00 Uhr packten wir unsere Sachen zusammen und eilten zurück."*

4 *„Bettruhe sollte um 22:00 Uhr sein": Der Konjunktiv „sollte" drückt hier aus, dass ab 22 Uhr zwar Bettruhe vorgesehen war, aber keiner daran dachte, sie auch einzuhalten.*

5 *a–c) Diese Aufgabe dient der Festigung des Gelernten (Wiederholung der Merkmale des Berichts, s. Merkkasten S. 41 im Schülerbuch). Im Sinne eines integrativen Deutschunterrichts können hier Übungen zu Bildung und Verwendung der Tempora, v. a. des Präteritums (Grammatiktraining, S. 180ff.), eingeflochten werden.*

S. 49

Erfahrungsbericht „Jugendherberge"

1 *a) Angaben zur Jugendherberge, Kriterien zur Beurteilung, Erfahrungsbericht*
b) Preis, Freizeitangebote
c) „Gesamtbewertung" oder „Empfehlenswert"

2
- *Angesprochene Punkte*
  Text 1: Nachtruhe, Frühstück, Zimmer, Preis
  Text 2: Verhältnis Preis – Leistung, Frühstück, Hilfsbereitschaft des Personals, Service, Verkehrsanbindung
- *Beantwortung der W-Fragen; mögliches Tafelbild:*

W-Fragen	Text 1	Text 2
Wer?	ich/Junge	ich/(vermutlich) Mädchen mit drei Freundinnen
Wo?	Jugendherberge in X	Jugendherberge in Y
Wann?	vor Kurzem	im August
Was (wird beurteilt)?	Frühstück; Nachtruhe; Zimmer; Preis	Frühstück; Service; Freundlichkeit des Personals; Verkehrsanbindung; Preis

- *Wünschenswerte Zusatzinformationen, z. B.:*
  Dauer des Aufenthalts, Verpflegung insgesamt (mit Mittag- und Abendessen), Freizeitangebote der JH, Ausstattung der Aufenthalts- und Speiseräume, Größe der JH/Gesamtbettenzahl, Größe und Beschaffenheit der Außenanlagen, Lage der JH/Entfernung von Ortsmitte, Art des Gebäudes (historisches Gebäude, Neubau)
- *Gliederung siehe oben (angesprochene Punkte)*
  Text 1: Einleitung – Nachtruhe, Frühstück ... – abschließende Beurteilung
  Text 2: Einleitung – Preis-Leistungs-Verhältnis ... abschließende Bemerkung zur Verkehrsanbindung, eine Beurteilung (des Preis-Leistungs-Verhältnisses) steht bereits nach dem einleitenden ersten Satz
- *Ausdrucksweise*
  Text 1: häufig Umgangssprache „durchmachen"; „quetschen"; Wiederholungen in Ausdruck und Satzbau in Zeile 4 und 6 („So gab es auch ..."), unvollständiger Satz in Zeile 9 („Aber selbst wenn – !")
  Text 2: sachlich, informativ mit in freundlichem Ton gehaltener Kritik; Umgangssprache lediglich in Zeile 7: „... haben ja auch was."

3 *a) Das Formular für interessierte Schulklassen kann auf der Grundlage der wünschenswerten Zusatzinformationen (siehe oben) erstellt werden; ein Formular für einzelne Besucher könnte z. B. Anzahl und Ausstattung von Einzel- oder Doppelzimmern berücksichtigen und besonders auf die Angebote zur Freizeitgestaltung eingehen.*

Zusatzmaterial mit Übungen zur Internetrecherche siehe die **Kopiervorlage** „Auf der Suche nach einer Jugendherberge", S. 64 (Lösungen siehe S. 227 ff. und CD-ROM).

3.3 Projekt: Unfälle vermeiden, appellieren

S. 51

Ein Projektfahrplan

1 *a) Die Untersuchungsergebnisse können mit ganz unterschiedlichen Methoden für eine Präsentation aufbereitet werden. Der Überlegung, ob die Ergebnisse in Tabellen, Grafiken oder Diagrammen dargestellt werden, sollte eine Begriffsdefinition vorausgehen, um eine genaue Unterscheidung z. B. zwischen Grafik und Diagramm sicherzustellen. Sehr gut geeignet ist hier die Arbeit am PC, soweit sich eine Arbeitsgruppe bilden lässt, deren Mitglieder die notwendigen Kenntnisse besitzen; aber auch das Zeichnen von Diagrammen per Hand, eine Fotocollage zu gefährlichen Verkehrssituationen, Skizzen von unübersichtlichen Kreuzungen in der Nähe der Schule, die Kennzeichnung der beobachteten Straßen auf einem Stadtplan könen in fachübergreifender Gruppenarbeit (Kunst, Mathematik, Verkehrsunterricht) geschehen.*
Die Beobachtungskriterien für die Wegeprotokolle können im Klassenplenum gemeinsam vorbereitet werden; zusätzlich zu den im Schülerbuch genannten Kriterien (gefährliche Kreuzungen, fehlende Ampeln …) sind z. B. scharfe Kurven, versteckte Ausfahrten, Bushaltestellen an Radwegen denkbar. Die Straßenangaben (auf Skizzen, Papierstreifen etc.) können zum Anlass für eine Rechtschreibübung verwendet werden: Groß- und Kleinschreibung, Getrennt- und Zusammenschreibung, Eigennamen.

Zusatzmaterial siehe **Kopiervorlage** „Radfahrer/innen im Straßenverkehr", S. 65. Weitere Merkmale für verkehrswidriges Verhalten von Radfahrern können im Klassenplenum zusammengetragen und in den Beobachtungsbogen handschriftlich oder auch am PC in die entsprechende Worddatei eingetragen werden.

S. 52

Ein Plakat gestalten

3 ***Abbildung***
Auffällig ist die Nahaufnahme mit der Kreideskizze des verunglückten Kindes unter dem Fahrrad; sie könnte als störend empfunden werden. In diesem Fall könnte nach einer Begründung für die Wahl der Nahaufnahme gesucht werden: Es geht nicht um einen bestimmten Autotyp, um einen bestimmten, tatsächlich stattgefundenen Unfall, sondern um eine typische, häufig anzutreffende Unfallsituation zwischen Kindern und erwachsenen Verkehrsteilnehmern.
Text
- *Aussagen: Alle 14 Minuten verunglückt ein Kind im Straßenverkehr. Es gilt, Leben zu schützen und Unfälle zu vermeiden. Aufgabe der Deutschen Verkehrswacht ist es, für die Sicherheit im Straßenverkehr zu sorgen.*
- *Appell: Aufruf zum Spenden – „Helfen Sie mit!"*
- *Satzarten: Aussage- und Aufforderungssätze*

Gestaltung
- *Bild und Text entsprechen sich (Unfallsituation; Unfälle vermeiden).*
- *Bildgröße und Textmenge lassen ein schnelles Erfassen der Aussage des Plakats zu; das Bild ruft Aufmerksamkeit hervor, die Überschrift des Plakats gibt eine dem Bild entsprechende aussagekräftige Kurzinformation; der Text unter dem Bild könnte auch mit Doppelpunkt vor „Die Sicherheit … ist unsere Aufgabe" oder aber mit Ausrufezeichen: „Leben schützen! Unfälle vermeiden!" geschrieben werden.*

Vorschläge für Übungen und Klassenarbeiten

Vorschlag 1: Anhand einer Bildergeschichte einen Unfallbericht schreiben

Siehe **Kopiervorlage** „Unfall beim Radfahren", S. 66 (Lösungen siehe S. 227 ff. und CD-ROM).
Dieses Angebot ist eher für *leistungsschwache Schülerinnen und Schüler* gedacht. Sie sollten zunächst das fehlende Bild durch eine Skizze ersetzen, die eine mögliche Unfallsituation zeigt, und erst anschließend zu schreiben beginnen. Dabei sollten sie vor allem darauf hingewiesen werden, dass der Bericht sachlich abzufassen ist.

Vorschlag 2: Einen Zeitungs-Unfallbericht auswerten und neu schreiben

Siehe **Kopiervorlage** „Beim ‚Bahn-Surfen' getötet", S. 67 (Lösungen siehe S. 227 ff. und CD-ROM).
Dieses Angebot ist eher für *leistungsstarke Schülerinnen und Schüler* gedacht. Wird der Zeitungsartikel nicht im Rahmen einer Klassenarbeit ausgewertet und für die Schülerzeitung neu geschrieben (Textkürzung, Änderung der Adressatengruppe), so ist im Rahmen einer Schreibkonferenz auch die Beteiligung Leistungsschwacher gut möglich.

Weiteres Übungsmaterial

Übungen im **„Deutschbuch Arbeitsheft 6"**:
- Berichten, S. 17
- Verben: Zeitformen (Tempus), S. 26 ff.

Die CD-ROM **„Deutschbuch 6 interaktiv"** bietet zum Bericht verschiedene Übungen im Rahmen einer Detektivhandlung (Synopse, S. 237 ff.).

Unter www.cornelsen.de/deutschbuch-realschule und www.cornelsen.de/deutschbuch-gesamtschule finden Sie weitere Übungsmaterialien.

Schülerunfälle 2004 nach Art der Verkehrsbeteiligung				
Art der Verkehrsbeteiligung		Anzahl	Anteil in %	
Ohne Verkehrsmittel	Fußgänger	5 850	9,9	9,9
Privates Verkehrsmittel	Fahrrad	27 058	45,6	77,7
	Motorisiertes Zweirad	5 081	8,6	
	Pkw	12 856	21,6	
	Sonstiges privates Verkehrsmittel inkl. ohne nähere Angaben	1139	1,9	
Öffentliches Verkehrsmittel	Schulbus	2 936	4,9	7,6
	Sonstiger Bus/ Sonstige öffentliche Verkehrsmittel	1168	2,0	
	Schienengebundenes Fahrzeug	399	0,7	
Sonstige		2 898	4,9	4,9
Insgesamt		59 384	100,0	100,0

(© Bundesverband Deutscher Omnibusunternehmer e. V., Reinhardtstraße 25, 10117 Berlin)

1 *Diese Statistik soll in der Schülerzeitung veröffentlicht werden. Schreibe den fehlenden Text dazu.*

UNFALLANZEIGE

für Kinder in Tageseinrichtungen, Schüler, Studierende

1 Name und Anschrift der Einrichtung (Tageseinrichtung, Schule, Hochschule)

2 Träger der Einrichtung

4 Empfänger

3 Unternehmensnummer des Unfallversicherungsträgers

5 Name, Vorname des Versicherten			**6** Geburtsdatum Tag Monat Jahr
7 Straße, Hausnummer		Postleitzahl	Ort
8 Geschlecht ☐ männlich ☐ weiblich	**9** Staatsangehörigkeit	**10** Name und Anschrift der gesetzlichen Vertreter	
11 Tödlicher Unfall? ☐ ja ☐ nein	**12** Unfallzeitpunkt Tag Monat Jahr Stunde Minute		**13** Unfallort (genaue Orts- und Straßenangabe mit PLZ)

14 Ausführliche Schilderung des Unfallhergangs (insbesondere Art der Veranstaltung, bei Sportunfällen auch Sportart)

Die Angaben beruhen auf der Schilderung ☐ des Versicherten ☐ anderer Personen

15 Verletzte Körperteile	**16** Art der Verletzung

17 Hat der Versicherte den Besuch der Einrichtung unterbrochen? ☐ nein ☐ sofort später am Tag Monat Stunde

18 Hat der Versicherte den Besuch der Einrichtung wieder aufgenommen? ☐ nein ☐ ja, am Tag Monat Jahr

19 Wer hat von dem Unfall zuerst Kenntnis genommen? (Name, Anschrift von Zeugen) War diese Person Augenzeuge? ☐ ja ☐ nein

20 Name und Anschrift des erstbehandelnden Arztes/Krankenhauses	**21** Beginn und Ende des Besuchs der Einrichtung Beginn Stunde Minute Ende Stunde Minute

22 Datum | Leiter (Beauftragter) der Einrichtung | Telefon-Nr. für Rückfragen (Ansprechpartner)

(Universum Verlag GmbH)

KOPIERVORLAGE

Auf der Suche nach einer Jugendherberge

(www. jugendherberge.de)

1 *Was passiert, wenn ihr ein Bundesland auf der Deutschlandkarte anklickt?*

___

___

2 *Welche Wege gibt es, um Angaben zu einer Jugendherberge zu finden?*

___

___

3 *Wie viele Jugendherbergen gibt es auf Sylt?*

___

4 *Ermittelt die Jugendherberge in Friedrichshafen am Bodensee.*
a) Wie lautet die Anschrift der Jugendherberge?
b) Nennt die Bettenzahl dieser Jugendherberge.
c) Welche „Highlights" bietet die Jugendherberge?

___

___

___

___

___

5 *a) Wählt auf der Internetseite eine Jugendherberge als mögliches Ziel für die nächste Klassenfahrt aus.*
b) Informiert euch über die Angebote.

6 *Legt einen Termin fest und sucht nach einer günstigen Anfahrt mit der Bahn (www.bahn.de).*

KOPIERVORLAGE

Radfahrer/innen im Straßenverkehr

Viele von euch kommen fast täglich mit dem Fahrrad zur Schule. Untersucht an einem vereinbarten Schultag vor Unterrichtsbeginn oder nach Schulschluss das Verkehrsverhalten der Fahrradfahrer/innen an ausgesuchten Straßenkreuzungen.
Arbeitet in Gruppen und organisiert eine erwachsene Begleitperson für diese Verkehrsbeobachtung.

Beobachtungsbogen

Thema: **Radfahrer/innen im Straßenverkehr**

Gruppe: ______________________ ______________________

______________________ ______________________

Datum: ______________________ Uhrzeit: ________________

Standort / Straße: ____

Die Radfahrer/innen ...	*(Strichliste)*
... fahren mit Hörstöpseln im Ohr.	
... fahren unerlaubt auf dem Gehweg.	
... fahren ohne Helm.	
... fahren ohne Handzeichen beim Abbiegen.	
... fahren auf der falschen Straßenseite.	
...	
...	
...	

1 *Tragt in einem Stadtplan die Standorte eurer Verkehrsbeobachtungen ein.*

2 *Berichtet über die Ergebnisse mit Hilfe des Beobachtungsbogens.*

3 *Fertigt von allen Gruppenergebnissen ein Gesamtergebnis in Form eines Säulendiagramms an.*

4 *Schreibt für die Schülerzeitung oder für die nächste Polizeiwache einen Bericht über eure Ergebnisse.*

Unfall beim Radfahren

(http://www.fleckenstein.ch/d_focus.htm)

1 *Schreibe zu diesen Abbildungen einen Bericht. Konzentriere dich besonders auf das fehlende Bild.*

2 *Wie hätte der Unfall vermieden werden können?*

KOPIERVORLAGE

Beim „Bahn-Surfen" getötet

Jugendlicher klettert zwischen KVB-Wagen und stürzt. Seine Freunde wurden Zeugen des tragischen Vorfalls in Porz

Von Christoph Hoffmann

Sein Leichtsinn hatte tödliche Folgen: Bei einem Unfall mit einer Straßenbahn ist am Dienstagabend in Porz-Ensen ein Jugendlicher ums Leben gekommen. Er war zuvor zwischen die beiden Waggons gestiegen und eine Haltestelle lang „mitgesurft".

Beim Anfahren des Zuges stürzte er und wurde überrollt. Die Bahn gehörte zu den von den Kölner Verkehrs-Betrieben bereits nachgerüsteten Modellen. Bei sämtlichen Niederflurwagen hat die KVB zwischen den Waggons Kunststoffkästen angebracht. Sie sollen das Übersteigen der Kupplungen verhindern; der junge Bahnsurfer in Porz ließ sich jedoch nicht abhalten.

> Der Niederflurzug war bereits umgerüstet

Zeugen berichteten der Polizei, dass der 16-Jährige sowie ein weiterer Junge aus der fünfköpfigen Gruppe an der Haltestelle „Steinstraße" gegen 21 Uhr zwischen die beiden Waggons geklettert waren. Dann seien sie, auf der Kupplung stehend, bis zum Unglücksort mitgefahren. Aus bisher ungeklärter Ursache stürzte der Junge unter die Bahn und wurde von dem anfahrenden Zug überrollt.

Der Notarzt konnte nur noch den Tod des Jungen feststellen. Bevor die Rettungskräfte den Leichnam bergen konnten, mussten die beiden Züge getrennt werden. Die Feuerwehr rückte mit einem Kran an, um den Waggon anzuheben, unter dem der Schüler lag. Seine Freunde, die den tödlichen Sturz miterlebten, wurden von einem Seelsorger betreut. Laut Polizei soll der Junge alkoholisiert gewesen sein. Man wolle aber noch die Ergebnisse der Obduktion abwarten, um Klarheit zu haben, sagte Polizeisprecher Bernd Kalkum. Die Bahnstrecke blieb bis nach 23 Uhr in beiden Richtungen gesperrt.

Dass die Schutzvorrichtungen an den Bahnen nicht wirksam seien, weist KVB-Sprecher Joachim Berger zurück: Die Kunststoffteile seien in erster Linie dazu da, das Übersteigen der Bahnen zu verhindern. Bahnsurfer könne man damit nicht von ihrem riskanten Verhalten abbringen. „Wenn jemand mit voller Absicht Bahn surft, müssen wir uns als Verkehrsunternehmen fragen, was wir da noch leisten können." Es gebe keine Sicherheitseinrichtung, die ein solches Verhalten verhindern könne.

(aus: Kölner Stadtanzeiger, 9. 2. 2006, S. 31)

1 *Lege eine Tabelle mit den W-Fragen an und trage die Antworten aus dem Bericht stichwortartig ein.*

Wer?	
...	
...	
...	
...	
...	

2 *Verfasse nun mit Hilfe dieser Stichwörter einen Bericht für die Schülerzeitung.*

4 Ein Blick in die Steinzeit – Beschreiben und erklären

Konzeption des Gesamtkapitels

Schülerinnen und Schüler dieser Altersstufe haben großes Interesse an fremden Welten (Steinzeit, Pyramiden, Ritter, Indianer). Ausgehend von der faszinierenden Gestalt des „Ötzi“ sollen die Schülerinnen und Schüler Möglichkeiten des Beschreibens untersuchen und einüben.
Das erste Teilkapitel **(„Der Mann aus dem Eis – Basteln und beschreiben“)** setzt den Schwerpunkt im Arbeitsbereich „Sprechen, Zuhören, Schreiben“. Es führt einige Ausrüstungsgegenstände des „Ötzi“ vor, die nachgebastelt werden können. Dabei untersuchen die Schülerinnen und Schüler mündliche und schriftliche Beschreibungen daraufhin, ob und inwieweit sie mit und ohne Unterstützung durch Zeichnungen umgesetzt werden können, verfassen selbst Bastelanleitungen und überarbeiten diese.
Das zweite Teilkapitel **(„Mirtani, Moora und die Sommerzelte – Erzählungen und Sachtexte erschließen“)** bietet drei verschiedene Textsorten (Jugendbuch, Zeitungsbericht, Sachbuch) mit unterschiedlichem historischem Hintergrund. An ihnen werden Methoden eingeübt, Texten Informationen zu entnehmen, zu ordnen und adressatengerecht aufzubereiten. Sie verfassen Beschreibungen, Erzählungen und werten diskontinuierliche Texte aus. Zugleich werden die Schülerinnen und Schüler zum Lesen einer Ganzschrift motiviert.
Im dritten Teilkapitel **(„Beschreibungen unter der Lupe“)** fertigen die Schülerinnen und Schüler einfache beschreibende Texte an (Bastelanleitung, Rezept, Wegbeschreibung). Sie lernen Methoden kennen und anzuwenden, eigene (und fremde) Texte zu überarbeiten (Schreibkonferenz, Textlupe, Lesestuhl). Verschiedene Sozialformen des Arbeitens (Einzel-, Partner- und Gruppenarbeit) werden dabei eingeübt.

Literaturhinweise

Beschreiben und Beschreibungen. Praxis Deutsch 182 / 2003 (darin: *Feilke, Helmuth:* Beschreiben und Beschreibungen [Basisartikel], S. 6 ff.; *Hummelsburger, Siegfried:* „Die kann ja echt fliegen!“ Wie beschreibt man den Bau einer Luftdruckrakete?, S. 46 ff.)

Sulzenbacher, Gudrun: Thema Ötzi – Didaktische Materialien zum Mann aus dem Eis. Folio Verlag, Wien / Bozen 1999

Verständlich formulieren. Praxis Deutsch 179 / 2003 (darin: *Fix, Martin:* Verständlich formulieren, S. 4 ff.; ders.: „... dann schneidest du einen Ritz in die Mitte des Leitwerkes.“ Bastelanleitungen nach dem „UWE-Prinzip“ verständlicher formulieren, S. 22 ff.)

Inhalte

S. 53 **4.1 Der Mann aus dem Eis – Basteln und beschreiben**

S. 54 **Ötzis Aussehen**

S. 55 **Aus Ötzis „Garderobe“**

S. 57 **Ötzis „Jacke“**

S. 58 **Ötzis „Mütze“**

S. 59 **Ötzis „Portmonee“**

S. 60 **4.2 Mirtani, Moora und die Sommerzelte – Erzählungen und Sachtexte erschließen**

S. 60 *Gabriele Beyerlein / Herbert Lorenz*
Die Sonne bleibt nicht stehen

S. 62 **Moora – das Mädchen aus dem Moor**

S. 64 **Eine Hausordnung für das Indianerzelt**

S. 66 **4.3 Beschreibungen unter der Lupe**

S. 66 **Ein Traumfänger in der Schreibkonferenz**

S. 67 **Ein Steinzeitkuchen unter der Textlupe**

S. 68 **Eine Wegbeschreibung im Lesestuhl**

Kompetenzen

Die Schülerinnen und Schüler können

- Informationen beschaffen, auswerten und darstellen
- eine Person schriftlich beschreiben und die Texte nach einem Merkkasten überarbeiten
- den Gebrauch von Präsens, Perfekt und Präteritum erklären
- zusammengesetzte Nomen nach Bestimmungswörtern sortieren
- die Merkmale einer Vorgangsbeschreibung nennen, in einer Mind-Map festhalten und anwenden

- einen Text nach erzählenden und beschreibenden Passagen gliedern
- zu Bildern eine Beschreibung verfassen
- Informationen aus einem Text in eine Beschreibung umsetzen
- die Bedeutung von Wörtern aus dem Textzusammenhang erschließen
- einen Erzählanfang adäquat fortsetzen
- einem Text und einer Grafik Informationen entnehmen und aufbereiten
- die Leistungen von Text und Grafik vergleichen

- eine Bastelanleitung nach vorgegebenen Kriterien überarbeiten
- ein Rezept mit Hilfe eines Merkkastens überarbeiten
- eine Wegbeschreibung in Stichworten verfassen
- die Methoden Schreibkonferenz, Textlupe und Lesestuhl anwenden

4.1 Der Mann aus dem Eis – Basteln und beschreiben

S. 53

Auftaktseite

Die Auftaktseite versucht, das Vorwissen der Schülerinnen und Schüler über Ötzi zu aktivieren, das Klassengespräch zu pflegen und die Informationsbeschaffung und -auswertung zu üben.

1 *Die Namen für „Ötzi, den Mann aus dem Eis" stammen aus dem Englischen (the iceman), Italienischen (l'uomo venuto dal ghiaccio), Spanischen (el hombre de hielo), Französischen (la momie des glaciers), Holländischen (de gletsjermummie), Slowenischen (ledeni mož) und Kroatischen (ledeni čovik).*

2 *Neben Tutanchamun ist wohl „Ötzi" die bekannteste historische Mumie. Es ist zu erwarten, dass die Schülerinnen und Schüler einiges von ihr zu erzählen wissen. Dieser freie Kenntnisaustausch kann auch dazu führen, dass Fragen und Wünsche nach gemeinsamer Weiterarbeit in der Klasse artikuliert werden. Vorschläge dazu gibt es unter dem Merkkasten auf Seite 53 im Schülerbuch.*

3 *Andere den Schülerinnen und Schülern bekannte Mumien sind die des Tutanchamun, der Moorleiche „Moora" und des Tollund-Mannes.*

S. 54

Ötzis Aussehen

1 *Svenja notiert sich zu den Gegenständen noch Material und Verwendung. Diese Vorarbeit ist sinnvoll als Grundlage für eine Beschreibung Ötzis.*

3 *Neben den Abbildungen finden die Schülerinnen und Schüler gute Informationen zur Ausrüstung und Kleidung des Ötzi auf http://de.wikipedia.org/wiki/ötzi: „Neben der Leiche wurden außer der Bekleidung auch zahlreiche Alltags- und Gebrauchsgegenstände aus dieser Epoche gefunden:*
*Die längs gestreifte **Jacke** ist aus braunem und weißem Ziegenfell angefertigt worden. Die Hosen ähnelten den Leggings der nordamerikanischen Indianer, bestanden auch aus Ziegenfell und waren an einem Gürtel aus Kalbsleder befestigt. Der **Lendenschurz** reichte etwa bis zur Kniehöhe. Bei den Schuhen war die Sohle aus Braunbärenleder, das Oberteil aus Hirschleder. In den **Schuhen** diente eine Grasschicht der Wärmedämmung und Polsterung. Als **Kopfbedeckung** trug Ötzi eine Bärenfellmütze. Außerdem wurde noch ein etwa 25 cm² großer Grasfetzen aus geflochtenem Pfeifengras gefunden, den man als Teil eines **Umhangs** oder einer Liegematte vermutet.*
*Das mitgeführte **Kupferbeil** ist vollständig erhalten. Die Klinge besteht zu 99 % aus Kupfer, welches laut Analysen aus dem Salzburger Land stammt. Während kupferne Beilklingen aus dem 4. Jahrtausend v. Chr. in einiger Zahl bekannt sind, ist Ötzis Beil das einzige, das geschäftet erhalten ist. Mit diesem Beil war es möglich, Bäume zu fällen. Ötzi muss ein angesehener Mann gewesen sein, da Kupfer zu dieser Zeit sehr wertvoll war. Mit dem Beil ist auch der noch nicht vollständig fertiggestellte Bogen aus Eibenholz bearbeitet worden. Er ist 1,80 m lang. Die Schäfte der Pfeile sind aus wolligem Schneeball gefertigt. Als Spitzen dienten Feuersteine; sie wurden mit Pflanzenfasern und Birkenteer befestigt. Wie Experimente mit nachgebauten Bögen und Pfeilen ergaben, hatten diese als tödliche Waffen eine Reichweite von 30 bis 50 Metern. Ein Dolch mit einer Feuersteinspitze und einem Griff aus Eschenholz gehörte ebenso zur Ausrüstung. Weiterhin fanden sich die Reste einer Kraxe und eines Gefäßes aus Birkenrinde, das wohl als Glutbehälter gedient hatte. Ferner entdeckte man in einer kleinen Ledertasche neben einer Ahle auch Feuersteinklingen und einen Retuschierstift zu deren Schärfung. Die Feuersteine stammen von den Monti Lessini. Der ebenfalls enthaltene Zunder und Spuren von Pyrit weisen auf deren Gebrauch als Feuerzeug hin.*
Die mitgeführten Birkenporlinge dienten vermutlich als Heilmittel. Unklar ist die Funktion einer gelochten Steinscheibe, die vielleicht als Amulett diente".

a) Joschas Entwurf weist mehrere Mängel auf: Die Reihenfolge der Beschreibung ist nicht sinnvoll geordnet (z. B. mit dem Kopf beginnend und den Füßen endend), treffende Verben fehlen ebenso wie Attribute. Auf Größe, Körperbau und Haltung geht Joscha nicht ein.
Leistungsschwächere Schülerinnen und Schüler können die Überarbeitung auch mit Hilfe des Merkkastens leisten.

b) Der Vergleich lässt sich schnell in Partnerarbeit durchführen; wenn mehr Zeit zur Verfügung steht, ist dies eine gute Gelegenheit, die „Schreibkonferenz" (S. 66 und S. 268 f. im Schülerbuch) einzuüben.

4 *Die Beschreibung ohne Bezug auf eine Abbildung stellt erheblich höhere Anforderungen an die Schülerinnen und Schüler, vor allem müssen sie treffende Attribute und Vergleiche verwenden. Hier können Wortschatz- und Wortfeldübungen helfen. Als Lösungsvorschlag ist der Text oben zu Aufgabe 3 geeignet.*

S. 55

Aus Ötzis „Garderobe"

1 *a) Nadines Beschreibung ist nicht eindeutig: „dieses Dreieck", „runde Ecken", „Muster", „Linie um den Rand", „Loch zum Aufhängen" sind so vage formuliert, dass keine eindeutigen Zeichnungen möglich sind.*

b) Lena sieht,
- *aus welchem Material der Anhänger gefertigt wird,*
- *welche Form und welche Maße das Dreieck hat und*
- *welches Werkzeug Nadine zum Schneiden benutzt.*

Zu einer Anregung des Südtiroler Archäologiemuseums in Bozen siehe die Abbildung.

c) Überflüssig, z. T. störend, sind Informationen oder Gedanken wie „Es muss natürlich kein Dreieck sein, ein Oval wär auch gut", „Die Ecken schneid ich doch lieber rund …", „Siehst du, so", „Mist, so eine Spirale ist gar nicht so einfach!", „Na, grade ist was anderes!!".

2 *Typisch für mündliche Erklärungen sind z. B. Interjektionen („Fertig!"), unvollständige Wortformen („wär", „mal"), Anreden („Siehst du, so."), Pronominaladverbien und Pronomen statt treffender Nomen („hiermit", „du's").*

3 *a) Bei der Umformung müssen nicht nur die Adverbien „jetzt" und „gestern" eingefügt werden, sondern das Verb erhält auch ein anderes Tempus. „Ich schneid jetzt dieses Dreieck so aus." → „Gestern im Museum schnitt jemand das Dreieck so aus."*
Mögliches Tafelbild (Anfang):

Beschreiben (Gebrauchsanweisung, Bastelanleitung)	**Schriftliches Erzählen** von Vergangenem	**Mündliches Erzählen** von Vergangenem
Präsens ich schneide …	**Präteritum** ich schnitt …	**Perfekt** ich habe geschnitten …

b) Die Tempora werden durch die Verbformen ausgedrückt und können durch Adverbiale näher bestimmt werden. Hier sind die Sätze auch ohne Temporaladverbien sinnvoll und eindeutig.

4/**5** *In Partnerarbeit können Stichpunkte notiert werden, mit deren Hilfe die Bastelanleitung mündlich vorgetragen wird. An dieser Stelle sollten unterschiedliche Formulierungsmöglichkeiten („ich biege …", „man biegt …") noch nicht thematisiert werden, sondern erst im Zusammenhang mit der schriftlichen Darstellung (Ötzis Mütze, S. 58 im Schülerbuch); dort wird konkretes Textmaterial geboten.*
Mögliche Lösung:

Material	Kupferdraht (Elektrokabel abisoliert), 20 cm lang, Lederband
Werkzeug	Maßband, Rundzange
Gliederung	Stück Draht abschneiden, in der Mitte biegen, an beiden Enden Spiralen eindrehen, ein Band anbringen, Kette um den Hals hängen

6 *Die abgebildete Zange ist ungeeignet, das zeigt die missglückte, eckige Spirale. Geeignet ist eine spitze Rundzange.*

7 a) Mögliches Tafelbild:

Nomen + Nomen	Verb + Nomen	Adjektiv + Nomen
Blechzange Telefonzange Wasserpumpenzange Hufzange Armaturenzange Radiozange Gasrohrzange	Biegezange Kneifzange Abisolierzange Greifzange Presszange Brechzange	Spitzzange Flachzange Rundzange

b) Die Bildung von Komposita und die Funktion der Bestimmungswörter kann zusätzlich mit den Grundwörtern **Hammer, Schere** und **Messer** geübt werden. Abbildungen finden sich im Duden 3, Bildwörterbuch. Hier einige Beispiele:
Schmiedehammer, Dampfhammer, Hufbeschlaghammer, Vorschlaghammer, Messinghammer, Berghammer, Dachhammer, Blechhammer, Lochhammer, Pochhammer, Stauchhammer, Gummihammer, Pickhammer, Bankhammer, Senkhammer, Gesenkhammer, Nagelhammer, Dengelhammer, Fallhammer, Ausbeulhammer, Rammhammer, Feilenhammer, Maschinenhammer, Eisenhammer, Lattenhammer, Kupferhammer, Markierhammer, Polierhammer, Furnierhammer, Dachdeckerhammer, Schieferdeckerhammer, Sattlerhammer, Schreinerhammer, Tapeziererhammer, Maurerhammer, Glaserhammer, Schlosserhammer, Pflasterhammer, Schusterhammer, Bohrhammer, Schlagbohrhammer, Uhrhammer, Zimmermannshammer, Auktionshammer, Niethammer, Magnethammer, Breithammer, Streithammer, Forsthammer, Fausthammer, Bauhammer, Holzhammer, Punzhammer, Spitzhammer
Verbandschere, Zuschneideschere, Blechschere, Lochschere, Knopflochschere, Zickzackschere, Bockschere, Futteralschere, Tafelschere, Nagelschere, Geflügelschere, Wollschere, Baumschere, Heckenschere, Rasenschere, Rosenschere, Gartenschere, Brennschere, Haarschere, Räderschere, Effilierschere, Papierschere, Frisierschere, Tapezierschere, Krebsschere, Verbandsschere, Drahtschere, Lichtschere, Dochtschere, Astschere, Hautschere, Putzschere, Lichtputzschere
Schabmesser, Kerbmesser, Gradmesser, Jagdmesser, Schabemesser, Schneidemesser, Sägemesser, Vorlegemesser, Bowiemesser, Käsemesser, Bronzemesser, Pfropfmesser, Hufmesser, Springmesser, Pflugmesser, Streichmesser, Dolchmesser, Fleischmesser, Fischmesser, Tischmesser, Buschmesser, Ziehmesser, Hackmesser, Schälmesser, Stahlmesser, Taschenmesser, Küchenmesser, Wellenmesser, Gartenmesser, Fahrtenmesser, Klappmesser, Schnappmesser, Federmesser, Schermesser, Fleischermesser, Barbiermesser, Radiermesser, Tranchiermesser, Okuliermesser, Papiermesser, Rasiermesser, Seziermesser, Buttermesser, Schweizermesser, Knetmesser, Brotmesser, Dessertmesser, Obstmesser, Wurstmesser, Haumesser, Schnitzmesser

S. 57

Ötzis „Jacke“

1 Die Schülerinnen und Schüler können, weil Zeichnungen und Text ausreichend informativ sind, die Jacke auch aus starkem Packpapier „schneidern“, um die Vollständigkeit der Anleitung zu prüfen (auch Jute- oder Kartoffelsäcke aus dem Baumarkt sind gut geeignet und preiswert).

2 a/b) Im Gespräch entfällt die Veranschaulichung durch Zeichnungen. Schon der erste Schritt der Anleitung, wie die Lederstücke übereinandergelegt werden müssen, ist für Schülerinnen und Schüler dieser Alterstufe sprachlich schwer darzustellen. Diese Schwierigkeit kann ihnen verdeutlicht werden, indem sie nach den Anweisungen ihres Telefonpartners wie in Aufgabe 1 die Jacke mit Packpapier „schneidern“.

c) Die Zeichnungen des Nadelkissens und der Garnrolle sind rein dekorativ und bieten keine Hilfe beim Basteln.

3 Vorschlag für einen Schluss:
(4) Entfernt die Nadeln aus dem fertigen Kleidungsstück und zieht es über. Krempelt die Ärmel passend um und schließt die Jacke mit einem Gürtel aus (geflochtenem) Lederband.

S. 58 Ötzis „Mütze"

1 *a) Um die sinnvolle Reihenfolge der Sätze zu rekonstruieren, bieten sich zwei Möglichkeiten an:*
- *Die Schülerinnen und Schüler schreiben die Sätze so ab, dass sie Satzstreifen ausschneiden können, die sie in Partnerarbeit ordnen (auch möglich als Arbeit am PC).*
- *Die Anleitung wird satzweise auf Folienstreifen geschrieben/kopiert, die auf dem Overheadprojektor geordnet werden.*

Sinnvolle Reihenfolge: 8, 3, 7, 6, 4, 2, 1, 5

b) Vorschlag für den Merksatz unter der Neufassung:
Bei einer Bastelanleitung muss man unbedingt darauf achten, dass die Arbeitsschritte in der richtigen Reihenfolge beschrieben werden.

2 *(Fortführung der Aufgaben 4 und 5, S. 56 im Schülerbuch an konkretem Textmaterial:)*

a) Imperativ:	*Näht die beiden Lederbänder rechts und links an die Mütze. – Schneide sie aus.*
Infinitiv:	*Die Mützenhälften mit Stecknadeln zusammenstecken. – Den Kopfumfang durch 2 teilen.*
Unpersönliche Form:	*Anschließend näht man sie zusammen, wie auf der Abbildung.*
Du-Form:	*Du malst auf beide Leder-Rechtecke die Mützenform auf, wie auf der Zeichnung.*
Ihr-Form:	*Zuletzt bindet ihr sie unter dem Kinn zusammen.*
Passiv:	*Der Kopfumfang wird um Stirn und Hinterkopf herum gemessen.*

b) Die Schülerinnen und Schüler sollen sensibilisiert werden, bei der Abfassung ihrer Beschreibung den Adressaten zu berücksichtigen. Mischformen wie die Textvorlage zeigen, dass dies nicht konsequent beachtet worden ist. Darüber hinaus wirken Mischformen sprachlich ungeschickt.
Lösung: Näht die Lederbänder an die Mütze.
Die Lederbänder an die Mütze nähen.
Man näht die Lederbänder an die Mütze.
Du nähst die Lederbänder an die Mütze.
Ihr näht die Lederbänder an die Mütze.
Die Lederbänder werden an die Mütze genäht.

c/d) Über den Adressatenbezug hinaus ist bei der Wahl der Satzform darauf zu achten, dass möglichst flüssige Texte entstehen. Wiederholungen vermeiden der Imperativ, der Infinitiv (und das Passiv, falls es bereits behandelt worden ist; Schwerpunkt erst im Band 7).

e) Möglicher Merksatz:
Eine Bastelanleitung schreibt man durchgehend in einer Satzform. Gut lesbar sind Sätze mit dem **Imperativ** (Schneide die Bänder aus) oder dem **Infinitiv** (Die Bänder ausschneiden). Sie vermeiden störende Wiederholungen.

S. 59 Ötzis „Portmonee"

1 *a) Je nach der gewählten Kommunikationssituation kann sich die Anleitung auf Zeichnungen beziehen oder muss ganz ohne bildliche Unterstützung auskommen. Die Schülerinnen und Schüler müssen entsprechend dem jeweiligen Adressaten die passende Satzform wählen. Dabei sollen sie – wie im vorhergehenden Abschnitt „Ötzis Mütze" thematisiert – darauf achten, möglichst flüssige und wiederholungsfreie Formulierungen zu wählen.*

b) Mit Hilfe des Merkkastens können auf die Adressaten abgestimmte Schreibpläne erstellt werden.
Mögliches Tafelbild:

Herstellung des Lederbeutels (für die Homepage des Ötzimuseums Bozen)	
Adressaten	Erwachsene und Jugendliche
Satzform	Infinitiv, Imperativ (oder Passiv)
Überschrift	sachlich, aber ansprechend
Einleitung	Material, Werkzeug (Fachausdrücke)
Hauptteil	Zeichnungen werden angeboten
Schluss	Hinweis zur Verwendung

2 *a/b) Sowohl die **Mind-Map** (S. 243 im Schülerbuch) als auch das **Plakat** (S. 269 im Schülerbuch) dienen einerseits der Festigung der bisherigen Arbeit in diesem Kapitel und verlangen andererseits gründliches Lesen des Merksatzes zur Vorgangsbeschreibung. Beide Methoden können von den Schülerinnen und Schülern auch bei anderen Gelegenheiten angewandt werden.*

4.2 Mirtani, Moora und die Sommerzelte – Erzählungen und Sachtexte erschließen

S. 60

Gabriele Beyerlein / Herbert Lorenz

Die Sonne bleibt nicht stehen

Gabriele Beyerlein hat eine Reihe gelungener Jugend- und Kinderbücher zu historischen Themen veröffentlicht. Die Romane sind solide recherchiert und sprachlich sehr ansprechend. Ihre besondere Stärke ist es, Informationen mit einer spannenden Handlung zu kombinieren. Als Beleg dafür, dass sie ihre Lesergruppe anspricht, dienen zwei Rezensionen als **Zusatzmaterial** zur sprachlichen Überarbeitung und als Anregung zum Verfassen eigener Rezensionen. – Die folgenden Texte wurden verändert, die Namen sind frei erfunden:

Empfelungswert, 17. Mai 2006;
Rezensentin: Bacher, Stefanie aus
Beverungen, Nordrhein-Westfalen, Deutschland
Dieses Buch ist wirklich sehr interessant aber auch spannend geschrieben. Ich finde es schon gut wie Gabriele Beyerlein ihre Bücher spannend und interessant schreibt, aber das es trotzdem noch was mit Geschichte zu tun hat. Mit diesem Buch hat man Spaß am lesen und man lernt auch noch etwas beim lesen. „Die Sonne bleibt nicht stehen“ ist nur ein Beispiel der vielen guten Bücher.
[Achtung: Fehler!]

Einfach gut!, 24. September 2006;
Rezensentin: Eva Gruppin aus Ahaus,
Nordrhein-Westfalen, Deutschland:
Das Buch ist wunderbar geschrieben, obwohl es einen geschichtlichen Hintergrund hat, der aber nicht so stark ist, dass es langweilig oder zum Sachbuch wird. Die sozialen Unterschiede zwischen Jägern und Bauern treten deutlich hervor. Die Story von einer jungen Liebe (Junge: aus der Sippe der Jäger; Mädchen: eine Bauerntochter) zueinander wird jedoch nicht vernachlässigt, sie spielt sogar die Hauptrolle. Ich empfehle dieses Buch allen, die gern Liebesgeschichten und historische Romane lesen. Fast alle meine Freundinnen haben die Erzählung ebenfalls gelesen und waren davon begeistert!
[Achtung: Fehler!]

1 *Überprüft, ob diese Buchempfehlungen für den abgedruckten Textausschnitt zutreffen.*

2 *a) Unterstreicht in den Buchempfehlungen Behauptungen rot (z. B.: Das Buch ist langweilig), Begründungen blau (…, weil es keine wörtliche Rede enthält).*

b) Ordnet den beiden Buchempfehlungen jeweils einen Wert auf der folgenden Skala zu:

wertlos	→				überzeugend
0	1	2	3	4	5

3 *Überarbeitet die beiden Texte mit Hilfe der Tipps im Orientierungswissen auf Seite 268 f. im Schülerbuch.*

1 *Bei dem Text handelt es sich um eine **Erzählung** über zwei Steinzeitmenschen.*

2 *Geweihstichel: eine Art Meißel, aus Geweih hergestellt, mit dem man feine Splitter vom Feuerstein abschlagen kann.*

3 *Mirtani ist erstaunt, wie viele ihr unbekannte Gegenstände Dilgo aus seinem Fellbeutel heraussucht.*

4 *Mögliches Tafelbild:*

Zeilen	Die Autorin erzählt	Die Autorin beschreibt
…	…	…
23 - 33	Mirtani vergleicht das Leben im Wald mit dem im Dorf.	-
34 - 42	Dilgo plant eine gemeinsame Jagd auf Vögel.	
43 - 63		Dilgo stellt für die neuen Pfeile Feuersteinklingen her.
64 - 77	Mirtani betrachtet Dilgo bei der Arbeit.	
78 - 83	Dilgo kündigt an, Vögel zu jagen, wenn die Pfeile fertig sind.	
84 - 90		Dilgo fertigt aus den Klingen Spitzen an und befestigt sie an den Pfeilen.
91 - 102	Dilgo erklärt der verwunderten Mirtani, weshalb die Spitzen eine Schneide haben.	
103 - 111	Dilgos Entschuldigung macht Mirtani glücklich.	

5 *Die Textgliederung zeigt, wie wohldosiert informative Passagen in den Erzählzusammenhang eingefügt sind. Gabriele Beyerlein kombiniert außerdem die auktoriale Erzählhaltung mit intimer Innensicht (Z. 23–33, 68–77, 109ff.). Dies kommt dem Verlangen der Leser/innen nach Empathie entgegen.*

6 *Mögliche Lösung:*

1. *Die Pfeilspitze wird aus einem Feuersteinstück herausgeschlagen und danach mit einer Geweihspitze in die richtige Form gebracht.*
2. *Das hintere Ende der Pfeilspitze und die Kerbe im Pfeilschaft werden mit Birkenteer bestrichen.*
3. *Bevor der Teer erkaltet, wird die Pfeilspitze in die Kerbe eingesetzt.*
4. *Der Pfeilschaft wird zur Sicherung mit einem Faden umwickelt, der sich in den Teer einfügt.*
5. *Das andere Schaftende erhält drei lange, flache Einkerbungen.*
6. *Mit einer feinen Feuersteinklinge wird der Federkiel längs aufgeschnitten und die beiden Federhälften werden passend zugeschnitten.*
7. *Die Einkerbungen werden mit Birkenteer bestrichen.*
8. *Die Federhälften werden nacheinander in den frischen Teer eingesetzt.*

S. 62

Moora – das Mädchen aus dem Moor

Im Jahr 2000 fanden Arbeiter im Uchter Moor bei Nienburg in Niedersachsen Leichenteile einer jungen Frau und schalteten die Polizei ein. Lange glaubte man, einem Verbrechen auf der Spur zu sein. Doch als Anfang 2005 noch eine mumifizierte Hand aus dem Moor auftauchte, untersuchten Archäologen fortan die Moorleiche. Sie konnten das Alter der Knochen auf das Jahr 650 v. Chr. datieren – damit ist die Uchter Moorleiche die älteste, die je in Deutschland gefunden wurde.
Nachdem die Forschungsergebnisse der Öffentlichkeit vorgestellt worden waren, wurden teilweise wilde Spekulationen laut: Das Mädchen sei aus moralischen Gründen in den Tod getrieben worden, es sei auf der Flucht vor einer Hinrichtung in das Moor geraten oder bei der Suche nach Heilkräutern (siehe http://www.landesarchaeologen.de/news/moorleiche.html, http://www.br-online.de/wissen-bildung/thema/mumien/moorleichen.xml?theme=print).

Hierzu wird auf den Seiten 82 bis 85 **Material zur Leistungsdifferenzierung** angeboten.

1 *Mögliches Tafelbild:*

Zeilen	Überschrift
1–8	Fenster zur Vergangenheit
9–18	Das Mädchen aus dem Uchter Moor
19–29	Von der Gerichtsmedizin zur Archäologie
30–38	In den Tod getrieben?
39–46	Säuren als Konservierungsstoffe
47–65	Das Moor als archäologische Fundstätte
66–78	Nur noch wenige Moorgebiete

2 *Mögliches Tafelbild:*

Zeile	Fremdwort	deutsches Wort
76	maschinell	mit Maschine(n)
44	konservieren	haltbar machen
3	fasziniert	beeindruckt
64	rekonstruieren	nachbilden / wiederherstellen
7	Archäologen	Altertumsforscher
27	datieren	zeitlich bestimmen
49	Epochen	Zeitalter
73	historisches (Material)	geschichtliches

3 *Die Aussagen 1, 3 und 4 passen zu dem Bericht.*

4 *a) Das Brainstorming kann in Einzel-, Gruppenarbeit oder von der ganzen Klasse geführt werden. Im nächsten Schritt können die Schülerinnen und Schüler ihren Schreibplan als Mind-Map erstellen.*

c) Die Überarbeitung können sie mit Hilfe der Hinweise auf S. 268 f. selbstständig oder in Partnerarbeit vornehmen.

S. 64

Eine Hausordnung für das Indianerzelt

Die Analyse von Bildern und diskontinuierlichen Texten bzw. ihr Vergleich mit kontinuierlichen Texten bekommt eine immer größere Bedeutung für den Deutschunterricht (vgl. Kernlehrplan NRW, Sekundarstufe I, Realschule, Deutsch S. 45, Aufgabentyp 4 b). Gerade Fotos, aber auch Grafiken suggerieren den Schülerinnen und Schülern, dass auf den ersten Blick alles klar sei. Deshalb muss mit steigendem Anspruch immer wieder geübt werden, diskontinuierliche Texte unter einer bestimmten Fragestellung zu untersuchen und auszuwerten.

1 *a) Mögliche Lösung:*
Die Grafik veranschaulicht, wie das Sommerzelt in Wohnbereiche aufgeteilt ist.

b) Die Punkte (●) stehen für Mädchen bzw. Frauen, die Dreiecke (▲) für Jungen bzw. Männer.

c) Der Wohn- und Schlafbereich der Mädchen ist rechts vom verheirateten Paar, der der Jungen links von ihm.

d) Die gestrichelte Linie kennzeichnet die Trennung des Zeltes in eine Frauen- und eine Männerseite.

e/f) Der weiße Bereich ist der „neutrale" Gemeinschaftsraum hinter dem Eingang und um den Ofen, der von Frauen und Männern genutzt werden kann.

2 *a/b) Dieser Arbeitsschritt soll den Schülerinnen und Schülern die unterschiedliche Leistung von Text, Fotos und Grafik verdeutlichen.*

3 *Mögliche Lösung:*

Aus der Zeichnung erfahren wir, ...	Aus dem Text erfahren wir, ...
...	...
... dass es einen Gemeinschafts- und einen Schlafraum gibt.	... dass der Eingang im Sommer zum Wasser liegt, im Winter dem Wind abgewandt und der aufgehenden Sonne zugewandt.
... dass es eine Frauen- und eine Männerseite im Zelt gibt.	... dass der Platz im Zelt vom Rang einer Person bestimmt wird.
... dass der Bereich hinter dem Eingang und um den Ofen ein Gemeinschaftsraum ist.	... dass das Familienoberhaupt gegenüber dem Eingang wohnt.
... dass die unverheirateten Frauen und Männer näher zum Eingang wohnen.	... dass die Gegenstände nach Frauen und Männern getrennt aufbewahrt werden.
	... dass Männer und Frauen sich gemeinsam um das Feuer kümmern.
	... dass die älteste unverheiratete Frau die Nahrung zubereitet, die verheiratete Frau für die Lederverarbeitung zuständig ist.

4/**5** *Das Winterzelt wird von vier Familien bewohnt, die jeweils eine eigene Feuerstelle haben. Die Wohnbereiche sind so verteilt, dass der Bereich einer Frau immer an den einer Frau und der eines Mannes an den eines Mannes grenzt.*

6 *Die Zeichen für weiblich und männlich sind den Schülerinnen und Schülern sicherlich bekannt.*

7 *Mögliche (für diese Alterstufe ausreichende) Lösung:*
Eine Zeichnung / Grafik informiert über allgemein geltende Ordnungen.
Ein Foto informiert über Aussehen und Farben in einer bestimmten Situation.
Ein Text informiert über Gründe, Zusammenhänge.

8 *Zur Vorbereitung des Gesprächs können in Einzelarbeit Vor- und Nachteile gesammelt werden. Der Bildausschnitt gibt anschaulich die Enge des Zeltes wieder.*

4.3 Beschreibungen unter der Lupe

S. 66

Ein Traumfänger in der Schreibkonferenz

Die Literatur zur Schreibdidaktik bietet verschiedene Formen der Textüberarbeitung, von denen hier die Schreibkonferenz, die Textlupe und der Lesestuhl geübt werden. Die Schreibkonferenz ist bereits im Band 5 eingeführt worden. Textlupe und Lesestuhl sind für die Schülerinnen und Schüler neue Überarbeitungsmethoden.

1 *a/b) Die Schülerinnen und Schüler können auf ihre Vorarbeit zur Bastelanleitung im Teilkapitel 4.1 aufbauen und feststellen, dass die Bastelanleitung unübersichtlich geordnet ist, Schrift und Absätze verwirrend gewählt sind, verschiedene Satzformen benutzt wurden und das Material nicht übersichtlich zusammengestellt ist. Als Bastelanleitung ist sie so nicht geeignet.*

2 *a) Alle Merkmale einer gelungenen Bastelanleitung, wie im Merkkasten S. 59 im Schülerbuch aufgelistet, sind in dem Schülertext nicht vorhanden.*

b) Mögliche Lösung:

Material:
1 Metallreifen, Durchmesser 25 – 30 cm
flaches Lederband, 2 mm breit
Kunstsehne
Bindedraht
Klebstoff
Federn
Perlen, Lochdurchmesser ca. 3 mm
Umwickeln des Reifens
Binde ein Ende des Lederbandes mit etwas Draht am Reifen fest. Lass dabei ca. 10 cm Band überstehen (Abb. 1). Verdrehe beim Umwickeln das Band nicht. Wenn du am Ende angekommen bist, verknote das Band mit dem Anfang und bilde aus dem überstehenden Ende einen Aufhänger (Abb. 2).
Herstellen des Netzes
Binde für das Netz ein Ende der Kunstsehne am Reifen fest (Abb. 3). Führe die Sehne dann wie auf der Abbildung um den Reifen herum, ziehe sie zum Schluss fest und verknote sie (Abb. 4). Sichere den Knoten evtl. mit einem Tropfen Klebstoff.
Dekoration des Reifens und des Netzes
Binde Lederbänder unten an den Reifen und verziere sie mit Federn oder Perlen. Befestige dazu Lederbänder unten am Reifen (Abb. 5). Wähle die Anzahl und die Stellen nach deinem Geschmack. Stecke auf jeden der beiden Lederbändel einige Glasperlen und sichere sie mit einem Knoten. Tauche den Schaft möglichst kleiner Federn in Klebstoff und stecke sie von unten in die Perlen. Binde zum Schluss Perlen oder persönliche Gegenstände in das Netz.

3 *a) Die Plakate können mit eigenen Zeichnungen oder Bildern aus dem Internet versehen werden. (Eine Suchmaschine bietet über 4000 Treffer bei der Suche nach Bildern.)*

b) Die Prämierung der Plakate sollte nach gemeinsam erarbeiteten Kriterien erfolgen. Hilfe dazu bietet der Merkkasten auf Seite 269 im Schülerbuch.

S. 67

Ein Steinzeitkuchen unter der Textlupe

Die Textlupe als Methode der Textüberarbeitung stellt Martin Fix ausführlich in Praxis Deutsch Nr. 179, S. 22 ff. vor (siehe Literaturhinweise).

1/**2** *Mögliche Lösung:*

Du benötigst:
2 Eier
5 Tassen gemahlene Haselnüsse
5 Esslöffel Honig
Johannisbeerblätter
Rührschüssel
Holzlöffel
Esslöffel
Tasse

Gib 2 Eier, 5 Esslöffel Honig und 5 Tassen gemahlene Haselnüsse in die Rührschüssel. Verrühre diese Zutaten. Pflücke 20 frische Blätter mit langen Stielen von einem Johannisbeerstrauch, wasche die Blätter und trockne sie danach ab.
Gib auf jedes Blatt einen halben Esslöffel Teig. Schlage die Seitenteile des Blattes zur Mitte und die Spitze darüber. Stich den Blattstiel jedes Blattes zur Befestigung durch die Blattspitze.
In der Steinzeit wurden die Kuchen auf heißen Steinen gebacken, backe sie selber im Backofen 15 Minuten bei 175 Grad. Entferne die Blätter vor dem Essen.

S. 68

Eine Wegbeschreibung im Lesestuhl

Die Korrektur von Texten in der Lesestuhl-Methode ist bei Schülerinnen und Schülern sehr beliebt. Sie besitzt den Vorteil, dass mehrere Rückmeldungen gegeben werden, dass nicht immer dieselben Partner/innen kommentieren und dass jeder Text einer größeren Öffentlichkeit vorgestellt wird. (Die Schülerinnen und Schüler schreiben nicht für die Schultasche!) Der Ablauf wird im Merkkasten ausführlich vorgestellt.

1 *Zwei Kriterien soll der gewählte Weg vom Hauptbahnhof zum Niedersächsischen Landesmuseum erfüllen: möglichst kurz und sicher. Die Schülerinnen und Schüler legen eine Folie über den Stadtplan und zeichnen auf ihr den Weg ein. Nachdem sie in Partnerarbeit ihre Lösungen verglichen haben, kann die Klasse gemeinsam die Lösungen diskutieren. Dazu wird der Stadtplan auf eine Folie kopiert und mit dem Overheadprojektor projiziert.*

2 *a) Das Anfertigen einer Skizze verlangt von den Schülerinnen und Schülern eine nicht zu unterschätzende Abstraktionsleistung: Sie müssen den Weg aus der genordeten Karte in eine Skizze in Gehrichtung übertragen. Wichtige Stationen sind Kreuzungen, U-Bahn-Stationen, öffentliche Gebäude etc.*

b) Hier können die Schülerinnen und Schüler statt der Stichworte auch eine Wegbeschreibung anfertigen, die ohne Skizze verständlich ist. Diese Lösung stellt jedoch erhebliche Anforderungen an ihre sprachliche Leistung.

Anregungen für weitere Bastelarbeiten oder Kochrezepte:

Annette Utz / Jörg Martin: Hundert tolle Sachen zum Spielen und Basteln. Weltbild, Augsburg 1999

http://www.labbe.de/zzzebra/index.asp?themaid=391 (Buchen-Butterbrot, Holunderbeeren, Holunder-Omelett, Ulmensalat, Birkenblätter-Tee, Linden-Schokoladenblätter, Brennnesselsuppe, Löwenzahnsalat, Unkrautsuppe aus der Steinzeit)

Vorschläge für Übungen und Klassenarbeiten

Vorschlag 1: Verfassen einer Vorgangsbeschreibung mit Unterstützung durch eine Zeichnung

Siehe die **Kopiervorlage** „Brot wie in der Steinzeit – Stockbrot", S. 80 (Lösungen siehe S. 227 ff. und CD-ROM).

Das Formen des Stockbrotes wird durch eine Zeichnung in der Reihenfolge der einzelnen Schritte dargestellt, sodass der zweite Teil der Vorgangsbeschreibung lediglich verbal umgesetzt werden muss. Der erste Teil des Aufsatzes, die Herstellung des Hefeteiges, wird zwar durch die Angabe der Zutaten und einen Hinweis erleichtert, sollte aber unbedingt zunächst in der Klasse besprochen werden, um sicherzustellen, dass alle Kinder wissen, wie Hefeteig zubereitet und gebacken wird. Sie sollten sich dabei auch Notizen machen dürfen.

Vorschlag 2: Grundlegende Überarbeitung einer Vorgangsbeschreibung nach vorgegebenen Kriterien

Siehe die **Kopiervorlage** „Unkrautsuppe", S. 81 (Lösungen siehe S. 227 ff. und CD-ROM).
Nach Fertigstellung des Aufsatzes sollte eine Überarbeitung anhand Aufgabe 1 erfolgen.

Vorschlag 3: Verfassen einer Personenbeschreibung
(Siehe Kapitel 1, Vorschlag 1 zur Personenbeschreibung in einem Brief, S. 22.)

Weiteres Übungsmaterial

Übungen im **„Deutschbuch Arbeitsheft 6"**:
- Erzählen (Einleitung, Hauptteil, Schluss), S. 7 ff.
- Beschreiben (Gegenstände, Personen und Vorgänge beschreiben), S. 17 ff.
- Sachtexte lesen und verstehen, S. 85 (mit Test)

Brot wie in der Steinzeit – Stockbrot

Du benötigst: 1 Päckchen Trockenhefe, 500g Vollwertmehl, 2 Esslöffel Öl, 1 Prise Salz, 1 Tasse lauwarme Milch, 1 Schüssel, lange gewaschene Stöcke (Achtung: Der Hefeteig muss ca. 30 Minuten ruhen, bevor er gebacken wird! Nutze auch deine Notizen zur Herstellung eines Hefeteiges.)

1 *Notiere in Stichworten die Arbeitsschritte für ein Stockbrot.*

Die Herstellung des Hefeteiges: ______________________________

____

____

____

____

____

____

____

____

____

____

____

____

____

2 *Vergleicht in Partnerarbeit eure Ergebnisse und überarbeitet sie gemeinsam.*

3 *Schreibe eine vollständige Anleitung für die Herstellung von Stockbrot in dein Heft.*

Unkrautsuppe

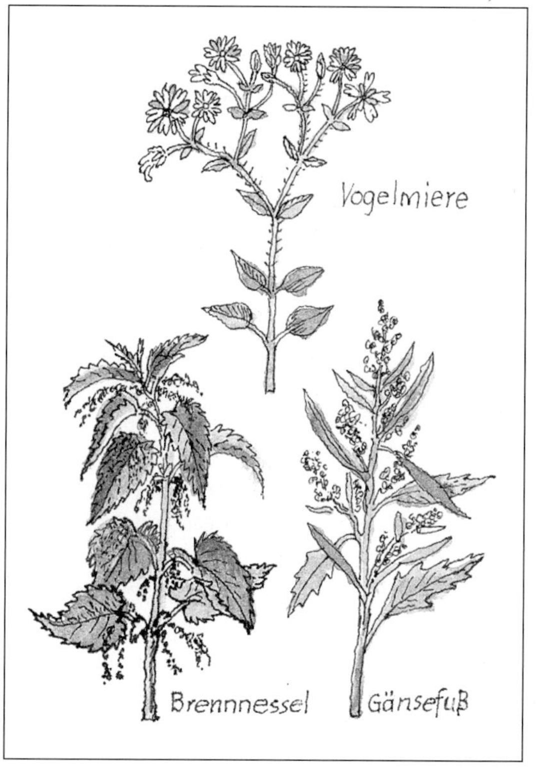

1. Zuerst wäschst du die Blätter sorgfältig und tust welke Blätter weg.
2. Dann wird 1 Liter Wasser zum Kochen gebracht und man tut danach den Brühwürfel und 500 g Brennnesseln hinein.
3. Nun lass das Gemisch 3 Minuten kochen.
4. Dann im Mixer alles zu einem glatten Brei machen oder du hackst auf einem Brettchen die Blätter fein.
5. Danach tut ihr die Masse zurück in den Topf.
6. Jetzt verrühre in einer Tasse den Esslöffel Butter mit 1 Esslöffel Mehl.
7. Dann gibst du die Mehlmasse zu der Suppe und rührst sie, während sie aufkocht.
8. Nun die Suppe bei kleiner Hitze 3 Minuten kochen.
9. Danach müsst ihr die Herdplatte ausmachen.
10. Jetzt die Suppe probieren und eventuell vorsichtig nachsalzen.
11. Dann werden die hart gekochten Eier geschält und in 2 Hälften geschnitten.
12. Schon könnt ihr die Suppe auftischen. Tut dazu auf jeden Teller 2 Eierhälften.
13. Serviere deine Unkrautsuppe mit Brot, Butter und Käse.
14. Statt Brennnesseln kann ich auch Gänsefuß oder Vogelmiere nehmen.
15. Man sucht die Brennessel, aber auch den Gänsefuß auf Beeten, Kartoffeläckern, Unkrautstellen in Wohngebieten.
16. Du erkennst den Gänsefuß an seinem geraden Stängel, der einen Rotstich hat. Die grauen Blattunterseiten fühlen sich mehlig an. Die Blüten ähneln kleinen grünweißen Kugeln.

1 *Prüfe, ob das Rezept so geschrieben ist, dass man es gut versteht.*
- *Sind die Zutaten sinnvoll zusammengestellt?*
- *Ist die Reihenfolge richtig?*
- *Ist das Rezept vollständig?*
- *Ist durchgehend eine Satzart benutzt?*
- *Wurden unnötige Wiederholungen vermieden?*
- *Wurden Fachausdrücke und treffende Verben benutzt?*

Mache dir Notizen, nummeriere die Sätze in der richtigen Reihenfolge.

2 *Schreibe ein verbessertes Rezept in dein Heft.*

3 *Überprüfe anschließend dein Rezept anhand der Aufgabe 1 mit deiner Lernpartnerin/deinem Lernpartner.*

Moora – das Mädchen aus dem Moor (Schülerbuch, S. 62 f.)

Allgemeine Hinweise zum Einsatz der Differenzierungsmaterialien zum Textverstehen siehe Vorwort, S. 9 ff.

Vorschlag zum Unterrichtsverlauf (3 Unterrichtsstunden)

1. Einstieg (Gesamtgruppe)
Die Schülerinnen und Schüler kommen im Stuhlkreis zusammen. Die Lehrkraft platziert in die Mitte eine große Karteikarte, auf der das Wort „Moor" steht. Daneben legt sie leere, große Karteikarten und dicke Filzschreiber. Zum Einstieg bekommen die Schülerinnen und Schüler die Aufgabe: „Schreibt das, was ihr zu dem Thema wisst, auf eine Karte und legt sie ebenfalls in die Mitte. Ihr könnt auch Fragen zum Thema formulieren." Die von den Schülerinnen und Schülern geschriebenen Karten werden dann vorgelesen und können zu einem ersten Austausch über das Thema führen. Weiterführende Fragen können auf ein Poster notiert und im weiteren Verlauf zur vertiefenden Arbeit verwendet werden (z. B. als Zusatzaufgabe / Referataufgabe für *leistungsstarke* Schülerinnen und Schüler).

2. Erste Auseinandersetzung mit der Geschichte (Gesamtgruppe)
Die Schülerinnen und Schüler kehren an ihre Arbeitsplätze zurück. Die Lehrkraft liest ihnen dann den Text des Schulbuches vor. Während des Vorlesens sollen sich die Schülerinnen und Schüler Notizen machen. Im Anschluss an das Vorlesen wird anhand der Notizen das Gelesene rekonstruiert, ggf. werden Bezüge zu den eingangs formulierten Fragen der Schülerinnen und Schüler hergestellt. Der Text wird anschließend gemeinsam gelesen und anhand von Frage 1 aus dem Schulbuch („Ordnet den sieben Absätzen dieses Artikels folgende Überschriften zu ...") vorstrukturiert. Textabschnitte und zugehörige Zwischenüberschriften werden an der Tafel notiert und von den Schülerinnen und Schülern in ihre Hefte übertragen.

3. Einsatz des Differenzierungsmaterials

Textanalyse und Textverständnis (Einzel- oder Partnerarbeit)
Die Schülerinnen und Schüler bekommen zur Textanalyse und zum Textverstehen zwei verschiedene Angebote, die sie in Einzel- und Partnerarbeit bearbeiten können.
- *Differenzierungsmaterial 1* (S. 83) ist für *leistungsstarke* Schülerinnen und Schüler gedacht,
- *Differenzierungsmaterial 2* (S. 84 f.) für *leistungsschwache.*

Vorstellen der Ergebnisse (Gesamtgruppe)
Zur Sicherung des Textverstehens werden die Zusammenfassung über „Moora" (S. 85, Aufgabe 2, Differenzierungsmaterialien für *Leistungsschwache*) sowie ausgewählte Zeitungsberichte (S. 83, Aufgabe 1, Differenzierungsmaterialien für *Leistungsstarke*) vorgelesen. Hierbei können auch Unterschiede in der Textform und Textfunktion herausgearbeitet werden. Abschließend können die Lernberichte (S. 85, Aufgabe 3, Differenzierungsmaterialien für *Leistungsschwache*) vorgetragen und mit den Eingangsfragen in Beziehung gesetzt werden. Dies kann Ausgangspunkt für weiteres Nachforschen der Schülerinnen und Schüler zum Thema „Moor" sein.

Lösungen siehe S. 227 ff. und CD-ROM.

Moora – das Mädchen aus dem Moor

Neuburger Nachrichten

Unabhängige Tageszeitung für Neuburg und Umgebung

Sensationsfund im Uchter Moor – Wer ist die Moorleiche?

Neuburg, Uchter Moor.

DIFFERENZIERUNGSMATERIAL 1

1 *Stell dir vor, du bist eine Reporterin/ein Reporter und schreibst einen Zeitungsbericht über die Entdeckung „Mooras". Der Text aus dem Schulbuch stellt hierbei deine Informationsgrundlage dar.*
   a) Lies den Text aufmerksam durch und schreibe alle Informationen, die du für deinen Zeitungsartikel brauchst, in Stichworten heraus. Du solltest hierbei nicht nur Informationen über „Moora" herausschreiben, sondern auch über andere Moorleichen.
   b) Schreibe dann einen informativen Zeitungsbericht und gestalte ein passendes Bild dazu.

2 *Suche eine Lernpartnerin/einen Lernpartner. Diktiert euch gegenseitig den Textabschnitt von Zeile 47 bis 65 auf Seite 63 im Deutschbuch. Korrigiert die Diktattexte gegenseitig und übertragt Fehlerwörter in einen Fehlerbogen.*

Moora – das Mädchen aus dem Moor (1)

Im Jahr 2000 fanden Arbeiter im Uchter Moor bei Nienburg in Niedersachsen Leichenteile einer jungen Frau und schalteten die Polizei ein. Lange glaubte diese, einem ungeklärten Verbrechen auf der Spur zu sein: War das die Leiche eines in den 1960er-Jahren verschwundenen Mädchens? Doch als Anfang 2005 noch eine Hand aus dem Moor auftauchte, wechselte das Ermittlerteam: Archäologen untersuchten fortan die Moorleiche.

Was vermutete die Polizei am Anfang? ______________________

____

____

Und sie holten die Uchter Mädchenleiche aus der Gerichtsmedizin ins Museum, denn sie ist fast 2 700 Jahre alt. Leider ist sie durch schwere Torfabbaumaschinen völlig zerstückelt worden. Dennoch konnten inzwischen fast alle Teile geborgen werden. Für die niedersächsischen Forscher ein Sensationsfund: Sie konnten das Alter der Knochen auf das Jahr 650 v. Chr. datieren – damit ist die Uchter Moorleiche die älteste, die je in Deutschland gefunden wurde.

Wie alt ... ______________________

Wann ... ______________________

____

Woran das Mädchen starb, das inzwischen den Namen „Moora“ bekommen hat, ist bislang unklar. Ihre Fundstelle liegt im ehemaligen Hochmoor – dorthin war sie vermutlich nicht freiwillig gelangt. Anzeichen von Gewaltanwendung konnten jedoch nicht entdeckt werden. Vielleicht ist sie auf der Suche nach Nahrung oder auf der Flucht ins verhängnisvolle Moor gelangt.

Wo ... ______________________

____

Warum ... ______________________

____

In ganz Europa wurden bis heute über 700 Moorleichen gefunden. Allerdings nur in Hochmooren. Diese bestehen zum größten Teil aus abgestorbenen Torfmoosen. Sie enthalten verschiedene Säuren, die hervorragend konservieren: Sie machen die Haut haltbar und verhindern, dass Bakterien den Körper zersetzen.

Welche Wirkung ... ______________________

____

Archäologen vermuten in den Mooren noch weit mehr Fundstücke – Zeugnisse aus fast allen Epochen der frühen Menschheitsgeschichte. Werkzeuge aus der Jungsteinzeit, Waffen und Schmuck aus der Bronzezeit oder eine Bernsteinkette aus der Eisenzeit haben sie bereits gefunden. Am interessantesten für die Wissenschaftler sind natürlich die Leichen. Da „Moora“ so gut erhalten ist, erhoffen sie sich genaue Einblicke in das Leben der damaligen Zeit. Welche Krankheiten hatten die Menschen? Wie haben sie sich ernährt? Die Archäologen wollen die Torfschichten, in denen sie „Moora“ gefunden haben, baldmöglichst wieder heben, um sicherzustellen, dass nichts übersehen wurde. Außerdem soll Mitte des Jahres damit begonnen werden, den Kopf zu rekonstruieren, damit das Mädchen wieder ein Gesicht bekommt.

Was ... ______________________

____

____

Warum ... ______________________

____

1 *Lies den Textabschnitt aufmerksam durch.*
Schreibe anschließend zu den unterstrichenen Sätzen passende Fragen rechts daneben.

DIFFERENZIERUNGSMATERIAL 2/1

Moora – das Mädchen aus dem Moor (2)

1.	Im Uchter Moor fanden Arbeiter ...	... sie das Alter der Knochen auf das Jahr 650 v. Chr. datieren konnten.
2.	Am Anfang dachte die Polizei, ...	... in Europa gefunden.
3.	Die Mädchenleiche kam ins Museum, denn ...	... Bakterien den Körper zerstören.
4.	Für die Forscher ist sie ein Sensationsfund, weil ...	... einem Verbrechen auf der Spur zu sein.
5.	„Moora“, das Mädchen aus dem Moor, starb vielleicht, weil ...	... Werkzeuge, Waffen oder Schmuck.
6.	700 Moorleichen wurden bereits ...	... informieren über das damalige Leben.
7.	Durch die Säuren der Torfmoose wird verhindert, dass ...	... im Jahr 2000 Leichenteile einer jungen Frau.
8.	Archäologen haben in den Mooren weitere Dinge gefunden, z. B. ...	... sie war 2700 Jahre alt.
9.	Die gut erhaltenen Moorleichen ...	... soll der Kopf rekonstruiert werden.
10.	Damit „Moora“ wieder ein Gesicht bekommt, ...	... sie Nahrung gesucht hat oder geflüchtet ist.

2 *Schreibe eine Zusammenfassung über „Moora“, das Mädchen aus dem Moor.*
a) Verbinde damit zunächst immer zwei Satzteile, die zusammenpassen.
b) Schreibe dann die Sätze nacheinander auf und finde eine geeignete Überschrift.

Überschrift: ____________________

1. Im Uchter Moor fanden Arbeiter im Jahr 2000 Leichenteile einer jungen Frau.

2. Am Anfang ... ____________________

____

____

____

____

____

____

____

____

____

____

3 *Schreibe einen kurzen Lernbericht: „Was habe ich über Moorleichen und Moore gelernt? Worüber würde ich gerne noch mehr erfahren?“*

DIFFERENZIERUNGSMATERIAL 2/2

5 Das Blaue vom Himmel – Lügen- und Schelmengeschichten

Konzeption des Gesamtkapitels

Didaktischer Ausgangspunkt dieses Kapitels ist es, die Schülerinnen und Schüler an eine altersgemäße Beschäftigung mit der literarischen Tradition der Lügengeschichte heranzuführen. Zur menschlichen Sprache gehört das Lügen, es ist eines ihrer Wesensmerkmale und auf allen Gebieten verbaler Kommunikation anzutreffen. Im Zentrum des Unterrichtsvorhabens für die 6. Klasse steht jedoch das vergnügliche und von moralischen Aspekten weitgehend entlastete literarische Lügen, wobei im zweiten Teilkapitel auch andere Formen des Lügens in den Blick genommen und reflektiert werden.

Das Kapitel leistet einen Beitrag zur Entwicklung verschiedener Kompetenzen: Im Vordergrund steht das lebendige, ausdrucksstarke Vorlesen. Somit eignet sich das erste Teilkapitel auch als Vorbereitung von Vorlesewettbewerben. Genaues, sinnerschließendes Lesen ist Voraussetzung dafür, einem Publikum durch nuancenreiches, fesselndes Vorlesen einen Text zugänglich zu machen. Damit einher geht ein Vertiefen der Verstehenskompetenz literarischer Texte am Beispiel der Lügengeschichten. In den Wortfeldübungen des zweiten Teilkapitels und den damit verbundenen Reflexionen werden Sprachbewusstsein und Ausdrucksfähigkeit gesteigert. Das dritte Teilkapitel widmet sich der Vertiefung von Schreibkompetenz: Schreiben wird als Möglichkeit individuellen Gestaltens auf der Grundlage tradierter Schreibmuster erfahren.

Im ersten Teilkapitel **(„Käpt'n Blaubär & Co. – Geschichten vorlesen und verstehen")** werden Geschichten, die es auf unterschiedliche Art mit der Wahrheit nicht so genau nehmen, zum Lese- und Vorlesetraining angeboten. Die Anregungen zur Erarbeitung eines Lesevortrags verstehen sich zugleich als texterschließende Fragen bzw. Arbeitsaufträge. Im Vergleich der klassischen Lügengeschichten im Stile der Münchhausiaden mit modernen Varianten schärfen die Schülerinnen und Schüler ihren Blick für genrebedingte Erzähltraditionen, aber auch für davon abweichende Erzählstrategien und deren Funktion.

Das zweite Teilkapitel **(„... und wenn er auch die Wahrheit spricht – Lügen-Sprache")** integriert den Bereich „Nachdenken über Sprache". Das Thema „Lügen" wird erweitert und vertieft. Situationen, in denen gelogen wird, sowie Formen und Funktionen des Lügens werden untersucht. Dabei können auch eigene Erfahrungen und ethische Implikationen des Themas aufgegriffen werden.

Das dritte Teilkapitel **(„Flunkern, lügen, Streiche spielen – Schreibversuche")** knüpft an das erste Teilkapitel an. Indem sie sich an den Erzählmustern der dort abgedruckten Geschichten orientieren, entwickeln die Schülerinnen und Schüler schrittweise eigene Schreibversuche.

Literaturhinweise

Lange, Günter (Hg.): Moderne Sagen. Unglaubliche Geschichten. Reclam, Stuttgart 2003

Vom Spiel der Fiktionen mit Realitäten. Praxis Deutsch 180 / 2003

Weller, Rainer (Hg.): Lügen, lauter Lügen ... Reclam, Stuttgart 1981

Seite	Inhalte	Kompetenzen
S. 69	**5.1 Käpt'n Blaubär & Co. – Geschichten vorlesen und verstehen**	Die Schülerinnen und Schüler können – Lügengeschichten erkennen und ausdrucksvoll vorlesen – mündlich erzählen, indem sie eine Lügengeschichte fortsetzen – die klassische Form der Lügengeschichte erkennen und ihre wesentlichen Merkmale nennen – erklären, dass und warum die Figur des Schelmen in vielen Kulturen beliebt ist – die wesentlichen Merkmale einer Schelmengeschichte nennen – Strategien des Vorlesevortrags beachten – einen Vorlesewettbewerb selbstständig planen, vorbereiten und durchführen – Markierungszeichen für einen Lesevortrag selbst anwenden – eine Bewertungstabelle beim Vorlesewettbewerb anwenden
S. 69	**Lügengeschichten**	
S. 69	*Brigitte Hoffmann / Walter Moers* Mondflecken	
S. 71	Das Pferd auf dem Kirchturm	
S. 73	*Sid Fleischman* McBroom und die Stechmücken	
S. 75	**Schelmengeschichten**	
S. 75	Gohas Besuch beim König	
S. 76	*Erich Kästner* Wie Eulenspiegel einem Esel das Lesen beibrachte	
S. 78	**Käpt'n Blaubär, Münchhausen und Goha im Vorlesewettbewerb – Projektvorschlag**	
S. 78	**Eine unerfahrene Nachtigall**	
S. 80	**5.2 ... und wenn er auch die Wahrheit spricht – Lügen-Sprache**	– Sprichwörter zum Thema „Lügen" reflektieren – eine geordnete Übersicht (Mind-Map) zum Wortfeld „Unwahrheit" anlegen – mit dem Wörterbuch umgehen – die sprachlichen Bilder von Lügensprichwörtern erläutern und Geschichten dazu schreiben – in die Rolle eines Lügners schlüpfen und Lügen entlarven
S. 82	**Sprichwörtliche Lügen**	
S. 82	**Lügen, ohne rot zu werden – Ein Spiel**	
S. 83	**5.3 Flunkern, lügen, Streiche spielen – Schreibversuche**	– Lügengeschichten um- und weiterschreiben – eigene und fremde Ideen, Bilder und Erzählkerne zur Ausgestaltung von Lügengeschichten verwenden – mit unterschiedlichen Präsentationsformen umgehen
S. 83	**Neues vom Lügenbaron**	
S. 85	**Geschichten vom Lande – Zu Besuch bei den McBrooms**	
S. 85	**Eulenspiegeleien**	
S. 86	**Goha und Nasreddin Hodscha**	

5.1 Käpt'n Blaubär & Co. – Geschichten vorlesen und verstehen

S. 69 **Lügengeschichten**

S. 69 *Brigitte Hoffmann/ Walter Moers*

Mondflecken

1 *Textstellen: Z. 11f., 30–36, 36ff., 47f., 55, 59f., 82–85*

3 *Die drei Bärchen lieben ihren Opa und finden seine Geschichten lustig und unterhaltsam.*

4 *Hein (S. 69, Z. 2) – Tscha … Käptn (Z. 6) – Tscha (Z. 26) – direktemang (Z. 32) – Kinners (Z. 37) – näch (Z. 51) – Dösbaddel (Z. 56/57) – könn' (Z. 90) – Geh man … (Z. 93)*

S. 71

Das Pferd auf dem Kirchturm

1 *Die Begründung findet sich in den Zeilen 2 bis 8.*

2 *… an einer Baumspitze … (Z. 17)*

3 *Die Geschichten sind fantasievoll und unterhaltsam erzählt. Durch die Lügen entsteht kein Schaden beim Leser/Zuhörer.*

4 *a) Käpt'n Blaubär wird von einem Erzähler dargeboten, Münchhausen erzählt in der Ich-Form.*

b) Die Ich-Form wirkt glaubwürdiger und fesselt den Leser.

S. 73 *Sid Fleischman*

McBroom und die Stechmücken

Wie die Lügengeschichten des Barons von Münchhausen, so zeigt auch das Jugendbuch Sid Fleischmans „Hier kommt McBroom" die typische Struktur des literarischen, unterhaltsamen Lügens: die Lügenkette.
Die Fabulierlust des Erzählers treibt immer wieder neue Blüten, jedes Stichwort kann eine neue unglaubliche Story auslösen. Das Apropos regiert das Erzählen. Bei Münchhausen geschieht das in Form der episodischen Reihung, bei McBroom als ständiges Abschweifen: Eigentlich will er hier von einer großen Dürre erzählen, die Erwähnung der Stechmücken gibt ihm aber den Anlass, zunächst einmal sein Lügengarn abzuspulen.

1 *McBroom hat elf Kinder. Sie heißen: Will, Jill, Hester, Chester, Peter, Polly, Tim, Tom, Mary, Larry und Clarinda.*

3

Z. 6/7:	*Angriff durch die Spechte*
Z. 10:	*Präriestechmücken. Und noch dazu kleine*
Z. 12:	*Maschendraht als Fliegengitter*
Z. 16:	*Stecknadelnasen*
Z. 22/23:	*Kaulquappen, denen man das Schwimmen beibringen musste*
Z. 25:	*Froschbabys, die noch nie Wasser gesehen haben*
Z. 29:	*Stinktier beim Schwanz packen*
Z. 40 bis Ende:	*Rote-Beten-Geschichte*

4
- *Betonung der Ehrlichkeit und Glaubwürdigkeit*
- *Ich-Form als Nachweis des eigenen Erlebnisses*
- *Lügenketten in sich schlüssig*

5 *Nominalisierung von Verben*

S. 75

Schelmengeschichten

In diesem Abschnitt werden Goha, Nasreddin Hodscha und Eulenspiegel als Schelmenfiguren vorgestellt. Die Schülerinnen und Schüler erkennen, dass es die Figur des Schelmen in verschiedenen Kulturen gibt. Sie greift in ihrer ungesicherten Existenz zu List, Lüge und Betrug. Da sie jedoch mit ihrer Frechheit und schlagfertigen Gewitztheit in der Regel nur die Wohlhabenden und Mächtigen trifft, hat sie die Lacher auf ihrer Seite.

S. 75

Gohas Besuch beim König

1 *Zunächst versucht Goha, ohne Einladung an den Wachen vorbeizukommen. Als ihm dies nicht gelingt, zieht er seine besten Kleider an, steckt ein Blatt Papier in einen Umschlag, adressiert diesen „Brief" an den König (Z. 9–17) und übergibt ihm diesen, nachdem er vorher die Wachen belogen hat, er müsse dem König den „wichtigen Brief" persönlich überbringen (Z. 20–26).*

2/**3** *Zunächst erschließen die Schülerinnen und Schüler den Charakter Gohas, soweit möglich, aus dem Text. Direkte Aussagen über Goha finden sich in dem Text nur wenige. Seine Person muss über sein Verhalten und Handeln erschlossen werden. Goha isst „leidenschaftlich gerne" (Z. 5) und versucht deshalb, ohne Einladung an einem Festessen des Königs teilzunehmen. „Goha, der niemals schnell aufgab" (Z. 12), verfolgt sein Ziel hartnäckig und scheut keine List, um an sein Ziel zu gelangen. Unter dem Vorwand, einen wichtigen Brief zu haben, wird er vorgelassen und beginnt „sofort zu essen, sodass die anderen Leute erstaunt waren, wie schnell er die leckeren Gerichte verspeiste" (Z. 29–31). Dieses Verhalten ist nicht nur unhöflich, sondern unverschämt. Angesichts der Wut des Königs über das unbeschriebene Blatt, das Goha als Brief überbringt, antwortet Goha mit entwaffnender Ehrlichkeit: „Sie haben recht, Herr König ..." (Z. 38). Den Vorwurf des Königs, sich unangemessen zu verhalten („Warum isst du ... mit deinen fünf Fingern vor all meinen Gästen?", Z. 44–46), pariert Goha, indem er die Frage sachlich beantwortet und den Vorwurf nicht zur Kenntnis nimmt: „... Meine Hand hat keine sechs Finger" (Z. 48/49).*
Man kann sich darüber wundern, dass Goha durch sein freches und unverschämtes Verhalten den König und die Gäste zum Lachen bringt; man kann Goha als mutigen und eigenwilligen Mann sehen, der behandelt werden will wie die anderen Gäste; er kann als unvorsichtig und unbedacht gelten, schließlich könnte er für sein Verhalten bestraft werden. Die Eigenschaften können in einem Cluster zusammengetragen werden und den Kindern die Möglichkeit ganz unterschiedlicher Betrachtungsweisen vor Augen führen.

5 *Mögliches Tafelbild:*

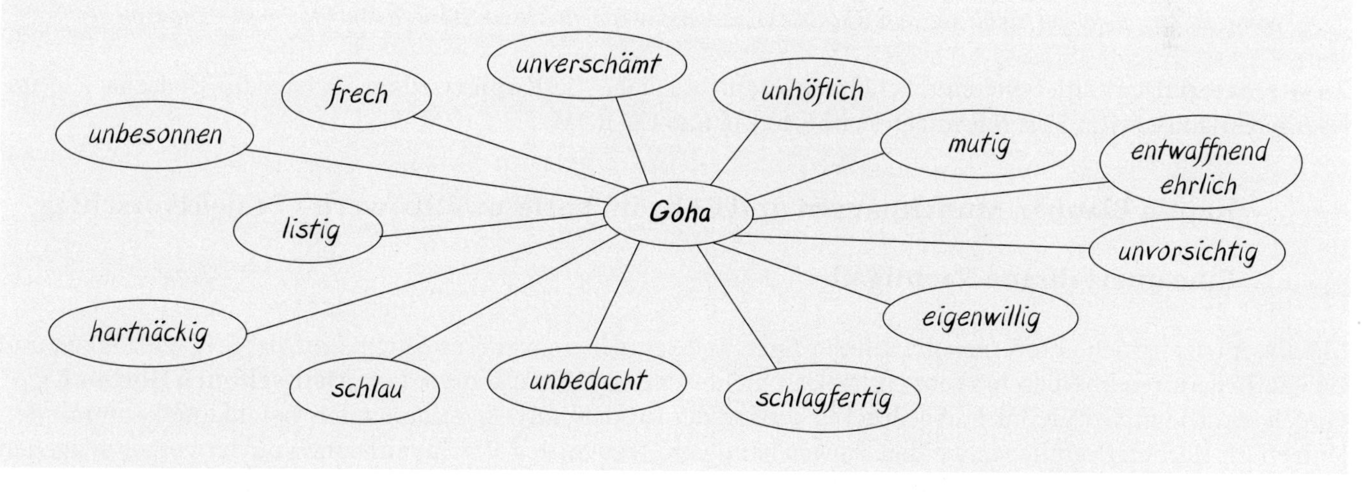

6 *a–c) Bei dem Verb „essen" wechselt die Länge des Vokals, dadurch verändert sich die Schreibung des stimmlosen s-Lauts: Nach kurzem Vokal steht „ss": essen, isst; nach langem Vokal und nach Diphthong steht „ß": aß.*
messen – misst – maß; fressen – frisst – fraß; vergessen – vergisst – vergaß
Die mit den Verben gebildeten Sätze können auch als Partnerdiktate aufgeschrieben werden.

S. 76 Wie Eulenspiegel einem Esel das Lesen beibrachte

Die Geschichte eignet sich besonders gut dafür, das ausdrucksstarke Vorlesen zu üben. Vor allem die szenische Erzählstruktur und die Nachahmung der Tierlaute stellen eine Herausforderung dar. Zunächst wird der Text für den Vortrag von den Schülerinnen und Schülern aufbereitet. Die eigenen Vorträge können anschließend mit der professionellen Version im **„Deutschbuch Hörbuch 5/6"**, vorgelesen von Juliane Posch, verglichen werden.
In dieser Geschichte präsentiert sich Eulenspiegel nicht als der scheinbar tumbe Tor, der übertragenes Sprechen wörtlich nimmt. Er erscheint als Hochstapler, eine Rolle, die traditionsgemäß zum Repertoire des Schelmen gehört. Er legt mit betrügerischer List die herein, die ihm das Handwerk legen wollen: Lehrherren, reiche Geschäftsleute, Amtsinhaber oder – wie in dieser Geschichte – die vermeintlichen Intelligenzler. Der schadenfrohe Spott über diese Kreise ist fester Bestandteil der Schelmengeschichte.

1 *Der Schelm gibt sich überall als Gelehrter aus und neckt Professoren und Studenten. Wie zuvor schon die Prager, versucht er nun auch die Erfurter hereinzulegen; dabei geht er sehr einfallsreich vor. Zuerst handelt er einen sehr langen Zeitraum für seinen „Unterricht" aus, weil er hofft, dass innerhalb der zwanzig Jahre entweder der Rektor, er selbst oder der Esel stirbt. Dann dressiert er auf recht schlaue Art und Weise den Esel und deutet nach einer Woche die tierischen Laute I-a frech und gewitzt als eigenen Lehrerfolg.*
Die Erfurter wollen klüger sein als die Prager und Eulenspiegel mit der eigentlich unlösbaren Aufgabe, einem Esel das Lesen beizubringen, hereinlegen. Sie hinterfragen aber Eulenspiegels Bedingungen nicht und müssen deshalb „Lehrgeld" zahlen.

2 *a) Bezug zum Text: Die Erfurter werden wütend und der Rektor ärgert sich so sehr, dass ihn bald darauf der Schlag trifft.*

b) Bezug zum Text (Schülerbuch, S. 75): Während die Erfurter in Eulenspiegel einen Betrüger sehen, der sie um 500 alte Groschen geprellt hat, erfreut sich die Hochzeitsgesellschaft am Hofe des Königs an Gohas Streich und lacht herzhaft über ihn. Goha, der sich einfach nur den Bauch vollschlagen will, scheint den Hofnarren des Königs zu spielen. Wegen seiner witzigen Antworten kann ihm der König nicht recht böse sein, zumal Goha am Ende ja auch die Speisen der königlichen Tafel sehr lobt.

3 *a) Geeignete Internetadressen für die Suche nach Informationen über Till Eulenspiegel sind z. B.:*
http://gutenberg.spiegel.de/bote/eulenspg/eulenspg.htm mit vielen weiteren Eulenspiegelgeschichten, die ausgewählt, ausgedruckt und nacherzählt oder vorgelesen werden können.
http://www.eulenspiegel-museum.de/
www.eulenspiegel-festspiele.de (ein Rückblick) und www.moelln.de → Stadtgeschichte → Till Eulenspiegel

Zusatzmaterial mit einer weiteren Schelmengeschichte siehe die **Kopiervorlage** „Nasreddin Hodscha: Die unleserliche Handschrift", S. 96 (Lösungen siehe S. 227 ff. und CD-ROM).

S. 78 Käpt'n Blaubär, Münchhausen und Goha im Vorlesewettbewerb – Projektvorschlag

S. 78 Eine unerfahrene Nachtigall

Mit dieser Lügengeschichte lernen die Schülerinnen und Schüler ein weiteres Zeugnis von der Schlagfertigkeit und Gewitztheit Nasreddin Hodschas kennen. Die Geschichte wird von Udo Wachtveitl im **„Deutschbuch Hörbuch 5/6"** vorgelesen. Die im Schülerbuch abgedruckte Version der für den Vortrag aufbereiteten Geschichte kann mit derjenigen im Hörbuch verglichen werden. Abweichend vom Lesevortrag Wachtveitls und von der vorgeschlagenen Markierung können die Schülerinnen und Schüler ihre eigene Version finden und die Unterschiede begründen.

1 *a) Die Schülerinnen und Schüler lesen zunächst den Text nach eigenem Gutdünken und anschließend mit Hilfe des Merkkastens.*
Sie werden dabei feststellen, dass manche Stellen auch unterschiedlich betont werden können.

Zusatzmaterial siehe die **Kopiervorlage** „Wo ist der Kater?", S. 97 (Lösungen siehe S. 227 ff. und CD-ROM).

5.2 ... und wenn er auch die Wahrheit spricht – Lügen-Sprache

S. 80

Sprichwörter

1 *Kinder sagen, was sie denken. Sie sprechen die Wahrheit, da sie sich keine Gedanken darüber machen, ob der Gesprächspartner das hören möchte oder nicht.*
Narren gehen ähnlich vor, aber sie stellen sich nur naiv wie Kinder, sie sind in Wirklichkeit oft sehr klug oder zumindest schlau: Ihre Aussagen sind oft hintergründig, witzig und doppeldeutig; da muss man genau hinhören und „zwischen den Zeilen lesen" können bzw. den ironischen Unterton heraushören.

2 *Lügen ist keine angeborene Fähigkeit, sie wird erst im Alter von ca. 4 Jahren erlernt. Die wichtigste Voraussetzung dafür ist die Fähigkeit, sich in einen anderen Menschen hineinversetzen zu können. Erst wenn ein Kind verstanden hat, dass ein anderer nichts oder weniger weiß als es selbst, kann es ihn auch hinters Licht führen (siehe dazu auch: www.quarks.de; Stichwort: Lügen lernen).*

3 *b) Lügen unterscheiden sich in der Absicht, die die Sprecherin bzw. der Sprecher in seiner Aussage verpackt. Diese können sein: Notlage, Hinterlist, Angeberei/Übertreibung, Vorteilsnahme, Höflichkeit, Spaß/Lust an der Lüge, Rache/Hass ...*

5 *a) Richtige Zuordnung:*

Lü|ge	die; absichtlich falsche Aussage; Unwahrheit, Schwindel, ugs.: Schwindelei; Flunkerei; Geflunker
lü|gen	Verb; hat gelogen; absichtlich Unwahres sagen, um andere zu täuschen; nicht bei der Wahrheit bleiben, schwindeln, falsches Zeugnis ablegen, vorgaukeln
Lü|gen|ge|schich|te	die; Münchhaus(en)iade, Jägerlatein, Seemannsgarn, Anglerlatein
Lüg|ner	der; jemand, der lügt; Schwindler, Schaumschläger; ugs.: Schwindelgeist; Flunkerer; Fabelhans; Lügenpeter; Lügenbeutel; salopp: Lügenmaul; Lügensack
lü|gen|haft	unwahr
Lü|gen|pe|ter	der; Lügner
Lü|gen|ge|spinst	das; aus vielen Lügen zusammengesetzte Darstellung, Schilderung; sich in seinem eigenen Lügengespinst verfangen, verstricken
lüg|ne|risch	unwahr; unaufrichtig

b) Lügendetektor: Gerät, das Schwankungen von Blutdruck, Puls, Hautfeuchtigkeit, Atmung u. a. misst; soll zur Prüfung des Wahrheitsgehalts von Aussagen dienen.

6 ***Seemannsgarn:** hergeleitet von Schiemannsgarn, sind Erzählungen der Seeleute über deren (angebliche) Erlebnisse. Das Schiemannsgarn wurde aus alten Tauen gewonnen und von den Seeleuten benutzt, Leinen und Trossen zu umwickeln. Schiemannsgarn drehen oder Schiemannsgarn spinnen war auf Segelschiffen eine untergeordnete Arbeit, die bei Schönwetter erledigt wurde. Weil sie recht langweilig war, erzählten sich die Seeleute unterdessen, was sie erlebt hatten und worüber sie sich Gedanken machten; Sagen, Schwänke und Döntjes gehörten dazu. Auf diese Weise bekam „Schiemannsgarn spinnen" mit der Zeit eine andere Bedeutung: Das Erzählen wurde Hauptsache, die Arbeit Nebensache, bis man das Erzählen allein so bezeichnete. In jüngerer Zeit ersetzte „Seemannsgarn spinnen" oder kurz „Garn spinnen" die alte Redewendung und unter „echtem Seemannsgarn" versteht man jene Erlebnisberichte von Seeleuten im Grenzbereich zwischen Wahrheit und Fantasie, die alle etwas undurchsichtig, aber glaubhaft-eindrucksvoll sind: Allerdings weiß der Zuhörer nie genau, ob er auf den Arm genommen wird oder nicht. Oft wird der Wahrheit so viel hinzugedichtet, dass aus einem kleinen Fisch ein Monsterhai wurde oder Riesenkraken ganze Schiffe ins Verderben zogen.*
***Anglerlatein:** Unter Anglerlatein versteht man die mehr oder weniger wahren Erzählungen von Anglern, die berühmt dafür sind, ihre Fangergebnisse ein wenig zu übertreiben.*
***Jägerlatein:** Jägerlatein ist nicht nur die Fachsprache der Jäger mit ihren eigenen Bezeichnungen für Tiere und deren Körperteile, sondern auch die mit solchen ausgeschmückten Erzählungen realer, erfundener und vor allem übertriebener Jagdgeschichten.*

7 *Ergänzung der Tabelle:*

Verb	Nomen	Adjektiv
lügen	Lüge	lügenhaft
angeben	Angeber, Angeberei	angeberisch
prahlen	Prahler, Prahlerei	prahlerisch
heucheln	Heuchler, Heuchelei	heuchlerisch
täuschen	Täuschung	täuschend

S. 82

Sprichwörtliche Lügen

1
- *Lügen lohnt nicht, da die Wahrheit bald herauskommt.*
- *sich selbst etwas vormachen*
- *Lügner müssen sich ihre Lügen merken.*
- *Einem Lügner glaubt man nie wieder.*

2 *a)* ***Lügen und Lawinen wachsen immer.***
Die Lügen werden hier mit Lawinen gleichgesetzt. Das Tertium Comparationis, der Vergleichspunkt, ist das unaufhaltsame Anwachsen. Sinn des Sprichwortes ist zu zeigen, dass eine Lüge immer neue Lügen erzeugt. Darüber hinaus werden durch die Gleichsetzung mit der Lawine noch andere Vorstellungen evoziert, nämlich das Bedrohliche, alles unter sich Begrabende. In diesem Bedeutungsüberschuss, den das sprachliche Bild über den eigentlichen Vergleichspunkt hinaus erzeugt, liegt der Reiz bildlichen Sprechens. Eine anschauliche Warnung vor der zerstörerischen Kraft der Lüge.

Der Lügner fängt sich in der eigenen Schlinge.
In dieser Metapher wird die Lüge mit einer Schlinge verglichen, die als eine Art Falle ausgelegt wird. Das Sprichwort behauptet, dass sich der Lügner selbst darin fängt. Auch hier liegt der Sinn in der Warnung vor der Lüge, die dem Lügner am Ende selbst Schaden zufügt.

Lug und Trug ist der Welt Acker und Pflug.
Die Lüge und der Betrug werden hier mit der Urform des Lebensunterhalt gewährenden, Gewinn bringenden Tuns gleichgesetzt, mit dem Pflügen des Ackers. So geht es in der Welt zu, behauptet dieses Sprichwort. Damit ist sein Sinn ambivalent: Einerseits warnt es nicht wie die beiden ersten Sprichwörter vor der Lüge, sondern verspricht durch den Vergleich dem Lügner Gewinn und Erfolg im Leben, zugleich verweist es im christlichen Sinn auf die Schlechtigkeit der Welt.

Wäre Lügen so schwer wie Steinetragen, würde mancher lieber die Wahrheit sagen.
Hier besteht das Bild aus einem „wie"-Vergleich, der allerdings in die Form des Konjunktivs II, und zwar des Irrealis, gekleidet ist. Sinn des Sprichworts ist die Klage darüber, dass das Lügen leider eben nicht schwer ist und dass daher die Wahrheit so oft auf der Strecke bleibt.

Der Lügner und der Dieb wohnen unter einem Dach.
Das Unter-einem-Dach-Wohnen steht als Metapher für das enge Beisammensein von Lüge und Diebstahl. Sinn des Sprichworts ist damit die scharfe Verurteilung des Lügens als moralisch ähnlich verwerflich wie der kriminelle Akt des Diebstahls.

Lügen zerschmelzen wie Schnee.
Wiederum ein klassischer „wie"-Vergleich, in dem das Tertium Comparationis das „Zerschmelzen" darstellt. Lügen haben wie der Schnee keinen Bestand, lösen sich auf. Der Sinn ist also auch hier wieder die Warnung vor der Erfolglosigkeit der Lüge.

Mit Lügen und Listen füllt man Sack und Kisten.
Die Metapher zeigt ähnlich der im Sprichwort „Lug und Trug ist der Welt Acker und Pflug" das Lügen als Gewinn bringende Tätigkeit. Hier wird allerdings das Erfolg Versprechende des Lügens ohne Hinweise auf die damit verbundene Fragwürdigkeit des Zustands der Welt betont.

Jede Lüge will zehn andere zum Futter haben, wenn sie nicht sterben soll.
Eine weitere Metapher mit der Lüge als Lebewesen. Der Sinn ist ähnlich wie der im ersten Sprichwort: Eine Lüge zieht weitere Lügen nach sich.

5.3 Flunkern, lügen, Streiche spielen – Schreibversuche

S. 83

Neues vom Lügenbaron

Die Schülerinnen und Schüler finden in allen im ersten Teil vorgestellten Lügengeschichten Anregungen zum eigenen Schreiben. Sie können je nach Leistungsniveau und Arbeitshaltung z. B. zunächst zwischen Geschichten von McBroom und Münchhausen wählen. Nach einer Wiederholung der Merkmale von Schelmengeschichten verfasst jede Schülerin / jeder Schüler seine eigene Schelmengeschichte nach dem Muster von Till Eulenspiegel, Goha oder Nasreddin.
Die verschiedenen Aufgaben ermöglichen eine Binnendifferenzierung, da neben geschlosseneren Aufgaben (neues Ende finden, Ausgestalten eines Erzählkerns) auch sehr freie Aufgaben zum Schreiben und Gestalten eigener Geschichten motivieren. Zum Überarbeiten der Texte sollte die Methode der Schreibkonferenz eingesetzt werden.

1 *Die **Bilder** sollten zunächst von den Schülerinnen und Schülern **genau beschrieben** werden:*
Hase *mit vielen Beinen; er hat zwei Hinterläufe auf dem Rücken.*
Enten *Münchhausen steht mit einem Gewehr am Seeufer; die Enten sind durch eine Schnur miteinander verbunden, die Münchhausen in der Hand hält.*
Pferdeschlitten *Münchhausen ist in einem offenen Pferdeschlitten unterwegs; es liegt vermutlich Schnee, der Atem des Pferdes dampft in der kalten Luft; Münchhausen schwingt die Peitsche; das Pferd ist schon zur Hälfte von einem Wolf aufgefressen, läuft aber trotzdem weiter.*
Hirsch *Münchhausen zielt mit dem Gewehr auf einen Hirsch, dem ein Kirschbaum aus dem Geweih wächst.*

***Nach diesen Beschreibungen** überlegen die Schülerinnen und Schüler, welche Dinge in Münchhausens Geschichten eine (z. T. auch fantastische) **Erklärung** brauchen:*
Hase *Er wird von Münchhausen gejagt. Welche Schwierigkeiten ergeben sich? Wie überwindet Münchhausen diese Probleme?*
Enten *Wie hat Münchhausen die Enten an der Schnur gefangen? Warum hat er nicht sein Gewehr zur Jagd benutzt? (Mögliche Fortführung: Wie transportiert er die Enten nach Hause?)*
Pferdeschlitten *Wo könnte die Geschichte spielen? Warum greift der Wolf das Pferd an? Was passiert, wenn er es ganz gefressen hat?*
Hirsch *Wie kommt der Hirsch zu seinem Baum? Könnte das mit Münchhausen zu tun haben? Wird Münchhausen schießen?*
Die Geschichten zu den Bildern sind in Erich Kästners Buch „Münchhausen" zu finden: Das Bild mit dem Pferdeschlitten gehört zur Geschichte „Der Schlittenwolf", die anderen Bilder gehören zu dem Kapitel „Die Enten an der Schnur und andere Jagdgeschichten".

***Erzählstil:** Mit den Aufgaben zur Münchhausen-Geschichte haben die Schülerinnen und Schüler bereits folgende Merkmale einer Lügengeschichte erarbeitet, die sie beim Verfassen eigener Geschichten beachten sollen:*
- *Die Zuhörer/innen werden direkt angesprochen.*
- *Die Wahrhaftigkeit der Erzählung wird beteuert.*
- *Es wird anschaulich (passende Verben, Adjektive) beschrieben.*
- *Ausrufe und Fragen tauchen auf.*

S. 85

Geschichten vom Lande – Zu Besuch bei den McBrooms

1 *Ausgehend von möglichen Anbauprodukten McBrooms suchen die Schülerinnen und Schüler Verfremdungsmöglichkeiten durch Übertreibungen. So kann beim Melken der Kühe durch die Menge an Milch ein riesiger See entstehen. Dieser kann durch Schaufelraddampfer zu Butter verarbeitet werden. Auch andere Produkte – Kürbisse, Sonnenblumen – werden bei McBroom um ein Vielfaches größer und müssen oder können anderweitig verwendet werden. Beim Abfassen der Geschichten muss die Folgerichtigkeit der Überlegungen beachtet werden. So erklärt McBroom vielleicht, dass die Schmetterlinge wegen ihrer Größe nicht mehr fliegen können und dankbar sind, wenn man sie an einer Flügelseite befestigt, sodass die andere bei Bedarf zurückgeklappt werden kann. Für alles Unglaubwürdige muss eine passable Erklärung gefunden werden.*

S. 85 **Eulenspiegeleien**

1 *Die anformulierten Eulenspiegel-Streiche sind den Schülerinnen und Schülern evtl. bekannt. Bei Verständnisproblemen kann eine Vorentlastung erforderlich sein.*
(1) Was meint der Schneider mit „nähen, dass es niemand sieht"? (Feine, unauffällige Stiche nähen, sodass die Naht nicht zu sehen ist.) – Wie wird Eulenspiegel diese Aufforderung verstehen? (Er verkriecht sich zum Nähen unter ein Fass, damit ihn keiner sieht.)
(2) Bei der zweiten Geschichte kauft sich Eulenspiegel Erde und lässt diese auf seinen Wagen laden. Bei der Begegnung mit dem Herzog erklärt er: „Ich bin ja gar nicht in eurem Land. Ich sitze in meinem eignen Land. Ich hab es rechtmäßig vom Bauern gekauft. Erst gehörte es ihm. Nun gehört es mir. Euer Land ist es nicht."
(3) Bei der letzten Geschichte marschiert Till Eulenspiegel durch das Fenster ins Haus.
Die drei Erzählanfänge sind zunehmend weniger geschlossen, sodass unsichere Schülerinnen und Schüler die erste (geschlossene) Aufgabe, fantasievolle Kinder die dritte wählen können. Die offene Formulierung der letzten Aufgabe ermöglicht es auch, eine ganz neue Tat Eulenspiegels zu erzählen, die nichts mit dem Eckfenster zu tun hat.

S. 86 **Goha und Nasreddin Hodscha**

1 *Hier geht es darum, eine neue Version von Gohas Geschichte zu schreiben. Die Schülerinnen und Schüler übernehmen den Anfang der Geschichte und müssen eine eigene Idee entwickeln, wie sie an dem Essen teilnehmen können. (Beispiele: Goha kennt jemanden, der eine Einladung hat, und weiß, wie er an diese Einladung kommen kann: Der eine schuldet ihm noch etwas, dem anderen macht er den Empfang madig; Goha verkleidet sich als wichtige Persönlichkeit, als schöne Frau, er gibt sich als Lieferant aus …)*

2 *Hier ist die Handlung im Wesentlichen vorgegeben und muss von den Schülerinnen und Schülern ausformuliert werden. Im Gespräch sollte geklärt werden, wie der Nachbar wohl auf Nasreddins Erklärung, der Topf sei gestorben, reagiert und wie sich Nasreddin herausreden könnte. Dabei muss auf die vorherige Behauptung, der Topf habe ein Kind gekriegt, eingegangen werden. Als er selbst einen Vorteil davon hatte, hatte der Nachbar nichts gegen solche unlogischen Behauptungen.*

Vorschläge für Übungen und Klassenarbeiten

Vorschlag 1: Produktionsorientiert zu Texten schreiben

Siehe die **Kopiervorlage** „Wunderbare Reisen zu Wasser und zu Lande" von Gottfried August Bürger, S. 98. Dieser sprachlich recht anspruchsvolle Text ist eher für *leistungsstarke* Schülerinnen und Schüler geeignet. (Lösungen siehe S. 227 ff. und CD-ROM.)

Erwartungshorizont/Bewertungskriterien

2 *Positiv zu werten wäre: das konsequente Beibehalten der Ich-Form; Wahrheitsbeteuerungen; Anreden der Hörer/innen bzw. Leser/innen; Fortsetzung und eventuelle Steigerung der Übertreibungen und Lügen; Abrundung der Episode am Schluss (Abgeschlossenheit). Fortsetzung des Originals (die aber keine Beispiellösung darstellen sollte):*

Mit welcher Leiter auf Erden sie herunterholen? Da fiel mir ein, dass die türkischen Bohnen sehr geschwind und zu einer ganz erstaunlichen Höhe emporwüchsen. Augenblicklich pflanzte ich also eine solche Bohne, welche wirklich emporwuchs und sich an einem von des Mondes Hörnern von selbst anrankte. Nun kletterte ich getrost nach dem Monde empor, wo ich auch glücklich anlangte. Es war ein ziemlich mühseliges Stückchen Arbeit, meine silberne Axt an einem Orte wiederzufinden, wo alle anderen Dinge gleichfalls wie Silber glänzten. Endlich aber fand ich sie doch auf einem Haufen Spreu und Häckerling. Nun wollte ich wieder zurückkehren, aber ach! die Sonnenhitze hatte indessen meine Bohne aufgetrocknet, sodass daran schlechterdings nicht wieder herabzusteigen war. Was war nun zu tun? – Ich flocht mir einen Strick von dem Häckerling, so lang ich ihn nur immer machen konnte. Diesen befestigte ich an einem von des Mondes Hörnern und ließ mich daran herunter. Mit der rechten Hand hielt ich mich fest und in der linken führte ich meine Axt. Sowie ich nun eine Strecke hinuntergeglitten war, so hieb ich immer das überflüssige Stück über mir ab und knüpfte dasselbe unten wieder an, wodurch ich denn ziemlich weit heruntergelangte. Dieses wiederholte Abhauen und Anknüpfen machte nun freilich den Strick ebenso wenig besser, als es mich völlig herab auf des Sultans Landgut brachte. Ich mochte wohl noch ein paar Meilen weit droben in den Wolken sein, als mein Strick auf einmal zerriss und ich mit solcher Heftigkeit herab zu Gottes Erdboden fiel, dass ich ganz betäubt davon wurde. Durch die Schwere meines von einer solchen Höhe herabfallenden Körpers fiel ich in ein Loch, wenigstens neun Klafter[1] tief, in die Erde hinein. Ich erholte mich zwar endlich wieder, wusste aber nun nicht, wie ich wieder herauskommen sollte. Allein was tut nicht die Not? Ich grub mir mit meinen Nägeln, deren Wuchs damals vierzigjährig war, eine Art von Treppe und förderte mich dadurch glücklich zutage.

1 **Klafter:** veraltetes Längenmaß

(aus: Gottfried August Bürger: Wunderbare Reisen zu Wasser und zu Lande, Feldzüge und lustige Abenteuer des Freiherrn von Münchhausen ... 5. Kapitel. Zitiert nach: http://gutenberg.spiegel.de/buerger/muenchhs/muenchhs.htm)

Vorschlag 2: Produktionsorientiert zu Texten schreiben

Siehe die **Kopiervorlage** „Käpt'n Blaubär" von Walter Moers, S. 99. Diese Texte sind eher für *leistungsschwache* Schülerinnen und Schüler geeignet. (Lösungen siehe S. 227 ff. und CD-ROM.)

Weiteres Übungsmaterial

Übungen im **„Deutschbuch Arbeitsheft 6"**:
- Erzählen (Einleitung, Hauptteil, Schluss), S. 7 ff.
- Zu einer Bildergeschichte erzählen, S. 10 f.
- Groß- und Kleinschreibung, S. 54 ff.
  (Nomen und Satzanfänge erkennen; Nominalisierung von Verben und Adjektiven;
  Teste dich! Groß- und Kleinschreibung)
- Erzähltexte vorlesen und vorstellen, S. 82 ff.

Im **„Deutschbuch Hörbuch 5/6"** werden von Juliane Posch und Udo Wachtveitl verschiedene Lügen- und Schelmengeschichten vorgetragen: Gottfried August Bürger: Münchhausens Reiterkunststücke; Erich Kästner: Wie Eulenspiegel einem Esel das Lesen beibrachte; Geschichten über Nasreddin Hodscha: Eine unerfahrene Nachtigall; Der Wind tat es; Billige Esel.

Unter www.cornelsen.de/deutschbuch-realschule und www.cornelsen.de/deutschbuch-gesamtschule finden Sie weitere Übungsmaterialien.

Nasreddin Hodscha

Die unleserliche Handschrift

Der Schelm Goha hat in der Türkei einen Doppelgänger, nämlich Nasreddin Hodscha. Das Wort „Hodscha" bedeutet Gelehrter. Nur sehr weise und gläubige Menschen dürfen diesen Titel tragen. Bekannt ist er auch bei uns als der „türkische Eulenspiegel".

„Welcher Ungebildete hat dir denn diesen Brief geschrieben?", fragte Nasreddin Hodscha. „Die Handschrift ist so schlecht, dass ich sie unmöglich lesen kann!"

Eines Tages kam ein armer Bauer, der weder lesen noch schreiben konnte, mit einem Brief zu Nasreddin Hodscha und bat ihn darum, ihm doch den Brief vorzulesen.

Verwundert sagte der Bauer: „Obwohl du den Turban des Gelehrten trägst, kannst du nicht einmal einen Brief lesen."

Da nahm Nasreddin Hodscha den Turban ab und reichte ihn dem Bauern mit den Worten hin: „Wenn du glaubst, dass jeder, der einen Turban trägt, ein Gelehrter ist, dann setz du ihn doch auf und versuche, ob du den Brief lesen kannst."

(nach: Der Fuchs geht um ... auch anderswo. Beltz praxis, Weinheim 1991, S. 305/306)

1 *Lest die Textabschnitte sehr sorgfältig und ordnet sie in der richtigen Reihenfolge. Schreibt hierzu die Ziffer neben den Text oben.*

2 *Erklärt, warum Hodscha dem armen Bauern den Brief nicht vorlesen kann.*

3 *Warum hält der arme Bauer Nasreddin für einen Gelehrten?*

4 *Bereitet den Text zum Lesevortrag zu dritt (Erzähler/in, Nasreddin Hodscha, Bauer) mit verteilten Rollen vor.*

5 *Beurteilt den Lesevortrag und beachtet dabei auch die korrekte inhaltliche Textabfolge.*

6 *Was könnte wohl in dem Brief gestanden haben? Denkt euch einen Absender und einen passenden Inhalt aus.*

Wo ist der Kater?

Die Gattin Nasreddins, die sehr gefräßig war, besaß einen Kater. Jedes Mal wenn der Hodscha ein schönes Stück Fleisch oder eine Leber nach Hause brachte, fand er auf seinem Tisch nur die spärlichen Überreste davon, denn sie behielt die besten Brocken für sich oder setzte sie ihren Freundinnen vor. Wenn ihr Mann sich dann beklagte, dass er von allem immer nur das Schlechteste bekomme, beschuldigte sie regelmäßig ihren Vierbeiner, dass er alles oder fast alles gestohlen habe.

Eines Tages wurde Nasreddin fuchsteufelswild. Er packte das arme Tier und setzte es auf die Waage. „Ich habe ein Kilogramm Fleisch mitgebracht“, sagte er. „Dieser Kater ist ein Kilogramm schwer. Wenn er es ist, der auf der Waage sitzt, wo ist das Fleisch geblieben? Und wenn das, was ich abwiege, das Fleisch ist, wo bleibt dann der Kater?“

(aus: 202 Witze von Nasreddin Hodscha. Minyatür Yayinlari No. 1d. Verlag und Buchversand Yvonne Landeck, Kassel o. J.)

1 *Ergänze die Markierungen, die für einen guten Lesevortrag nötig sind.*

2 *Übe den Lesevortrag.*

Gottfried August Bürger

Wunderbare Reisen zu Wasser und zu Lande

Der Held der folgenden Geschichte gerät auf einer seiner abenteuerlichen Reisen in die Gefangenschaft eines Sultans. Er erzählt:

Mein Tagewerk war nicht sowohl hart und sauer als vielmehr seltsam und verdrießlich. Ich musste nämlich des Sultans Bienen alle Morgen auf die Weide treiben, sie daselbst den ganzen Tag lang hüten und dann gegen Abend wieder zurück in ihre Stöcke treiben. Eines Abends vermisste ich eine Biene, wurde aber sogleich gewahr, dass zwei Bären sie angefallen hatten und ihres Honigs wegen zerreißen wollten. Da ich nun nichts anderes Waffenähnliches in Händen hatte als die silberne Axt, welche das Kennzeichen der Gärtner und Landarbeiter des Sultans ist, so warf ich diese nach den beiden Räubern, bloß in der Absicht, sie damit wegzuscheuchen. Die arme Biene setzte ich auch wirklich dadurch in Freiheit; allein durch einen unglücklichen allzu starken Schwung meines Armes flog die Axt in die Höhe und hörte nicht auf zu steigen, bis sie im Monde niederfiel. Wie sollte ich sie nun wiederkriegen?

(aus: Gottfried August Bürger: Wunderbare Reisen zu Wasser und zu Lande, Feldzüge und lustige Abenteuer des Freiherrn von Münchhausen ... 5. Kapitel. Zitiert nach: http://gutenberg.spiegel.de/buerger/muenchhs/muenchhs.htm)

1 *Erkennst du den Helden der Geschichte und seine Art zu erzählen? Notiere seinen Namen und begründe deine Wahl.*

____

____

____

____

____

2 *Schreibe die Geschichte zu Ende und gib ihr eine Überschrift.*

____

____

____

____

____

____

____

____

____

____

____

Käpt'n Blaubär

... ist ein begnadeter Erzähler von Lügengeschichten. Er nimmt sogar an Lügenduellen teil. Hier sind die Zusammenfassungen der 92. und 93. Runde eines solchen Duells.

Runde 92

Als Nächstes erzählte ich von der Klabauterinsel. Behutsam baute ich die Spannung im nächtlichen Schattenwald auf, beschrieb dann eindringlich das erste Erscheinen der Geister, imitierte ihre grässlichen Gesänge und Bewegungen. Ich berichtete ausführlich von meinen Auftritten als Tränentenor und schilderte die gruseligen Essgewohnheiten der Klabautergeister.
Erstes Gelächter im Publikum, ein Bravo-Ruf. Solider Applaus, vier Punkte.

Runde 93

Meine Flucht übers Meer. Meine Beschreibung der Tratschwellen erregte allgemeine Heiterkeit. Ich machte ihre Stimmen nach, ließ sie ein Streitgespräch führen und schwappte dabei auf meinem Thron hin und her. Ich erzählte von meiner stimmlichen Ausbildung und gab ein paar Kostproben meines mächtigen Wortschatzes. Das Auftauchen des Tyranno-Walfischs Rex sorgte für die nötige Spannung, der glückliche Ausgang für das Happy-End, die Beschreibung der Feinschmeckerinsel machte Appetit auf die Fortsetzung.
Das Publikum kam wieder in Schwung. Ausgelassenes Gelächter, Heißbier wurde geordert, fünf Punkte.

(aus: Walter Moers: Die 13 1/2 Leben des Käpt'n Blaubär.
© Eichborn AG, Frankfurt am Main, März 1999, S. 587)

1 *Wähle eines der beiden Duelle aus und schreibe die Geschichte in der Ich-Form als Käpt'n Blaubär, der die Runde im Lügenduell überstehen muss und daher vor einem aufmerksamen Publikum erzählt.*
Überlege dir einen Handlungsverlauf, der die einzelnen Elemente der Lügengeschichte verbindet.
Runde 92: Was ist auf der Klabauterinsel passiert? Welche Aufgabe hat ein Tränentenor?
Überlege dir ein glückliches Ende der Geschichte.
Runde 93: Was passierte auf der Flucht? Was sind Tratschwellen?
Wie gelangte er auf die rettende Feinschmeckerinsel?

6 Helden, Zwerge, Zauberinnen – Sagen von Griechenland bis Hameln

Konzeption des Gesamtkapitels

Sagen schlagen eine Brücke zwischen Abenteuererzählungen, die in der Lebenswelt der Kinder angesiedelt sind (Jugendliteratur), und solchen, die in ferner Vergangenheit spielen. Die Lektüre von Sagen ist voraussetzungsreicher als die von Märchen, denn sie verlangen ein Orientierungswissen über die antike Welt und über die Welt des germanischen Altertums oder des Mittelalters. Außerdem ist gerade beim Umgang mit Sagen das Wissen um Möglichkeiten der Informationsbeschaffung gefragt. Sagen gibt es in vielfältiger Form als Jugend(sach)literatur, in überarbeiteter Form als Comics oder als Filmversionen. Sagenmotive tauchen außerdem in Science-Fiction- oder Fantasy-Literatur auf. Die spezifische Kompetenz, hinter der Vielfalt die originalen Muster zu erkennen, ist noch zu entwickeln. So bieten Sagen Möglichkeiten der Differenzierung: Sie sind zugleich spannende Geschichten, Quellen, aus denen man etwas über die Vergangenheit erfährt, und Stoffe, die intertextuell Vernetzungen bilden.
Im ersten Teilkapitel **(„Antike Heldensagen – Verstehen und zusammenfassen“)** stehen Sagen aus der Odyssee im Zentrum. Die Sagen „Auf Kirkes Insel“ und „Die Sirenen“ werden in einer Erzählform geboten, die einer Abenteuererzählung sehr nahekommt. Die Schülerinnen und Schüler werden an den beiden Textbeispielen in die Gattung „Sage“ und wichtige Merkmale (z. B. der „historische“ Kern) der Gattung eingeführt. Weitere Aufgaben zielen auf eine Textreduktion.
Im zweiten Teilkapitel **(„Drachensagen – Nacherzählen und verändern“)** steht die Siegfried-Sage im Mittelpunkt. Auch die Siegfried-Sage wird als Jugendbuchfassung vorgestellt. Neben den Helden tritt als fesselnde Figur der Drache. Handelt es sich dabei um eine ausgestorbene Tierart (Wahrheitskern) oder um eine erfundene Figur? Als Kontrast zur Sage wird auch ein Auszug aus einem modernen Fantasy-Erfolgsroman (Tolkien: „Der kleine Hobbit“) herangezogen. Bruchstücke aus alten „Stoffen“ werden hier verwandt, anders zusammengefügt und in Anlehnung an alte Muster spannend neu erzählt. Die Schülerinnen und Schüler sollen in diesem Teilkapitel Sagen spannend und anschaulich nacherzählen (Textexpansion).
Das dritte Teilkapitel **(„Heimatsagen – Projektideen“)** zeigt Sagen als Bestandteile eines kulturellen Diskurses, der Tradition, Besonderheiten von Orten und touristische Nutzung eines Motivs umfasst. Die Schülerinnen und Schüler können hier nach lokalen Sagen recherchieren oder Sagen zu Hörszenen umgestalten.

Literaturhinweise

Fischer, Ursula und Hermann: Ortssagen. In: Praxis Deutsch 72 / 1985, S. 41 – 44

Karst, Theodor: Tatsachen und Tendenzen. Zum Verständnis geschichtlicher Sagen. In: Praxis Deutsch 72 / 1985, S. 51 – 55

Rölleke, Heinz (Hg.): Das große deutsche Sagenbuch. Patmos, Düsseldorf 2001

Ziesenis, Werner: Märchen und Sage im Unterricht. In: Taschenwörterbuch des Deutschunterrichts. Hg. von G. Lange u. a. Schneider, Hohengehren 1998, S. 532 / 553

	Inhalte	Kompetenzen
S. 87 S. 88 S. 91	**6.1 Antike Heldensagen – Verstehen und zusammenfassen** *Homer* Odyssee – Auf Kirkes Insel *Homer* Die Sirenen	Die Schülerinnen und Schüler können – einem Text Informationen entnehmen – Handlungsabläufe wiedergeben – einen Erzähltext durch Überschriften gliedern – Merkmale von Sagentexten benennen – einen literarischen Text mit Hilfe von Fragen untersuchen – die Wirkung von sprachlichen Mitteln beschreiben
S. 95 S. 95 S. 97 S. 99	**6.2 Drachensagen – Nacherzählen und verändern** **Wie Siegfried das Schmiedehandwerk erlernte** **Wie Siegfried den Drachen tötete** *John Ronald R. Tolkien* Der kleine Hobbit und der Drache	– die Regeln des Nacherzählens anwenden (W-Fragen, Spannungskurve, Zeitformen, Erzählperspektive) – Texte mündlich und schriftlich anschaulich wiedergeben – Sagentexte im Hinblick auf Motive und Handlungsablauf miteinander vergleichen – eigene „Folgegeschichten" zu einer vorgegebenen Ausgangssituation erzählen
S. 102 S. 102 S. 103 S. 104	**6.3 Heimatsagen – Projektideen** **Der Rattenfänger von Hameln** **Hörszenen aus Hameln** **Eine SAGEnhafte Wandzeitung**	– Prosatexte zu Hörszenen umschreiben – geeignete technische und inhaltliche Textbearbeitungsverfahren anwenden – Hörszenen aufnehmen – im Internet recherchieren, Erkundigungen in ihrer Umgebung einholen – die Zusammenfassung einer Recherche schreiben – ein Ordnungssystem für eine erfolgreiche Präsentation (z. B. Wandtafel) entwickeln

6.1 Antike Heldensagen – Verstehen und zusammenfassen

S. 87

Auftaktseite

1 *Lösung siehe S. 272 im Schülerbuch. Die Schülerinnen und Schüler werden über visuelle Anreize in das Thema „Sagen" eingeführt. Fragt man sie, ob sie „Sagen" kennen, bekommt man oft keine oder falsche Antworten (kein Bewusstsein darüber, dass die ihnen bekannten „Geschichten" Sagen sind, Verwechslung mit anderen Gattungen wie Märchen oder Legenden). Die Abbildungen können jedoch daran erinnern, dass sie doch schon etwas über Sagenstoffe wissen (vielleicht auch durch Verfilmungen oder Comics).*

2 *Die Schülerinnen und Schüler können Sagen um die abgebildeten Figuren nacherzählen oder auch in Bibliotheken oder im Internet recherchieren.*

S. 88

Homer

Odyssee – Auf Kirkes Insel

Odysseus muss über das Meer reisen, erlebt verschiedene Abenteuer und gerät in Konflikt mit Göttern. Der Sagenkomplex um Odysseus ist besonders geeignet, „Heldentaten" und die Auseinandersetzungen zwischen Menschen und Göttern zu thematisieren, das Nacherzählen zu üben und den Wechsel der Erzählperspektive. Anhand des Vortrags von Udo Wachtveitl im **„Deutschbuch Hörbuch 5/6"** kann das ausdrucksstarke Vorlesen geübt werden.

Zu dieser Sage wird auf den Seiten 110 bis 115 **Material zur Leistungsdifferenzierung** angeboten.

1 *Das Wort „bezirzen" wird verwendet im Sinne von betören, be-/verzaubern, verlocken, verführen, „jemanden um den Finger wickeln".*

2 *Odysseus ist der Erzähler der Sage (Ich-Form). Dies ist ableitbar aus Textstellen, an denen deutlich wird, dass der Ich-Erzähler der Anführer ist (z. B. Z. 7, 21/22, 60–62). Von den anderen spricht er als den „Gefährten". Ganz klar wird seine Identität, als Kirke fragt, ob er Odysseus sei (Z. 85–87).*

3 *a/b) – Odysseus steht im Mittelpunkt des Geschehens.*
- *Die Sage spielt auf der Insel Aiaia (Z. 2/3).*
- *Die Kundschaftergruppe besteht aus Eurylochos und zweiundzwanzig Genossen (Z. 25/26).*
- *Bei Kirke gibt es Wölfe und Löwen (Z. 32).*
- *Odysseus wird von Eurylochos informiert (Z. 55–58).*

Weitere mögliche Fragen:
- *Womit macht Hermes den Odysseus zauberfest? – Er gibt Odysseus eine schwarze Wurzel (Z. 65/66).*
- *Wie erhalten Odysseus' Gefährten wieder Menschengestalt? – Odysseus nimmt Kirke den Eid ab, dass sie seine Gefährten wieder zurückverwandelt (Z. 88–91). Kirke bestreicht die verwandelten Gefährten mit ihrem Zaubersaft (Z. 97–99).*

4 *a) Stichwortzettel anzulegen sollte den Schülerinnen und Schülern geläufig werden; er kann auch beim Halten von Kurzvorträgen und Referaten genutzt werden. Beispiel für Zwischenüberschriften (Tafelbild):*

Gliederung eines Erzähltextes durch Überschriften, die über das Geschehen informieren	Gliederung eines Erzähltextes durch Überschriften, die Spannung erzeugen	Zeilen
Die Ankunft des Odysseus und seiner Gefährten auf der Insel Aiaia	Odysseus, wir haben keine Lust mehr auf Abenteuer!	1-37
Die Verwandlung der Kundschafter durch Kirke	Kirke, die Anmut in Person - Zahme Bestien - Alles Betrug	38-54
Der Ratschlag des Gottes Hermes	Die (schwarze) Wurzel des Hermes und das (blanke) Schwert des Odysseus	62-71
Befreiung der Gefährten durch Odysseus	Die Rettung der Gefährten	80-107

6 *Auf der Karte sind wichtige Stationen von Odysseus' Irrfahrt eingezeichnet. Die Schülerinnen und Schüler sollen erkennen, dass man versucht, die in der Sage genannten Orte wirklichen Orten zuzuordnen. In einem Atlas kann nachgeschlagen werden, ob es die Orte heute noch gibt und in welchen Ländern sie liegen. Die Hinweise auf die Abenteuer, die Odysseus dort zu bestehen hatte, sollen die Schülerinnen und Schüler dazu anregen, einzelne Sagen nachzulesen.*
Zusatzaufgaben: *Die Schülerinnen und Schüler können in Bibliotheken und im Internet über Odysseus, andere Figuren aus der Odyssee und die genannten Orte recherchieren. Auf einer Wandzeitung oder einem Plakat können sie die gefundenen Informationen zusammenfassen, z. B. Steckbriefe über die Figuren schreiben, Abbildungen aufkleben (z. B. von Vasenbildern), Informationen über die gefundenen Orte aufnehmen, Inhalte einer Sagen-Episode zusammenfassen und z. B. eine Landkarte als Hintergrund wählen.*

7 *Den Informationen aus dem Internet werden die Schülerinnen und Schüler entnehmen, dass sowohl Ort als auch Person dem mythischen Bereich zuzuordnen sind.*

S. 91 **Die Sirenen**

1 *Die Schülerinnen und Schüler kennen das Wort wahrscheinlich nur in der Bedeutung „Warngerät", „Nebelhorn". Hier sind aber die Sagenfiguren gemeint.*

2 *Es wird angegeben, dass Odysseus und seine Gefährten eine Meerenge durchqueren müssen. Das Ereignis könnte somit z. B. zwischen dem italienischen Festland und Sizilien stattgefunden haben.*

3 *Odysseus weiß, dass die Gefährten den Sirenen nur entgehen können, wenn sie ihren lockenden, ins Verderben führenden Gesang nicht hören. Odysseus verschließt seine Ohren nicht, weil er weiterhin die Kontrolle über das Schiff behalten will.*

4 *a/b) Der Gesang wird anschaulich beschrieben: Z. 53–91. Es werden vor allem viele Vergleiche verwendet, z. B. Z. 69: „Traurige Geräusche, wie Regen so hart ...". Der Gesang ist so verlockend, dass sich der, der ihn hört, ins Meer stürzen möchte.*

5 *Die Schülerinnen und Schüler sollen die Zeilen 66 bis 76 so umbrechen, dass eine Gedichtform entsteht.*

6 *Die Aufgabe eignet sich für eine fächerverbindende Zusammenarbeit mit dem Fach Kunst.*

7 *Ein möglicher Sinn der Sirenensage könnte darin bestehen, zu lernen, dass man im Leben nicht auf alle Annehmlichkeiten hereinfallen sollte, auch wenn die Versprechungen noch so vielsagend sind.*

S. 94 **„Wovon handeln ‚Die Sirenen'?"**

1 *a) Abschnitt, in dem der Ort der Handlung wechselt: Z. 39/40 (offenes Meer/Nähe der Sirenen-Insel); Z. 124–126 (Einfahrt in die Meerenge; die Felsen der Sirenen werden passiert)*
Abschnitt, in dem neue Figuren auftreten: Z. 92/93 (Perimedes und Eurylochos); Z. 125/126 (Sängerinnen)

b) Mögliche Überschriften der Handlungsschritte:

Z. 1–14	*Odysseus nennt den Gefährten das nächste Reiseziel*
Z. 15–24	*Odysseus informiert die Gefährten über die Sirenen*
Z. 25–35	*Odysseus schützt seine Gefährten vor den Sirenen*
Z. 36–48	*Odysseus schützt sich selbst und das Schiff vor den Sirenen*
Z. 49–92	*Der Gesang der Sirenen verzaubert Odysseus*
Z. 93–108	*Die Gefährten retten ihn und versuchen die Meerenge zu passieren*
Z. 109–124	*Odysseus wird erneut von den Sirenen betört*
Z. 125–150	*Der furchterregende Anblick der Sirenen lässt ihn den Gesang vergessen*
Z. 151–158	*Die Gefährten retten das Schiff aus der Gefahrenzone*
Z. 159–168	*Eine neue Gefahr naht: Skylla und Charybdis*

6.2 Drachensagen – Nacherzählen und verändern

Die bekannteste Fassung der Siegfried-Sage ist das Nibelungenlied. Dieses beginnt mit Siegfrieds Ankunft am Burgundenhof in Worms. Der Drachenkampf ist da schon vorbei. Über ihn berichtet auch das Sigurd-Lied aus der Edda. Dort ist der Drache ein verwandelter Mensch, der einen Schatz hütet, um den er zuvor seinen Bruder, den Zwergenkönig Alberich, betrogen hat. Siegfried spricht mit seinem Feind und erhält von ihm den Hinweis auf den Schatz. In der im Schülerbuch abgedruckten Jugendbuchversion sind Sagenteile aus dem Nibelungenlied mit solchen aus der Sigurd-Sage zusammengefügt. So entsteht eine spannende Geschichte, in deren Zentrum der Kampf und der Schatz stehen. Diese zwei Motive werden auch in der aktualisierenden Version des „Kleinen Hobbit“ wieder vorkommen. Dessen Autor Tolkien hat die alten Sagen genau studiert und in seiner Fantasy-Erzählung wiederverwertet.

S. 95 Wie Siegfried das Schmiedehandwerk erlernte

1 *a) Aussage 1: falsch (richtig: Niederlande, Z. 4)*
Aussage 2: falsch (richtig: Siegfried verlässt heimlich die Burg, Z. 15)
Aussage 3: richtig
Aussage 4: falsch (richtig: Siegfried schmiedet ein Schwert, Z. 36–39)
Aussage 5: richtig

3 *a/b) Anders als bei der Zusammenfassung der Sage über die Sirenen dienen hier die Stichpunkte nur als Gedächtnisstütze zum Nacherzählen. Die Schülerinnen und Schüler sollen – ohne den Sinn der Sage zu verfälschen – die Handlung mit Dialogen und Veranschaulichungen ausschmücken.*

S. 97 Wie Siegfried den Drachen tötete

Zur Einübung eines spannenden Lesevortrags eignet sich das **„Deutschbuch Hörbuch 5/6“**: Juliane Posch liest die Sage „Siegfried und der Lindwurm“ von Gretel und Wolfgang Hecht.

2 *Der Höhepunkt der Sage liegt dort, wo Siegfried die Schwachstelle des Drachen trifft und ihn tötet (Z. 54–61). Interessant ist, dass an dieser Stelle auch das Tempus wechselt (Präsens).*

3 *b) Mögliche Lösung: Da – eine unbedachte Wendung riss den Drachen auf die Seite, für einen Augenblick zeigte sich der weiße, weiche Bauch, und tief stieß Siegfried sein Schwert in den Leib des Ungeheuers. Dickes Blut schoss in mächtigem Strahl hervor, der Feueratem verröchelte, es bäumte sich der Leib, streckte sich, zuckte ein letztes Mal und blieb still.*

c) In der Präsens-Form wirkt der Text unmittelbarer, der Leser fühlt sich in das Geschehen direkt einbezogen.

5 *a/b) Im Zentrum des folgenden Arbeitsschritts steht die systematische Erarbeitung der Nacherzählung als einer schriftlich zu bewältigenden Textform. Grundlage sind die inzwischen bekannten Sageninhalte aus Siegfrieds Jugend. Es werden dazu die für den mündlichen Erzählvortrag verwendeten Verfahren (Stichwortkarten) zur inhaltlichen Gliederung einer schriftlichen Nacherzählung des von allen gelesenen Textes weiterverwendet. Jede neue Handlungskarte erhält eine Überschrift. Diese Überschriften können dann zur Gliederung einer schriftlichen Nacherzählung dienen.*

c) Die Aufgabe verlangt genaues Lesen, um spannungserzeugendes Erzählen am Text so zu studieren, dass es bei eigenen Erzählversuchen angewendet und ausprobiert werden kann. Dazu gehören:
- *Vorausdeutungen (schon Mime charakterisiert den Drachen als gefährliches Wesen, er schickt Siegfried in der Hoffnung weg, dass der Drache ihn töten wird)*
- *Benutzung des Präsens an den dramatischen Stellen des Kampfes*
- *Schilderungen des Weges, der Landschaft, die als Vorausdeutungen des Kommenden zu verstehen sind*
- *genaue Beschreibungen, in denen gehäuft Adjektive für Anschaulichkeit sorgen*
- *treffende Verben in der Beschreibung des Drachen und des Kampfes („grässlich starrten die Zahnreihen im geöffneten Rachen")*
- *Auch Fehleinschätzungen der Situation durch den Helden können spannungssteigernd wirken, denn der Leser hat Angst um den Helden, wenn er sieht, dass dieser ahnungslos in eine unübersichtliche Situation gerät.*

S. 99

John Ronald R. Tolkien

Der kleine Hobbit und der Drache

1 *b) Der im Schülerbuch abgedruckte Auszug aus „Der kleine Hobbit" entspricht in mehr Einzelheiten der Siegfried-Sage, als man auf den ersten Blick erkennt. Auch wenn der Held ein Anti-Siegfried ist: kenntnisreich und intelligent statt naiv, selbstbewusst und körperlich stark, auch wenn sein Kampf mit Smaug ein ganz anderer Kampf ist als der Siegfrieds mit dem Drachen, so sind doch viele Motive bewusst gesetzte Erinnerungsmarken: der Schatz, der Ring, der unsichtbar macht, sogar die Kampfesweise des Drachen. Die Kenntnis der alten Siegfried-Sage – und dies ist ein heimliches Lernziel der Textkombination – erhöht das reine Lesevergnügen bei der Lektüre einer Abenteuererzählung um das Vergnügen des Wiedererkennens alter Muster.*
Die Schülerinnen und Schüler finden vielleicht die Fantasy-Fassung gut, weil hier ein Gespräch zwischen Drache und Hobbit stattfindet und nicht gekämpft wird.

2 *a–c) Nicht der „Nachfolger" Siegfrieds hat eine „schwache Stelle", an der er verwundbar ist, sondern der Drache (während der originale Siegfried den Hornpanzer des Drachen ja aus dessen Blut erhält, bis auf die Stelle zwischen den Schultern, auf die ein Lindenblatt gefallen war). Und der neue „Siegfried" wird die Schwachstelle des Gegners in sein Kalkül einbeziehen, wie es in der Nibelungensage zuvor Hagen getan hatte. Dieses Umkehrspiel mit den Motiven kann als Absicht des Autors Tolkien, Spannung zu erzeugen, verstanden werden: Wird die Entdeckung des Hobbits – „Da ist doch ein leerer Fleck an seiner linken Brust" (Z. 92 f.) – den Drachen das Leben kosten?*
Das Gespräch zwischen Bilbo und Smaug wirkt teilweise auch lustig, vor allem an der Stelle, an der der Drache seine Gefährlichkeit betont (Z. 56–61) und Bilbo darauf hinweist, dass doch überliefert wird, dass Drachen auch Schwachstellen haben. Smaug diskutiert sogar mit Bilbo.

4 *Die Nacherzählung in eigenen Worten unter Einbezug der Gedanken des Hobbit verlangt die Anwendung der Memotechniken (Stichwortkarten), die zuvor gelernt worden sind. Die Motive müssen in ihrer Abwandlung erkannt werden.*

6.3 Heimatsagen – Projektideen

Überall in Deutschland gibt es Lokalsagen. Diese werden in Stadtführern oder Heimatgeschichten auch regelmäßig erwähnt und erzählt. Aufgabe dieses Projekts ist es, dass die Schülerinnen und Schüler Ortssagen recherchieren. Was entstehen soll, sind Texte, die die veröffentlichten und die erzählten Kenntnisse über Lokalsagen geordnet (z. B. als Beiträge für einen Führer durch die Region) darstellen. Als Beispiele für die Textsorte „Lokalsage" eignen sich die von den Brüdern Grimm gesammelten „Deutschen Volkssagen". Das Ergebnis des Projekts könnte eine Sammlung der von den Schülerinnen und Schülern erhobenen Lokalsagen sein.

S. 102

Der Rattenfänger von Hameln

2 *Beispiele: Bezeichnung „Rock" für eine Jacke, „Tuch" statt Stoff, Datumsbezeichnungen (Johannis, Pauli-Tag)*

3 *Es wird vermutet, dass die Sage auf einer wahren Begebenheit beruht, letztlich kann aber die Historizität nicht nachgewiesen werden. Als mögliche Interpretation des Auszugs der „Kinder" von Hameln gilt die im 13. Jahrhundert erfolgte Ostkolonisation. Der Rattenfänger könnte in Wirklichkeit ein Werber für deutsche Siedler im Osten gewesen sein, und die Sage will vielleicht nur den Verlust fast einer ganzen Generation, die aus wirtschaftlicher Not und Aussichtslosigkeit ihre Heimat verlassen hat, lyrisch umschreiben.*

S. 103

Hörszenen aus Hameln

Die Umgestaltung der Sage in eine Hörszene verlangt medienspezifische Überlegungen. Die Passagen, in denen der Erzähler das Geschehen wiedergibt oder kommentiert, sollten aufgelockert werden mit möglichst vielen Monologen oder Dialogen. Beim Vortragen (bzw. bei der Aufnahme) sollten sich die Stimmen der einzelnen Figuren deutlich voneinander abheben.
Geräusche und Musik können für die Hörszene unterschiedliche Funktionen haben: Sie können die Handlung untermalen, die Spannung steigern, die Stimmung vermitteln. Es bietet sich ein fachübergreifendes Projekt an, wenn auch noch Musikstücke für Einleitung, Zwischenteile und Schluss der Hörszene ausgewählt und eventuell sogar mit den Schülerinnen und Schülern selbst gespielt werden sollen.

S. 104

Eine SAGEnhafte Wandzeitung

Die Gestaltung einer Wandzeitung erfordert – nachdem Material recherchiert und aufbereitet wurde – sicherlich mindestens eine Doppelstunde Zeit. Besorgt werden müssen: Zeitungsrollen, Tapetenrollen oder andere große Papierbögen, Kleber, Scheren, dicke Filzstifte. Bei der Gestaltung müssen die Schülerinnen und Schüler vor allem auf Deutlichkeit und Übersichtlichkeit achten (große Schrift, Reduktion des Textes, Verwendung von Symbolen, grafische Darstellungen).

Vorschläge für Übungen und Klassenarbeiten

Vorschlag 1: Produktionsorientiert zu Texten schreiben

Siehe die **Kopiervorlage** „Skylla und Charybdis“, S. 107 f. mit Aufgaben zum Textverständnis und zum Perspektivwechsel (Lösungen siehe S. 227 ff. und CD-ROM).

Vorschlag 2: Texte erschließen

Siehe die **Kopiervorlage** „Herakles’ Kindheit“, S. 109 (Lösungen siehe S. 227 ff. und CD-ROM).

Weiteres Übungsmaterial

Übungen im **„Deutschbuch Arbeitsheft 6“**:
- Erzählen (Einleitung, Hauptteil, Schluss), S. 7 ff.
- Erzähltexte vorlesen und vorstellen, S. 82 ff.

Im **„Deutschbuch Hörbuch 5/6“** werden die Sagen „Auf Kirkes Insel“ (Gustav Schwab; Sprecher: Udo Wachtveitl) und „Siegfried und der Lindwurm“ (Gretel und Wolfgang Hecht; Sprecherin: Juliane Posch) vorgelesen. Sie eignen sich zur Förderung des Hörverständnisses und zum Vergleich mit dem eigenen Lesevortrag, aber auch zur Einübung des mündlichen Nacherzählens und des Perspektivwechsels.

Unter www.cornelsen.de/deutschbuch-realschule und www.cornelsen.de/deutschbuch-gesamtschule finden Sie weitere Übungsmaterialien.

Skylla und Charybdis (1)

Im Hades hatte man Odysseus von jenen beiden Ungeheuern erzählt, die die nach Thrinakia führende Meerenge bewachten. Beide versteckten sie sich unterhalb ihres eigenen riesigen Felsens, und diese beiden Felsen standen sich gegenüber, an ihrer engsten Stelle nur voneinander getrennt durch die Breite der Wasserstraße.

Charybdis hauste in einer Höhle unterhalb des Felsens zur Linken. Einst war sie eine erlesen schöne Najade gewesen, eine Tochter des Poseidon, die treu ergeben auf Seiten ihres Vaters stand, als der in nicht enden wollender Fehde mit Zeus, dem Herrscher über Himmel und Erde, lag. Sie war es damals gewesen, die auf den hungrigen Fluten ritt, nachdem Poseidon einen Sturm heraufbeschworen hatte, und sie hatte auch die Fluten an die Strande geführt, wo sie ganze Dörfer verschlangen, Felder überschwemmten, Wälder überfluteten und das Land der See einverleibten. Sie eroberte für das Königreich ihres Vaters derart viel Land hinzu, dass Zeus sehr wütend wurde und sie in ein Ungeheuer verwandelte, ein riesiges aufgeblähtes Geschöpf, dessen Gesicht nur aus Mund bestand und dessen Arme und Beine Flossen waren. Und er setzte sie in jener Höhle unterhalb des Felsens gefangen und sagte: „Dein Hunger soll zu Durst werden. So wie du einst Land verschlungen hast, das mir gehörte, sollst du nun dreimal am Tag die Fluten trinken – sie hinunterschlucken und wieder ausspeien –, und dein Name wird den Seeleuten bis in alle Ewigkeit ein Fluch sein."

Und so kam es auch. Dreimal am Tag brannte entsetzlicher Durst in ihr, und so steckte sie den Kopf aus der Höhle und trank einen gehörigen Teil der See, bis das Meer nichts weiter war als ein seichter Bach, und dann spie sie das Wasser in einem ungeheuren reißenden Strom wieder aus und schuf so dicht bei ihrem Felsen einen Strudel, dem kein Schiff unversehrt entkommen konnte.

Das war Charybdis. Was Skylla betraf, die unterhalb des Felsens zur Rechten hauste, so war auch sie einst eine wunderschöne Najade gewesen. Poseidon selbst hatte sie eines Tages beim Schwimmen beobachtet und sich in sie verliebt, was seine Frau Amphitrite derart eifersüchtig werden ließ, dass sie rief: „Ich werde aus ihr das abscheulichste weibliche Wesen machen, abscheulicher als alles, vor dem Menschen und Götter jemals geflohen sind!"

Daraufhin verwandelte sie Skylla in etwas, das aussah wie eine riesige fleischige Spinne mit zwölf Beinen und sechs Köpfen. Außerdem stattete sie sie mit einem unstillbaren Hunger aus, mit einer wilden Gier nach Menschenfleisch. Sobald ein Schiff in Reichweite ihrer langen Tentakel kam, fegte sie die Matrosen vom Deck und fraß sie.

Odysseus stand am Bug, als das Schiff sich langsam die Meerenge hinauftastete. Das Tosen der Wassermassen wurde lauter und immer lauter, und nun sah er ungestüme Schaumkronen fliegen, als Charybdis die Fluten einsog und wieder ausspie. Er schaute auf den anderen Felsen. Skylla war nicht zu sehen. Doch er wusste, dass sie unter der Wasseroberfläche lauerte, bereit zum Sprung. Er blinzelte und versuchte, die Entfernungen richtig abzuschätzen. Unschwer konnte er erkennen, dass die einzige Chance, unversehrt hindurchzukommen, darin bestand, das Schiff genau in der Mitte zwischen beiden Felsen zu halten, jenseits des Sogs des Wasserstrudels und außerhalb von Skyllas Reichweite. Doch das konnte nur gelingen, wenn das Schiff auch nicht einen Fußbreit von diesem exakten Kurs abwich, denn der Weg auf dieser mittleren Route war kaum breiter als das Schiff selbst.

Er übernahm das Steuer und befahl seinen Männern, mit vollkommen regelmäßigen Schlägen zu rudern. Dann übergab er, als er die Sache noch weiter durchdacht hatte, Eurylochos das Steuer und legte seine Rüstung an. Er griff sich Schwert und Speer und stellte sich an der Reling auf der Steuerbordseite auf. „Denn es gibt", so dachte er bei sich, „keine Möglichkeit, gegen den Wasserstrudel zu kämpfen. Wenn wir überhaupt vom Kurs abweichen, dann muss es in Richtung des anderen Ungeheuers sein. Ich kann jeden Feind besiegen, vorausgesetzt, ich sehe ihn."

Äußerst vorsichtig und überaus geschickt ruderten die Männer. Im Singsang gab Eurylochos den Takt der Ruderschläge an, und das schwarze Schiff bahnte sich seinen Weg durch die Wasserfluten der Meerenge und hielt sich dabei exakt auf dem mittleren Kurs. Nun fuhren sie zwischen den beiden Felsen hindurch. Verblüfft sahen sie zu, wie das Wasser zu ihrer Linken

Skylla und Charybdis (2)

abfiel und den Blick freigab auf ein zitterndes Aufblitzen des Meeresgrundes und auf keuchende Fische, woraufhin es dann mit solcher Kraft wieder zurückflutete, dass die Wassermassen zu weißem Schaum aufgeschlagen wurden. Sie spürten, wie ihr Schiff erbebte.

„Gut gemacht!“, rief Odysseus. „Noch ein paar Schläge und wir sind durch. Haltet den Kurs – den mittleren Kurs!“

Doch bei seinem Versuch, die Entfernungen abzuschätzen, war er nicht in der Lage gewesen, eine weitere Schwierigkeit zu bedenken. Das Schiff wurde durch die Ruder fortbewegt und die mächtig ausschwingenden Ruderblätter ragten weit über die Breite des Schiffsrumpfes hinaus. Und Skylla, die unter der Wasseroberfläche lauerte, packte zwei der Ruder und zog das Schiff zu sich hin.

Sprachlos vor Entsetzen sah Odysseus mit an, wie die blank polierten Schäfte der Ruder, die so regelmäßig eingetaucht und wieder herausgeschnellt waren, plötzlich wie Zweige brachen. Und bevor er noch wusste, wie ihm geschah, schwankte das Deck heftig. Er wurde gegen die Reling geschleudert und wäre beinahe über Bord gegangen.

Er lag auf dem Deck und tastete nach seinem Schwert. Er sah, wie sich Tentakel über ihn wölbten; sie sahen aus wie die Fangarme eines Tintenfisches, nur dass sie in ungeheuren Menschenhänden ausliefen.

Er bekam sein Schwert zu fassen, kam hoch auf die Knie und hieb auf die Tentakel ein. Zu spät. Die Hände hatten bereits sechs Matrosen ergriffen, rissen die Kreischenden durch die Luft und dann ins Meer hinein.

Um Angst zu haben, hatte Odysseus jetzt keine Zeit. Unverzüglich musste er eine ganze Reihe von Dingen tun. Er brüllte die Mannschaft an, das Schiff auf Kurs zu halten, damit es nicht in den Wasserstrudel geriet. Dann griff er sich selbst ein Ruder und machte sich auf der Steuerbordseite ans Werk, dort, wo die anderen Ruder zerbrochen worden waren.

Von da, wo er saß, sah er Skyllas Felsen, sah sie am Eingang zu ihrer Höhle hocken. Ganz deutlich konnte er sie sehen, wie sie sich die Männer in ihre sechs blutigen Mäuler stopfte. Er konnte hören, wie seine Männer schrien, als sie lebendig verschlungen wurden.

Zeit zum Weinen hatte er nicht, denn er musste dafür sorgen, dass die Leute weiterruderten, und musste dem Steuermann Befehl geben, an dem Wasserstrudel vorbeizulenken.

Sie durchquerten die Meerenge und kamen in die offene See. Genau vor ihnen lag die Insel Thrinakia mit ihren bewaldeten Hügeln und langen weißen Stränden, die Insel des Sonnengottes, an deren Küste sie als Nächstes landen mussten.

(aus: Bernard Evslin: Die Abenteuer des Odysseus.
Mit Bildern von Dieter Wiesmüller. Aus dem Amerikanischen von Isabell Lorenz..
2004 Deutscher Taschenbuchverlag, München.
© Carl Hanser Verlag, München)

1 *Fasse in knapper Form Informationen über die Vorgeschichte von Skylla und Charybdis zusammen.*

2 *Gliedere das Abenteuer, das Odysseus mit Skylla und Charybdis hatte, in Handlungsschritte. Fasse sie jeweils in einem kurzen Satz zusammen.*

3 *Erzähle nach den Handlungsschritten die Geschichte wie ein spannendes Abenteuer. Verwende dabei die Perspektive von Odysseus. Ergänze wörtliche Rede und innere Handlung (Gefühle und Gedanken von Odysseus und seinen Gefährten).*

Herakles' Kindheit

Herakles, den die Römer Herkules nannten, war der Sohn des Zeus, doch einem irdischen Weibe, der schönen Alkmene in Theben, in die Wiege gelegt, so wie die Unsterblichen in alten Zeiten auch den Menschen Kinder göttlicher Herkunft schenkten. Der Olympier selber hatte den Göttern Großes über Herakles' Zukunft vorausgesagt.

Am thebanischen Königshofe wuchs er als Stiefsohn Amphitryons auf, der einst König von Tiryns gewesen war und nun das Gastrecht König Kreons genoss. Schon als Neugeborener gab der Göttersohn eine Probe der überirdischen Heldenkraft, mit der er begabt war.

Hera nämlich, die Gemahlin des Zeus, war eifersüchtig und schickte zwei furchtbare Schlangen aus, das Neugeborene in der Wiege zu töten. Ohne dass die Wärterinnen, die im Schlafgemach wachten, oder die schlummernde Mutter selbst es bemerkten, ringelten sich die Untiere an der Wiege empor und legten sich um des Knaben Hals, ihn zu erwürgen. Herakles schrie auf und griff nach ihnen. Dabei zeigte er die ungeheure Körperkraft, die seine göttliche Abstammung ihm verliehen hatte: Mit jeder seiner kleinen Hände ergriff er eine Schlange und drückte beiden zugleich so mächtig den Hals zusammen, dass sie ersticken mussten. Die Dienerinnen, die herbeigestürzt kamen, standen starr und furchtsam da und wagten nicht näher zu treten. Alkmene, die Mutter, war bei dem Schrei des Kindes erwacht und sprang mit bloßen Füßen an die Wiege. Auch die thebanischen Wächter, vom Hilferuf erschreckt, eilten herbei. Und der König Amphitryon selbst stürzte, das bloße Schwert in der Faust, ins Schlafgemach.

Aber das Kind hatte sich bereits selbst geholfen; die Schlangen lagen, von seinen Händen erwürgt, tot am Boden. Ungläubig stand die Mutter vor der erstaunlichen Tat. Der Vater aber blickte beglückt und entsetzt zugleich auf die ungeheuerliche Kraft des neugeborenen Sohnes. Hier konnte nur ein Wunder vorliegen. Der Seher Teiresias, den er kommen ließ, weissagte dem Königspaare die ungewöhnliche Zukunft des Knaben: wie viele Ungeheuer er besiegen, wie viele Meeresungetüme er beseitigen, wie er im siegreichen Kampfe gegen die Giganten bestehen werde und wie ihn am Ende seines tatenreichen Erdendaseins das ewige Leben bei den Göttern erwarte.

(aus: Gustav Schwab: Die schönsten Sagen des klassischen Alterrtums. Bearbeitet und ergänzt von Richard Carstensen. Deutscher Taschenbuch Verlag/ Ensslin im Arena Verlag GmbH, München/Würzburg 1954)

1 *Erkläre die unterstrichenen Wörter. Nutze hierfür ein Wörterbuch und dein Geschichtsbuch.*

2 *a) Lies den Text von Zeile 8 bis 13 aufmerksam durch und beantworte die Fragen:*
- *Wie heißt der König von Theben?*
- *Wie heißt der König von Tiryns? Wo lebt er?*
- *Wessen Stiefsohn ist Herakles?*

b) Gib den Inhalt dieser Textstelle in deinen eigenen Worten wieder.

3 *Wodurch zeigt sich die sagenhafte Kraft von Herakles?*

4 *Warum wohl ist der Vater angesichts der ungeheuren Kraft seines Sohnes zugleich beglückt und entsetzt?*

5 *Was wird Herakles noch alles erleben? Kennst du Geschichten darüber? Erzähle.*

6 *Die Sage von Herakles ist von Walt Disney verfilmt worden. Weißt du etwas darüber? Erzähle.*

Homer

Odyssee – Auf Kirkes Insel (Schülerbuch, S. 88 f.)

Allgemeine Hinweise zum Einsatz der Differenzierungsmaterialien zum Textverstehen siehe Vorwort, S. 9 ff.

Vorschlag zum Unterrichtsverlauf (4 Unterrichtsstunden)

1. Einstieg (Gesamtgruppe)
Über einen Bildimpuls und eine Erzählung der Lehrkraft wird in die Sagenwelt von Odysseus eingestiegen. Dafür kann das Bild auf Seite 88 im Schülerbuch auf Folie kopiert und an die Wand projiziert werden. Der Einstiegstext auf derselben Seite kann frei dazu vorgetragen oder vorgelesen und mit zusätzlichem Hintergrundwissen ergänzt werden. Einige Schülerinnen und Schüler haben vielleicht bereits ein gewisses Vorwissen (z. B. Sieg über Troja) und können dieses hier einbringen. Da der Götterbote Hermes in der Sage eine wichtige Rolle spielt, sollten die Schülerinnen und Schüler über den Hintergrund und die Darstellung der Figur in der Kunst informiert werden.

2. Erste Auseinandersetzung mit der Geschichte (Gesamtgruppe)
Für die Erarbeitung des Schulbuchtextes bekommen die Schülerinnen und Schüler diese Aufgabe: „Gleich lest ihr eine Geschichte, in der Odysseus ein Abenteuer auf Kirkes Insel erlebt hat. Da der Text einige schwierige Wörter enthält, sollt ihr zunächst einmal während des Lesens Wörter, die ihr nicht versteht, unterstreichen. Diese werden dann im Anschluss geklärt. Außerdem sollt ihr Fragen, die ihr an den Text habt, an den Rand schreiben." Zur Lektüre erhalten die Schülerinnen und Schüler den Lesetext in Kopie (S. 111 f.).
Nach der Lektüre werden die Wörter, die die Schülerinnen und Schüler nicht verstanden haben, an der Tafel mit zugehöriger Erklärung oder passenden Synonymen notiert. Die Schülerinnen und Schüler schreiben die Wortbedeutungen an den Rand des Textes. Gemeinsam wird dann der gesamte Text gelesen. Weitere Verständnisfragen können nun beantwortet werden.

3. Einsatz des Differenzierungsmaterials

Textanalyse und Textverständnis (Einzel- oder Partnerarbeit)
Die Schülerinnen und Schüler bekommen zur Textanalyse und zum Textverstehen zwei verschiedene Angebote, die sie in Einzel- und Partnerarbeit bearbeiten können.
- *Differenzierungsmaterial 1* (S. 113) ist für *leistungsstarke* Schülerinnen und Schüler gedacht,
- *Differenzierungsmaterial 2* (S. 114 f.) für *leistungsschwache.*

Vorstellen der Ergebnisse (Gesamtgruppe)
Um den Inhalt der Sage zu festigen, werden die Textbausteine in der richtigen Reihenfolge vorgelesen (S. 114, Aufgabe 1 a/b, Differenzierungsmaterialien für *Leistungsschwache*) und die entstandenen Bilder gewürdigt. Zusätzlich werden Inhaltsangaben (S. 113, Aufgabe 1, Differenzierungsmaterialien für *Leistungsstarke*) gehört. Im Anschluss daran können die Texte der Schülerinnen und Schüler vorgelesen werden, in denen die Geschichte aus zwei verschiedenen Perspektiven erzählt wird: Einmal aus der Sicht Kirkes (S. 113, Aufgabe 2, Differenzierungsmaterialien für *Leistungsstarke*) und einmal aus der Sicht von Eurylochos (S. 115, Aufgabe 3, Differenzierungsmaterialien für *Leistungsschwache*).

Lösungen siehe S. 227 ff. und CD-ROM.

Homer

Odyssee – Auf Kirkes Insel (1)

Gibt es diese Insel? Wo liegt sie?

W?

Nun fuhren wir auf dem einzigen geretteten Schiffe weiter, bis wir an eine Insel mit Namen Aiaia kamen. Hier herrschte die wunderschöne Kirke, eine Tochter des Sonnengottes Helios. Doch wir wussten nichts von ihr. Müde und betrübt lagen die Gefährten im Ufergrase, während ich das Land auskundschaftete. Als ich in der Ferne den Rauch aus einem Palast aufsteigen sah, kehrte ich, durch die schrecklichen Erlebnisse gewitzt, zuerst zu den Freunden zurück, um Späher auszusenden. Ein guter Hirsch, den die barmherzigen Götter mir in den Weg schickten, gab den ausgehungerten Gefährten einen köstlichen Abendschmaus und ließ den alten Mut wieder erwachen.

Als ich ihnen jedoch von dem Rauch über dem Palaste erzählte, packte sie wieder Verzagtheit, denn sie dachten an unsere Abenteuer bei den Zyklopen und Laistrygonen[1].

Endlich gelang es mir, die Gefährten wieder aufzurichten. Ich teilte sie in zwei Haufen und loste mit Eurylochos, dem Anführer des anderen, wer die Insel erkunden solle. Das Los traf ihn. Nur unter Seufzern machte er sich mit seinen zweiundzwanzig Genossen auf den Weg nach der Stelle, von der ich den Rauch hatte aufsteigen sehen.

Bald stießen sie auf Kirkes herrlichen Palast, der in einem anmutigen Tale versteckt lag. Doch wie erstaunten meine Genossen, als sie auf dem Hofe Wölfe und Löwen herumwandeln sahen. Die grimmigen Raubtiere kamen ihnen friedlich entgegen wie Hunde, die ihren Herrn begrüßen – es waren, wie wir später erfuhren, lauter Menschen, die Kirkes Zauberkunst in Tiere verwandelt hatte.

Aus dem Innern des Palastes erscholl eine liebliche Stimme. Es

1 Zyklopen und Laistrygonen: (Menschen fressende) Ungeheuer

war Kirke, die am Webstuhl arbeitete und dabei sang. Als sie das Rufen der Ankömmlinge vernahm, öffnete sie die Pforte. „Tretet ein, ihr Gastfreunde“, bat sie schmeichelnd, „dass ich euch bewirte!“ Die Männer ließen sich hineinführen; nur der besonnene Eurylochos ahnte den Trug und blieb draußen.

Kirke ließ ihre Gäste auf den prächtigen Sesseln Platz nehmen und setzte ihnen die köstlichsten Speisen vor. Doch heimlich mischte sie Unheil bringendes Gift hinein, und kaum hatten die Männer von der verführerischen Speise gekostet, so wurden sie – in borstige Schweine verwandelt. Zufrieden trieb die Zauberin die grunzenden Tiere in den Stall.

Eurylochos, der das alles mit angesehen hatte, stürzte sprachlos vor Entsetzen zu unserem Schiffe zurück, um mir von dem Schicksal der Freunde zu berichten. Sofort ergriff ich Schwert und Bogen. Vergebens suchte Eurylochos mich zurückzuhalten. Ich wollte die Gefährten befreien oder sie an der grausamen Zauberin rächen. Das Schicksal war mir wohlgesinnt; denn unterwegs begegnete mir in blühender Jugendkraft Hermes, der Götterbote. Er reichte mir eine schwarze Wurzel, die mich gegen Kirkes Zauberkraft gefeit machte. „Wenn sie dich mit ihrem Zauberstabe berührt“, sagte er, „dann zieh dein Schwert und geh auf sie los, als

DIFFERENZIERUNGSMATERIAL

Homer

Odyssee – Auf Kirkes Insel (2)

wolltest du sie erschlagen! Dann wird sie sich gefügig zeigen und die Gefährten freigeben!"

Sorgenvoll eilte ich zum Palaste. Kirke selber öffnete mir, führte mich zum Sessel und reichte mir in goldener Schale von ihrem Traubenmus. Kaum hatte ich davon genossen, so berührte sie mich mit ihrem Zauberstabe: „Fort mit dir in den Schweinestall, zu deinen Freunden!"

Sie hatte nicht an meiner Verwandlung gezweifelt. Doch ich tat, wie Hermes mir anbefohlen hatte. Da warf sie sich schreiend zu Boden und umfasste meine Knie: „Wer bist du, dass du meinen Zauber brichst? Noch kein Sterblicher hat der Kraft meines Trankes widerstanden. Bist du vielleicht Odysseus, von dem mir einst Hermes geweissagt hat, er werde meine Kraft brechen?"

Nicht eher willigte ich ein, ihre Freundschaft anzunehmen, als bis sie sich mit heiligem Eid verpflichtet hatte, mich unversehrt zu lassen und meine Gefährten zurückzuverwandeln.

Von den herrlichen Speisen, die sie mir vorsetzte, rührte ich nichts an, sosehr die Göttin mich auch nötigte. „Wie sollte ich unbekümmert Speise und Trank zu mir nehmen, solange meine Freunde gefangen sind?", sagte ich zu ihr. Da ging sie in den Stall, trieb meine so seltsam verwandelten Freunde heraus und bestrich jeden mit ihrem Zaubersaft. Da schälten sie, die eben noch als grunzende Schweine um mich herumgelaufen waren, sich aus ihrer borstigen Hülle und standen wieder als Menschen, jünger und schöner als zuvor, vor mir. Mit Freude begrüßten wir uns wieder, erst recht die beim Schiff zurückgebliebenen Gefährten, die auch mich schon verloren glaubten!

Gern ließen wir uns jetzt von Kirke bereden, eine Zeit lang als ihre Gäste bei ihr zu verweilen. Wir zogen das Schiff auf Strand, bargen die Ladung in einer Felsengrotte und ließen es uns bei ihr wohl sein.

(aus: Gustav Schwab: Griechische Sagen. Bearbeitet und ergänzt von R. Carstensen. Ensslin und Laiblin, Reutlingen 1954)

1 *Lies den Text aufmerksam durch.*
a) Unterstreiche beim Lesen die Wörter, die du nicht verstehst, und schreibe ein „W?" an den Rand. Lass Platz für eine Worterklärung.
b) Wenn du beim Lesen Fragen an den Text hast, so schreibe sie an den Rand und unterstreiche die entsprechende Textstelle.

DIFFERENZIERUNGSMATERIAL

Homer

Odyssee – Auf Kirkes Insel

In der Geschichte „Auf Kirkes Insel" aus der Odyssee von Homer sind Odysseus und seine Kameraden den Zauberkünsten Kirkes ausgesetzt. Als Odysseus mit seinen Begleitern auf der Insel Aiaia landet, kundschaftet Odysseus zunächst das Land aus. Rauch steigt über Kirkes Palast auf, sodass Odysseus beschließt, diesen aufzusuchen. Das Los entscheidet, dass Eurylochos mit weiteren Männern die Insel erkunden soll. Als sie den Palast erreichen ...

1 *Gib den Inhalt der Geschichte in eigenen Worten wieder. Setze hierfür den Anfang der Inhaltsangabe fort. Schreibe im Präsens.*

Ich arbeitete gerade an meinem Webstuhl und sang vor mich hin.

Als ich draußen Rufe hörte, stand ich auf und ...

2 *Wie hat wohl Kirke die Begegnung mit den Männern und Odysseus erlebt? Erzähle aus ihrer Perspektive.*

(...) Da ging sie in den Stall, trieb meine so seltsam verwandelten Freunde heraus und bestrich jeden mit ihrem Zaubersaft. Da schälten sie, die eben noch als grunzende Schweine um mich herumgelaufen waren, sich aus ihrer borstigen Hülle und standen wieder als Menschen, jünger und schöner als zuvor, vor mir. Mit Freude begrüßten wir uns wieder, erst recht die beim Schiff zurückgebliebenen Gefährten, die auch mich schon verloren glaubten!
Gern ließen wir uns jetzt von Kirke bereden, eine Zeit lang als ihre Gäste bei ihr zu verweilen. Wir zogen das Schiff auf Strand, bargen die Ladung in einer Felsengrotte und ließen es uns bei ihr wohl sein.

merkwürdig

3 *a) Lies den Schluss der Geschichte und ersetze die unterstrichenen Wörter durch Synonyme (sinnverwandte Wörter). Schreibe sie an den Rand.*
b) Schreibe den Text mit den neuen Wörtern in dein Heft und unterstreiche die ersetzten Wörter.

DIFFERENZIERUNGSMATERIAL 1

Homer

Odyssee – Auf Kirkes Insel (1)

	Eurylochos erkundet mit weiteren Männern die Insel und stößt auf Kirkes Palast.
	Odysseus landet mit seinen Kameraden auf der Insel Aiaia.
	Odysseus und seine Kameraden feiern ihr Wiedersehen in Kirkes Palast.
	Kirke lässt die Männer bei sich speisen und verzaubert sie in Schweine. Nur Eurylochos, der nicht mit in den Palast geht, bleibt verschont.
	Odysseus bricht Kirkes Zauber. Diese verwandelt die Kameraden wieder in Menschen zurück.
	Odysseus, von Eurylochos über Kirkes Taten informiert, will seine Männer befreien. Er bekommt vom Götterboten Hermes eine schwarze Wurzel zum Schutz vor Kirkes Zauber geschenkt.

1 *a) Leider sind die Ereignisse durcheinandergeraten. Wenn du die Geschichte noch einmal aufmerksam liest, findest du die richtige Reihenfolge.*
Schneide die Textteile mit den dazugehörigen Bildflächen aus und klebe sie in dein Heft.
b) Male zu jedem Textteil ein passendes Bild.

DIFFERENZIERUNGSMATERIAL 2/1

Homer

Odyssee – Auf Kirkes Insel (2)

2 *Die wichtigsten Ereignisse des Abenteuers auf Kirkes Insel kannst du noch einmal in Kürze nacherzählen. Verbinde dafür immer zwei Sätze mit einer passenden Konjunktion, sodass ein Satz entsteht wie im Beispiel. Folgende Konjunktionen kannst du jeweils einmal verwenden: denn, da, während, als, ~~weil~~, obwohl.*

1. a) Eurylochos musste mit anderen Männern die Insel erkunden.
   b) Das Los traf ihn.
   → Eurylochos musste mit anderen Männern die Insel erkunden, **weil** das Los ihn traf.

2. a) Die Raubtiere in Kirkes Palast näherten sich den Männern friedlich.
   b) Sie waren sehr grimmig.
   →

3. a) Kirke sang ein Lied.
   b) Sie arbeitete am Webstuhl.
   →

4. a) Die Männer verwandelten sich in borstige Schweine.
   b) Kirke mischte Gift in das Essen.
   →

5. a) Odysseus bekam neuen Mut.
   b) Er traf auf den Götterboten Hermes.
   →

6. a) Kirke erkannte Odysseus.
   b) Hermes hatte ihr einst das Ende ihrer Zauberkünste durch Odysseus geweissagt.
   →

3 *Wie hat wohl Eurylochos die Begegnung mit Kirke erlebt? Schreibe aus seiner Perspektive. So könntest du beginnen:*

Als wir Kirkes Palast erreichten, trafen wir auf grimmige Raubtiere, die uns friedlich entgegenkamen. Kirke begrüßte uns freundlich und …

DIFFERENZIERUNGSMATERIAL 2/2

7 Tiere wie Menschen – Fabeln verstehen und verändern

Konzeption des Gesamtkapitels

Die Fabel ist fest im Deutschunterricht verankert: Sie ist kurz und prägnant; der moralische Zeigefinger wird nicht auf den einzelnen Schüler gerichtet, sondern so deutlich auf die Tier- und Pflanzenwelt, dass die Schülerinnen und Schüler der erteilten Lehre zustimmen können. Hinzu kommt, dass viele Fabeln ausgesprochen humoristische Elemente enthalten; es darf über die Dummheit und die daraus resultierenden Missgeschicke der Tiere ohne schlechtes soziales Gewissen gelacht werden.

Im ersten Teilkapitel **(„Fabeln aus alter und neuer Zeit – Lehrreiche Geschichten")** steht der analytische Umgang mit literarischen Texten im Mittelpunkt. Die Schülerinnen und Schüler lernen Fabeln und Fabeldichter aus unterschiedlichen Epochen und Kulturkreisen kennen. Anhand der Textauswahl können sie selbstständig die Merkmale von Fabeln erarbeiten sowie deren Aufbau und Intention untersuchen. Indem die Schülerinnen und Schüler vorgegebene Lehren diskutieren und mit der eigenen Lebenswelt vergleichen, erkennen sie sowohl die Zeitgebundenheit als auch die Allgemeingültigkeit der in den Fabeln vertretenen ethischen Grundsätze und die damit verbundene Moral.

Im zweiten Teilkapitel **(„Mit Fabeln erfinderisch umgehen")** geht es um den kreativ-produktiven Umgang mit Fabeln. Dazu gehören z. B. das Umwandeln von Fabeln in Bildergeschichten und das Umschreiben von Versen in Prosa, der sinngestaltende Vortrag einer Fabel und nicht zuletzt das selbstständige Verfassen eigener Fabeln.

Das dritte Teilkapitel **(„Projekt: Der Löwe ist (k)ein Fabeltier")** führt den kreativ-produktiven Umgang mit Fabeln weiter. Für ein Fabelbuch soll die kulturhistorisch bedeutsame Unterscheidung zwischen „Tieren in der Wirklichkeit" und „Fabelfiguren" erarbeitet werden. Indem die Schülerinnen und Schüler weitere Informationen zu den Tieren oder Texten beschaffen, ordnen und zu einer Textanthologie komponieren müssen, erwerben sie zudem Methodenkompetenz.

Literaturhinweise

Dithmar, Reinhard (Hg.): Die Fabel. Geschichte, Struktur, Didaktik. Schöningh, Paderborn 1997

Doderer, Klaus: Fabeln. Formen, Figuren und Lehren. Atlantis, Zürich 1970

Fenske, Ute (Hg.): Rund um Fabeln. Cornelsen, Berlin 2005

Raab-Demski, Gudrun: Die Fabel. Klett, Stuttgart 1997

Internethinweis:
http://www.udoklinger.de/Fabeln/Inhalt2.htm

Inhalte

S. 105 **7.1 Fabeln aus alter und neuer Zeit – Lehrreiche Geschichten**

S. 106 *Äsop*
Vom Fuchs und Hahn

S. 107 *Martin Luther*
Rabe und Fuchs

S. 108 *James Thurber*
Der Fuchs und der Rabe

S. 110 Die Schildkröte und der Leopard

S. 111 Das Chamäleon und der Elefant

S. 112 **7.2 Mit Fabeln erfinderisch umgehen**

S. 112 Der Löwe und die Katze

S. 113 *Äsop*
Der Löwe und das Mäuschen

S. 114 *Wilhelm Busch*
Das Rabennest

S. 115 *Jean de La Fontaine*
Der Frosch und der Ochse

S. 116 **Wir schreiben Fabeln**

S. 117 **7.3 Projekt: Der Löwe ist (k)ein Fabeltier**

S. 117 *Ernst Jünger*
Der Farmer und der Löwe

Kompetenzen

Die Schülerinnen und Schüler können

- Illustrationen als Erzählanlässe nutzen
- ihre Sympathie und Antipathie gegenüber den in Bild und Text vorgestellten Figuren begründen
- Eigenschaften und Charakter von Tierfiguren in der Fabel erkennen und mit der Wirklichkeit vergleichen
- die Moral einer Fabel diskutieren, eine Lehre selbst formulieren und auf das eigene Leben übertragen
- unterschiedliche Fassungen einer Fabel vergleichen
- typische Merkmale einer Fabel erkennen
- den Aufbau einer Fabel untersuchen
- Fabeln in Rollenspielen darstellen, v. a. den Charakter von Tierfiguren in Redeweise, Körperhaltung, Gestik zum Ausdruck bringen

- Fabelerzählungen um- und weiterschreiben
- aus einem Gedicht eine Fabel in Prosaform entwickeln
- Fabeln ausdrucksvoll vortragen
- eine Situation aus ihrer Lebenswirklichkeit in eine Tierfabel übersetzen
- Fabeln in eine Bildergeschichte umwandeln und umgekehrt
- Fabeln mit Dialogen ausgestalten
- zu einem gegebenen Sprichwort eine Fabel erfinden
- selbstständig eigene Fabeln verfassen und überarbeiten
- ein Fabelbuch erstellen

- sich aus der Sachliteratur und dem Internet Informationen beschaffen
- die Darstellung von Tieren in der Sachliteratur und den Fabeln vergleichen
- Sachtexte auf ihre Intentionalität (hier: belehrende Absicht) hin untersuchen
- Arbeitsergebnisse vor der Klasse präsentieren

7.1 Fabeln aus alter und neuer Zeit – Lehrreiche Geschichten

S. 105

Auftaktseite

Die Bearbeitung der folgenden Aufgaben dient neben der Einstimmung der Schülerinnen und Schüler auf das Thema auch dazu, dass die Lehrkraft einen ersten Überblick über die bereits vorhandenen Fabelkenntnisse bzw. Kompetenzen der Gruppe erhält.

1 *Die Bildersammlung enthält die Figuren folgender im Buch aufgeführter Fabeln:*
- *Das Chamäleon und der Elefant (Vergleich mit Hase und Igel)*
- *Rabe und Fuchs*
- *Der Frosch und der Ochse*
- *Der Löwe und das Mäuschen*

Außerdem
- *Die Grille und die Ameise*
- *Der Fuchs und der Storch*

2 *Falls keine Schülerin/kein Schüler eine Fabel stimmig erzählen kann, könnte man eine/einen von ihnen die Fabel „Vom Fuchs und Hahn" (Schülerbuch, S. 106) vorlesen lassen.*
Alternativ dazu bietet sich an, die Fabeln „Was du tust, wirst du erleiden" oder „Untreue. Vom Frosch und der Maus" gemeinsam anzuhören. Da gutes, ausdrucksstarkes Lesen den Schülerinnen und Schülern erfahrungsgemäß oft nicht leicht fällt, können sie den professionellen Vortrag von Peter Weiss bzw. Udo Wachtveitl auf der CD-ROM ***„Deutschbuch Hörbuch 5/6"*** *als Vorbild nehmen und ihn nachzuahmen versuchen.*

3 *Die Bearbeitung dieser Aufgabe ermöglicht den Schülerinnen und Schülern, ihre bereits vorhandenen Kenntnisse in einem ersten Schreibversuch produktiv anzuwenden. So könnten folgende allgemeine Aussagen getroffen werden:*
In einer Fabel
- *handeln Tiere in der Rolle von Menschen,*
- *wird ein Geschehen kurz dargestellt,*
- *wird das Verhalten von Menschen kritisiert.*

In Partnerarbeit kann gemeinsam eine Fabelhandlung erfunden werden.

S. 106

Äsop

Vom Fuchs und Hahn

Fuchs und Rabe bilden ein immer wieder aufgegriffenes und variiertes Paar von Fabelfiguren. Deswegen kann an ihnen in besonderem Maße das schon von Lessing beschriebene didaktische Prinzip der produktiven Bearbeitung von Mustern gelernt und praktiziert werden.
Lessing, der die Ansicht vertrat, die „Kürze [sei] die Seele der Fabel", schreibt: „Der Fabulist brauchet ‚Fuchs', um mit einer einzigen Silbe ein individuelles Bild eines witzigen Schalks zu entwerfen." Mit dem „Erfinden der Fabel" werde zugleich das „Erfinden überhaupt" geübt, nämlich das Prinzip der „Reduktion". Lessing versteht darunter das Entdecken von Gesetz- und Regelmäßigkeiten unter der Vielfalt der Erscheinungen. Aber diese Reduktion setzt voraus, dass die Tiercharaktere sich nicht wandeln, „Bestandheit" besitzen. Gerade das ist bei Fuchs und Rabe in neueren Fabeln aber nicht der Fall. Hier handeln Autoren nach einem anderen Lessing'schen Vorschlag zum Umgang mit Fabeln: Sie verändern die Handlung, die Tierpersonen und gelangen so zu anderen „Lehren". Lessing schlägt vor, der Lehrer solle mit seinen Schülern auf die Jagd gehen, in alten Fabeln eigene Gedanken zu entdecken, „indem [er] die Geschichte derselben bald eher abbricht, bald weiter fortführt, bald diesen oder jenen Umstand derselben so verändert, dass sich eine andere Moral darin erkennen lässt".

1 *Der hungrige Fuchs fällt auf eine List des Hahns herein und verliert dadurch seine Beute.*

2 *Je nach Sprachvermögen werden die Schülerinnen und Schüler unterschiedlich viele Wörter bzw. Redewendungen als fremd empfinden, z. B.:*
Z. 4ff.: „Ich bin darum … hören möchte" → Ich bin hierhergekommen, um deine Stimme zu hören.
Z. 6ff.: „… dass du mir singst mit lauter Stimme, damit ich hören möge …" → … dass du mir mit lauter Stimme vorsingst, damit ich höre, ob …
Z. 10: „erschwang" → erhob oder schwang sich
Z. 11f.: auf das lauteste → sehr laut
Z. 23: „Indem flog der Hahn …" → Währenddessen / In der Zwischenzeit / Inzwischen flog der Hahn …
Z. 28f.: „Wie viel redest du Unnützes?" → Was sprichst du für einen Unsinn?

3 *Diese Aufgabe dient als Hinführung zur Charakteristik. Die Erarbeitung der Adjektive und Verben könnte so erfolgen, dass die Schülerinnen und Schüler die gewählten Begriffe mit den jeweiligen Textaussagen belegen.*
Mögliches Tafelbild:

	Adjektive	Verben
Fuchs	hungrig raffiniert / listig falsch rücksichtslos unüberlegt / dumm ärgerlich / wütend traurig	bittet schmeichelt lügt packt zu / will den Hahn töten handelt spontan straft sich selbst bereut sein Verhalten
Hahn	eingebildet stolz weitsichtig reaktionsschnell klug	präsentiert sich singt lauthals verliert nicht die Fassung / denkt nach befreit sich selbst besiegt den Hahn

4 *Die Schülerinnen und Schüler sollten darauf hingewiesen werden, dass die Absätze nicht unbedingt identisch mit den Sinnabschnitten sind, sondern dass innerhalb der Absätze verschiedene Handlungen dargestellt sein können. So lassen sich insgesamt fünf Sinnabschnitte festlegen:*
Z. 1–9: Fuchs und Hahn werden dem Leser vorgestellt (Ausgangssituation, Einleitung).
Z. 10–13: Der Hahn erliegt der Schmeichelei des Fuchses und wird vom Fuchs gefangen (das Erwartete tritt ein, Hauptteil).
Z. 13–20: Der Hahn nutzt die neue Situation aus und wendet selbst eine List an (Wendepunkt).
Z. 21–25: Der Plan des Hahns gelingt, der Fuchs wird zum Verlierer (Ende).
Z. 26ff.: Der Fuchs zieht für sich eine Lehre aus dem Vorgefallenen.

5 *Eine mögliche „Lehre" könnte lauten: Bevor man etwas sagt, sollte man nachdenken.*

a) Die Lehre des Fuchses ist aus unterschiedlichen Perspektiven zu sehen und zu erörtern.
Der Fuchs bedauert den Verlust der Beute und führt dies auf sein lockeres Mundwerk zurück. Deshalb schlägt er sich auf sein Maul. Dabei lässt er unberücksichtigt, dass sein „böses Maul" in mehrfacher Hinsicht falsch gehandelt hat: Sowohl der Hahn als auch die Bauern wurden von ihm belogen. Der Verlust der Beute geschieht ihm also recht und die von ihm genannte Lehre ist nur bedingt richtig.

b) Durch seine spontane Reaktion und das Aussprechen der Lüge hat der Fuchs der Gerechtigkeit ungewollt zum Sieg verholfen. „Lügen haben kurze Beine" könnte infolgedessen eine andere Lehre dieser Fabel lauten.

S. 107

Martin Luther

Rabe und Fuchs

1 *Ein Rabe frisst auf einem Baum krächzend ein gestohlenes Stück Käse und wird dabei von einem Fuchs entdeckt. Diesem gelingt es durch eine List, dem Raben das Käsestück abzunehmen, um es selber zu fressen.*

2 *„Gewinner" in dieser Fabel ist eindeutig der Fuchs.*

3 ***Fuchs:*** *listig, schlau, falsch, verlogen, rücksichtslos, egoistisch …*
Rabe: *dumm, naiv, eingebildet, töricht …*

5 *Ein möglicher Dialog zur Fabel „Vom Fuchs und Hahn" könnte lauten:*

Fuchs: Guten Tag, Hahn. Wie schön, dass ich dich hier treffe. Du erinnerst mich an deinen Vater, den ich sehr gut kannte. Er hatte eine wunderbare Stimme. Alle waren von ihr begeistert. Da frage ich mich doch, ob du nicht seine Stimme geerbt hast und ebenso wundervoll singst wie er. Vielleicht singst du ja sogar noch schöner. Lass doch mal deine Stimme hören.
Bauern: Der Fuchs hat unseren Hahn gestohlen.
Hahn: Hörst du, Fuchs, was die Bauern sagen? Lass dir das nicht gefallen. Sag ihnen: Das ist mein Hahn, nicht eurer.
Fuchs: Das ist mein Hahn, nicht eurer.
Hahn: Du lügst, Fuchs, du lügst. Ich gehöre dem Bauern und nicht dir.
Fuchs: So ein Ärger! Was rede ich da für einen Unsinn? Hätte ich doch das Maul gehalten, dann könnte ich jetzt den Hahn verspeisen.

S. 108

James Thurber

Der Fuchs und der Rabe

1 *Die zweite Antwort ist richtig.*
Nachdem die Schülerinnen und Schüler bereits zwei ähnliche Fabeln kennen gelernt haben, sollen sie mit Hilfe der Fragestellung dazu aufgefordert werden, auch weiterhin genau auf den Text zu achten, sowie die unterschiedliche Darstellung von Fuchs und Rabe und das gleiche Ende beachten.

2 *„von ihnen gehen zwölf aufs Dutzend": Tautologie (zwölf sind ein Dutzend), „Das ist nichts Besonderes" (vgl. Duden Bd. 11, Redewendungen)*
„den Löwenanteil vom Käse" – den größten Teil des Käses

3 *a/b) Mögliches Tafelbild:*

Der Fuchs sagt über den Raben:	Der Rabe sagt über den Fuchs:
- Du bist einmalig (Z. 24). - Du bist der berühmteste und talentierteste aller Vögel (Z. 27 f.).	- Du bist schlau und verrückt (Z. 14 f.). - Du bist kurzsichtig (Z. 19).
Der Fuchs denkt über den Raben:	**Der Rabe denkt über den Fuchs:**
- Ein Rabe lässt den Käse aus dem Schnabel fallen, wenn man seine Stimme lobt (Z. 9 ff.). - Der Rabe ist eingebildet und dumm.	- Der Fuchs erkennt gar nicht meine Einmaligkeit. - Der Fuchs wird von meinen Fähigkeiten beeindruckt sein, wenn ich sie ihm schildere.

4 *Tue Gutes und sprich darüber. – Niemand weiß deine Leistungen so zu schätzen wie du selbst.*
Thurbers Moral hat jedoch einen ironischen Beigeschmack: Eigenlob stinkt.

6 *a) Mögliches Tafelbild:*

Martin Luther	James Thurber
Fuchs und Rabe Käse Fuchs schmeichelt dem Raben Rabe lässt Käse fallen Fuchs gibt angeblich auf und will gehen Fuchs geht gesättigt davon Rabe bleibt hungrig zurück	Fuchs und Rabe Käse Fuchs schmeichelt dem Raben Rabe hält Käse mit den Krallen fest Rabe lobt sich selbst und belohnt das Zuhören des Fuchses mit dem Käse Fuchs geht gesättigt davon Rabe bleibt hungrig zurück

b) In der Fabel von Äsop ist der Gegenspieler des Fuchses kein Rabe, sondern ein Hahn. Der Fuchs will keinen Käse, sondern den Hahn selbst fressen. Der Hahn behält auch in der für ihn lebensgefährlichen Situation einen klaren Kopf und rettet durch eine List sein Leben. Der Fuchs bleibt hungrig und ärgert sich über seine Niederlage.

7
- *In Fabeln handeln und sprechen Tiere wie Menschen.*
- *In Fabeln erfahren wir etwas über das Verhalten der Menschen.*
- *Am Ende von Fabeln steht oft eine Lehre (die „Moral“).*

S. 110

Die Schildkröte und der Leopard

Haben die Schülerinnen und Schüler bis jetzt Fabeln des europäischen Kulturkreises kennen gelernt, erfahren sie nun, dass sowohl die Gattung als auch die damit verbundenen Intentionen international verbreitet sind. Im Internet finden sich unter dem Suchbegriff „Fabeln“ mehrere Hinweise, die sowohl Fabeln des europäischen Kontinents von Nord bis Süd als auch anderer Kontinente (vor allem Afrika, Asien) anzeigen.

1 *Auch in dieser Geschichte sind Tiere die Handelnden. Ein scheinbar „dummes“ Tier – die Schildkröte – überlistet ein mächtigeres – den Leoparden – und rettet so sein Leben.*
Ungewöhnlich sind die gewählten Tiere, die Handlung und der Ort (Palmenblätter, Dorfbewohner verarbeiten Schildkröten zu Suppe, Dorfbewohner stellen Tierfallen auf).

2 *Die Schülerinnen und Schüler könnten in Biologiebüchern, Lexika oder im Internet forschen, wo Leopard und Schildkröte gemeinsam leben, und so der Lösung auf die Spur kommen: Afrika.*

3 *Die Schildkröte wählt statt der Verteidigung den Angriff. Sie wirft dem Leoparden vor, in ihr Haus einzudringen, und erweckt durch ihre Respektlosigkeit seinen Zorn, sodass er sie aus der Falle herausschleudert und ihr so ungewollt das Leben rettet.*

4 *Mögliche Eigenschaften:*

Schildkröte	Leopard
zerstreut unbeholfen fantasievoll reaktionsschnell klug respektlos mutig selbstbewusst lebenslustig	verdutzt wütend erregbar stark kräftig Respekt erheischend selbstbewusst

5 Mögliche Lehren können sein:
„Die Schildkröte und der Leopard" zeigt, dass
- nicht immer der Stärkste siegen muss,
- man mit Fantasie auch aus scheinbar ausweglosen Situationen herausfinden kann,
- man auch in schwierigen Situationen nicht den Mut verlieren soll.

S. 111

Das Chamäleon und der Elefant

1 *Das Chamäleon wendet eine List an und nutzt die Tatsache aus, dass der Elefant seinen eigenen Schwanz nicht sehen kann.*

2 *Mögliche Auffälligkeiten:*

Chamäleon	Elefant
- fordert den Elefanten heraus - verlässt sich auf seine Familie - handelt zielbewusst	- lässt sich auf die Provokation ein - verlässt sich auf seine körperliche Stärke - handelt planlos, denkt nicht über die Absicht des Chamäleons nach

3 *Das Chamäleon wird als intelligentes Tier dargestellt. Es macht sich die Tatsache zunutze, dass es vom Elefanten nicht als Gegner eingeschätzt wird und dieser sich mit ihm infolgedessen gar nicht auseinandersetzt. Im Gegensatz zum Elefanten handelt es klug, während der Elefant lediglich auf seine Körperkraft vertraut.*

4 *Hochmut kommt vor dem Fall. – Unterschätze deine Gegner nicht. – Mach dich nicht über Schwächere lustig.*

6 *Bekannt ist wahrscheinlich die Geschichte vom Hasen und vom Igel. In diesem Zusammenhang könnte ein Vergleich zwischen Märchen (vgl. Deutschbuch 5) und Fabel gezogen werden.*

7 *„zum **Laufen** einladen" – nominalisiertes Verb*
*„fing … zu **laufen** an" – Infinitiv*

7.2 Mit Fabeln erfinderisch umgehen

S. 112

Der Löwe und die Katze

1 *Der Begriff „große Tiere" kann in diesem Zusammenhang zweierlei Bedeutung haben:*
- *Der Löwe ist körperlich größer und damit auch kräftiger als die Katze.*
- *Der Löwe gilt als Herrscher der Tiere, ist seinem Rang nach also größer und entscheidet in dieser Fabel ja auch über das Schicksal der Katze.*

Vgl. Duden, Bd. 11: Redewendungen, S. 722: „Ein hohes/großes Tier (ugs.): eine hochgestellte Persönlichkeit …"

2 *Eine Lehre wird am Ende ausgesprochen: Beachte, dass die großen Tiere ihre Untergebenen nur so lange umschmeicheln und befördern, wie sie sie brauchen.*
Aus der Sicht der Katze: Der Mohr hat seine Schuldigkeit (Arbeit) getan, der Mohr kann gehen. Mittel zum Zweck sein – jemandem nur dazu dienen, etwas zu erreichen, aber auch: Der Zweck heiligt die Mittel.
Bezogen auf den Sohn der Katze: Blinder Eifer schadet nur.

3 *Mögliche Regieanweisungen:*
***Fuchs** (unterwürfig): „Es ist eine Katze da …" (Z. 13 f.).*
***Löwe** (kalt lächelnd): „Liebe Katze …" (Z. 34 ff.).*

Eigenschaften der Tiere:
- *Katze: schlau, vorausschauend, hilfsbereit, vertrauensvoll*
- *Löwe: alt, stark, mächtig, entscheidungsfreudig*
- *Katzensohn: jung, übereifrig, unüberlegt, flink*

S. 113 *Äsop*

Der Löwe und das Mäuschen

1 *a/b) Die Umsetzung der Fabel in Bilder setzt die Einteilung in Sinnabschnitte voraus (Gruppenarbeit oder Unterrichtsgespräch). Die Zwischenüberschriften bilden die späteren Bildunterschriften, z. B.:*
1. Der schlafende Löwe (Z. 1/2)
2. Der Rat des vorwitzigen Mäuschens (Z. 2–7)
3. Die Reaktion des Löwen (Z. 7–10)
4. Der Löwe in Not (Z. 11–15)
5. Die Rettung durch das Mäuschen (ab Z. 15)

2 *Comics sind bei Kindern sehr beliebt: Die Bilder oder Zeichnungen können z. B. kopiert oder eingescannt und mit Sprechblasen versehen werden. Die sprachliche Leistung besteht darin, dass die Schülerinnen und Schüler einen Sinnabschnitt in einen Dialog umsetzen oder aus einer vorgegebenen wörtlichen Rede (s. zweiter Abschnitt) einen Satz auswählen (und ihn gegebenenfalls verkürzen), der für diese Szene stehen kann. Hier können ironisch-witzige Szenen entstehen, wenn z. B. das Mäuschen in der Pfote des liegenden Löwen per Sprechblase sagt: „Ich habe dich nicht stören wollen."*

S. 114 *Wilhelm Busch*

Das Rabennest

Der Rabe gilt als lernfähiges und kluges Tier. Dass er in den Fabeln von Luther und Thurber überlistet wird, ist u. a. eine Sanktion dafür, dass er gestohlen hat. In beiden Fällen handelt es sich um Diebesgut, das ihm der Fuchs abjagt; gleichzeitig wird die Arroganz des Klugen bestraft, indem er auf den listigen Fuchs hereinfällt und so der Dumme ist.

1 *Fortsetzung der Bildergeschichte „Das Rabennest" bei Busch: Ein Jäger und sein Hund retten die beiden Knaben aus dem Sumpf, die nun zur Hälfte rabenschwarz aussehen, während die Retter schwarze Stiefel anhaben. „Die Raben in dem Rabennest/Sind aber kreuzfidel gewest" endet schadenfroh die Geschichte.*

Beispiel einer ***Vorgeschichte****:*

Schon seit Längerem beobachten Jochen und Gert das Rabennest. Sie sahen, wie die Alten brüteten und wie die Jungen ausschlüpften. Sie wollten wenigstens eines der Jungen aus dem Nest holen, es zähmen und ihm das Sprechen beibringen. „Pass auf, Gert, wenn wir den Raben nicht bald fangen, fliegen sie alle aus und weg sind sie!" – „Kein Problem, wir nehmen die Leiter. Die steht vom Kirschenpflücken noch am Baum im Hof." Während sie die Leiter schleppen, reden sie miteinander. „Meine Eltern dürfen von dem Plan nichts erfahren. Sie haben zwar gesagt, dass Raben, Stare und Elstern wie Papageien das Sprechen lernen könnten, aber dass wir uns einen fangen, wird ihnen sicher nicht recht sein. So ein Rabe macht viel Dreck und er klaut auch." – „Das macht nichts. Bei uns sperren wir den Raben in den alten Meerschweinchenkäfig. Das geht schon." – „Also los, da ist der Baum." – „Stellen wir die Leiter vorsichtig an. Au weia, sie reicht nicht ganz." – „Das macht nichts. Du bleibst unten sitzen, das gibt ein Gegengewicht. Ich klettere rauf und schnappe den Raben ..."

Beispiel einer ***Fortsetzung****:*

Kopfüber stecken die beiden im Morast. Um sich zu befreien, schlagen sie wild um sich. Der Schlamm ist zäh. Beinahe wären sie erstickt. „So ein Mist“, keucht Jochen, als er endlich den Kopf wieder frei hat. „Wie ist das bloß passiert?“ – „Ich habe die Leiter nicht halten können, du bist einfach rübergekippt.“ – „Was machen wir nun?“ Wütend schmeißt Gert mit einem Stück Holz nach dem Rabennest. Er trifft es. Einer der jungen Raben fällt heraus und bricht sich den Flügel. Die beiden Jungen stürzen sich auf ihn, als er eilig davonhüpfen will. Sie kriegen ihn zu fassen. Dass sie sich über und über schlammig gemacht haben, stört sie jetzt nicht mehr. Das Zeug wird trocknen und dann können sie den Staub ausbürsten. Dem Raben werden sie den Flügel mit zwei kleinen Hölzern schienen. Außerdem macht es nichts, wenn er nicht richtig fliegt. Sprechen lernen kann er ja trotzdem.
Die Raben im Nest hatten sich zu früh gefreut: Man soll den Tag nicht vor dem Abend loben.

2 *Die Zeitform der Fabel ist das Präteritum.*

S. 115

Jean de La Fontaine

Der Frosch und der Ochse

2 *a) Eine erzählte Fabel könnte lauten:*

Ein Frosch sah auf einer Wiese einen Ochsen stehen. Dessen mächtiger Körper beeindruckte ihn sehr und er wünschte sich, ebenso groß zu sein wie dieser. Um sein Ziel zu erreichen, blähte er mit aller Kraft seinen Bauch auf. Seine Schwester, die ihm dabei zuschaute, versuchte, ihn von seinem Tun abzuhalten, doch ihre kritischen Äußerungen stachelten den Ehrgeiz des Frosches immer mehr an. Er blies sich noch mehr auf, bis es plötzlich einen Knall gab und er platzte.
Aufgeblähte Bäuche gibt es viele in der Welt. Schon der kleinste Kaufmann hält sich für einen großen Händler und viele Angeber fühlen sich so, als wären sie große Herren / als wären sie der Nabel der Welt.

4 *Der (zischende oder stimmlose) s-Laut wird nach kurzem Vokal mit ss geschrieben: Koloss, nach langem Vokal meist mit ß: Gernegroß.*

S. 116

Wir schreiben Fabeln

Die Tiere finden

1 *a) Löwe: mächtig, kräftig, überlegen*
Lamm: unschuldig
Stier: kraftvoll, stur
Ziegenbock: störrisch, stur, einfältig

b/c) Mögliches Tafelbild:

Tierpaar	*Eigenschaften*
Löwe und Lamm	*aggressiv, herrisch – friedliebend, demütig*
Fuchs und Rabe	*schlau, hinterlistig – klug, eingebildet, naiv*
Stier und Frosch	*kraftvoll, wütend – vorlaut, aufgeblasen*
Wolf und Lamm	*gierig, böse – unschuldig, brav*
…	…

Ein Thema finden

2 ***Variante:*** *Weniger leistungsstarke Schülerinnen und Schüler können die folgende Fabel mit der Fünf-Schritt-Lesemethode erschließen und anschließend folgende Aufgaben bearbeiten:*
- *Welcher Charakter wird den Stieren, welcher dem Löwen zugewiesen?*
- *Formuliere eine Lehre anstelle der Überschrift.*
- *Wie sollten sich die Stiere verhalten? Schreibe die Fabel um, sodass der Löwe das Nachsehen hat.*

Der Löwe und die Stiere

Eine zärtliche und enge Freundschaft verband vier junge, kräftige Stiere. Ein Löwe, der in einem nahen Wald seinen Schlupfwinkel hatte, beobachtete sie aus sicherer Entfernung und seine Begierde nach ihnen wuchs von Tag zu Tag. „Vor diesen acht spitzen Hörnern“, sagte er sich aber, „müsste ich fliehen! Ja, diese vier Stiere könnten mich sogar töten, wenn sie mich gemeinsam angreifen. Aber ich weiß, was ich tun muss!“

Er verbarg sich am Rand der grünen, saftigen Wiese, auf der die Stiere weideten, und wartete geduldig, bis sich einer von den anderen ein wenig entfernte. Dann schlich der Löwe hin und flüsterte dem Stier zu: „Ah, du bist es, den die andern drei verspotten!“ Dem nächsten Stier erzählte er: „Die anderen drei sind eifersüchtig auf dich, weil du größer und schöner bist als sie.“

Am Anfang hörten die Stiere nicht auf den Löwen, aber bald fingen sie an, sich gegenseitig zu misstrauen. Sie gingen nicht mehr gemeinsam auf die Weide und nachts rückten sie voneinander ab. Das alles machte sie noch viel misstrauischer und jeder dachte von den anderen: Sie warten auf eine Gelegenheit, mir ein Leid anzutun.

Als der Löwe schließlich die Nachricht verbreitete, die vier Stiere wollten sich gegenseitig bekämpfen, weil jeder der Stärkste sein und die anderen von der Weide verjagen wolle, da fielen sie einander sofort in heller Wut an. Bald sahen die vier prächtigen, jungen Stiere nicht mehr prächtig aus. Sie schlugen mit ihren Hufen aufeinander ein und zerfetzten sich mit ihren Hörnern die Lenden.

Als der Löwe einen von ihnen anfiel, tötete und fortschleppte, kamen die anderen ihrem Gefährten nicht zu Hilfe. Der Löwe zerriss bald danach den zweiten, dann tötete er den dritten, und auch der vierte Stier wurde in einigen Tagen, als der Löwe wieder Hunger hatte, dessen Opfer.

(aus: Das große Fabelbuch. Neu bearb. v. Käthe Recheis. Wien/Heidelberg 1965, S. 198)

7.3 Projekt: Der Löwe ist (k)ein Fabeltier

S. 117 *Ernst Jünger*

Der Farmer und der Löwe

1 a) *Die Geschichte von Ernst Jünger scheint auf einem realen Erlebnis zu beruhen. Nicht zwei Tiere stehen stellvertretend für das Verhalten der Menschen im Zentrum der Handlung, sondern ein Mensch und ein Tier sind die Hauptpersonen. Der Farmer rettet das Leben des „Königs der Tiere“ und macht ihn sich durch seine Hilfe untertan.*

b) – *Mit Güte kann man seine Gegner zu Freunden machen.*
- *Überlege genau, was du tust.*
- *Sei respektvoll auch deinen Feinden gegenüber.*
- *Edel sei der Mensch, hilfreich und gut …*
- *Evtl. auch: Was du nicht willst, das man dir tu, das füg auch keinem andern zu.*

2
- *Löwen verstecken sich, um einsam zu sterben.*
- *Löwen brauchen fleischliche Nahrung (Blut), um überleben zu können.*
- *Löwen „sprechen“ mit ihrem Körper.*
- *Wenn der Löwe seinen Körper locker hin und her wiegt, zeigt er seine Friedfertigkeit an.*
- *Löwen vergessen nicht, was man ihnen angetan hat. Das gilt für gute, aber auch für schlechte Taten.*

6 *Verben können in ihrer Grundform (Infinitiv) wie ein Nomen gebraucht (nominalisiert) werden.*
Man erkennt sie am bestimmten Artikel, der davorsteht oder den man probeweise ergänzen kann („Artikelprobe“):
„… ein Löwe, der am ***Verenden*** *war“ – Infinitiv des Verbs: verenden*
„Als sich der Farmer zum ***Gehen*** *wandte …“ – Infinitiv des Verbs: gehen*
„Aus dem ***Erzählten*** *geht hervor …“ – Infinitiv des Verbs: erzählen*

Vorschläge für Übungen und Klassenarbeiten

Vorschlag 1: Produktionsorientiertes Schreiben – Eine Fabel weiterschreiben

Siehe die **Kopiervorlage** „Mäusealltag" von Guntram Vesper, S. 127.

1 *Die bekannte Fabelkonstellation (Fabeln sagen in Tiermasken aus, dass die Menschen keineswegs „menschlich" miteinander umgehen) ist ironisch umgekehrt: Hund und Maus sollen freundlicher miteinander umgehen, als es Menschen – zumindest in der Sicht der Fabeln – tun. Die doppelte Bedeutung des Wortes „menschlich" als Norm und als Wirklichkeit kann erzählerisch aufgezeigt werden, wenn die einen Schülerinnen und Schüler – unter Berufung auf die Menschen und ihr reales Verhalten – das Scheitern des Freundschaftsangebots der Maus begründen und die anderen – ebenfalls unter Verweis auf „Menschlichkeit" – das Angebot glücken lassen.*

Vorschlag 2: Produktionsorientiertes Schreiben – Zu Bildern eine Fabel erfinden

Siehe die **Kopiervorlage** „Fuchs und Ziegenbock am Brunnen", S. 128. Dieses Angebot ist eher für *leistungsstarke* Schülerinnen und Schüler gedacht.

Vorschlag 3: Produktionsorientierter Umgang mit literarischen Texten – Eine Fabel mit Hilfe vorgegebener Textteile schreiben

Siehe die **Kopiervorlage** „Der Fuchs und der Storch" von Äsop, S. 129 (Lösungen siehe S. 227 ff. und CD-ROM).

Vorschlag 4: Umgang mit literarischen Texten / Produktionsorientiertes Schreiben – Eine Fabel in Sinnabschnitte gliedern, einen neuen Schluss erfinden

Siehe die **Kopiervorlage** „Was du tust, wirst du erleiden" von Äsop, S. 130 (Lösungen siehe S. 227 ff. und CD-ROM).

*(Mögliche **Zusatzaufgabe** zu den auf der Kopiervorlage gestellten Aufgaben:) Schreibt die Fabel mit großem Zeilenabstand ab und bereitet sie für einen Lesevortrag vor. Vergleicht eure Bearbeitung mit dem Vortrag von Peter Weiss auf der CD-ROM **„Deutschbuch Hörbuch 5/6"**.*

Vorschlag 5: Produktionsorientierter Umgang mit literarischen Texten – Einen Text umschreiben, auf bestimmte Merkmale untersuchen, mit einem anderen Text vergleichen

Siehe die **Kopiervorlage** „Der Rabe und der Fuchs" von G. E. Lessing, S. 131 (Lösungen siehe S. 227 ff. und CD-ROM).

Weiteres Übungsmaterial

Übungen im **„Deutschbuch Arbeitsheft 6"**:
- Erzählen, S. 7 ff.
- Erzähltexte vorlesen und vorstellen, S. 82 ff.

Die CD-ROM **„Deutschbuch 6 interaktiv"** bietet zum Themenbereich „Fabel" Diktate mit hohem Schwierigkeitsgrad an (Synopse, S. 237 ff.).

Aus dem **„Deutschbuch Hörbuch 5/6"** können die beiden Fabeltexte „Was du tust, wirst du erleiden" von Äsop und „Untreue. Vom Frosch und der Maus" von Martin Luther angehört und mit den Lesevorträgen der Schülerinnen und Schüler verglichen werden.

Unter www.cornelsen.de/deutschbuch-realschule und www.cornelsen.de/deutschbuch-gesamtschule finden Sie weitere Übungsmaterialien.

Guntram Vesper

Mäusealltag

Eine Maus, eine Maus
geht heraus aus dem Haus,
macht sogleich einen Fund,
aber da kommt ein Hund.
Der entreißt ihr den Speck
und läuft schnell mit ihm weg.
Huch! Was macht unsre Maus?
Sie geht wieder ins Haus,
holt ihr Spielzeug hervor,
legt sich später aufs Ohr.
Da beginnt sie zu träumen,
erst von Sonne, von Bäumen,
dann von Freunden, ganz großen,
die beschützen und kosen.
Ja, das wär doch zu machen!
Unsre Maus hört sich lachen.
Davon wird sie gleich wach.

Aber ach, aber ach!
Sie hat einfach kein Glück,
denn der Hund kam zurück,
vor dem Loch steht er da
wie der Knurrbeißhurra.
Kleine Maus! Sei mal stark!
Geh hinaus ohne Arg,
lad den Hund einfach ein,
lieber lieb mal zu sein,
und dann geht ihr spazieren
und seid Mensch unter Tieren,
denn womöglich, vielleicht
ist das Ganze ganz leicht.

(aus: Gedichte für Anfänger. Hg. von Joachim Fuhrmann. Rowohlt, Reinbek 1980)

1 *Schreibe eine Fortsetzung dieses Gedichts, in der die Maus den Hund zum Freund gewinnt, oder eine andere, in der der Versuch, Freundschaft zu schließen, fehlschlägt, weil sich die Katze einmischt.*

Formuliere am Schluss die entsprechende Lehre.

KOPIERVORLAGE

Fuchs und Ziegenbock am Brunnen

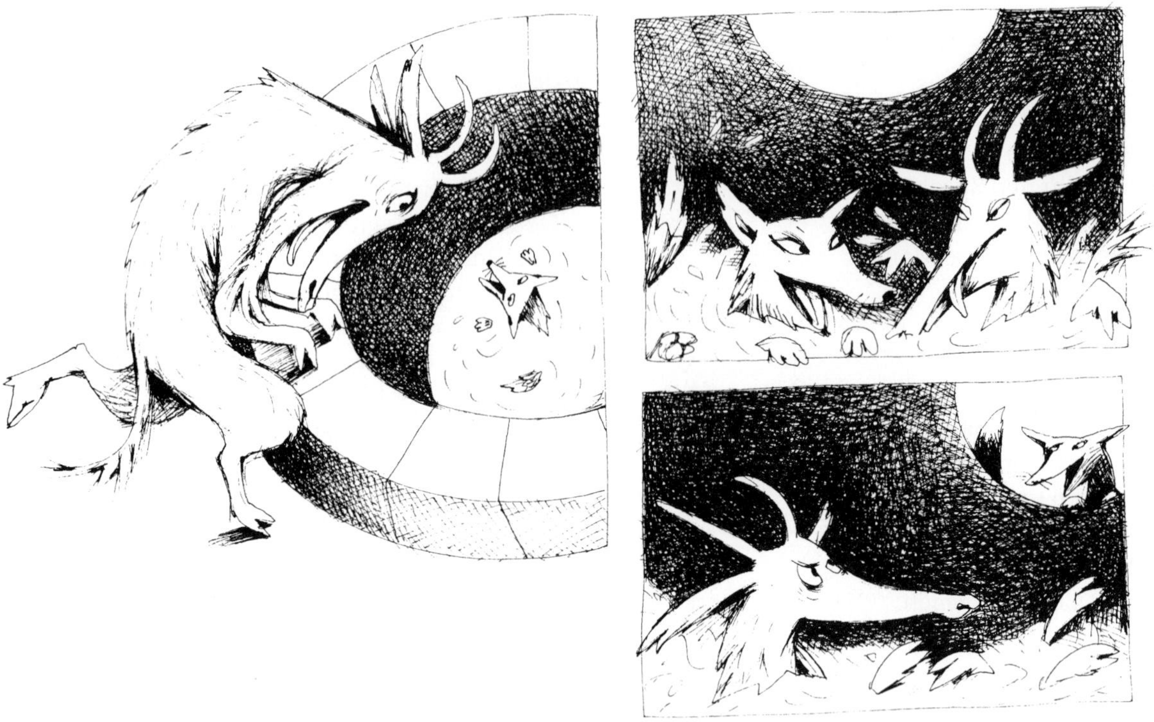

1 *Erfinde zu den drei Bildern eine Fabel „Fuchs und Ziegenbock am Brunnen". Schließe die Fabel mit einer ausdrücklich formulierten „Moral" ab.*

Äsop

Der Fuchs und der Storch

1 Also musste er hungrig wieder nach Hause gehen.

2 Er bot ihm frische Froschschenkel in einer Flasche an.

3 In einer flachen Schüssel trug er leckere Hühnerbrühe auf, die der Storch mit seinem spitzen Schnabel aber nicht fassen konnte.

4 Der Fuchs lud einmal den Storch zu Gast.

5 Ein andermal lud nun der Storch den Fuchs zum Essen ein.

6 Er selbst fischte sie mit seinem Schnabel genüsslich heraus, doch der Fuchs konnte nur an der Flasche lecken und kam an die Speise nicht heran.

1 *Hilfe – Fabelsalat!*
a) Bring die einzelnen Bausteine in die richtige Reihenfolge.

____

b) Schreibe dann die Fabel in der richtigen Reihenfolge in dein Heft.
c) Welche Wörter haben dir bei der Festlegung der Reihenfolge geholfen?

____

2 *Was kannst du aus dieser Fabel lernen? Formuliere eine „Lehre".*

____

____

____

____

____

____

KOPIERVORLAGE

Äsop

Was du tust, wirst du erleiden

Als die Tiere noch alle die gleiche Sprache redeten, gewann eine Maus einen Frosch lieb. Daher lud sie ihn zum Mahle und führte ihn in die Vorratskammer eines Reichen. Da gab es Brot, Käse, Honig, Feigen und alle anderen Leckerbissen. Nun iss nach Herzenslust, lieber Frosch, sagte die Maus. Der ließ sich das nicht zweimal sagen und alle beide schwelgten in auserlesenen Genüssen. Dann sagte der Frosch: Nun komm auch einmal zu mir, liebe Maus, und mäste dich an meinen Schätzen! Damit du aber bei deiner Reise durchs Wasser keine Angst bekommst, will ich deinen Fuß an meinen anbinden. Das tat er auch und sprang in den Teich, wobei er die Maus gefesselt mit sich zog. Als diese nun merkte, dass sie ertrinken musste, sprach sie: Ich werde von dir getötet werden, aber von einem Stärkeren werde ich gerächt werden. So starb sie. Aber wie sie noch auf dem Wasser dahintrieb, flog ein Habicht über den Teich. Der sah die Maus, schoss herab und ergriff sie und zugleich mit ihr den Frosch. Und er verschlang sie beide.

(aus: Äsopische Fabeln. Hg. u. übers. v. A. Hausrath. Heimeran, München 1940, S. 57)

1 *Unterteile den Text in drei Abschnitte und ergänze die fehlenden Zeichen der wörtlichen Rede.*

2 *Formuliere eine Lehre für diese Fabel.*

3 *Stell dir vor, die Fabel würde mit den Worten „… und sprang in den Teich“ (Z. 12f.) enden. Wie könnte sie weitergehen? Schreibe einen neuen Schluss der Fabel und ändere die Überschrift.*

Gotthold Ephraim Lessing

Der Rabe und der Fuchs

Gotthold Ephraim Lessing (1729–1781), Sohn eines Pfarrers, schrieb neben Theaterstücken viele Fabeln, in denen er uns einen Spiegel menschlicher Schwächen vorhält.

Ein Rabe trug ein Stück vergiftetes Fleisch, das der erzürnte Gärtner für die Katzen seines Nachbars hingeworfen hatte, in seinen Klauen fort.
Und eben wollte er es auf einer alten Eiche verzehren, als sich ein Fuchs herbeischlich und ihm zurief: Sei mir gesegnet, Vogel des Jupiters[1]! – Für wen siehst du mich an?, fragte der Rabe. – Für wen ich dich ansehe?, erwiderte der Fuchs. Bist du nicht der rüstige Adler, der täglich von der Rechten des Zeus[1] auf diese Eiche herabkömmt, mich Armen zu speisen? Warum verstellst du dich? Sehe ich denn nicht in der siegreichen Klaue die erflehte Gabe, die mir dein Gott durch dich zu schicken noch fortfährt?
Der Rabe erstaunte und freuete sich innig, für einen Adler gehalten zu werden. Ich muss, dachte er, den Fuchs aus diesem Irrtume nicht bringen. – Großmütig dumm ließ er ihm also seinen Raub herabfallen und flog stolz davon. Der Fuchs fing das Fleisch lachend auf und fraß es mit boshafter Freude. Doch bald verkehrte sich die Freude in ein schmerzhaftes Gefühl; das Gift fing an zu wirken und er verreckte.
Möchtet ihr euch nie etwas anders als Gift erloben, verdammte Schmeichler!

1 **Jupiter** (lat.), **Zeus** (griech.): höchster Gott bei Römern und Griechen

(aus: G. E. Lessing: Gesammelte Werke, 2 Bände. Hg. v. Ernst Sander. Hans Heinrich Tillgner Verlag, o. O. 1923)

1 *Wie ergeht es dem Fuchs in dieser Fabel?*

2 *a) Im Dialog zwischen Rabe und Fuchs fehlen die Satzzeichen der direkten Rede. Trage sie nach.*
b) Übertrage das Gespräch (Zeile 1–13) in modernes Deutsch.

3 *Vergleiche die Fabel von Lessing mit der von Luther (Schülerbuch, S. 107). Zeige Unterschiede und Gemeinsamkeiten.*

4 *Welche typischen Merkmale einer Fabel findest du in „Der Rabe und der Fuchs"?*

5 *a) Welchen menschlichen Schwächen begegnest du in der Schule?*
b) Schreibe eine eigene Fabel dazu.

8 Lyrische Landschaften – Gedichte untersuchen und gestalten

Konzeption des Gesamtkapitels

Das Kapitel greift Intentionen des Gedichtkapitels „Spaß mit Gedichten“ in Band 5 des „Deutschbuchs“ wieder auf. Die Schülerinnen und Schüler erfahren durch die Beschäftigung mit lyrischen Bildformen, dass in der Lyrik Sprache kreativ verwendet wird. Sie erleben dadurch – über die Freude an ästhetisch anspruchsvollen Texten hinaus – eine Sensibilisierung ihrer eigenen Wahrnehmungsfähigkeit. Die Beschäftigung mit Naturlyrik knüpft nicht nur an den Denk- und Erfahrungshorizont der Schülerinnen und Schüler an, sondern ermöglicht ihnen durch den Einblick in Traditionszusammenhänge ein besseres Verständnis ihrer eigenen Lebenswirklichkeit.
Im ersten Teilkapitel **(„Naturbilder – Gedichte verstehen und vortragen“)** wird das in Band 5 erarbeitete begriffliche Instrumentarium signifikanter lyrischer Formmerkmale erweitert durch die Einführung von Metrum und Rhythmus – Gestaltungsmittel, die in besonderer Weise geeignet erscheinen, die affektive Seite der Schülerinnen und Schüler anzusprechen. Die in dem Teilkapitel abgedruckten Landschaftsbilder schaffen Anreize für kreative und produktionsorientierte Schreibaufgaben und unterstützen die mitunter wenig naturerfahrenen Schülerinnen und Schüler, sich in die Stimmungen verschiedener Landschaften hineinzuversetzen. Einfache Gedichtformen wie Haiku, Elfchen und Bildgedichte werden als Anregungen zur Gestaltung eigener Gedichte angeboten. Der Gedichtevergleich fokussiert den Blick auf einzelne Gestaltungselemente und schult die genaue Betrachtung.
Das zweite Teilkapitel **(„Jahreszeiten – Gedichte sind verdichtete Sprache“)** integriert den Bereich „Reflexion über Sprache“ und hat die Analyse lyrischer Texte zum Thema. Mit den Bildformen des Vergleichs, der Metapher und deren Sonderform sowie der Personifikation lernen die Schülerinnen und Schüler Sprachbilder kennen. Sie erfahren, dass Vergleich und Metapher Formen des übertragenen und bildlichen Sprachgebrauchs darstellen, womit eine Sensibilisierung dafür einhergeht, dass formale Aspekte des sprachlichen Ausdrucks in der Lyrik bedeutungshaltig werden. Durch das Anwenden der Bildformen Vergleich, Metapher und Personifikation in eigenen Bildgedichten lernen die Schülerinnen und Schüler ihre Wirkungen kennen und können mit ihnen kreativ experimentieren.
Das dritte Teilkapitel **(„Projekt: Monatsgedichte und Jahreszeiten-Poster“)** ist als Projektarbeit konzipiert. Die Herstellung eines Kalenders oder Posters (auch ein Lyrikbuch ist möglich) verstärkt nochmals den Aspekt des bewussten Gestaltens und schafft durch die Collage von Bildern und Texten neue Sinnbezüge. Erfahrungsgemäß wirkt sich die Herstellung eines sichtbaren Produkts positiv auf die Motivation der Schülerinnen und Schüler aus.

Literaturhinweise

Austermühl, Elke: Lyrik in der Sekundarstufe. Deutschunterricht konkret. Hg. v. Johannes Anderegg und Klaus Gerth. Hannover ^{5}1991

Gedichte für einen Regentag. Hg. und mit einem Nachwort von Mathias Mayer. dtv, München 2002

Gedichte für einen Sonnentag. Hg. und mit einem Nachwort von Mathias Mayer. dtv, München 2004

Kurz, Gerhard: Metapher, Allegorie, Symbol. Göttingen ^{2}1988 (Kleine Vandenhoeck-Reihe 1486)

Lyrik: Themenheft. Deutschunterricht, 1 / 2004

Waldmann, Günter: Produktiver Umgang mit Lyrik. – Eine systematische Einführung in die Lyrik, ihre produktive Erfahrung und ihr Schreiben. Baltmannsweiler ^{3}1994

	Inhalte	**Kompetenzen**
S. 119	**8.1 Naturbilder – Gedichte verstehen und vortragen**	Die Schülerinnen und Schüler können – zu Bildvorlagen eigene Texte (Geschichte, Gedicht, Brief) verfassen
S. 120	**Traumlandschaften**	– Erzählungen zu Traumlandschaften gestalten – ein vorgegebenes Gedicht ergänzen und verändern
S. 120	Gedichte von *Mascha Kaléko, Max Kruse*	– Metrum und Rhythmus als signifikante Formmerkmale lyrischen Sprechens erkennen
S. 121	**Die Stimmung einfangen – Den Rhythmus finden**	– von eigenen Erlebnissen und Gefühlen erzählen – gestaltendes Lesen und ausdrucksvolles Vortragen als Möglichkeit der Texterschließung einsetzen
S. 121	Gedichte von *Matthias Claudius, Theodor Storm, Johann Wolfgang Goethe*	– ein Gedicht auswendig vortragen – motivgleiche Gedichte untersuchen und sie miteinander vergleichen
S. 124	**Gedichte vergleichen – Gedichte vortragen**	– eigene Gedichte nach Textmustern (Haiku, Bildgedicht und Elfchen) verfassen
S. 124	Gedichte von *Vera Ferra-Mikura, Bertolt Brecht*	
S. 125	**Ein Gedicht dichten**	
S. 125	Gedicht von *Friedrich Güll*	
S. 127	**8.2 Jahreszeiten – Gedichte sind verdichtete Sprache**	– Vergleiche erkennen und ihre Funktion in Gedichten beschreiben – weitere Vergleiche finden und formulieren
S. 127	**Vergleiche**	– Metaphern als wesentliches Merkmal von Lyrik erkennen
	Gedicht von *Christine Busta*	– Metaphern in der Alltagssprache erkennen und deuten
S. 129	**Sprachliche Bilder**	– Personifikationen als weiteres bildliches Element von Gedichten identifizieren
	Gedicht von *Georg Britting*	– die Kenntnisse über die bildliche Sprache kreativ anwenden und eigene Bildgedichte schreiben
S. 130	**Personifikationen**	
	Gedicht von *Hermann Hesse*	
S. 131	**Ein Bildgedicht schreiben**	
S. 132	**8.3 Projekt: Monatsgedichte und Jahreszeiten-Poster**	– einen lyrischen Monatskalender oder ein Jahreszeiten-Poster basteln – sich durch Collagen von Bildern und Texten emotional und spielerisch mit den Texten auseinandersetzen
	Gedichte von *E. Kästner, D. v. Liliencron, Chr. Nöstlinger, E. Mörike, B. H. Bull, I. Kleberger, P. Dehmel, J. Krüss, M. Kaléko, U. Wölfel, F. Hebbel, G. Britting, E. Mörike, H. Seidel, J. v. Eichendorff, J. Guggenmos, A. v. Droste-Hülshoff, M. Litten*	
S. 136	**Ein lyrischer Monatskalender**	
S. 136	**Ein Jahreszeiten-Poster**	

8.1 Naturbilder – Gedichte verstehen und vortragen

S. 119

Auftaktseite

1 *Die Bilder von Dahl, Modersohn und Münter ermöglichen den Schülerinnen und Schülern einen affektiven Zugang zum Thema „Naturlyrik", da nicht davon ausgegangen werden kann, dass sie in ihrem Alltag mit Naturerfahrungen vertraut sind.*
J. C. Claussen Dahl *(1788–1856) war ein frühromantischer norwegischer Landschaftsmaler, der lange Zeit in Dresden lebte und dort an der Kunstakademie als Lehrer wirkte. Eine Gruppe seiner Schüler arbeitete ab ca. 1840 in Düsseldorf, weshalb Dahl als Begründer der „Düsseldorfer Schule der norwegischen Malerei" gilt. Dahl malte die Ansicht von Dresden über die Elbe in sanftem Mondlicht mit subtil abgestuften Farbschattierungen und der silbernen Linie auf den Wolken als seiner Spezialität.*
In Murnau und seiner Umgebung (Staffelsee) hat die deutsche expressionistische Avantgarde-Künstlerin ***Gabriele Münter*** *(1877–1962) bei ihrem Aufenthalt im Sommer 1908 Motive für viele Bilder gefunden. In der Wahrnehmung der Murnauer Landschaft begann die Umsetzung neuer künstlerischer Prinzipien wie Abstrahierung, Konturierung, Flächigkeit und intensive Farbigkeit.*
Der deutsche Maler ***Friedrich Wilhelm Otto Modersohn*** *(1865–1943) war Mitbegründer der Künstlerkolonie „Worpswede". Landschaften in der Tradition des Barbizonkreises waren seine bevorzugten Motive. Im Modersohn-Museum in Fischerhude befindet sich eine umfangreiche Ausstellung seiner Werke.*

2 *Exemplarisch kann ein Bild gemeinsam besprochen und der Cluster an der Tafel festgehalten werden.*
Mögliche Lösung:

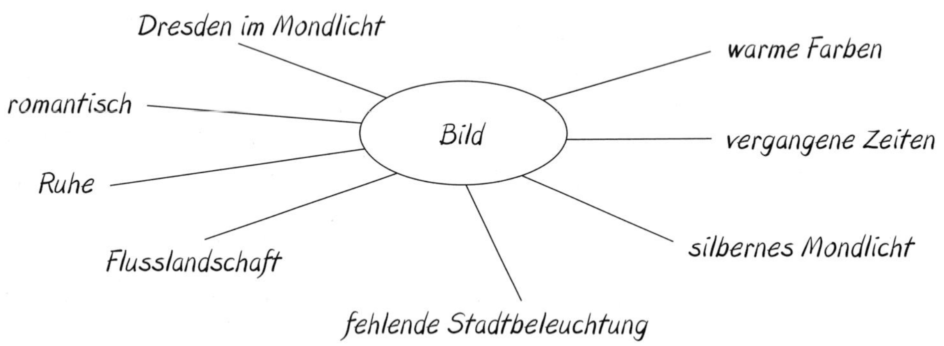

S. 120

Traumlandschaften

Mascha Kaléko

Der Mann im Mond

1 *Formal weist Kalékos Gedicht eine strenge Form auf: drei Strophen, bestehend aus vierhebigen Versen (Jamben) mit Kreuzreim, abwechselnd weiblicher und männlicher Ausgang (alternierendes Metrum). Diese strenge Form steht in fruchtbarem Kontrast zu dem Inhalt des Gedichts, der an vertraute kindliche Vorstellungen anknüpft, an den Mann im Mond, die Mondfrau, das silberne und goldene Mondlicht, den Mond als Freund und Beschützer, als den Überbringer von Träumen und märchenhaften Erlebnissen. Im Unterricht ließe sich zuerst einmal an diese Vorstellungen anknüpfen. Im Weiteren könnte genauer untersucht werden, wie das Bildfeld „Mondlicht" im Text entfaltet wird und jene Entmaterialisierung der realen Umwelt bewirkt, die die hereinbrechende Nacht in eine Traumnacht verwandelt:*

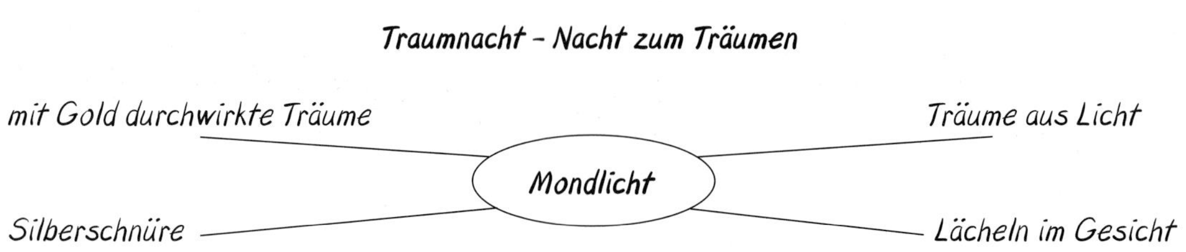

2 *a/b) Mögliche Alternative:*
Die Fantasiegeschichte wird schriftlich in Form einer ***Endlosgeschichte*** *verfasst. Jede Schülerin/Jeder Schüler schreibt einen Erzählanfang, gibt diesen zum Fortsetzen an eine beliebige Schülerin/einen beliebigen Schüler der Klasse weiter. Die Texte werden insgesamt vier- bis fünfmal an andere Schülerinnen und Schüler weitergereicht. Anspruch: Der Text muss gelesen, verstanden und in sinnvoller, textkohärenter Form weitergeschrieben werden.*

S. 120

Max Kruse

Mond

4 *Das Gedicht von Kruse zeigt einen klaren Aufbau. Jeweils drei Verse bilden eine Einheit (Strophe), wobei die Aneinanderreihung der Nomen in der 2. Strophe mit einem elliptisch verkürzten Imperativ abgeschlossen wird. Mit dem Titel wird das Wort „Mond" sechsmal wiederholt und auch die doppelte Nennung des Mondes in den Versen 10 und 11 verstärkt die geheimnisvolle, träumerische Stimmung des Gedichts. Im silbrigen Dämmerlicht des Mondes (Silberlicht) nimmt das lyrische Ich nur wenige Gegenstände der Außenwelt wahr, den Baum oder die am Himmel vorbeiziehende flüchtige Wolke, die wie das Silberlicht der Abendstimmung geeignet ist, träumerische Assoziationen und Vorstellungen zu erwecken. Die Imperative, mit denen sich das lyrische Ich vielleicht an ein imaginäres Du, eher aber an sich selbst wendet, weisen den Blick nach innen. Die Aneinanderreihung einzelner Nomen beschreibt den Zustand innerer Versunkenheit, der nur ab und zu durch das Öffnen der Augen und die damit verbundene Wahrnehmung einzelner Außenweltgegenstände unterbrochen wird. Die Schülerinnen und Schüler werden darauf hinweisen, dass in dieser ruhigen, träumerischen Stimmung akustische Reize keine Rolle spielen.*

5 *a/b) Möglich wäre es, den Schülerinnen und Schülern weiteres Bildmaterial anzubieten und sie Collagen herstellen zu lassen (eventuell in Zusammenarbeit mit dem Kunstunterricht); zudem könnten Bilder aus der Kunstgeschichte herangezogen werden, z. B. Bilder von René Magritte (etwa „Die Stimme des Blutes", 1959) oder von Salvador Dalí.*

S. 121

Die Stimmung einfangen – Den Rhythmus finden

Matthias Claudius

Abendlied

Caspar David Friedrich

Uttewalder Grund

1 *b) Hinweise zu Caspar David Friedrich: „Uttewalder Grund" (um 1825). Das Ölbild (91,5 x 70,5 cm) stellt eine bekannte Felsschlucht in der Sächsischen Schweiz dar. Die Wahl des Hochformats, die wie eine gotische Kathedrale aufragenden Felsen und die dazu im Gegensatz stehende tiefe Schlucht betonen insgesamt die vertikale Ausrichtung des Bildes, die ikonologisch als der Aufstieg des gläubigen Christen zum ewigen Leben zu deuten ist. In dieses Bildprogramm gehören auch die immergrünen, aufstrebenden Nadelbäume und die aufsteigenden Nebelschleier. Die Dunkelheit des unteren Bilddrittels verweist auf das Diesseits, dessen Jammertal der Christ auf seinem Lebensweg durchschreitet.*

2 *a/b) Die meisten Kinder dieser Altersstufe haben Erfahrungen mit einer Nachtwanderung, die bei Fahrten in der Grundschule und bei Klassenfahrten in der Orientierungsstufe immer noch einen großen Reiz ausüben, der in der Unheimlichkeit der Situation begründet liegt. Die konträre Stimmung in Claudius' Gedicht könnte im Tafelbild fixiert werden:*

Die Nacht – unheimlich und bedrohlich?

Unsere Erlebnisse und Erfahrungen	Die Abendstimmung im Gedicht
- unheimliche Geräusche	- Ruhe, Stille, Frieden
- Unsicherheit	- Geborgenheit
- Dunkelheit	- warmes Licht
- ...	- ...
übergenaue Wahrnehmung der Wirklichkeit	**Naturfrömmigkeit**

3 *Mögliche unbekannte Wörter: „traulich“, „hold“ (Z. 9). Zudem die ungewöhnlichen Personalformen „schweiget“ (Z. 4) und „steiget“ (Z. 5).*

4 *Mögliche Wörter, die die Stimmung besonders gut zum Ausdruck bringen:*
Adjektive: goldnen, hell, klar, schwarz, still(e), traulich, hold
Verben: prangen, schweiget, verschlafen, vergessen

5 – 7 ***Matthias Claudius: Abendlied***

Der Mond ist aufgegangen,
x x́ x x́ x x́ x
Die goldnen Sternlein prangen
x x́ x x́ x x́ x
Am Himmel hell und klar;
x x́ x x́ x x́
Der Wald steht schwarz und schweiget,
x x́ x x́ x x́ x
Und aus den Wiesen steiget
x x́ x x́ x x́ x
Der weiße Nebel wunderbar.
x x́ x x́ x x́ x x́

Metrum: Jambus; Reimschema: Schweifreim (aab, ccb). Ob an dieser Stelle das genaue metrische Schema (s. o.) erarbeitet werden soll, bleibt der Lehrkraft überlassen. Es genügt die Kennzeichnung der betonten Silben und die Erkenntnis des alternierenden Metrums. Bei besonders leistungsstarken Klassen könnte eventuell als weitere Differenzierung die Unterscheidung von Jambus und Trochäus eingeführt werden.

Vorschlag für eine Hausaufgabe
Vergleicht die Stimmung des Gedichts mit der Abendstimmung in Caspar David Friedrichs Gemälde „Uttewalder Grund“. Worin seht ihr Gemeinsamkeiten, worin Unterschiede?

8 ***Methodisch** bietet sich folgendes Verfahren an:*
- *Erarbeitung des Vortrags in Einzelarbeit durch die Schülerinnen und Schüler*
- *Schülervortrag*
- *Tonaufnahme*
- *Bewertung der Vorträge durch die Schülerinnen und Schüler / Formulieren eines allgemeinen Eindrucks*
- *Detaillierte Bewertung der Vorträge anhand einzelner Stellen: Stimmt die Aussageabsicht des Gedichts mit der Vortragsweise überein?*
- *Erneuter Vortrag (evtl. durch dieselbe Schülerin / denselben Schüler): Lernerfolgsüberprüfung*

9 *a–c) Fächerübergreifend kann das Lied im Musikunterricht eingeübt werden. Noten- und Pausenzeichen können dabei thematisiert werden.*

S. 123 *Johann Wolfgang Goethe*

Theodor Storm

Mondlicht

10/**11** *Mögliche Zeichensetzung bei* ***Goethe: Wanderers Nachtlied II*** *(auch „Ein Gleiches“ genannt):*

Über allen Gipfeln
x́ x x́ x x́ x
Ist Ruh', ||
x́ x́
In allen Wipfeln
x x́ x x́ x
Spürest du |
x́ x x́
Kaum einen Hauch; ||
x́ x x x́
Die Vögelein schweigen im Walde. ||
x x́ x x x́ x x x́ x
Warte nur! | Balde
x́ x x x́ x
Ruhest du auch.
x́ x x x́

Das Metrum ist sehr unregelmäßig und sehr viel schwieriger zu bestimmen als z. B. bei Theodor Storms Gedicht „Mondlicht“, das durchgehend im dreihebigen Jambus geschrieben ist.

S. 124

Gedichte vergleichen – Gedichte vortragen

2 *Möglicher erster Eindruck der Schülerinnen und Schüler:*
Inhaltlich deuten schon die beiden Titel auf eine Gemeinsamkeit hin: „Der Papierdrachen“ und „Drachenlied“. In beiden Gedichten geht es um einen Drachen, der in großer Höhe fliegt. Unterschiedlich ist die Strophenanzahl.

3 *Die Untersuchung des Sprechers schult den Blick für die Personalpronomen. In dem Gedicht von Ferra-Mikura spricht ein „Ich“, von dem schon in Vers 2 erkennbar ist, dass das Ich der Drache ist, der seine Empfindungen beim Fliegen mitteilt.*
Im „Drachenlied“ ist die Perspektive nicht so offensichtlich. Die Aufforderungen („Fliege“, Z. 1; „Steig“, Z. 2; „Schwing“, Z. 3) sind an den Drachen selbst gerichtet. Wer mit der 1. Person Plural („wir“, Z. 5) gemeint sein könnte, werden die Schülerinnen und Schüler herausfinden: die Menschen.
Das Reimschema des Brechtgedichts wechselt: Kreuzreim (abab) in den ersten beiden Strophen und umarmender Reim (abba) in der dritten Strophe. In Bezug auf das Gedicht „Der Papierdrachen“ (Reimschema: Kreuzreim mit abschließendem Paarreim) muss thematisiert bzw. wiederholt werden, dass es auch unreine Reime gibt („Höh' – seh'“, „daheim – sein“).
Im Hinblick auf Aufgabe 4 bietet es sich an, das Drachengedicht, das den Schülerinnen und Schülern am besten gefällt, ins Heft zu übertragen, um das Metrum zu bestimmen. Dabei werden sie feststellen, dass das Metrum durchgehend alternierend ist (Jambus bei „Der Papierdrachen“ und Trochäus beim „Drachenlied“).

4 *Das Metrum kann beim Vortrag eine Hilfe sein, doch sollen die Schülerinnen und Schüler sich in erster Linie eigene Betonungen und Pausen setzen.*

S. 125

Ein Gedicht dichten

1 *a/b) Die Cluster über „Regen“, „Schnee“, „Sonne“, „Gewitter“ oder etwa „Sturm“ können alternativ auf jeweils ein Plakat geschrieben und als Anregungen für alle sichtbar im Klassenzimmer aufgehängt werden. Auch thematische Lyriksammlungen, wie „Gedichte für einen Regentag“ oder „Gedichte für einen Sonnentag“, bieten bei diesem Vorhaben vielfältige Anregungen.*

2 – 4 *Die im Klassenzimmer angebrachten Cluster-Plakate finden auch hier Anwendung. In einer Schreibkonferenz können die Schreibversuche in Form von Haiku, Elfchen und Bildgedichten von den Mitschülerinnen und -schülern überarbeitet werden. Bei der Gestaltung der Gedichte auf Papierbögen bietet sich eine fächerübergreifende Zusammenarbeit mit dem Fach Kunst an.*

8.2 Jahreszeiten – Gedichte sind verdichtete Sprache

S. 127

Vergleiche

Christine Busta

Die Frühlingssonne

1 / 2 *Ungewöhnlich ist, dass das Pronomen „sie" im Gedicht selbst nicht einem Nomen zuzuordnen ist. Lediglich die Vergleiche mit einer Katze und der Titel „Die Frühlingssonne" geben Aufschluss.*

3 *Mögliche Beschreibungen der Schülerinnen und Schüler:*
- Die Sonne kommt unhörbar wie eine Katze.
- Die Sonne springt wie eine Katze.
- Die Sonne läuft wie eine Katze.
- Die Sonne ist hungrig wie eine Katze.
- Die Sonne schleckt wie eine Katze mit ihrer Zunge.

4 *Mögliche Beispiele für weitere Vergleiche:*
- Die Sonne leckt wie eine Katze.
- Die Sonne streckt sich wie eine Katze.
- Die Sonne schleicht sich an wie eine Katze.

5 *a–c) Die Schülerinnen und Schüler beschreiben die Gemeinsamkeiten der beiden Vergleichsobjekte und ergänzen sie durch erläuternde Adjektive, z. B. ein Kerl wie ein Löwe (stark); flink wie ein Wiesel (schnell und kaum greifbar); brüllen wie ein Stier (laut und Furcht einflößend).*

6 *Mögliche Beispielsätze:*
- Es hilft ihr nichts, mag sie auch listig sein wie eine Schlange.
- Soll er sich benehmen wie ein Schwein?
- Sie bewegt sich wie ein Trampeltier durch die Stadt.
- Er ist schlau wie der Fuchs.
- Sie ist fleißig wie eine Biene.
- Er soll sich nicht wie eine Schnecke bewegen, schimpft sein Trainer.
- Sie ist scheu wie ein Reh im Wald.
- Er will wie eine Schlange essen und würgt die Speisen hinunter.

7 *a/b) Das Adjektiv „himmelblau" ist ein zusammengesetztes Adjektiv. Es handelt sich um einen verkürzten Vergleich: blau wie der Himmel. Ähnliche Zusammensetzungen: goldgelb, blutrot, grasgrün.*

S. 129

Sprachliche Bilder

Georg Britting

Feuerwoge jeder Hügel

Das Gedicht ist in seiner sprachlichen Dichte für Kinder sehr schwierig. Welche Einsatzmöglichkeit es im Unterricht bietet, beschreibt das Begleitheft zum **„Deutschbuch Hörbuch 5/6“**. Das Gedicht wird von Juliane Posch eher dramatisch, nahezu bedrohlich vorgetragen, wohingegen Udo Wachtveitl es fast fröhlich und leicht darstellt. Um die unterschiedliche Akzentuierung und Interpretation der Vorträge besser vergleichen zu können, sollten sich die Kinder bereits inhaltlich und sprachlich mit dem Gedicht auseinandergesetzt haben.

1/**2** *Das Gemälde kann den Schülerinnen und Schülern das Gedicht verständlicher machen. Die kräftigen gelb-roten Farbtöne veranschaulichen die sengende Hitze und auch die Bewegungen durch den Wind wurden von Vincent van Gogh besonders hervorgehoben und lenken beim Vergleich mit dem Gedicht den Blick auf das Subjekt in Verszeile 3 („der Wind“) als Verursacher der Feuerwoge (Z. 1), des Staubs (Z. 4), der Funken (Z. 10).*
Eine abschließende inhaltliche Erfassung des Gedichts ist – wenn überhaupt – nach der Untersuchung der verschiedenen Metaphern möglich (siehe Aufgabe 3).

3 *a) Von der Alltagssprache abweichende Wörter und Wendungen:*
Feuerwoge jeder Hügel – grünes Feuer – Flammenhügel – goldner Rauch – Gräser züngelnd brennen – schreiend kocht die Weizensaat – feuerköpfige Blumen rennen knisternd – Blüten schwelen – Funken steigen – Feuerwerk.

b) Vorschlag für ein Tafelbild:

Metapher	Ursprünglicher Zusammenhang	Neuer Zusammenhang	Vorstellungen, die beim Leser geweckt werden
grünes Feuer	Feuer + Farbe	Strauch	der Strauch erinnert an ein loderndes Feuer
Flammenhügel	Flammen + Hügel	Sträucher auf den Hügeln	die Sträucher züngeln im Wind wie Flammen
wölkt	Wolke am Himmel	Staubwolke	ähnlich sind Form und schnelle Bewegung
schreiend	laute Äußerung eines Menschen	Pflanze/Getreide	intensive Farbgebung (schreiend gelb)
kocht	Erhitzen einer Flüssigkeit/Speise	Pflanze/Getreide	Getreide ist vollreif
feuerköpfige	Feuer + Kopf	rote Blumen	rote Farbe wie beim Feuer
rennen	schnelles Laufen von Lebewesen	Bewegung der Blumen	schnelle Bewegung der Blumen im Wind
knisternd	Geräusch des Feuers	Blumen/Gras	Geräusche der Blumen und Gräser erinnern an das Knistern des Feuers
schwelen	Feuer	Blüten	Blüten zeigen das Rot glimmender Holzstücke
Funken	Feuer	Blüten	hochwirbelnde, feuerfarbene Blüten
Feuerwerk	farbige Funken	Baum/Blüten	Farbigkeit/Hochwirbeln der Blüten

4 *Es handelt sich um zusammengesetzte Nomen: Kopfsalat, Flussarm, Schlüsselblume, Bergrücken, Astgabel.*

5 *Das* ***„Deutschbuch Hörbuch 5/6"*** *enthält das Gedicht „Er ist's" von Mörike, gelesen von Katharina Thalbach und Udo Wachtveitl.*
Bildhafte Umschreibungen der Veilchen und des Frühlings:
- *Frühling: lässt ein blaues Band flattern*
- *Düfte streifen durch das Land*
- *Veilchen träumen*
- *Veilchen wollen bald kommen*

Musikalische Umschreibung: Frühling als leiser Harfenton
Möglicherweise erkennen die Schülerinnen und Schüler als Vorgriff auf das Gedicht von Hermann Hesse die Technik, dass die Gegenstände bzw. Begriffe vermenschlicht werden.

S. 130

Personifikationen

Hermann Hesse

September

Mit der historischen Aufnahme dieses Gedichts von Hermann Hesse im **„Deutschbuch Hörbuch 5/6"** wird den Schülerinnen und Schülern eine Rarität präsentiert. Die Tonqualität und der Sprechduktus lassen erkennen, dass es sich um eine alte Aufnahme handelt.
Die Schülerinnen und Schüler können das Gedicht von Hermann Hesse für einen Vortrag aufbereiten und ihre Version mit der des Dichters selbst vergleichen.

1/**2** *Ungewöhnlich an diesem Gedicht ist, dass Garten und Sommer als Personen auftreten:*
„Der Garten trauert" (V. 1); „Der Sommer schauert" (V. 3); „Sommer lächelt erstaunt" (V. 7); „Lange …/Bleibt er [der Sommer] stehen, sehnt sich nach Ruh" (V. 9/10); „Langsam tut er die … Augen zu" (V. 11/12).
Die Personifikation wird v. a. durch die Verben ausgedrückt.

3 *Die Stimmung ist getragen, ernsthaft, fast ein wenig traurig. Durch die Personifikation wird der Sommer zu einem alten Menschen, der Abschied nimmt von der Welt, dem Garten, und der für sein Ende bereit ist (sehnt sich nach Ruh, tut die müd gewordenen Augen zu).*

4 *In* ***Josef Guggenmos'*** *Gedicht* ***„Der Winter macht Musik"*** *ist der Winter ein starker Mann, er zieht die Leitungsdrähte (Geigensaiten) stramm und geigt darauf eine Melodie, die nur ihm gefällt: Der Winter nimmt keine Rücksicht auf die Welt, er „geigt ihr", was ihm gefällt, und wirkt daher rücksichtslos oder auch frech.*
Person und erste Verszeile erinnern an das Lied von Matthias Claudius: Der Winter ist ein rechter Mann, kernfest und auf die Dauer; sein Fleisch fühlt sich wie Eisen an … Wenn Schülerinnen oder Schüler dieses Lied kennen, könnten sie es ebenfalls auf Personifikationen – und auf Vergleiche – untersuchen.

Zusatzmaterial zur Einübung des Stilmittels „Personifikation" und zur Förderung des kreativen (Weiter-)Schreibens siehe die **Kopiervorlage** „Wolfgang Bächler: Der Nebel", S. 142 (Lösungen siehe S. 227 ff. und CD-ROM). Für *Leistungsschwächere* ist die **Kopiervorlage** „Ilse Kleberger: Sommer", S. 143 geeignet: Die Schülerinnen und Schüler erschließen das Gedicht inhaltlich und stellen durch Schreiben einer Parallelstrophe einen Zusammenhang zu ihrem eigenen Erleben her (Lösungen siehe S. 227 ff. und CD-ROM).

S. 131

Ein Bildgedicht schreiben

Ein bedeutsames Ziel des kreativen Schreibens von Bildgedichten ist es, die Prozesshaftigkeit des Schreibens selbst zu erleben und zu veranschaulichen. Hierzu eignet sich die Partnerarbeit besonders gut. Wichtig ist, die Schülerinnen und Schüler anzuhalten, den Tippkasten und die Verweise zu beachten.
Die Ergebnisse können in einer Vortragsstunde präsentiert werden.
Eine Überprüfung der Kompetenzen im gestaltenden Vortragen von Gedichten ist in diesem Rahmen denkbar.

8.3 Projekt: Monatsgedichte und Jahreszeiten-Poster

S. 136

Ein lyrischer Monatskalender

Dieser Abschnitt ermöglicht die Durchführung eines kleinen Projekts, bei dem Teamarbeit eingeübt werden kann. Je nach Klassensituation ist eine der im Schülerbuch genannten Aufgaben zu wählen. Günstig für die Anfertigung des Kalenders wäre die Zeit vor Weihnachten (Geschenkidee); die bildliche Gestaltung könnte in Zusammenarbeit mit dem Kunstunterricht erfolgen.
Auch die Erstellung eines Gedichtbändchens mit Gedichten zu den verschiedenen Jahreszeiten ist möglich. Bei der Einteilung in Gruppen können auch vier Gruppen, eine für jede Jahreszeit, gebildet werden.

S. 136

Ein Jahreszeiten-Poster

Die für das Poster ausgewählten Gedichte können am PC erfasst, formatiert und auf Papier in verschiedenen Pastellfarben ausgedruckt werden. Die Anordnung der Bilder kann auch in Form von Blumenköpfen, Sternen etc. vorgenommen werden und die Motive müssen nicht nur Landschaftsausschnitte zeigen, auch Tiere eignen sich als Vertreter einer bestimmten Jahreszeit, z. B. Schwalben.

Vorschläge für Übungen und Klassenarbeiten

Vorschlag 1: Gedichte untersuchen, selbst ein Gedicht verfassen

Siehe die **Kopiervorlage** „Georg Britting: Wetterwendischer Tag“ auf Seite 144 (Lösungen siehe S. 227 ff. und CD-ROM).

Vorschlag 2: Form, Inhalt und Stilmittel von Gedichten untersuchen

Siehe die **Kopiervorlage** „Georg Heym: April“ auf Seite 145 (Lösungen siehe S. 227 ff. und CD-ROM).

Weiteres Übungsmaterial

Übungen im **„Deutschbuch Arbeitsheft 6“**:
- Lesetraining, S. 82 ff.

Im **„Deutschbuch Hörbuch 5/6“** werden die im Schülerbuch abgedruckten Gedichte „Feuerwoge jeder Hügel“ von Georg Britting, „September“ von Hermann Hesse, „Er ist's“ von Eduard Mörike und „Winter“ von Annette von Droste-Hülshoff vorgelesen. Darüber hinaus werden zur Schulung des Hörverständnisses weitere Gedichte zu den Jahreszeiten (von Johann Wolfgang Goethe, Ludwig Heinrich Christoph Hölty, Joseph von Eichendorff, Ulla Hahn, Peter Hacks und Bertolt Brecht) in unterschiedlichem Schwierigkeitsgrad angeboten.
Eine Sonderstellung nimmt das Gedicht „April“ von Rose Ausländer ein, aber auch das Erzählgedicht „Herr von Ribbeck auf Ribbeck im Havelland“ von Theodor Fontane, das als Herbstgedicht gelten kann.

Unter www.cornelsen.de/deutschbuch-realschule und www.cornelsen.de/deutschbuch-gesamtschule finden Sie weitere Übungsmaterialien.

Wolfgang Bächler

Der Nebel

Der Nebel ist unersättlich.
Er frisst alle Bäume, die Häuser,
die parkenden Autos,
die Sterne, den Mond.

Der Nebel rückt näher,
unförmig gemästet,
wird dicker und dicker,
drückt gegen die Mauer,
leckt an den Fenstern
mit feuchter Zunge,
mit grau belegter,
frisst alles,
frisst dich.

(aus: Gedichte für Anfänger. Rowohlt 1980)

1 *In seinem Gedicht personifiziert Wolfgang Bächler den Nebel. Unterstreiche die Textstellen, in denen der Nebel wie ein Mensch handelt.*

2 *Wähle eine unterstrichene Textstelle und zeichne den Nebel in seiner Vermenschlichung. Nutze dazu den Bilderrahmen neben dem Gedicht.*

3 *„Er frisst alle Bäume, die Häuser, die parkenden Autos …"*
Was könnte der Nebel noch fressen, wenn du zum Beispiel an die Straße denkst, in der du wohnst?

a) Sammle deine Ideen als Cluster:

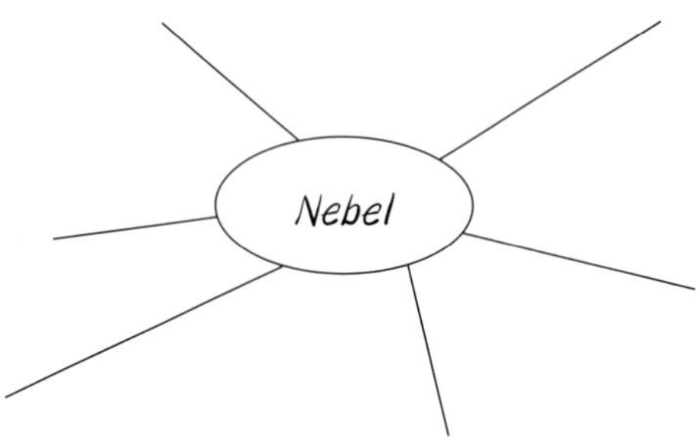

b) Schreibe das Gedicht weiter. Nutze deine Ideensammlung.

Ilse Kleberger

Sommer

Den Text des Gedichts findest du in deinem Buch auf Seite 133.

1 *In dem Gedicht von Ilse Kleberger wird danach gefragt, wie der Sommer riecht, schmeckt und klingt. Trage in die Tabelle die Antworten ein:*

Der Sommer riecht nach ...	Der Sommer schmeckt nach ...	Der Sommer klingt ...
Birnen	Aprikosen	
Nelken		

2 *Schreibe für die erste Strophe eine Parallelstrophe. Überlege dir zuerst, wonach dein Sommer riecht. Dein Gedicht muss sich nicht reimen.*

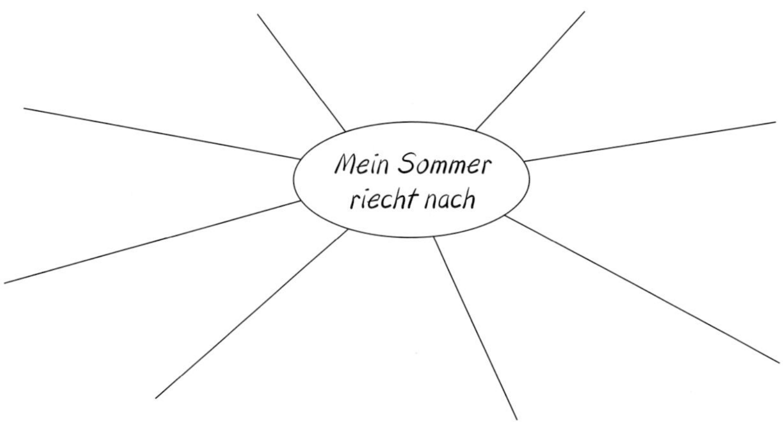

Georg Britting

Wetterwendischer Tag

Wolken sind herangeglitten,
und ein Regen ist gestürzt.
Wolken sind davongeritten,
und das Feld dampft frisch gewürzt.

Zwar, das dauert nur ein Weilchen,
doch die Veilchen, nass und tropfend,
drehn die Zartgesichter schon,
und die Amsel probt den Ton.

Wieder kommt es hergeritten,
Wolkenpferd an Wolkenpferd,
schwarze Regenmähnen schwingend,
Schnee und weißen Hagel bringend,
der jetzt stäubend niederfährt.

Auch die Amsel hört man nimmer,
schnell verscheuchtes Frauenzimmer,
das der Schneehieb gleich vertrieb.
Doch ein süßer blauer Schimmer

noch das raue Weiß durchsprüht:
Der kommt von dem Veilchenvolke,
das auf seinem Platze blieb
und zu glänzen sich bemüht.

Oben eine rosa Wolke
wie zerschmelzend glüht.

(aus: Georg Britting: Gesamtausgabe. Bd. II. List Verlag, München. © Ingeborg Schuldt-Britting)

1 *Gib mit eigenen Worten wieder, was in dem Gedicht über den „wetterwendischen" (= wechselhaften) Tag gesagt wird.*

2 *Begründe kurz, welche Jahreszeit, vielleicht sogar welcher Monat in Brittings Gedicht beschrieben wird.*

3 *Suche aus dem Gedicht eine Metapher heraus, in der die Regenwolken mit Pferden verglichen werden. Erkläre genau, welche Wirkung dadurch erzielt wird.*

4 *Schreibe selbst einen kleinen Text über einen „wetterwendischen Tag", an den du dich erinnern kannst. Verwende dabei Vergleiche und Metaphern. (Wenn du Lust hast, kann dein Text auch ein Gedicht sein!)*

Georg Heym

April

Das erste Grün der Saat, von Regen feucht,
zieht weit sich hin an niedrer Hügel Flucht.
Zwei große Krähen flattern aufgescheucht
zu braunem Dorngebüsch in grüne Schlucht.

Wie auf der stillen See ein Wölkchen steht,
so ruhn die Berge hinten in dem Blau,
auf die ein feiner Regen niedergeht,
wie Silberschleier, dünn und zitternd grau.

(aus: Georg Heym: Dichtungen und Schriften. Hg. v. K. L. Schneider. Ellermann Verlag, Hamburg 1964)

1 *Beschreibe die Stimmung in diesem Gedicht. Entspricht sie deinen Erfahrungen mit dem Monat April?*

2 *Untersuche das Gedicht genauer:*
- *In welchen Farben ist das Bild vom Monat April gemalt? Entspricht das deinen Erfahrungen?*
- *Wie viele Sätze hat das Gedicht? Wie sind sie auf die Strophen verteilt?*
- *Wie ist das Gedicht gereimt?*
- *Unterstreiche die beiden Vergleiche. Woran erkennst du sie?*
- *Welche Personifikationen enthält das Gedicht? Welche Wirkung ist damit wohl beabsichtigt?*

9 „Im Viertelland“ – Wir spielen Theater

Konzeption des Gesamtkapitels

Das Kapitel setzt bei der Schreib- und Spielfreude der Kinder dieser Altersgruppe an; ihre Kreativität ist auf Schreib- und Spielformen orientiert, die – projektartig, angeregt durch das Beispiel einer 6. Klasse – ein kleines Theaterstück zu einer Erzählung von G. Ruck-Pauquèt entstehen lassen, das an Elternabenden, an Projekttagen oder im Rahmen einer Schulveranstaltung aufgeführt werden kann. Selbstverständlich ist Theaterspiel auch in der Schule kein Selbstzweck, sondern dient der Erweiterung des Welt- und Selbstverstehens der Schülerinnen und Schüler sowie der Einübung sozial verantwortungsbewussten Handelns.
Im ersten Teilkapitel **(„Eine Erzählung für die Bühne – Figuren und Handlung“)** werden die Schülerinnen und Schüler durch Fotos einer Theateraufführung angeregt, dem Beispiel der abgebildeten Klasse zu folgen und Szenen zur Geschichte „Im Viertelland“ von Gina Ruck-Pauquèt zu verfassen. Anschließend wird die Geschichte mit Fragen zum Text nach inhaltlichen Gesichtspunkten erarbeitet.
Im zweiten Teilkapitel **(„‚Unruhe im Viertelland‘ – Szenen schreiben“)** lesen und spielen die Schülerinnen und Schüler eine Szene mit verteilten Rollen. Sie entwickeln Monologe und Dialoge, schreiben kleine Szenen selbst, untersuchen die Unterschiede zwischen einem Erzähltext und einer Theaterszene und lernen zwischen Sprechtexten und Regieanweisungen zu unterscheiden. Hierbei lernen sie Begriffe wie „Figuren“, „Schauplätze“, „Dialog“, „Monolog“, „Regieanweisungen“, „Requisiten“, „Improvisieren“ kennen und wiederholen bekannte Begriffe aus Band 5. Indem sie Szenen aus dem Stegreif zu Ende spielen und improvisieren, erfinden sie Schauplätze, Handlungen, Figuren und Dialoge und lernen spielerisch sinngestaltendes Sprechen. Im Rahmen des produktionsorientierten Schreibens setzen sie angefangene Szenen fort und entwerfen eigene Szenen mit dem Erzähltext als Vorlage. Als Richtschnur dient ihnen dazu ein selbst entworfener Handlungsverlauf auf einem Plakat. Die Szenen werden in der Klasse vorgespielt und besprochen.
Im dritten Teilkapitel **(„Das Stück inszenieren –Tipps, Tricks, Übungen“)** werden die Schülerinnen und Schüler ermutigt, ihre eigene Textproduktion auf die Bühne zu bringen. Der Schwerpunkt wird dabei vor allem auf das Bühnensprechen (Atmen, Intonation) sowie auf nonverbale Ausdrucksmittel (Gestik, Mimik, Körperhaltung) gesetzt. Im Textbuch, das sie zuvor am PC erstellen, notieren die Schülerinnen und Schüler ihre Probenergebnisse und -erfahrungen. Abschließend werden Bühnenbild und Beleuchtung sowie Formen des Beobachtens und Soufflierens altersgerecht und funktional in den Blick genommen. Mit einem Projektfahrplan, der fächerverbindend (Kunst, Musik) angelegt ist, schließt das Kapitel.

Literaturhinweise

Gesing, Fritz: Theaterpraxis. Meyer & Meyer, Aachen 1992 (in der Reihe: theater spiel, Band 10)

Heft, Günter: Das Spielleiterhandbuch. Meyer & Meyer, Aachen 1992 (in der Reihe: theater spiel, Band 8)

Johnstone, Keith: Theaterspiele. Alexander Verlag, Berlin 1998 (dt. Fassung)

Lemanczyk, Klaus: Kindertheater. Meyer & Meyer, Aachen [2]2000 (in der Reihe: theater spiel, Band 13)

Scheller, Ingo: Szenisches Spiel. Cornelsen Scriptor, Berlin 1998

Spielszenen. Praxis Deutsch 166 / 2001

Tiemann, Hans-Peter: Spielsachen. Vier starke Stücke für die Schulbühne. Auer Verlag, Donauwörth 2000

Waegner, Heinrich: Theaterwerkstatt. Von innen nach außen – über den Körper zum Spiel. Klett, Stuttgart 1994

Der „Deutsche Theaterverlag“ bietet unter www.dtver.de eine große Zahl von Spielvorlagen (Inhaltsangaben, Angabe zur Aufführungsdauer und Anzahl der Rollen, kostenlose Leseproben).

	Inhalte	Kompetenzen
S. 137	**9.1 Eine Erzählung für die Bühne – Figuren und Handlung**	Die Schülerinnen und Schüler können – spontane Gedanken zu Bildern einer Theateraufführung formulieren – einem Erzähltext Informationen entnehmen – inhaltliche Fragen zum Text beantworten – unbekannte Begriffe klären – den Inhalt eines Textes zusammenfassen – eine Deutung zum Text formulieren – Regeln für die Groß- und Kleinschreibung erklären und selbst anwenden
S. 138	*Gina Ruck-Pauquèt* Im Viertelland	
S. 141	**9.2 „Unruhe im Viertelland“ – Szenen schreiben**	– zwischen Monolog und Dialog unterscheiden – Monologe und Dialoge schreiben – eine Szene mit verteilten Rollen lesen und sinngestaltend sprechen – beim szenischen Spiel verbale und nonverbale Mittel einsetzen und deren Wirkung feststellen – einen vorgegebenen Erzähltext nach Figuren und Schauplätzen für eine Theateraufführung untersuchen – ihre Notizen in einer Mind-Map ordnen – weitere Figuren / Tiere und Schauplätze erfinden – einen Handlungsverlauf zur Erzählung entwerfen – Szenen zum Erzähltext schreiben – die Unterschiede zwischen einem Erzähltext und einer Theaterszene nennen – die Funktion von Regieanweisungen erkennen und diese in ihre Texte einfügen – Szenen aus dem Stegreif spielen – auf der Grundlage der Improvisationen Szenen mit Dialogen und Regieanweisungen schreiben
S. 141	**In der Disco**	
S. 142	**Figuren und Schauplätze**	
S. 143	**Die Handlung – Monologe und Dialoge schreiben**	
S. 145	**Improvisieren**	
S. 146	**9.3 Das Stück inszenieren – Tipps, Tricks, Übungen**	– Atemtechniken anwenden – in Standbildern nonverbale Ausdrucksmöglichkeiten reflektieren und bewerten – ein Textbuch am PC erstellen – aus selbst entworfenen Szenen ein zusammenhängendes Stück konzipieren – ein Bühnenbild entwickeln und Möglichkeiten der Beleuchtung erproben – Requisiten gezielt einsetzen – bei Bühnenbild, Kostümen und musikalischen Einspielungen die Möglichkeiten des fächerverbindenden Arbeitens nutzen – Beobachtungskriterien für das Spiel auf der Bühne entwickeln – eine Aufführung anhand eines selbst erstellten Fahrplans organisieren – ein Theaterstück selbstständig einstudieren und aufführen
S. 146	**Reden ist Silber – Atmen ist Gold**	
S. 147	**Wortlos sprechen**	
S. 147	**Das Textbuch zum „Viertelland“**	
S. 148	**Bühne – Kostüme – Technik**	
S. 150	**Probieren und soufflieren**	
S. 150	**„Unruhe im Viertelland“ – Ein Mehr-Fach-Projekt**	

9.1 Eine Erzählung für die Bühne – Figuren und Handlung

S. 137

Auftaktseite

Im Mittelpunkt des Theaterkapitels steht die Erzählung „Im Viertelland“ von Gina Ruck-Pauquèt. Der Erzähltext soll den Schülerinnen und Schülern als Grundlage für das Verfassen eines eigenen Theaterstücks bzw. eigener Szenen dienen. Zur Motivation zeigt die Auftaktseite Fotos von Schülerinnen und Schülern einer Realschule, die Szenen zur oben genannten Erzählung verfasst und vorgespielt haben. Auf den ersten Blick ist der inhaltliche Schwerpunkt der Erzählung (die Teilung des Landes in vier Farben) erkennbar. Spontane Äußerungen zu den Fotos ermöglichen eine erste Annäherung an das Theaterspielen und an den Inhalt der Erzählung.

S. 138

Gina Ruck-Pauquèt

Im Viertelland

In dieser Erzählung geht es um das Land „Viertelland“, das in vier verschiedene Landesteile mit den Farben Rot, Grün, Blau und Gelb eingeteilt ist. Die Bewohner halten jeweils die eigene Farbe für die einzig richtige. So herrschen Intoleranz und Feindschaft zwischen den Landesteilen. Eines Tages wird Erbs, ein grüner Junge, unzufrieden mit nur einer Farbe und wünscht sich heimlich einen roten Punkt. Er sorgt dafür, dass die Kinder sich an den jeweiligen Grenzen treffen, diese verwischen und die „Grenzen“ überschreiten. Die Kinder erkennen, dass es deutlich mehr Spaß macht, sich nicht abzugrenzen, sondern gemeinsam etwas zu unternehmen. Auch die Erwachsenen teilen später diese Erkenntnis. Die Kinder sind diejenigen, die am Ende richtig bunt sind.
Dieser Text soll die Erkenntnis vermitteln, dass es besser ist, einander zu tolerieren, fremde Meinungen und Einstellungen zu akzeptieren und gemeinsam, im Team-Geist, Aufgaben anzugehen. Im Hinblick auf das spätere sinngestaltende Bühnensprechen sollte der Text in der Klasse laut gelesen werden, gegebenenfalls auch mehrmals, bevor der Inhalt erarbeitet wird.
Möglicher Bezug zur persönlichen Lebenswelt: Auch im Hinblick auf die Problematik der Markenkleidung kann diese Geschichte eine gute Diskussionsgrundlage bieten: Bereits bei Schülerinnen und Schülern der 6. Jahrgangsstufe ist oft deutlich erkennbar, wie sie sich bei der gegenseitigen Wertschätzung durch Markenartikel (Kleidung, Gegenstände, wie z. B. Rucksäcke) leiten lassen und nur bestimmte (meist teure) Marken als akzeptabel gelten lassen. Das führt häufig zu Konflikten innerhalb einer Klasse, bei denen die Kinder zu Außenseitern werden, die nicht dem allgemeinen Markenkonsum folgen wollen oder können.

1
- *Form des Viertellandes: rund wie ein Pfannkuchen (Z. 1)*
- *Farbe der Neugeborenen: bunt (Z. 17f.)*
- *Keine Schulpflicht; im Viertelland brauchen die Kinder nicht zur Schule zu gehen (Z. 29f.)*
- *Telefonieren zwischen den Landesteilen ist nicht möglich, da die Telefonleitungen durchschnitten sind (Z. 115–122).*
- *Die Erwachsenen haben ein paar bunte Tupfer, richtig bunt sind nur die Kinder (Z. 179–182).*

2 *Mögliche Lösung:*
Die Erzählung handelt von einem Land, das in vier Teile getrennt ist, in denen die Menschen, Tiere, Pflanzen und Gegenstände jeweils eine bestimmte Farbe haben. Die Bewohner der Landesteile halten jeweils nur ihre Farbe für die einzig richtige und stehen den anderen Landesteilen feindlich gegenüber, bis die Kinder erkennen, dass das Leben schöner ist, wenn man die Farben mischt.
An dieser Stelle kann Bezug auf die eigene Lebenswelt und die Konflikte, die sich aus Abgrenzung und Intoleranz ergeben, genommen werden, z. B.:
- *Bevorzugung einer bestimmten Musikgruppe/Musikrichtung und Geringschätzung anderer Gruppen*
- *Geringschätzung fremder Glaubensgemeinschaften (Islam, Mennoniten etc.; Zusammenarbeit mit Religion)*
- *Bevorzugung bestimmter Markenkleidung und Markenartikel (siehe die Anmerkung zur Auftaktseite oben)*

Angestrebte Erkenntnis des Unterrichtsgesprächs: Gemeinsam schafft man mehr als allein, die Unterschiede machen das Leben abwechslungsreicher, man kann voneinander lernen und sollte einander helfen. Diese Aussage sollte unbedingt herausgearbeitet werden. Wird sie auf ein Plakat geschrieben und für die Dauer der Unterrichtsreihe in der Klasse ausgehängt, kann sie auch später beim Schreiben der Szenen immer in den Blick genommen werden und eventuell in der Schlussszene als Lehrsatz auftauchen.

3 a/c) ***Konflikte*** *bahnen sich an folgenden Textstellen an: Die zunächst bunten Kinder müssen die „richtige Farbe“ (Z. 23) annehmen; Andersfarbige werden zu Lügnern erklärt (Z. 34–37, 50–53) oder lächerlich gemacht (Z. 40f.). Der zentrale Konflikt, der letztlich zur Grenzüberschreitung und zum Ende der Intoleranz führt, ist mit der Figur des Jungen Erbs verbunden, der sich einen roten Punkt wünscht (Z. 97–100) und dem die gelbe Rose, die sozusagen gesetzeswidrig im grünen Landesteil wächst (Z. 123f.), so gut gefällt, dass er seinen Löffel in den Spinatteller fallen lässt und die Wende auslöst: Der Teller zerspringt und löst bei allen Kindern Unruhe aus (Z. 135–140). Die Kinder laufen zum Mittelpunkt des Landes, sie treffen sich an den Grenzen (Z. 141–145;* ***Wendepunkt****); sie entfernen die Grenzen und nehmen Kontakt miteinander auf (Z. 146–156;* ***Höhepunkt****), sie werden bunt (Z. 161–163). Die* ***Lösung*** *der Konflikte erhöht die Lebensfreude und erweitert den Horizont (Z. 167–174), auch die Erwachsenen ziehen die Vielfarbigkeit der Eintönigkeit nur einer Farbe vor, können sich aber von der Fixierung auf nur eine „richtige“ Farbe nicht so sehr lösen wie die Kinder (Z. 175–182).*

Zur Sicherung des Textverständnisses können an dieser Stelle die **Kopiervorlagen** „Kreuzworträtsel zum ‚Viertelland‘“, S. 155 (für *Leistungsschwächere*) und „Weitere Fragen zum ‚Viertelland‘“, S. 156 (für *Leistungsstärkere*) eingesetzt werden (Lösungen siehe S. 227 ff. und CD-ROM).

Im Zusammenhang mit der in diesem Text gehäuft anzutreffenden **Groß- und Kleinschreibung** der Farbbezeichnungen kann auf die Nominalisierung und damit verbundene Großschreibung von Adjektiven im Rechtschreibkapitel, Schülerbuch, S. 220 Bezug genommen werden. Mögliche **Zusatzaufgabe**:

[1] *„In einem Viertel ist alles* ***grün****“:* ***grüne*** *Häuser,* ***grüne*** *Straßen ... (Z. 4)*
„Einmal kam in ***Grün*** *ein kleiner Junge zur Welt ...“ (Z. 24f.)*
a) Im ersten Satz werden die Farbwörter kleingeschrieben. Im zweiten wird ***grün*** *großgeschrieben. Könnt ihr das erklären?*
b) Sucht weitere Beispiele für die Klein- und Großschreibung der Farbwörter.

1 *a/b) Verwendung als Adjektiv: Kleinschreibung; Verwendung als Nomen: Großschreibung*
Weitere Beispiele für die Verwendung als Adjektive: „Im zweiten Viertel ist alles rot“ (Z. 7); „im dritten Viertel ist alles gelb“ (Z. 10), „im vierten Viertel ist alles blau“ (Z. 13), „... sich einen roten Punkt zu wünschen“ (Z. 97f.), „... beten sie zum roten, grünen und blauen Gott“ (Z. 112f.).
Weitere Beispiele für die Verwendung als Nomen: „Einmal kam in Grün ein kleiner Junge zur Welt“ (Z. 24f.), „in Rot spielen die Kinder das große Rot-Spiel“ (Z. 68), „in Blau machen sie es so: ...“ (Z. 77), „in Rot und Grün und Blau beten sie zum roten, grünen und blauen Gott“ (Z. 112f.).

Eine weitere Möglichkeit zur Einübung der Groß- und Kleinschreibung von (Farb-)Adjektiven bietet die **Kopiervorlage** „Erbs schreibt an seinen Onkel in Amerika“, S. 157 (Lösungen siehe S. 227 ff. und CD-ROM).

9.2 „Unruhe im Viertelland“ – Szenen schreiben

S. 141

In der Disco

1 *Die Szene sollte mehrmals mit verteilten Rollen gelesen werden. Dabei ist auf die Kriterien „deutliches Sprechen“, „langsames Sprechen“, „richtige Betonung“ zu achten. Die Schülerinnen und Schüler sollten die eigenen Lesevorträge gegenseitig beurteilen.*

2 *Die Szene wird mehrfach gespielt, jeweils in einer anderen Besetzung. Es empfiehlt sich, die Szene so oft zu spielen, dass jeder aus der Klasse (entweder beim Lesen oder Spielen) einmal an die Reihe gekommen ist. Die Schülerinnen und Schüler sollen beim Spielen erkennen, dass sie durch die Regieanweisungen entscheidende Hinweise erhalten. Anschließend beurteilen sie gegenseitig ihre schauspielerischen Leistungen. Zur Reflexion kann eine Videokamera zu Hilfe genommen werden.*

Mögliche Zusatzaufgabe für leistungsstarke Schülerinnen und Schüler (arbeitsteilige Gruppenarbeit):
[1] *a) Schreibt die Szene so um, als würde sie in einer Discothek in GRÜN, GRÜN oder GELB stattfinden. Was verändert sich?*
b) Spielt eure selbst geschriebenen Szenen.

An dieser Stelle kann die **Kopiervorlage** „In einem Klassenzimmer in Grün“, S. 158 verwendet werden. Sie enthält eine weitere (von Schülern verfasste) Szene, die in einem Klassenraum spielt. Als inhaltlicher Aspekt wird die Unzufriedenheit von Erbs aufgegriffen, der von einem kleinen roten Punkt träumt. Auch das Schwärmen für bestimmte Musikgruppen, wie es in der 6. Jahrgangsstufe schon an der Tagesordnung ist, wird zum Thema.

S. 142

Figuren und Schauplätze

1 *Der Übersicht halber sollten die Figuren nach den Farbvierteln geordnet werden.*

2 *a/b) Bevor die Figuren geordnet werden, sollten die Regeln zum Erstellen einer Mind-Map wiederholt bzw. besprochen werden. Zu besseren Orientierung sollten die Äste und Zweige der Mind-Map in der Farbe beschriftet werden, die zu der jeweiligen Figur passt. Bei erfundenen Figuren ist es wichtig, auch hier (farblich) festzuhalten, in welchem der vier Farbviertel sie ihre Rolle spielen.*

3 *a) Schauplätze und Figuren aus der Erzählung „Viertelland“:*

Schauplätze	Figuren
Viertel Grün	Menschen in Grün
Viertel Gelb	Menschen in Gelb, Lautsprecher
Viertel Rot	Menschen in Rot
Viertel Blau	Menschen in Blau
Park in Grün	Roboter, grüne Kinder, Erbs
Grenzstriche	blaue, gelbe, rote, grüne Polizisten
Wiese in Grün	35 grüne Polizisten
Esszimmer bei Erbs in Grün	Erbs, seine Mutter, sein Vater
Mittelpunkt des Landes	blaue, gelbe, rote, grüne Kinder
	bunte Kinder, getupfte Erwachsene

b) Mögliche neue Schauplätze und Figuren:

Zusätzlich erfundene Schauplätze	Zusätzlich erfundene Figuren
ein Supermarkt in Blau (Grün, Gelb, Rot)	blaue Kunden, eine blaue Kassiererin
auf einer Bank zwischen Blau und Rot	jemand aus Blau und jemand aus Rot
in einem Klassenzimmer in Grün	ein grüner Lehrer, grüne Schülerinnen und Schüler
in einer Fernsehshow in Gelb	ein gelber Showmaster, gelbes Publikum
auf dem Fußballplatz in Rot	rote Spieler, roter Schiedsrichter, blaue Gegenspieler
im Rathaus in Gelb	gelber Bürgermeister

4 *Der Handlungsweg sollte auf einem großen Plakat gestaltet werden, das während der gesamten Unterrichtsreihe als Wegweiser im Klassenzimmer hängen bleibt. Es ist ratsam, zunächst Schauplätze, Figuren und Gegenstände aus der Erzählung zu übernehmen und das Plakat dann erst mit zusätzlich ausgedachten Schauplätzen, Figuren und Handlungsverläufen zu ergänzen. Hierbei sollte zuvor jedoch gemeinsam abgestimmt werden, welche erfundenen Elemente auf dem Plakat notiert werden sollten. Eine Möglichkeit ist, die Kinder in Gruppen Vorschläge machen zu lassen und dann einen Vorschlag jeder Gruppe zu übernehmen; so werden die Ideen der gesamten Klasse berücksichtigt.*

S. 143

Die Handlung – Monologe und Dialoge schreiben

1 *Beispiele für **Dialoge**: Gespräch zwischen Heidelbeer und Himmel; Gespräch zwischen Erbs und den Discobesuchern (= alle), Gespräche zwischen dem Discjockey und Erbs*
*Beispiele für einen **Monolog**: Am Ende der Szene; Erbs spricht vor dem Vorhang zum Publikum (und damit zu sich selbst).*

2 *Der abgedruckte Monolog von Erbs könnte als Einleitung zum Theaterstück gesprochen werden, wobei dann das Stück eine Art Rückblick darstellt. Der Monolog erfüllt die Aufgabe, in das Thema des Stückes einzuführen und neugierig zu machen auf den Verlauf der Handlung.*
Es bietet sich als Übung an, die Schüler/innen den angefangenen Monolog fortsetzen zu lassen. Anschließend sollten die verfassten Monologe einander vorgespielt werden. Einer kann für den Beginn des Theaterstücks ausgewählt werden. Hierbei sollte darauf geachtet werden, dass der Monolog zwar in das Thema einführt und neugierig auf die Handlung macht, dabei aber noch nicht zu viel verrät, sodass die Spannung erhalten bleibt.

3 *Als Richtschnur sollte das Plakat mit dem Handlungsverlauf dienen. Zunächst sollten die Szenen zu den Schauplätzen und Handlungen geschrieben werden, die in der Erzählung vorkommen, damit der Erzähltext noch eine Hilfestellung bieten kann. Erst danach sollten die Szenen zu den ausgedachten Schauplätzen und Figuren verfasst werden.*

Die **Kopiervorlagen** „An der Grenze zwischen Rot und Grün / Am Mittelpunkt des ‚Viertellandes'", S. 159 und „Neue Szenen schreiben – Eine Ideenpinnwand", S. 160 (für *Leistungsstärkere*) enthalten Anregungen zum Verfassen weiterer Szenen.

4 *Unterschiede zwischen Erzähltext und der geschriebenen Szene:*
- *Wörtliche Rede erscheint (ohne Anführungszeichen) in den Dialogen.*
- *Verhaltensweisen, die im Erzähltext beschrieben werden, tauchen im Theatertext als Regieanweisungen auf.*
- *Wie die Personen sich fühlen oder wie sie reagieren, wird nicht beschrieben, sondern gespielt.*
- *Für erklärende Informationen wird ein Erzähler oder ein Monolog eingefügt.*

5 *Die Disco-Szene könnte noch mehr Regieanweisungen enthalten. Als weitere Aufgabe können die Schülerinnen und Schüler für jede Aussage einer Figur in der Disco-Szene eine Regieanweisung formulieren.*

S. 145

Improvisieren

1 *Bevor die Szene aus dem Stegreif weitergespielt wird, sollte der abgedruckte Beginn der Szene mehrmals gelesen und gespielt werden. Für die Improvisation ist es sinnvoll, die Szene in Gruppen weiterspielen zu lassen. Die Gruppen improvisieren zunächst unter sich und spielen sich anschließend gegenseitig ihre Improvisationen vor. Für die anschließende Reflexion bietet es sich an, die gespielten Szenen wie im Schülerbuch angegeben mit dem MP3-Player oder dem Kassettenrekorder aufzuzeichnen. Wenn die Schule entsprechend ausgestattet ist, dann sollte für die anschließende Reflexion eine Videokamera eingesetzt werden.*

2 *Die Schülerinnen und Schüler sollten sich für eine der vorgespielten Szenen entscheiden, die dann Bestandteil des Theaterstücks sein soll. Hier kann, wenn es keine Einigung gibt, eine Abstimmung erfolgen. Jede Schülerin, jeder Schüler sollte genau begründen können, warum sie/er gerade die ausgewählte Szene für die beste hält.*

9.3 Das Stück inszenieren – Tipps, Tricks, Übungen

S. 146

Reden ist Silber – Atmen ist Gold

An den vorgestellten Übungen sollte sich die Lehrperson beteiligen und die Übungen auch vormachen, weil erfahrungsgemäß viele Schülerinnen und Schüler bei Übungen dieser Art etwas gehemmt sind. Um eine nachhaltige Wirkung zu erzielen, sollten die Übungen regelmäßig wiederholt werden.
Die Tipps für das Bühnensprechen könnten kurz vor einer geplanten Aufführung auf ein Plakat übertragen und in den Klassenraum gehängt werden. Kommt es bei der Probe von Szenen zu Kritik, dann kann auf die entsprechenden Punkte auf dem Plakat hingewiesen werden. Gegebenenfalls sollte das Plakat noch um andere Punkte ergänzt werden, die sich während der Proben ergeben.

S. 147

Wortlos sprechen

1 *Mimik und Gestik in der Disco-Szene: Gespräch Himmel/Heidelbeer – Begeisterung über den Lippenstift und die Hose; Gespräch Erbs/Discobesucher und Erbs/Discjockey – Die abweisende Haltung muss deutlich werden. Zu dieser Aufgabe sollten die Schülerinnen und Schüler auch ihre zusätzlich verfassten Regieanweisungen zur Disco-Szene verwenden.*

2 *a–d) Hier könnten zusätzliche pantomimische Übungen als Ratespiele gemacht werden: Verschiedene Haltungen werden dargestellt und der Rest der Klasse muss raten, was gemeint ist. Auch andere schon fertiggeschriebene Szenen sollten hier zur Darstellung verwendet werden.*

Es empfiehlt sich, für die Übungen in Aufgabe 1 und 2 einen Fotoapparat oder eine Videokamera zu verwenden, das erleichtert die anschließende Reflexion. Verschiedene Haltungen und Gefühle (abweisend, entgegenkommend, Freude, Wut, Trauer, Angst ...) könnten fotografiert werden. Die Bilder werden in der Klasse aufgehängt und dienen als weitere Orientierungshilfe für die Theaterproben.

S. 147

Das Textbuch zum „Viertelland“

Die abgedruckte Szene „In Grün wächst eine gelbe Rose“ sollte zunächst gelesen und gespielt werden.

1 *Die Personen Grit und Gaby tauchen in der Erzählung nicht auf. Sie wurden für die Theaterszene erfunden, um darstellen zu können, wie die Bewohner in Grün auf die gelbe Rose reagieren. Aus zwei Sätzen in der Erzählung (Z. 123–126) wird eine ganze Theaterszene.*

2 *a/b) Die Seite ist in zwei Spalten eingeteilt, die durch eine senkrechte Linie getrennt sind. Der gesamte Text wurde in einer serifenlosen Schrift abgedruckt.*

- *In der linken Spalte ist der Dialog abgedruckt: Die Personennamen sind fett gedruckt, die Regieanweisungen sind kursiv und stehen in Klammern, der zu sprechende Text folgt nach dem Doppelpunkt in normaler Schrift.*
- *In der rechten Spalte finden sich kursiv gedruckte Hinweise zum Bühnenbild, zu den Requisiten, zur Beleuchtung und zur Handlung der Nebenpersonen.*

Die ***Kriterien für das Erstellen eines Textbuches*** *sollten möglichst auf einem Plakat gesammelt werden, z. B.:*
Schriftart: *Helvetica (oder Arial oder Times ...)*
Schriftschnitte:

- *Namen der Figuren in* ***Fettdruck*** *oder in VERSALIEN oder auch in KAPITÄLCHEN*
- *Regieanweisungen für die Figuren und Hinweise zu Bühnenbild und Beleuchtung kursiv und in Klammern*
- *Sprechtexte für die Figuren nach einem Doppelpunkt normal und ohne Anführungszeichen*

Gestaltung: *einheitliches Layout für das gesamte Textbuch (Seitenränder, Schriftgrad, Zeilenabstand ...)*

3 *Bei der Fortsetzung der Szene sollte darauf geachtet werden, dass die Schülerinnen und Schüler sich an den Erzähltext halten: Andere Menschen aus Grün kommen und ekeln sich vor der Rose; 35 grüne Polizisten kommen und entfernen die gelbe Rose mit einem (grünen) Spaten.*
Wenn die Szene zu Ende geschrieben wurde, sollten die Schülerinnen und Schüler den Text der ganzen Szene (auch den im Buch abgedruckten Teil) am PC erfassen und sich dabei an die für das Textbuch aufgestellten Kriterien halten. Anschließend sollten alle für das Theaterstück ausgewählten Szenen in Einzel- oder Gruppenarbeit am PC verfasst werden. So entsteht das komplette Textbuch für die Aufführung. Die rechte Spalte, die Angaben zu Kulisse, Requisiten und Beleuchtung enthält, sollte zunächst noch frei bleiben.

S. 148

Bühne – Kostüme – Technik

1 *a/b) Für die Überlegungen sollte zunächst die rechte Spalte der Szene „Eine gelbe Rose in Grün“ gelesen werden:*

- *Welche Hilfsmittel werden verwendet, um die Kulisse darzustellen?*
- *Welche Requisten werden verwendet?*
- *Wie wird die Szene beleuchtet?*

Ausgehend von diesem Beispiel können Überlegungen für weitere Szenen angestellt und Ideen in der rechten Spalte eintragen werden. Die Requisiten sollten die dem jeweiligen Viertel entsprechende Farbe besitzen.

2 *a/b) Hier ist genau zu überlegen, welche Requisiten für das Verständnis der Szene unverzichtbar sind (z. B. ein grüner Teller bei der Szene mit Erbs und seinen Eltern; eine gelbe Rose bei Grit und Gaby).*

Zur Arbeitserleichterung kann die **Kopiervorlage** „Bühnenbild, Requisiten und Beleuchtung", S. 161 verwendet werden, in deren Raster die Ideen eingetragen werden können.

3 *Bei den Beleuchtungsproben ist unbedingt darauf zu achten, ob der Aufführungsort (z. B. die Aula) völlig verdunkelt werden kann. Ist dies nicht der Fall, dann sollten die Beleuchtungsproben auch zu der Tageszeit durchgeführt werden, zu der die Aufführung stattfinden soll. Oft reicht schon ein Sonnenstrahl durchs Fenster, um die Bühnenbeleuchtung zu verändern, besonders dann, wenn mit Farben gearbeitet wird.*

4 *a/b) Wenn es die Zeit zulässt, dann kann in Zusammenarbeit mit dem Musikunterricht „Unruhe im Viertelland" sogar als Musical entstehen. In Gruppenarbeit könnten Lieder geschrieben werden in Anlehnung an die Erzählung (das Erdbeermarmeladenlied in Rot, der Zitronenblues in Gelb, der Pflaumentango in Blau), die dann während der Aufführung von den Darstellern oder vom Schulchor gesungen werden.*
Zur Steigerung der Spannung könnten Orffsche Instrumente eingesetzt werden oder bestimmte Musikgruppen der Schule (Schulband, Bläsergruppe, Flötenkreis, Chor ...) untermalen manche Szenen musikalisch.

S. 150 Probieren und soufflieren

Übungen für das Beobachten und Soufflieren:
- „Stille Post" spielen
- Worte aus einer bestimmten Entfernung zuflüstern und wiederholen

Für intensive Proben kann ein Beobachtungbogen verwendet werden, der folgende Kriterien enthält: Rolle – Bewegungen – Körperhaltung – Mimik – Stimme (sinngestaltendes Sprechen).
Wenn es sich anbietet, dann könnte einige Wochen vor einer geplanten Aufführung ein Theaterstück besucht werden, sodass die Schülerinnen und Schüler erfahrene Schauspieler bei ihrer Arbeit beobachten und sich entsprechende Notizen machen können für ihre eigenen Proben. Der Beobachtungsbogen für eine Theateraufführung könnte folgende Überschriften aufweisen:
- Das muss ich für die Vorbereitung beachten (Eintrittskarten, Werbung)
- Das kann ich aus dem Verhalten der Schauspieler lernen
- Das sollten wir beim Erstellen eines Bühnenbildes und beim Einsatz von Requisiten berücksichtigen
- Das sollten wir beim Einsatz von Requisiten und Technik (Licht, Musikeinspielungen, Geräusche) beachten

S. 150 „Unruhe im Viertelland" – Ein Mehr-Fach-Projekt

Das Aufhängen des Theaterfahrplans ist sehr wichtig, gegebenenfalls sollte jede Schülerin, jeder Schüler in der Endphase vor der Aufführung eine Kopie mit allen wichtigen Terminen erhalten. Auch für die Eltern ist ein solcher Terminplan wichtig, da ab und zu auch ein Treffen außerhalb der Schulzeit notwendig werden kann. Die (in den Richtlinien angeregte) fächerübergreifende Projektarbeit kann den Deutschunterricht an dieser Stelle ein ganzes Stück entlasten. Der Kunst-, Textil- und Musikunterricht kann sinnvoll eingebunden werden.
Es ist darauf zu achten, dass auch rechtzeitig Werbung für das Stück gemacht wird, in Form von Plakaten und Handzetteln. Auch sollte die lokale Presse informiert werden, die ein paar Tage vorher das Stück in der Zeitung ankündigt. Dann ist gewährleistet, dass die Schülerinnen und Schüler bei der Aufführung Besuch eines Journalisten erhalten, was sicherlich zu einem positiven Feedback führt.
Sollte den Schülerinnen und Schülern die Erzählung „Im Viertelland" zwar gefallen, die Zeit es aber nicht zulassen, eigene Texte zu schreiben, dann kann Kapitel 9.2 übersprungen und für die Aufführung ein fertiger Text verwendet werden, z. B. aus: R. und H. Hanisch: Was ist los in Viertelland? Deutscher Theaterverlag Weinheim (dieser Verlag verschickt auch Textproben, die online bestellt werden können); Hans-Peter Tiemann: Bunte Welt. In: Spielsachen. Vier starke Stücke für die Bühne (siehe Literaturhinweise, S. 146 in diesen Handreichungen).

Vorschlag für Übungen und Klassenarbeiten

Eine Theaterszene schreiben mit Regieanweisungen und Hinweisen für Bühnenbild, Requisiten und Beleuchtung

Die im Klassenarbeitsvorschlag zu schreibende Szene bezieht sich inhaltlich auf die Szene auf Seite 145 im Schülerbuch und geht davon aus, dass die beiden Personen, Himmel und Roger, die sich hier kennen lernen, sich ineinander verlieben. Voraussetzung für die Bearbeitung der Aufgaben: Die Schülerinnen und Schüler kennen den Inhalt der Geschichte „Viertelland“ und die Unterschiede zwischen einem Erzähltext und einer Theaterszene.

Vor der Übung / Klassenarbeit sollte zunächst abgesprochen werden, wie auch ohne Zuhilfenahme eines PCs Theaterszenen formal ansprechend und übersichtlich gestaltet verfasst werden können, z. B.:
- sprechende Figur: in Blockbuchstaben, danach Doppelpunkt
- Regieanweisungen in Klammern direkt hinter der genannten Figur, vor dem Doppelpunkt
- Regieanweisungen, die sich nicht auf eine bestimmte Figur beziehen, und Hinweise für Bühnenbild, Requisiten und Beleuchtung ohne Klammern, aber in einer anderen Farbe

Aufgabe:

Der rote Ballon in GRÜN
Roger und Himmel, ein Roter und eine Blaue, haben sich ineinander verliebt. Weil ihre Liebe noch nicht erkannt wurde, müssen sie sich heimlich treffen. Sie haben eine Idee, sie besteigen einen roten Fesselballon und fliegen dem Himmel entgegen. Doch es gibt technische Probleme: Der Ballon geht kaputt und die beiden müssen notlanden, ausgerechnet in Grün. Da stehen sie nun im Korb des Fesselballons mitten auf einer grünen Wiese ...

1 *Überlege, wie es weitergehen könnte, und schreibe eine Szene dazu.*
- *Überlege dir weitere Figuren, die in deiner Szene auftreten.*
- *Denke an die Regieanweisungen für die Personen, das Bühnenbild und die Beleuchtung.*

Erwartungshorizont / Bewertungskriterien
Die Schülerinnen und Schüler können
- die im Text vorgegebene Ausgangssituation folgerichtig in Form eines Dialogs fortsetzen
- den weiteren Handlungsverlauf über einen Spannungsbogen zu einem Höhepunkt führen und mit einem Abschluss versehen, der inhaltlich zur Geschichte „Im Viertelland“ passt
- Figuren hinzuerfinden, die in ihrer Handlungsweise zur Geschichte „Im Viertelland“ passen
- neue Figuren per Regieanweisung und Dialog in die Szene einführen
- eine Regieanweisung verfassen, die genaue und technisch umsetzbare Angaben zu Bühnenbild, Requisiten und Beleuchtung enthält
- innerhalb der Szenen mögliche Requisiten und Änderungen in der Beleuchtung bedenken
- die Szene in angemessener Sprache ohne Grammatik- und Rechtschreibfehler abfassen
- die Szene handschriftlich / am PC übersichtlich und ansprechend gestalten

Die jeweils zu vergebende Anzahl der Punkte ist von der Lehrperson selbst festzusetzen, je nach Schwerpunkt in den Unterrichtsstunden.

Kreuzworträtsel zum „Viertelland“

Bevor du das Kreuzworträtsel löst, solltest du den Text „Im Viertelland“ im Deutschbuch, S. 138–140 aufmerksam lesen und sicherstellen, dass du ihn verstanden hast. Dazu wendest du am besten die **5-Schritt-Lesemethode** an:
1. Schritt: Überfliege den Text.
2. Schritt: Formuliere eigene Fragen an den Text.
3. Schritt: Lies den Text gründlich, um die eigenen Fragen zu beantworten.
4. Schritt: Schreibe Schlüsselbegriffe und wichtige Aussagen auf Notizzettel.
5. Schritt: Wiederhole anhand der Notizen den Inhalt des Textes.

Nun kannst du das Kreuzworträtsel sicher lösen (ä = ä, ü = ü):

1.																								
2.																								
3.																								
4.																								
5.																								
6.																								
7.																								
8.																								
9.																								
10.																								
11.																								
12.																								

1. Welche Farbe besitzt die Rose, die im Land GRÜN für Unruhe sorgt?
2. Wie heißt der Junge, der sich eines Tages mit nur einer einzigen Farbe nicht mehr wohlfühlt?
3. Welches Lied singen die Menschen im Land ROT?
4. Wer sorgt dafür, dass die Grenzen verwischt werden und die Farben sich mischen?
5. Welches Lied singen die Menschen im Land GELB?
6. Erbs wünscht sich eines Tages einen kleinen roten ...
7. Was spritzt durch das ganze Zimmer, als Erbs vor Wut seinen Löffel ins Essen fallen lässt?
8. Was trennt die Viertel voneinander?
9. Was läuft in ROT, um den Menschen zu sagen, dass grün, gelb und blau gelogen ist?
10. Mit welchen Werkzeugen wird die gelbe Rose im Land GRÜN entfernt?
11. Nenne ein Spiel, das die Kinder im Land GRÜN gern spielen.
12. Wie sehen die Kinder aus, nachdem sie die Kreidestriche weggewischt und sich vermischt haben?

Die dunkelgrauen Felder ergeben von oben nach unten gelesen einen Begriff, den man benutzt, wenn Menschen zusammen etwas schaffen.

Das **Lösungswort** lautet: ______________________________

Notiere hier spontan, was dir zu diesem Begriff alles einfällt (lest euch die Notizen vor):

____

____

____

KOPIERVORLAGE

Weitere Fragen zum „Viertelland"

1 *Warum fühlt sich Erbs in Grün nicht mehr wohl und warum fühlen sich die Kinder in Rot manchmal eigenartig? Überlege, worauf der Satz „Manchmal ist ihnen, als fehle ihnen etwas" (Z. 74/75) hinweisen könnte.*

2 *Warum denken die Menschen in jedem Viertel, nur ihre Farbe sei die richtige Farbe?*

3 *Stell dir vor, du würdest die Autorin Gina Ruck-Pauquèt zu ihrer Erzählung interviewen. Du fragst sie, was sie den Lesern mit ihrer Geschichte zeigen wollte. Notiere, was sie wohl antworten könnte.*

4 *Überlege, was du aus dieser Geschichte lernen kannst, und formuliere einen Lehrsatz dazu.*

Erbs schreibt an seinen Onkel in Amerika

Lieber Onkel Grünbunt,

ich schreibe dir diesen Brief, weil ich glaube, dass du mich gut verstehen wirst. Ich habe jetzt begriffen, warum du aus dem Land GRÜN fortgegangen bist. Du sagtest damals, dir sei alles zu GRÜN. Damals war ich noch zu GRÜN hinter den Ohren und habe deshalb nicht verstanden, was du damit sagen wolltest. Aber jetzt bin ich alt genug, um zu erkennen, warum du es in unserem GRÜNEN Land nicht mehr ausgehalten hast. Mir geht es nämlich mittlerweile genauso wie dir. Ich kann nicht verstehen, warum nur die Farbe GRÜN richtig sein soll. In unserer GRÜNEN Schule kann ich die GRÜNE Tafel einfach nicht mehr sehen, auch nicht die GRÜNEN Tische und Stühle, ganz zu schweigen von der eintönig GRÜNEN Kleidung, die alle tragen. Sogar die Vorhänge sehen trotz der GELBEN Sonnenstrahlen, die durch die Fensterscheiben fallen, immer so aus, als seien sie in GRÜN getaucht worden. Mir ist es zu GRÜN bei uns, ich ertrage es nicht mehr, immer nur von dem langweiligen GRÜN umgeben zu sein. Eigentlich kann man darüber schmunzeln, denn in den drei Nachbarländern, im Land ROT, im Land GELB und im Land BLAU, verhalten sich alle so wie wir, nur dass sie eben ihre eigene Farbe bevorzugen. Neulich war ich im Land BLAU in einer BLAUEN Discothek. Da wurde ich tatsächlich von dem BLAUEN Discjockey hinausgeworfen, nur weil ich nicht von BLAU umgeben war. Im ROTEN Nachbarviertel hat sich jetzt sogar ein ROTER in eine BLAUE verliebt. Da war was los, kann ich dir sagen. Die beiden haben es wirklich schwer.

Aber heute Morgen hat sich bei uns etwas ganz Besonderes ereignet: Mitten auf einer GRÜNEN Wiese wuchs eine GELBE Rose. Ich fand sie einfach wunderschön, ihre Blätter besaßen einen Schimmer in einem hübschen GELB. Doch bevor ich dieses GELB so richtig genießen konnte, da kamen auch schon viele GRÜNE Polizisten, schwangen GRÜNE Spaten und schlugen auf die GELBE Rose ein, bis von dem GELB nichts mehr zu sehen war. Ich war so empört, dass ich zu Hause vor Wut meinen GRÜNEN Löffel in meinen GRÜNEN Spinat warf. Mein GRÜNER Vater runzelte seine GRÜNE Stirn. Meine Mutter putzte sofort das GRÜN des Spinats von der GRÜNEN Wand. Ich rannte hinaus, knallte die GRÜNE Tür zu und dann lief ich los, ins GELBE Viertel, ins ROTE Viertel und auch ins BLAUE Viertel. Ich lud alle Kinder ein, die GRÜNEN, die GELBEN, die ROTEN und die BLAUEN Kinder. Heute Nacht wollen wir uns an den Kreidestrichen treffen. Dann werden wir GELBEN, ROTEN, BLAUEN und GRÜNEN etwas Wichtiges tun. Wir werden die Kreidestriche wegwischen, so lange, bis kein GRÜN, kein ROT, kein GELB und kein BLAU mehr zu sehen ist, sondern nur noch BUNTE Kinder. Dann werden wir sehen, wie es hier weitergeht!

Ich halte dich auf dem Laufenden. Drück uns die Daumen, dass wir es schaffen, dass unsere Welt wieder BUNT wird.

Viele Grüße

dein (noch) GRÜNER Neffe Erbs

1 *Notiere: Welche Wörter werden großgeschrieben? Woran erkennst du diese Wörter?*

____

____

____

____

2 *Übertrage nun den Brief in dein Schulheft und schreibe dabei die in Großbuchstaben gedruckten Wörter richtig.*

In einem Klassenzimmer in Grün

(Im Klassenzimmer: Schülerinnen und Schüler stehen an grünen Tischen und sind grün gekleidet. Am grünen Pult steht ein grün gekleideter Lehrer mit einem grünen Zeigestock; an der Wand hängen grüne Zeichnungen)

LEHRER *(gut gelaunt)*: Guten Morgen, Kinder aus Grün.

SCHÜLER/INNEN: Guten Morgen, Herr Grünfink.

LEHRER: Setzt euch.

SCHÜLER/INNEN *(setzen sich)*

ERBS: Herr Grünfink, was nehmen wir denn heute durch?

LEHRER: Die Farbe „Grün“ wird natürlich unser Thema sein.

SCHÜLER/INNEN: Prima! Grün forever. Grün ist cool. Grün ist angesagt.

LEHRER: Welche Farbe hat das Gras?

SCHÜLER/INNEN *(laut)*: Grün!

LEHRER: Was essen wir zum Frühstück?

SCHÜLER/INNEN: Grünkernbrötchen.

LEHRER: Was essen wir zu Mittag?

SCHÜLER/INNEN: Grünkohl!

LEHRER: Was gibt es am Abend?

SCHÜLER/INNEN: Spinat!

LEHRER: Nennt eure Lieblingstiere!

SCHÜLER/INNEN: Frösche und Krokodile!

LEHRER: Was macht ihr im Sport?

SCHÜLER/INNEN: Froschhüpfen und Kaktusspringen.

LEHRER: Welche Kleidung tragt ihr?

SCHÜLER/INNEN: Nur Markenkleidung von „Grünstar“!

LEHRER: Wie heißt eure Lieblingsband?

SCHÜLER/INNEN *(außer Erbs)*: Die Greenies!

LEHRER *(böse)*: Erbs, warum machst du nicht mit?

ERBS: Die Greenies sind nicht meine Lieblingsband.

LEHRER *(entsetzt)*: Wie bitte?

ERBS *(leise)*: Neulich habe ich im Nachbarland „Rot“ die „Red Roses“ spielen hören. Die fand ich besser als die Greenies!

SCHÜLER/INNEN: Iiiiiiiiih! Die Red Roses! Buuuuh!

LEHRER *(vorwurfsvoll)*: Und was hast du überhaupt in ROT zu suchen?

GRÜNI *(ein grünes Mädchen)*: Was ist denn in dich gefahren? Wie kann man diese Band nur gut finden?

SCHÜLER/INNEN *(außer Erbs)*: Die Greenies sind die Besten!

ERBS: Warum muss immer nur alles gut sein, was grün ist?

LEHRER *(wütend)*: Jetzt ist es aber genug, Erbs. Du schreibst bis morgen einhundert Mal: „Nur grüne Bands sind gute Bands“. Ihr wisst doch: Nur GRÜN ist wichtig. Das dürft ihr nicht vergessen.

ERBS: Das ist gemein!

SCHÜLER/INNEN *(lachend)*: Das geschieht dir recht. Nur „Grün“ ist angesagt.

LEHRER: Weiter geht es. Jetzt dürfen einige von euch ihre Träume erzählen.

(Grüni meldet sich) Ja, Grüni?

GRÜNI: Ich träumte heute Nacht, ich saß auf einem Gartenzaun an einer grünen Wiese und trank ein Glas grünen Tee und aß dazu leckeren Salat mit Schnittlauch.

SCHÜLER/INNEN *(außer Erbs, der schmollend sein Gesicht in seine Hände legt)*: Was für ein toller Traum!

ERBS *(hebt plötzlich wieder den Kopf und meldet sich)*

LEHRER: Erbs?

ERBS: Ich träumte heute Nacht von einem kleinen roten Punkt!

SCHÜLER/INNEN *(entsetzt)*: O nein! Du Ärmster. Ein Albtraum!

LEHRER: Wie furchtbar! Sicher bist du schweißgebadet aufgewacht!

ERBS *(fröhlich)*: Nein! Es war ein richtig schöner, sehr abwechslungsreicher Traum!

LEHRER *(wütend und laut)*: Das Maß ist voll, Erbs. Du gehst jetzt nach Hause und wenn es dir besser geht, dann kommst du wieder. Und ich schreibe einen grünen Brief an deine Eltern!

ERBS *(steht auf und geht wütend hinaus)*

LEHRER: Was ist denn mit Erbs los? Er mag die Red Roses und jetzt träumt er auch noch von einem roten Punkt.

GRÜNI: Nicht nur das. Ich habe gesehen, dass seine Hose nicht einmal eine Original-Grünstar-Hose ist.

SCHÜLER/INNEN *(entsetzt)*: Waaaaaas? Keine Original-Grünstar-Hose?

GRÜNI: Nein. Es ist eine Billig-Marke, denn sie hatte auf der rechten Hosentasche einen roten Aufnäher!

SCHÜLER/INNEN *(angeekelt)*: Iiiiih! Eine Billig-Hose mit rotem Aufnäher!

GRÜNI: Der Erbs, der will wohl nicht mehr zu uns gehören!

LEHRER: Und was habt ihr mir zu sagen?

SCHÜLER/INNEN: Nur „grün“ ist gut!

1 *Lest den Text mit verteilten Rollen. Ihr könnt dabei die ganze Klasse einbeziehen. Erklärt anschließend mit eigenen Worten, um was es in der Szene geht.*

2 *Beschreibt das Verhalten von Erbs. Warum benimmt er sich so?*

3 *Überlegt, ob ihr ähnliche Szenen aus eurem eigenen Alltag kennt. Sprecht darüber, wo ihr Parallelen seht.*

KOPIERVORLAGE

An der Grenze zwischen Rot und Grün / Am Mittelpunkt des „Viertellandes"

1 *Ergänzt in den folgenden Szenen die fehlenden Regieanweisungen. Schneidet die Szenen aus, klebt sie in euer Heft und schreibt sie dort zu Ende. Ihr könnt die Szenen in Gruppenarbeit bearbeiten.*

An der Grenze zwischen ROT und GRÜN – Ein Streitgespräch

Eine Gruppe grüner Kinder *(nähert sich der Grenze)*: Welch ein herrlicher grüner Tag heute ist!

KIND 1 (______________________________): O diese schönen grünen Bäume!

KIND 2 (______________________________): Diese herrlichen grünen Sträucher!

KIND 3 (______________________________): Dieses wunderbare grüne Gras!

KIND 4 (______________________________): Aber, aber, was sehe ich denn da?

KIND 1, 2, 3 (______________________________): Wo?

KIND 4 (______________________________): Dort! Es schimmert ganz furchtbar, so ...

KIND 1, 2, 3 (______________________________): Rooooooooooooooooot!

EINE GRUPPE ROTER KINDER (______________________________): Welch ein herrlicher roter Tag heute ist!

ROTES KIND 1 (______________________________): Dieser romantische Sonnenuntergang!

ROTES KIND 2 (______________________________): Diese schönen roten Erdbeeren hier am Weg!

ROTES KIND 3 (______________________________): Ja, und diese Tomaten! Super!

ROTES KIND 4 (______________________________): Aber hier stört doch etwas!

ROTES KIND 1, 2, 3 (______________________________): O nein, sieh doch! Wir sind viel zu nah an der Grenze!

GRÜNE KINDER (______________________________): Iiih, das sind Rote! Schert euch weg, ihr Tomatenaugen!

ROTE KINDER (______________________________): Geht doch selbst weg, ihr Spinatwachteln! Grün ist doof!

GRÜNE KINDER (______________________________): Rot ist doof! Nur Grün ist gut! Grün mit „G" wie gut!

ROTE KINDER (______________________________): Rot mit „R" wie richtig!

Am Mittelpunkt des „Viertellandes" (Kinder wischen die Kreidestriche weg)

Tipp: Um diese Szene zu Ende zu schreiben, müsst ihr den Schluss der Geschichte gründlich lesen.

ERBS *(geht langsam zur Landesmitte, wo sich die vier Kreidestriche treffen)*: Mir reicht es.

ROTE KINDER *(gehen langsam zur Landesmitte, zögernd)*: Was hast du?

BLAUE KINDER (______________________________): Bist du böse auf jemanden?

GELBE KINDER (______________________________): Unsere schöne gelbe Rose! Sie kann doch nichts dafür, dass sie in Grün gewachsen ist!

ERBS (______________________________): Keiner kann etwas für seine Farbe. Wir haben kein Recht, andere wegen ihrer anderen Farbe zu verachten. Wir müssen etwas unternehmen.

MÄDCHEN AUS ROT (______________________________): Genau! Aber was sollen wir tun?

ERBS (______________________________): Ich habe eine Idee. Schaut einmal her!

Neue Szenen schreiben – Eine Ideenpinnwand

1 *Hier seht ihr eine Pinnwand voller Ideen für weitere Szenen zur Viertelland-Geschichte. Wählt die Idee aus, die euch am besten gefällt, und schreibt eine Szene mit Regieanweisungen dazu. Ihr könnt die Ideen auch in Gruppen bearbeiten, indem jede Gruppe eine Idee übernimmt.*

Werbespots

Besonders lustig kann euer Theaterstück wirken, wenn ihr Werbepausen-Szenen einbaut. Schreibt Werbespots für jede Farbe, wie sie in den einzelnen Vierteln gezeigt werden könnten, z. B. Werbung für leuchtende Zitronen in Gelb, für Pfefferminzlikör in Grün ...

Fernsehshow für Liebespaare

Erfindet eine Sendung, bei der es darum geht, dass Paare, die durch besondere Vorkommnisse voneinander getrennt sind, zusammengebracht werden, z. B.: Roger und Himmel (aus der Szene auf Seite 145) verlieben sich und berichten in der Sendung von ihren Schwierigkeiten mit ihren Mitmenschen, die dem verliebten Pärchen mit Ablehnung begegnen.

Ein gelber Kanarienvogel im Land Rot

Der Junge Yellow sucht in einem roten Supermarkt nach seinem entflogenen Kanarienvogel. Schreibt auf, was in dieser Szene passieren könnte.

Eine Biostunde im Land Rot

Erfindet eine Biostunde im Land Rot, in der es um die Wichtigkeit der roten Früchte geht. Erfindet auch Biostunden für die anderen Farbviertel.

Erbs beim Arzt

Die Eltern von Erbs machen sich Sorgen, weil er sich einen roten Punkt gewünscht hat. Sie gehen mit ihm zu Dr. Giftgrün. Schreibt die Szene, als Erbs beim grünen Arzt ist.

Beim Bürgermeister im Rathaus

Die Schreckensnachricht, dass die Kinder die Kreidestriche zwischen den Grenzen entfernt haben, ist bis zu den Bürgermeistern der einzelnen Farbviertel vorgedrungen. Sofort wird in jedem Land eine Krisensitzung im Rathaus einberufen. Schreibt die Szenen dieser Sitzung für jedes Farbviertel. Kommen die Gespräche zu einer Lösung?

Talkshow: Hilfe, mein Kind ist bunt!

Schreibt eine Talkshow, die nach dem Wegwischen der Kreidestriche und dem Vermischen der Kinder stattfindet, mit dem Thema „Hilfe, mein Kind ist bunt“. Aus jedem Viertel sollten hier Gegner und Fürsprecher der neuen Gemeinschaft auftreten, unter anderem natürlich auch Erbs und die anderen Kinder.

Bühnenbild, Requisiten und Beleuchtung

Wenn die Szenen fertiggeschrieben sind, dann ist es an der Zeit, dass ihr euch Gedanken zu Bühnenbild, Requisiten und Beleuchtung der einzelnen Szenen macht. Hier sind die im Deutschbuch und auf der **Kopiervorlage** „In einem Klassenzimmer in Grün“, S. 158 angefangenen Szenen ausgewählt, zu denen ihr euch Gedanken machen sollt.

1 *Vervollständigt die Tabelle mit eigenen Ideen für Bühnenbild, Requisiten, Beleuchtung und eigene Szenen.*

2 *Erstellt nun eine ähnliche Tabelle für eure selbst ausgedachten Szenen.*

3 *Arbeitet anhand dieser Tabelle eure Szenennotizen im Textbuch aus.*

Szene	Bühnenbild	Requisiten	Beleuchtung
In einer Schule im Land Grün (Kopiervorlage „In einem Klassenzimmer in Grün“)	Ein Klassenzimmer, Fenster mit grünen Gardinen ...	Grünes Pult, grüne Tische und Stühle ...	Grüne Beleuchtung ...
In der Disco (Blauer Planet; Deutschbuch, S. 141/142)	Tanzfläche ...		Blaues, bewegliches Discolicht ...
Erbs und seine Eltern beim Mittagessen (Deutschbuch, S. 144)		Grüne Teller ...	
Roger und Himmel auf der Grenze zwischen den Ländern Blau und Rot (Deutschbuch, S. 145)		Rote Bank im Land Rot ...	
Eine gelbe Rose im Land Grün (Deutschbuch, S. 139)		Grüne Bäume, Grünpflanzen, grüner Zaun ...	Grüne Beleuchtung, heller gelber Strahl ...

KOPIERVORLAGE

10 „Das fliegende Klassenzimmer" – Roman und Film im Vergleich

Konzeption des Gesamtkapitels

Ausgangspunkt dieses Kapitels ist ein rezeptionsästhetischer Ansatz: Am Beispiel von Erich Kästners „Das fliegende Klassenzimmer" werden die Schülerinnen und Schüler über das Medium Buch an eine Verfilmung herangeführt. Durch handlungs- und produktionsorientierte Aufgaben werden sie angeleitet, Bücher und Filme nicht nur zu konsumieren, sondern über das Gelesene und Gesehene zu reflektieren und die Unterschiede zwischen den Medien bewusst wahrzunehmen. Dabei sollen nach Möglichkeit die Vorerfahrungen der Schülerinnen und Schüler beim Betrachten von Filmen so weit wie möglich berücksichtigt und in den Unterricht mit einbezogen werden. Die bereits in Jahrgangsstufe 5 erworbenen Kenntnisse über filmsprachliche Mittel werden erweitert und vertieft.
Im ersten Teilkapitel **(„Figuren und Handlung im Roman untersuchen")** wird den Schülerinnen und Schülern über die Beschreibung von Illustrationen aus Kästners „Roman für Kinder" ein Zugang zu dem Thema ermöglicht. Anschließend erarbeiten die Schülerinnen und Schüler an verschiedenen Textbeispielen Schlüsselstellen des Romans. Auch Hinweise für die mögliche Erarbeitung des weiteren Inhalts des Romans und zur Beschäftigung mit dem Autor Erich Kästner werden gegeben. Dabei wird zwar die Lektüre der Ganzschrift empfohlen, die Aufgaben sind aber so gestaltet, dass auch ausgehend von den Texten im Schulbuch ein Vergleich mit der Verfilmung in ausgewählten Szenen möglich ist.
Das zweite Teilkapitel **(„Die Verfilmung des Romans – Mit der Kamera erzählen")** gibt Einblicke in die Verfilmung des Romans. Es werden Parallelen zum Buch gezogen, Übereinstimmungen und Unterschiede gesucht. Anschließend diskutieren die Schülerinnen und Schüler ihre persönlichen Erfahrungen mit den Medien Buch und Film. An ausgewählten Beispielen werden sie für unterschiedliche Wirkungen von bestimmten Einstellungsgrößen und Kameraperspektiven sensibilisiert. In handlungs- und produktionsorientierten Verfahren vertiefen die Schülerinnen und Schüler ihre Kenntnisse.
Im letzten Teilkapitel **(„Projekt: Ideen rund um ‚Das fliegende Klassenzimmer'")** werden Anregungen für handlungs- und produktionsorientierte Möglichkeiten der Auseinandersetzung mit dem Roman- und Filmstoff gegeben. So kann das im Roman vorkommende Theaterstück der Romanfigur Johnny Trotz aufgeführt, der Raptext aus dem Film musikalisch umgesetzt oder ein Romanausschnitt in eine Hörspielszene umgestaltet werden.

Literaturhinweise

Filmanalyse. Themenheft. Praxis Deutsch 140/1996

Hickethier, Kurt: Filmsprache und Analyse. Zu den Kategorien der filmischen Produktanalyse. In: Der Deutschunterricht 4 (1981)

Monaco, James: Film verstehen. Reinbeck 2002

Mounier, Barbara: Filmheft zum „Fliegenden Klassenzimmer". Kostenloser Download: http://www.film-kultur.de/filme/das_fliegende_klassenzimmer.html

Witzmann, Cornelia: Das fliegende Klassenzimmer. Ein Leseprojekt. Cornelsen, Berlin 2005

	Inhalte	Kompetenzen
S. 151	**10.1 Figuren und Handlung im Roman untersuchen**	Die Schülerinnen und Schüler können – den Inhalt eines Textauszugs in eigenen Worten wiedergeben – selbstständig Fragen zu einem Text beantworten – aus Inhalt und Sprache eines literarischen Textes die ungefähre Entstehungszeit erschließen – die Darstellung der Figuren und der inneren Handlung in einem Romanauszug untersuchen – den Inhalt eines Romanauszugs in einer anderen Textsorte zusammenfassen (Bericht) – selbstständig Informationen über einen Autor aus unterschiedlichen Quellen beschaffen und einen Lebenslauf zusammenstellen
S. 152	**Das erste Kapitel**	
S. 154	**Das zweite Kapitel – Ulis Angst vor der Angst**	
S. 155	**Das achte Kapitel – Warum Uli einen Schirm mitbrachte**	
S. 157	**Erich Kästner und seine Romane vorstellen**	
S. 158	**10.2 Die Verfilmung des Romans – Mit der Kamera erzählen**	– Fotos aus dem Film beschreiben und sie inhaltlich Szenen aus dem Roman zuordnen – Situationen und Charaktere aus Film und Buch vergleichen und bewerten – Möglichkeiten des Mediums Film denen des Mediums Buch gegenüberstellen – Möglichkeiten und Wirkungsweisen der Aufnahmetechnik (Kameraführung, Einstellungsgrößen, Perspektiven) an Beispielen benennen und ansatzweise erläutern – Tomy Wigands Verfilmung begründet beurteilen und eine Filmkritik verfassen
S. 158	**Der Film und sein Inhalt**	
S. 160	**Der Film in der Kritik**	
S. 162	**Die Kamera – Einstellungsgrößen und Perspektiven**	
S. 164	**10.3 Projekt: Ideen rund um „Das fliegende Klassenzimmer"**	– Auszüge aus dem Roman szenisch umsetzen – selbstständig Textabschnitte aus dem Roman in einen Dialog für ein Drehbuch umschreiben und szenisch umsetzen – die Funktion der Musik im Film erkennen – ein Lied weiterschreiben oder selbst verfassen und szenisch umsetzen – eine Szene aus dem Roman in ein Hörspiel umschreiben und auf Kassette aufnehmen
S. 164	**Eine Romanszene für die Bühne gestalten**	
S. 165	**„Das fliegende Klassenzimmer" – Ein Rap**	
S. 166	**Hörszenen gestalten**	
S. 167	**Eine Romanszene verfilmen**	
S. 168	**Den Film beurteilen – Lerntagebuch**	

10.1 Figuren und Handlung im Roman untersuchen

S. 151

Auftaktseite

1 *Die Schülerinnen und Schüler sollen zunächst frei ihre Assoziationen zum Titel „Fliegendes Klassenzimmer“ nennen. Mögliche Vorstellungen sind zum Beispiel: Ein Klassenzimmer befindet sich in einem Flugzeug; ein Klassenzimmer fliegt in die Luft; es handelt sich um ein Theaterstück; es ist nicht der Raum gemeint, sondern die Klassengemeinschaft; eine Klasse hat einen Flug gewonnen; es handelt sich um den Namen eines Klassenzimmers.*

2 *a/b) In einem zweiten Schritt erfolgt die Hinführung zum Thema über visuelle Eindrücke: Die Schülerinnen und Schüler sollen sich die Illustrationen aus dem Buch genau ansehen, möglichst viele Details beschreiben und ihre Assoziationen dazu äußern. Auch mögliches Vorwissen kann an dieser Stelle eingebracht werden. Indem die Kinder z. B. den Charakter einzelner Personen, die Stimmung von Personengruppen zu beschreiben versuchen und über Handlungsabläufe Vermutungen anstellen, erkennen sie, dass die Bilder ganz bestimmte Erwartungshaltungen beim Leser bzw. Zuschauer hervorrufen.*
Schülerinnen und Schüler mit Vorwissen über den Roman oder den Film können auch versuchen, die Illustrationen bestimmten Handlungsabläufen in Film oder Roman zuzuordnen.

S. 152

Das erste Kapitel

3 *In diesem Textauszug wird das inhaltliche Grundverständnis der Geschichte vermittelt; die folgenden Teilkapitel bauen auf diesem Wissen auf. Zugleich wird mit dem „offenen Ende“ des Textauszugs das Interesse der Schülerinnen und Schüler geweckt.*
- ***Ort:** Johann-Sigismund-Gymnasium; im Speisesaal des Internats (Z. 1–22), vor und in der Turnhalle (Z. 23–76), im Schulhof (Z. 77–85)*
- ***Jahreszeit:** im Winter; ein Weihnachtsstück wird geprobt (Z. 24 u. 32)*
- ***Personen:** Gymnasiasten/Tertianer; die Internatsschüler Matthias Selbmann, Uli von Simmern, Johnny Trotz, Martin Thaler; zwei Externe: Fridolin und (abwesend, da gefangen) Rudi Kreuzkamm*
- ***Inhalt:** Es geht um Streitigkeiten zwischen Gymnasiasten und Realschülern; die Gymnasiasten proben gerade ein Bühnenstück, das sie zur Weihnachtsfeier aufführen wollen, als sie erfahren, dass die Realschüler zwei Klassenkameraden auf dem Nachhauseweg überfallen und einen davon gefangen genommen haben. Die Gymnasiasten nehmen die Verfolgung der Realschüler auf.*

5 *Dass das Buch vor mehreren Jahrzehnten (1933) geschrieben wurde, lässt sich an Begriffen wie „Tertianer“ und „Primaner“, aber auch an alten Bezeichnungen für Geld „Pfennige“, „Groschen“ belegen. Auch die Schulmütze (als Bestandteil einer Schuluniform), Primus (Klassenbester), das Internatsleben (zweihundert Schemel werden gerückt), eine fremde Lebenswelt (eine Tüte Kuchenränder kaufen) und der Sprachstil (Angströhre, Gartenwache, aus dem Tore) lassen auf großen zeitlichen Abstand schließen. Das Gymnasium wurde früher von der Abiturklasse ausgehend in sechs Klassenstufen eingeteilt und lateinisch gezählt: die Prima (Ober- und Unterprima), die Sekunda (Ober- und Untersekunda), die Tertia (Ober- und Untertertia), die Quarta, die Quinta und die Sexta, woraus sich neun Jahre Gymnasialzeit ergeben. Die Sextaner waren demnach die „Erstklässler“, die Primaner die „Kollegiaten“; das Gymnasium schloss mit der Matura (= Reifeprüfung) ab, dem heutigen Abitur. In Österreich sind die lateinischen Begriffe teilweise heute noch in Gebrauch, allerdings in anderer Zählweise. – Die Gymnasiasten, um die es hier geht, besuchen also nach heutiger Zählung die 8. Klasse.*

6 *Erklärungsbedürftige Begriffe können sein: Internat (Z. 4) – Tertianer (Z. 6) – Portmonee (Z. 12) – Groschen (Z. 13) – Primaner (Z. 18) – Primus (Z. 36) – Schülermütze (Z. 51) – Externer (Z. 56). Die Schülerinnen und Schüler erklären sie – soweit möglich – aus dem Zusammenhang oder schlagen sie in einem Lexikon nach. Die Auseinandersetzung mit dem Autor kann auch an das Ende des Kapitels gerückt werden, um die Beschäftigung mit dem Roman nicht zu unterbrechen.*

7 *a/b) Zu den im ersten Kapitel eingeführten Figuren siehe Aufgabe 3. Näher eingegangen wird im ersten Kapitel vor allem auf die Freunde Matthias, Uli und Johnny. Matthias und Uli werden auch näher beschrieben: **Matthias** hat immer Hunger (Z. 8–10 u. 29f.), braucht daher immer Geld (Z. 20), hat keine Angst (Z. 18–20), will später*

*Boxer werden (Z. 30), ist nicht besonders gut in der Schule (Z. 74f.). – **Uli** ist klein und blond (Z. 11), immer ängstlich (Z. 14–17 u. 83f.), möchte gern mit seinem Freund Matthias mithalten (Z. 86f.). – Von **Johnny** wird berichtet, dass er Primus ist, das Weihnachtsstück geschrieben hat und auch das Bühnenbild malt (Z. 24–27).*

8 *Beispiel für eine mögliche Lösung:*
Das erste Kapitel von Erich Kästners Roman „Das fliegende Klassenzimmer" führt die Leser in die Handlung ein. Die Hauptfiguren Uli und Matthias nehmen im großen Speisesaal des Kirchberger Internats an einer Theaterprobe teil. „Das fliegende Klassenzimmer" soll Weihnachten aufgeführt werden. Mitten in die Probe platzt Fridolin, ein Mitschüler, mit der Nachricht herein, dass er von den Realschülern überfallen worden sei. Er berichtet, dass die Realschüler seinen Freund Kreuzkamm gefangen genommen hätten und nun im Besitz der Diktathefte seien, die Kreuzkamm seinem Vater, einem Deutschlehrer am Internat, zum Korrigieren bringen sollte. Uli, Matthias und seine Freunde rennen aus der Turnhalle, um Kreuzkamm zu helfen.

9 *Die Spannung ist ganz deutlich darauf ausgerichtet, dass man als Leser erfahren möchte, was mit Kreuzkamm geschieht, ob er befreit werden kann, was mit den Diktatheften geschehen wird. Außerdem möchte man sicher erfahren, warum sich die Internatsschüler und die Externen streiten und wer der „Nichtraucher" ist.*

S. 154

Das zweite Kapitel – Ulis Angst vor der Angst

1 *Matthias beherrscht die Rechtschreibung nicht gut und erwartet daher beim Diktat keine gute Note. Er stellt sich vor, dass es für ihn von Vorteil wäre, wenn die Hefte verloren gingen (Z. 7–21).*

2 *Uli wäre gern so wie sein Freund Matthias: Er wäre lieber schlechter in der Schule, aber dafür ein bisschen mutiger (Z. 24–29). Matthias ist in dieser Hinsicht ein Vorbild für ihn. Uli leidet unter seiner Feigheit und vor allem darunter, dass ihm die anderen nichts zutrauen. Er sieht aber auch keine Möglichkeit, sein Verhalten zu ändern (Z. 41–50). Außerdem hat Uli starkes Heimweh (Z. 65–68).*

3 *a) Matthias sorgt sich sehr um seinen Freund. Bei seinen Ratschlägen geht er aber vor allem von dem aus, was für ihn selbst richtig wäre („Du isst zu wenig", Z. 61). Matthias glaubt, dass sich die Einstellung der anderen gegenüber Uli ändern würde, wenn er einmal vor allen seinen Mut beweisen würde (Z. 51–56).*

4 ***Gefühle von Uli:** „Trotzdem würde ich sofort mit dir tauschen ..." (Z. 24–29); „niedergeschlagen" (Z. 41); „Er schämte sich" (Z. 68); in den Zeilen 43–50 und 57f. werden die Gefühle indirekt angesprochen.*
***Gefühle von Matthias:** „voller Genugtuung" (Z. 3f.); „ich hab das dunkle Gefühl ..." (Z. 7f.), „über sich selber empört" (Z. 70).*

5 *a) **Uli** ist intelligent, klug, ängstlich, vorsichtig, manchmal feige, traut sich nichts zu, ist sehr nachdenklich.*
***Matthias** ist in der Schule nicht so begabt, er ist mutig, stark, ein wenig naiv.*

S. 155

Das achte Kapitel – Warum Uli einen Schirm mitbrachte

1 *Uli geht auf den Vorschlag von Matthias ein, etwas Besonderes zu machen, um sich allen von einer anderen Seite zu präsentieren. Der Sprung ist für ihn eine Mutprobe. Uli will sich damit selbst befreien aus seiner Ängstlichkeit, sich vor den anderen Respekt verschaffen (wie Matthias es gesagt hat). Er bedenkt nicht, dass der Rat von Matthias nicht klug war: Ob die anderen wirklich so reagieren, wie er es sich vorstellt, ist nicht gesagt. Uli denkt außerdem überhaupt nicht an das Risiko, das mit dem Sprung verbunden ist: Er könnte sich lebensgefährlich verletzen.*

2 *a) Matthias wollte seinem Freund Uli unbedingt helfen. Allerdings hat er nicht bedacht, welche Folgen sein Ratschlag haben könnte. Einerseits weiß er, dass sich Ulis Situation ändern muss, andererseits will er nicht, dass ihm etwas passiert. Nach dem Sprung von Uli ist er einerseits stolz auf seinen Freund, dass dieser den Sprung gewagt hat, andererseits hat er Angst um ihn und ein schlechtes Gewissen, weil er den Ratschlag mit der Mutprobe gegeben hat.*

b) Zunächst begreift Matthias nicht, was Uli vorhat. Als er Uli auf dem Turm sieht, hat er nur noch Angst um ihn.

3 *Bei der Befragung wird Matthias von der Ängstlichkeit Ulis berichten, von seinem Problem, in der Klasse nicht anerkannt zu werden; er wird auch erzählen, dass er als Ulis Freund ihm den Rat gegeben hat, sich durch eine besondere Leistung vor den anderen zu profilieren und so die Wertschätzung der Klasse zu erreichen. Dass er sich diesen gefährlichen Sprung als Mutprobe ausgedacht hat, das hat Matthias nicht gewusst und hätte es sicherlich verhindert (Z. 68: „Tu's nicht!"), wenn er davon rechtzeitig erfahren hätte. – Die Antwort sollte die persönlichen Gefühle von Matthias deutlich werden lassen.*

4 *Die Schülerinnen und Schüler sollen das Ereignis in sachlichem Stil wiedergeben. Der Bericht muss in knapper Form die Gründe für den Sprung angeben, über die Reaktion der Zuschauer und die Folgen informieren.*

6 *– Dr. Bökh wird „Justus" genannt.*
– Der „Nichtraucher" heißt mit bürgerlichem Namen Dr. Robert Uthoff.
– Es tauchen keine weiblichen Figuren im Roman auf.
– Das Lokal heißt „Zum letzten Knochen".
Das Quiz erfordert sowohl für die Formulierung von Fragen als auch für deren Beantwortung genaues Lesen, weshalb es sich gut eignet, den Inhalt des Romans zu sichern.

S. 157

Erich Kästner und seine Romane vorstellen

1 *Aus dem Klappentext erfährt man, dass der Autor Erich Kästner weltbekannt ist und viele Preise bekommen hat. Außerdem wird seine Einstellung zu Kindern deutlich: Er nimmt sie mit ihren Problemen ernst, weil er zu den Erwachsenen gehört, die ihre eigene Kindheit nicht vergessen haben. Hierin ist auch seine Motivation zu sehen, neben Werken für Erwachsene gleichrangig Kinderromane zu schreiben, die von Kindern und Erwachsenen gleichermaßen gelesen werden.*

2 *Das Erich-Kästner-Museum in Dresden bietet auf der genannten Internetseite eine umfangreiche Biografie an, die von den Schülerinnen und Schülern genutzt werden kann, wichtige Daten für den zu erstellenden Lebenslauf zu ermitteln. Besonders interessant ist das Erscheinungsjahr des „Fliegenden Klassenzimmers": Im Jahr 1933 fand auch die Bücherverbrennung durch die NSDAP statt und wurde Kästner ein Schreibverbot erteilt. Im Unterrichtsgespräch sollten die Gründe dafür thematisiert werden, warum wohl Kästners Werke verboten wurden.*
Fotos und Illustrationen können aus Büchern kopiert, aber auch vom Internet heruntergeladen werden; ergiebig ist die Suche über die Funktion „Bildsuche" bei Suchmaschinen. Es ist allerdings sinnvoll, die Anzahl der Suchergebnisse von vornherein durch die Kombination von Suchbegriffen einzuschränken. Eine weitere interessante Internetadresse ist die des Deutschen Historischen Museums: http://www.dhm.de/lemo/html/biografien/KaestnerErich/.

3 *Hinweise dafür, wie der Kurzvortrag im Wesentlichen vorbereitet und abgehalten werden kann, finden sich auch in Aufgabe 5 auf Seite 156 im Schülerbuch.*
Wichtig für eine Buchvorstellung ist es, auch auf die beiden Vorworte Kästners und auf die Kapitelüberschriften einzugehen. Kästner stellt im Vorwort die Probleme der Kinder mit denen der Erwachsenen gleich. Er hält den Humor für die wichtigste Waffe gegen den Ernst des Lebens :„Und seid lustig, dass euch vor Lachen der kleine Bauch wehtut!" Der Roman hat eigentlich nur ein Vorwort – in zwei Abteilungen. Jeder Abteilung ist ein „Inhaltsverzeichnis" in Stichworten vorangestellt. In der ersten Abteilung berichtet Kästner über die Verwirklichung eines lang geplanten Vorhabens, eine Weihnachtsgeschichte zu schreiben. Ausgerechnet im Hochsommer erinnert ihn seine Mutter daran und er fährt, um überhaupt in Stimmung zu kommen, auf ihren Rat hin nach Oberbayern, wo er am Fuß der Zugspitze in einem Hotel ein Zimmer nimmt, sodass er zumindest den ewigen Schnee auf dem Gipfel sehen und z. B. eine Schneeballschlacht beschreiben kann. In der zweiten Abteilung des Vorworts resümiert er darüber, dass Kinder genauso Probleme haben wie Erwachsene, warnt seine jungen Leserinnen und Leser, ihre Kindheit zu vergessen, und führt als Beispiel für ein schweres Kinderschicksal den Lebensweg von Jonathan Trotz an, der Romanfigur, nach deren Stück der Roman benannt ist. Auch der Ort der Handlung wird vorgestellt und erklärt: das Internat des Johann-Sigismund-Gymnasiums zu Kirchberg.

Mögliche **Zusatzaufgabe** für *Leistungsstärkere:*

1 *Kästner stellt jedem Kapitel eine Art „Inhaltsverzeichnis" in Stichworten voran. Wähle ein Kapitel aus und löse den Vorspann dieses Kapitels in ganze Sätze auf. Versuche dabei zu klären, welche Perspektive jeweils angesprochen ist.*

Mögliche Lösung (anhand der „Inhaltsangabe" des zweiten Kapitels):

1 *Das zweite Kapitel enthält Näheres über den Nichtraucher. (Inhalt / Spannung)*
Das zweite Kapitel enthält drei orthografische Fehler. (Rechtschreibung / Humor / Schülerebene)
Das zweite Kapitel enthält Ulis Angst vor der Angst. (wichtiges psychologisches Detail einer Figur / Empathie durch Schüler / Kästner als Pädagoge)
Das zweite Kapitel enthält den Kriegsrat im Eisenbahnwaggon. (Inhalt / Hinweis auf eine bestimmte Szene / Spannung)
Das zweite Kapitel enthält ...

Kästner informiert seine jungen Leserinnen und Leser über den Inhalt des Kapitels wie über den Inhalt einer Überraschungskiste, die verschiedene Gegenstände „enthält", wobei Wichtiges (Ulis Angst, die Geschichte des Nichtrauchers) neben scheinbar Unwichtigem (drei Rechtschreibfehler) steht. Wenn die Schülerinnen und Schüler allerdings das Kapitel gelesen haben, werden sie feststellen, dass Ulis Angst, seine Scham wegen seiner Feigheit, in der Rechtschreibschwäche seines Freundes Matthias (Matz) ihr Pendant hat. Ulis Schwäche ist Matzens Stärke und umgekehrt; aber Matz schämt sich seiner Schwäche nicht. Was Uli fehlt, ist Selbstvertrauen. Insofern ist die Information über die Rechtschreibschwäche von Matz durchaus wichtig. Die Schülerinnen und Schüler können in Gruppenarbeit die beiden anderen im Schülerbuch abgedruckten „Inhaltsverzeichnisse" vom vierten und achten Kapitel ebenso in ganze Sätze umformulieren, das entsprechende Kapitel lesen und so das scheinbar Unwichtige auf seine Bedeutung hin untersuchen.

Bei entsprechendem Interesse für andere Werke von Erich Kästner kann darauf hingewiesen werden, dass auch die Kapitel in dem Roman „Das doppelte Lottchen" mit solchen stichwortartigen „Inhaltsverzeichnissen" versehen sind. Diese könnten als Grundlage für eine **Buchvorstellung** (Schülerbuch, S. 157) dienen und zur Lektüre weiterer Kinderromane von Erich Kästner anregen.

10.2 Die Verfilmung des Romans – Mit der Kamera erzählen

S. 158

Der Film und sein Inhalt

1 *Das* ***Filmplakat*** *zeigt Ulis Sprung, aber mit zwei Ballons statt mit Schirm.*
Bild rechts oben: *Johnny verhandelt mit einem Mädchen (Mona), das zu den Externen gehört. Im Buch tauchen keine Mädchen auf.*
Rechts Mitte: *Professor Kreuzkamm und Uli im Papierkorb*
Bild links unten: *Szene im Keller mit dem gefesselten Rudi Kreuzkamm*
Bild rechts unten: *Szene aus dem Stück von Johnny Trotz*

2 *In der Verfilmung gibt es viele Aktualisierungen, um das Thema auch für das heutige Publikum attraktiv zu gestalten. Diese Unterschiede werden teilweise bereits aus der Inhaltsangabe deutlich. Folgende inhaltliche Unterschiede zwischen Film und Buch lassen sich feststellen:*
- *Der Nichtraucher wohnt seit 20 Jahren nicht mehr in einem Eisenbahnwaggon. Er wird eher geschildert als Weltenbummler, der aus der Ferne wieder in die Heimat zurückgekehrt ist.*
- *Dass Justus und der Nichtraucher sich so lange nicht gesehen haben, wird mit der Geschichte der DDR erklärt.*
- *Im Internat gibt es Kinder aus allen sozialen Schichten.*
- *Die rivalisierenden Schülergruppen sind jetzt nicht mehr Gymnasiasten und Realschüler, sondern Internatsschüler und Externe.*
- *In die Geschichte werden auch weibliche Figuren eingeführt. Das Thema „erste Liebe" kommt vor.*
- *Jonathan kommt neu ins Internat und muss sich erst einleben.*
- *Martin Taler leidet unter der Trennung seiner Eltern und nicht unter seiner Armut.*
- *Uli segelt mit Luftballons vom Dach.*
- *Das Theaterstück wird nicht von den Schülern geschrieben. Das Stück, dessen vergilbtes Manuskript sie finden, hatten Justus und der Nichtraucher verfasst. Die Schüler machen daraus eine Art Musical mit Rapmusik.*

4 – *Der Film wurde von Februar bis April 2002 in Leipzig, Naumburg und München gedreht.*
– *Regie führte Tomy Wigand.*
– *Das Drehbuch schrieben Henriette Piper, Franziska Buch und Uschi Reich.*
– *Die Hauptrollen und ihre Darsteller:*
Jonathan Trotz (Hauke Diekamp), Justus Bökh (Ulrich Noethen), Professor Kreuzkamm (Piet Klocke), der Nichtraucher (Sebastian Koch), Martin Thaler (Philipp Peters-Arnolds), Matz Selbmann (Frederick Lau), Uli von Simmern (Hans Broich-Wuttke), Rudi Kreuzkamm (François Göske);
abweichend vom Roman: Mona Egerland (Theresa Vilsmaier), Kathrin (Anja Kling).
– *Der Film dauert 114 Minuten.*

Unter www.das-fliegende-klassenzimmer.de/noßash/content_schauspieler.html bzw. www.odeonfilm.de werden neben kurzen Informationen zu Inhalt, Aufführungsort und -zeit die Hauptrollen und ihre Darsteller genannt. Dies kann als Vorlage dienen für ein eigenes Theaterprojekt (drittes Teilkapitel). Unter http://www.film-kultur.de/filme/das_fliegende_klassenzimmer.html kann ein Filmheft als Begleitmaterial zur Vor- und Nachbereitung im Unterricht heruntergeladen werden. Die vom Institut für Kino und Filmkultur bereitgestellten (kostenlosen) Hefte für Lehrkräfte gibt es zu einer Reihe interessanten Filmen. Sie enthalten eine Inhaltsangabe, entfalten die Problemstellung, geben Erläuterungen zur Filmsprache und Hinwese für den Einsatz im Unterricht.

5 *Die Schülerinnen und Schüler notieren zunächst im Detail, worauf sie achten wollen, z. B.:*
– *Hauptdarsteller (Aussehen, Alter, Sprechweise, Charakter ...)*
– *Kameraführung (Einstellungsgrößen, Aufnahmeperspektive, Perspektivenwechsel ...)*
– *Vertonung (Filmmusik, Soundtrack, Geräusche ...)*
– *Requisiten, Kostüme, Wechsel von Innen- und Außenaufnahmen*
– *Übereinstimmung mit dem Roman/Abweichungen vom Roman*

S. 160

Der Film in der Kritik

1 *Die erste Phase einer Filmbesprechung sollte Raum für spontane Äußerungen geben. Daraus kann die weitere Besprechung im Unterricht abgeleitet werden. Folgende Untersuchungsaspekte werden in den Sprechblasen berührt:*
– *Unterschied Film/Buch*
– *Filmsprachliche Mittel*
– *Inhaltliche Fragestellungen zum Film*

4 *Zur Bearbeitung dieser Aufgabe können die Ergebnisse von Aufgabe 2 auf Seite 159 im Schülerbuch herangezogen werden. Als Vorbereitung einer Filmkritik werden nun Meinungen und Argumente gesammelt, die die Romanverfilmung als gelungen oder misslungen einstufen. Die Notizen können auch an der Tafel festgehalten werden. Abschließend kann eine Umfrage in der Klasse mit Punktvergabe für Schauspieler, Regisseur, Kameraführung etc. gestartet und das Ergebnis ggf. in einem Diagramm visualisiert werden.*
Als Kritik könnte angemerkt werden, dass der Film im Vergleich zum Buch auf mehreren Ebenen stark reduziert und vereinfacht. Im Film werden die reflexiven Passagen des Buches kaum umgesetzt, aktionsreiche Szenen überwiegen. Die Handlungsstruktur ist stark vereinfacht, Nebenhandlungen sind ausgespart. Die Happy-End-Situation wird im Film stark betont.

5 *Im Merkkasten ist aufgelistet, was alles zu einer guten Filmkritik gehört. Mit Hilfe der in den vorangegangenen Aufgaben erarbeiteten Ergebnisse verfasst jede Schülerin und jeder Schüler eine eigene Filmkritik. Es kann hier auch in Gruppen gearbeitet werden, deren Mitglieder zu einem ähnlichen Urteil gekommen sind. Diese Aufgabe eignet sich für Computerarbeit. – Die Kritik ist auch in Form eines (Leser-)Briefes möglich.*
Wichtig ist, dass die Schülerinnen und Schüler auf die Verwendung der filmsprachlichen Mittel und ihre Wirkungen eingehen (Einstellungsgrößen, Kameraführung, Perspektiven u. a.). Auffallend ist auch die Verwendung von Spezialeffekten, wie z. B. Brauntönung (Sepia-Effekt) von Filmszenen, um sie „alt“ erscheinen zu lassen. So werden Rückblenden, Erinnerungen visuell eindeutig erkennbar. – Wichtig für die Vermittlung der Atmosphäre auf den Zuschauer ist die Musik im Film. Die Schülerinnen und Schüler sollten prüfen, ob es für bestimmte Figuren Leitmotive gibt. Sie sollten beschreiben, welche Wirkung die Rapmusik hat. Im Film kommt auch klassische Musik vor. Inhaltlich motiviert ist dies beim Auftritt der Thomaner und bei der Weihnachtsfeier. Ungewöhnlich ist, dass die Schneeballschlacht musikalisch mit Ausschnitten aus dem Weihnachtsoratorium von Bach unterlegt wird. Zu erklären ist dies im Film dadurch, dass zur gleichen Zeit die Thomaner das Oratorium aufführen.

S. 162

Die Kamera – Einstellungsgrößen und Perspektiven

1 a/b) **Links oben:** *Johnny und Matthias beobachten Ulis Sprung; Einstellungsgröße: nah; Wirkung: Ulis beste Freunde sind gemeinsam zu sehen, an ihrer Mimik sind die Gefühle deutlich ablesbar: Angst, Sorge, Anspannung.*
Rechts oben: *Uli auf dem Turm vor dem Sprung; Einstellungsgröße: groß; Gesicht steht ganz im Vordergrund: Auf seinem Gesicht spiegeln sich Stolz, Zufriedenheit und Konzentration.*
Unten: *Schüler gehen zum angekündigten Ereignis (Ulis Sprung) auf den Schulhof; Einstellungsgröße: Totale, die gesamte Umgebung ist sichtbar. Man soll erkennen, dass alle zu dem Ereignis eilen und dass Uli auf einem Turm steht.*

2 a/b) **Bild oben:** *Die Froschperspektive wirkt oft bedrohlich, da das Abgebildete größer und mächtiger erscheint, der Blick des Zuschauers richtet sich nach „oben“; die Perspektive unterstreicht die Gefahr, der sich Uli aussetzt, wenn er tatsächlich mit seinem selbst gebauten Flugobjekt springen sollte.*
Bild unten links: *Dieses Bild wurde aus der Vogelperspektive aufgenommen: Die Freunde wirken klein und weit weg. Die Zuschauer sehen aus Ulis Perspektive nach unten; er ist ganz allein auf sich gestellt. Auch hier wird vermittelt, in welche Gefahr sich Uli begibt.*
Bild unten rechts: *Augenhöhe: Die Jungen schließen Freundschaft. Der Händedruck besiegelt, dass Johnny aufgenommen ist in die Gemeinschaft. Der Zuschauer soll sich identifizieren. Es ist, als ob er auch zur Gruppe gehörte.*

Mögliche **Zusatzaufgaben:**

1 *Erklärt folgende Begriffe in Form eines Lexikonartikels:*
- *Akt, Filmmusik, Drehbuch*
- *Kritik (Filmkritik), Kulisse, Rap*
- *Regie/Regisseur, Requisiten, Song*
- *Soundtrack, Szene, Uraufführung*

2 *Folgende Aufgabe kann als Quiz bearbeitet werden:*
1. *Die Perspektive bietet einen Überblick über den gesamten Handlungsort. – Antwort: Totale.*
2. *Ein Objekt (z. B. ein Gesicht) füllt das ganze Bild aus. – Antwort: groß.*
3. *Menschen werden etwa vom Knie an aufwärts gezeigt, die unmittelbare Umgebung ist erkennbar. – Antwort: halbnah.*
4. *Ein Ausschnitt wird dargestellt: Auge, Mund oder eine Einzelheit eines Gegenstandes. – Antwort: Detail.*
5. *Kopf, Schultern von Personen werden gezeigt, die Gesichtszüge sind genau erkennbar. – Antwort: nah.*

Als weitere mögliche **Zusatzaufgabe** *könnte auch ein Vergleich des Films von Wigand mit der alten Verfilmung von Werner Jacobs (1973, mit Joachim Fuchsberger) reizvoll sein. Dieser Film ist in Farbfassung (ursprünglich schwarzweiß) auf DVD erhältlich.*

10.3 Projekt: Ideen rund um „Das fliegende Klassenzimmer“

S. 164

Eine Romanszene für die Bühne gestalten

1 *Um herauszufinden, welcher Akt am besten zur Umsetzung in ein Theaterspiel geeignet ist, können die Schülerinnen und Schüler den Inhalt eines jeden Akts kurz zusammenfassen sowie das Bühnenbild und evtl. ein besonderes Requisit notieren, z. B. so:*
Das Stück „Das fliegende Klassenzimmer“ von Jonathan Trotz hat fünf Akte:
1. Akt: Der Geografielehrer besteigt mit seiner Klasse ein Flugzeug, um den Unterricht vor Ort abzuhalten. Die Schwester eines mitreisenden Schülers begleitet ihren Bruder. Bühnenbild: Flugzeug mit aufklappbarer Tür zum Einsteigen; Requisit: Schnurrbart für Studienrat, Gretchenzopf für Mädchen ...
2. Akt: Landung am Kraterrand des Vesuvs. Der Lehrer spricht über Vulkane, fragt die Schüler über Herculaneum und Pompeji aus und zündet sich an einer Flamme seine Zigarre an. Bühnenbild: Feuer speiender Berg; Requisit: Zigarre für Studienrat ...

3. Akt: Unterricht vor den Pyramiden von Gizeh über die Erbauung der Pyramiden; Ramses II. kommt aus einer Pyramide heraus und hält eine Lobrede auf den Nil und den Segen des Wassers. Als er auf seine Frage, ob die Welt schon untergegangen sei und sich die Weissagung seines Sterndeuters erfüllt habe, von dem Mädchen ausgelacht wird, verhext er es, das Mädchen folgt ihm in die Pyramide; allgemeine Trauer, Abflug zum nächsten Ziel. Bühnenbild: Pyramiden von Gizeh, Ausschnitt in einer Pyramide als Ausgang für Ramses; Requisiten: Betttuch für Mumie ...
4. Akt: Landung am Nordpol, die Erdachse ragt aus dem Schnee heraus, eine Funkfotografie von den abgeplatteten Polen wird an das Kirchberger Tagblatt geschickt; ein Eisbär besingt die Einsamkeit in Eis und Schnee, die Schüler schütteln ihm die Pranke und fliegen weiter. Bühnenbild: Eis- und Schneelandschaft mit aus der Erde herausragender Erdachse; Requisiten: Fotoapparat, Funkgerät, Bärenkostüm ...
5. Akt: Das Höhensteuer versagt, der Studienrat verliert die Orientierung, das Flugzeug landet im Himmel bei Petrus, der vor einem Weihnachtsbaum das Kirchberger Tagblatt liest. Petrus spricht kurz mit den Schülern, verbietet ihnen allerdings, im Himmel zu fotografieren; zaubert das Mädchen aus der Pyramide zurück, sodass es aus einer Wolke heraustreten kann. Bühnenbild: Wolkenstube mit Weihnachtsbaum; eine Wolke hat eine Klapptür, aus der das Mädchen heraustritt; Requisit: weißer Umhängebart für Petrus, Kirchberger Tagblatt, Fotoapparat ...
Ende des Stückes: Alle Beteiligten (und die Zuschauer) singen „Stille Nacht, heilige Nacht".

S. 165

„Das fliegende Klassenzimmer" – Ein Rap

1 *Das Wort „Rap" bedeutet „quasseln" (amerikanischer Slang); der Rap ist ein rhythmischer Sprechgesang aus der Hip-Hop-Kultur, die sich in den 70er-Jahren in der Bronx von New York City und in anderen Gettos amerikanischer Großstädte an der West- und Ostküste als Subkultur der schwarzen Bevölkerung entfaltet hat. Zur Hip-Hop-Kultur, Ausdruck der Findung einer eigenen Identität der schwarzen Jugendlichen, gehört auch der Breakdance mit seinen roboterhaften rhythmischen Bewegungen. Seit den 80er-Jahren hat sich in Deutschland die Hip-Hop-Szene mit dem Hit „Fremd im eigenen Land" von der Gruppe Advanced Chemistry als Ausdruck afrodeutschen Lebensgefühls formiert. Weitere Informationen hierzu können die Schülerinnen und Schüler bei entsprechendem Interesse im Internet finden. Auf der Website www.exil-club.de, einem Projekt von „Schulen ans Netz e. V.", finden sich der Artikel „Mit Hip-Hop gegen Rassismus" und Informationen über den Rap.*

2 *Es geht bei diesem Rap darum, dass jeder für sein Leben selbst verantwortlich ist, dass keiner gern allein ist und jeder Freunde braucht. Das Romanthema „Freundschaft" tritt auch hier wieder in den Vordergrund und kann noch einmal abschließend besprochen werden.*

3 *Bei der Themenwahl sollte den Schülerinnen und Schülern freie Hand gelassen werden. Mit dem abgedruckten Text soll ihnen lediglich ein Anlass für einen eigenen Songtext gegeben werden. In einem Rap geht es vor allem um die Dinge, die einer Person im Augenblick wichtig sind. Darum sollte im Vorfeld geklärt werden, was den Schülerinnen und Schülern wirklich am Herzen liegt.*

4 *In fachübergreifender Zusammenarbeit mit Musik können die besten Raps der Klasse vertont werden. Dies kann sowohl durch Instrumentalbegleitung geschehen, wenn genügend Schülerinnen und Schüler ein Musikinstrument spielen, als auch durch eine Auswahl von Musik-CDs mit Stücken, die in der Klasse vorgespielt und nach vorher festgelegten Kriterien (Rhythmus, Stimmung ...) bewertet und ausgewählt werden.*
Zur Vorbereitung kann der Raptext am Computer geschrieben und so formatiert werden, dass sich Zeichen für Hebungen und Senkungen, Betonung etc. gut anbringen lassen. Außerdem können jederzeit Veränderungen, Korrekturen und Ergänzungen vorgenommen werden.

S. 166

Hörszenen gestalten

Gut geeignet für eine Aufnahme als Hörspiel sind der 3., 4. und 5. Akt. Die Schülerinnen und Schüler erstellen in Gruppenarbeit ein Drehbuch und überlegen sich eine akustische Umsetzung des Bühnenbildes in Geräusche, den Text des Erzählers / der Erzählerin und die Sprechweise der auftretenden Personen; so könnte z. B. die Stimme der Mumie Ramses von weit her klingen (in einen Hohlraum, eine Vase o. Ä. sprechen), der Zauber müsste ebenfalls akustisch umgesetzt werden. Wenn Petrus das Tagblatt liest, raschelt eine Zeitung; der Weihnachtsbaum kann durch leise Weihnachtsmusik „hörbar" werden etc. In Verbindung mit dem Fach Musik kann nach passender Hintergrundmusik gesucht werden.

S. 167 **Eine Romanszene verfilmen**

1 *Die Schülerinnen und Schüler werden feststellen, dass der Romantext für das Drehbuch bearbeitet wurde: Handlungsorte sind markiert, Textstellen, an denen von keiner Handlung berichtet wird und nur nähere Erläuterungen eingefügt waren, werden gestrichen. Am rechten Rand werden die Handlungsorte (= künftige Drehorte) verzeichnet und Ideen für Kameraeinstellungen notiert.*

2 *a) Die Tabelle gibt den Aufbau und die wichtigsten Eintragungen (mit Oberbegriffen in der Kopfspalte) in einem Drehbuch vor. Den Schülerinnen und Schülern muss deutlich werden, dass in einem Drehbuch alles verzeichnet wird, was beim Drehen einer Szene von Regisseur, Kameramann, Schauspielern, Toningenieur, Requisiteur und Beleuchter beachtet werden muss.*

b) Besonders bei der Aufteilung der Szene in einzelne Handlungsschritte brauchen die Schülerinnen und Schüler erfahrungsgemäß Hilfe. Am besten sollte mit Beispielen aus dem gewählten Textauszug gezeigt werden, was mit einem „Handlungsschritt" gemeint ist. Besondere Sorgfalt ist auf die Umsetzung der Angaben für Kameraeinstellungen (dritte Spalte der Tabelle) zu legen. Die fertigen Drehbuchtexte sollten im Plenum vorgestellt und besprochen werden. Dabei sollten die Schülerinnen und Schüler bei der Präsentation ihres Vorschlags auch begründen, warum sie bestimmte Einstellungen und Perspektiven gewählt haben, welche Wirkung sie sich davon versprechen.

Vorschläge für Übungen und Klassenarbeiten

Vorschlag 1: Anhand von Fragen den Inhalt eines Textes erschließen

Siehe **Kopiervorlage** „Ulis Fallschirmabsprung in der Diskussion", S. 172. (Lösungen siehe S. 227 ff. und CD-ROM.) Der Anfang des neunten Kapitels, in dem Ulis Fallschirmabsprung diskutiert wird, bietet über die Beantwortung der Fragen zur Texterschließung hinaus je nach Leistungsstand der Klasse noch weitere Möglichkeiten der Bearbeitung. So kann der Text

- in Gruppenarbeit für eine Verfilmung vorbereitet (siehe Schülerbuch, S. 167, Aufgabe 2),
- für sinngestaltendes Lesen aufbereitet und vorgetragen werden (siehe Schülerbuch, S. 78) oder auch
- als Grundlage für eine Diskussion über Tapferkeit und Selbstbewusstsein dienen.

Vorschlag 2: Mit Hilfe der Fünf-Schritt-Lesemethode einen Text erschließen

Siehe **Kopiervorlage** „„Essen, Matz!"", S. 173 (Lösungen siehe S. 227 ff. und CD-ROM).
Hier lernen die Schülerinnen und Schüler eine professionelle Filmkritik kennen. Eine weiterführende Aufgabe für *Leistungsstarke* wäre die Erstellung einer analog aufgebauten Kritik zu einer aktuellen Buchverfilmung. Die besten – möglichst kontroversen – Ergebnisse könnten z. B. in der Schülerzeitung veröffentlicht werden.

Weiteres Übungsmaterial

Übungen im **„Deutschbuch Arbeitsheft 6"**:

- Erzähltexte vorlesen und vorstellen, S. 82 ff.
- Lesetraining, S. 82 ff.

Ulis Fallschirmabsprung in der Diskussion

Ulis Fallschirmabsprung war das Tagesgespräch in sämtlichen Arbeitszimmern. Und es herrschte eine einzige Meinung: Der kleine Simmern sei ein Mordskerl, und niemand habe geahnt, dass er eines Tages solcher Tollkühnheit fähig sein werde. Nur Sebastian widersprach. „Dieser Sprung hat doch nicht das Mindeste mit Tollkühnheit zu tun“, sagte er abweisend. „Uli war, als er von der Leiter sprang, nicht mutiger als vorher. Ihn trieb die Verzweiflung herunter.“
„Aber der Mut der Verzweiflung!“, rief ein Sekundaner. „Das ist der Unterschied. Es gibt sehr viele Feiglinge, die nicht im Traum daran dächten, von Leitern zu springen. Und wenn sie noch so verzweifelt wären.“
Sebastian nickte wohlwohlend. „Das stimmt schon“, meinte er. „Aber der Unterschied zwischen ihnen und Uli liegt nicht auf dem Gebiet der Tapferkeit.“
„Sondern?“
„Der Unterschied ist der, dass sich Uli mehr schämen kann als sie. Uli ist nämlich ein völlig einfacher, naiver Junge. Sein Mangel an Mut stört ihn selber am allermeisten!“ Sebastian überlegte eine Weile. Dann fuhr er fort: „Eigentlich geht euch das, was ich jetzt sagen will, gar nichts an. Aber habt ihr schon einmal darüber nachgedacht, ob ich Mut habe? Nichts ist euch aufgefallen! Ich will euch deshalb vertraulich mitteilen, dass ich sogar außerordentlich ängstlich bin. Ich bin aber ein gescheiter Mensch und lass es mir nicht anmerken. Mich stört mein Mangel an Mut nicht besonders. Ich schäme mich nicht darüber. Und das kommt wieder daher, dass ich gescheit bin. Ich weiß, dass jeder Mensch Fehler und Schwächen hat. Es kommt nur darauf an, diese Fehler nicht sichtbar werden zu lassen.“ Natürlich verstanden nicht alle, was er sagte. Besonders die Jüngeren kapierten es nicht.
„Mir ist es lieber, wenn man sich doch schämen kann“, meinte ein Sekundaner.
„Mir auch“, antwortete Sebastian leise. Er war heute merkwürdig gesprächig. Wahrscheinlich war Ulis Unfall daran schuld. Sonst sagte er immer nur spöttische und befremdende Dinge. Er hatte keinen Freund. Und sie hatten stets gedacht, er brauche keinen. Aber jetzt spürten sie, dass er doch unter seiner Einsamkeit litt. Er war bestimmt kein sehr glücklicher Mensch. „Im Übrigen“, sagte er plötzlich kalt, „im Übrigen soll sich keiner unterstehen, meinen Mangel an Mut komisch zu finden. Ich müsste ihm sonst, lediglich zur Aufrechterhaltung meines Ansehens, eine runterhauen. So viel Courage hab ich nämlich noch.“
So war er nun! Eben noch hatten sie beinahe Mitleid mit ihm gehabt. Und schon sprang er ihnen wieder mit der Rückseite ins Gesicht.
„Ruhe!“, rief der Stubenälteste. Er hatte ein bisschen geschlafen und war gerade aufgewacht.

(aus: Erich Kästner: Das fliegende Klassenzimmer, Kap. 9. Atrium Verlag AG, Zürich)

1 *Wie beurteilen die Mitschüler Ulis Sprung?*

2 *Erkläre, was Sebastian damit meint, dass Uli sich „mehr schämen kann“ als andere (Z. 19/20).*

3 *Nimm Stellung zu den Meinungen über Ulis Sprung. Findest du Ulis Sprung eher mutig oder eher leichtsinnig? Beachte bei deinen Überlegungen, warum Uli vom Klettergerüst springen wollte.*

„Essen, Matz!"

Tomy Wigands Verfilmung des „Fliegenden Klassenzimmers"

von Tilman Spreckelsen

[...] Wer heute „Das fliegende Klassenzimmer" verfilmt, muss sich entscheiden, ob er den historisch gewordenen Stoff in seiner Zeit belässt oder ihn aktualisiert, ob er also beispielsweise die Institution des Internats als selbstverständlich voraussetzt oder als erklärungsbedürftigen Sonderfall behandelt.
Tomy Wigands Film gelingt das Kunststück, den Stoff entschlossen in die Gegenwart zu versetzen und doch den Geist des Buches nicht zu verfehlen. Ulis Sprung vom Schuldach ist nur ein Beispiel dafür: Es ist kaum glaubwürdig, dass ein auch nur mäßig intelligenter Zwölfjähriger heute noch einen Regenschirm als Fallschirmersatz in Erwägung zieht; aber zwei Ballons?
Und indem Wigand kurzerhand das traditionsreiche, aber nicht nur betuchten Schülern vorbehaltene Internat der Thomaner in Leipzig zum Schauplatz wählt, hat er alle Freiheit, seine Geschichte zu erzählen, ohne die etablierten Figuren zu verbiegen.
Gleichzeitig sorgt diese Entscheidung für einige besonders hübsche Pointen, wenn etwa einige Schüler während einer Aufführung des Weihnachtsoratoriums verschwinden, sich später heimlich wieder in die Chorreihen schleichen und dabei von ihrem Kantor bemerkt werden, der sie verwirrt ansieht und den nächsten Choral dirigiert: „Wie soll ich dich empfangen?".
Die Handlung folgt im Wesentlichen dem Roman: Da sind die Freunde Jonathan, Martin, der ängstliche Uli und der starke Matz, die sich als Internatsbewohner mit ihren zu Hause wohnenden Mitschülern eine ausgedehnte Fehde liefern. Da ist der gütige Lehrer „Justus" und sein jahrelang verschollener Freund, der „Nichtraucher"; und der Film stellt sich auch hier der Gegenwart und dem besonderen Schauplatz, indem er daraus mit leichter Hand eine Ost-West-Geschichte macht.
Im Eisenbahnwaggon des Nichtrauchers finden die Thomaner ein vergilbtes Heft mit dem handgeschriebenen Schauspiel „Das fliegende Klassenzimmer" – zu DDR-Zeiten ein anspielungsreiches und rebellisches Werk, aus heutiger Perspektive das, was es auch zu Kästners Zeiten war: ein braves, farbiges Stück über eine Bildungsreise durch Zeit und Raum.
In den Händen der Thomaner verwandelt es sich bald in eine munter gerappte Revue [...], die am Ende tatsächlich aufgeführt wird. Und weil sich da auch die Internatsschüler mit den verfeindeten Externen wieder vertragen, weil der zwölfjährige Jonathan gemeinsam mit der gleichaltrigen Mona am Weihnachtsabend den Mond über Leipzig anstaunt, weil sogar der verschrobene Schulleiter, gespielt von Piet Klocke, versöhnlich wird, rappen die Schüler das Lied „Wer ist schon gern allein".
Die offensichtlich sentimentalen Töne, die der Film anschlägt und auskostet, hebt er im nächsten Schritt regelmäßig wieder auf. Wenn etwa die zärtliche Jungenfreundschaft zwischen Matz und Uli den starken Vielfraß beim vorweihnachtlichen Abschied zu dem kläglichen Ausruf bewegt: „Mensch, Uli, was mach ich nur all die Zeit ohne dich?", dann antwortet sein Freund grinsend: „Essen, Matz!" Und wenn sich Justus und der Nichtraucher zum ersten Mal seit fünfundzwanzig Jahren wiedersehen, spielen Ulrich Noethen und Sebastian Koch diesen Augenblick [...] so nüchtern und gleichzeitig warmherzig, dass von ihm eine Würde ausgeht, die das vertrauensvolle Verhältnis zwischen Jugendlichen und Erwachsenen überhaupt erst glaubhaft macht. Und wovon spricht Kästners Roman, was klagt er ein, wenn nicht dieses Vertrauen?

(aus: Frankfurter Allgemeine Zeitung v. 16.01.2004

Zur Verfügung gestellt vom Frankfurter Allgemeine Archiv)

1 *Erkläre die unterstrichenen Begriffe und Ausdrücke. Nutze ein Wörterbuch oder ein Lexikon.*

2 *Wo erklärt der Kritiker seinen Lesern kurz den Inhalt? Markiere die Textstellen.*

3 *Welche Textstellen enthalten Wertungen? Unterstreiche sie rot.*

4 *Eine Kritik kann sowohl positiv als auch negativ sein. Wie beurteilt Tilman Spreckelsen den Film?*

11 Grammatiktraining

Konzeption des Gesamtkapitels

Das erste Teilkapitel **(„Alte Bekannte – Die wichtigsten Wortarten“)** wiederholt und vertieft die in Klasse 5 behandelten Wortarten. Die Pronomen werden um die Possessivpronomen erweitert, die Präpositionen neu eingeführt. Bei den Verben werden die bekannten Tempora wiederholt, das Plusquamperfekt kommt neu hinzu. Das Teilkapitel ist so konzipiert, dass es von den Schülerinnen und Schülern möglichst selbstständig in Einzelarbeit oder auch im Klassenverband bearbeitet werden kann.
Entsprechendes gilt für das zweite Teilkapitel **(„Sagenhafte Satzglieder“)**, in dem die in Klasse 5 angesprochenen Satzglieder – Subjekt, Prädikat, Dativ- und Akkusativobjekt – wiederholt und um das Genitivobjekt, die adverbialen Bestimmungen und das Attribut ergänzt werden. Diese Erweiterung der grammatischen Kenntnisse dient auch der Erschließung von Texten und der Ausdrucksschulung: Texte zu überarbeiten ist eine Grundkompetenz, die in den Kernlehrplänen gefordert wird.
Im dritten Teilkapitel **(„Krokodile und Götter – Satzreihen und -gefüge“)** werden Satzreihen und Satzgefüge eingeführt. Die Schülerinnen und Schüler lernen die neben- und unterordnende Funktion der Konjunktionen, die Rolle des Prädikats und die Kommasetzung in den beiden Satzformen kennen.

Literaturhinweise

Die Stellung der Wörter im Satz. Praxis Deutsch 172 / 2002

Duden – Die Grammatik. Dudenverlag, Mannheim 2007

Fachdidaktisches Orientierungswissen, Wortarten. In: Deutschbuch 5/6. Ideen für den Unterricht. Cornelsen, Berlin 2002, S. 204 ff.

Lübke, Diethard: Schulgrammatik Deutsch. Vom Beispiel zur Regel. Cornelsen, Berlin 2006, S. 23 ff.

Wörter. Praxis Deutsch 139 / 1996

	Inhalte	Kompetenzen
S. 169	**11.1 Alte Bekannte – Die wichtigsten Wortarten**	Die Schülerinnen und Schüler können – die Wortarten Nomen, Artikel, Pronomen, Adjektiv und Verb sicher erkennen und bestimmen – Personal- und Possessivpronomen in ihrer grammatischen und stilistischen Funktion erkennen und in eigenen Texten gezielt verwenden – die grammatische und semantische Funktion des Adjektivs nutzen und mit Hilfe von Wortfeldern Texte überarbeiten – mit Verben die verschiedenen Zeitformen bilden – die unterschiedlichen Funktionen des Präsens erklären und in eigenen Texten nutzen – das Präteritum vom Perfekt als Erzählzeit abgrenzen (schriftlicher / mündlicher Gebrauch) – das Plusquamperfekt als Ausdrucksmittel der Vorzeitigkeit erkennen und anwenden – Präpositionen erkennen, in ihrer Beziehungsfunktion erfassen und mit dem entsprechenden Kasus richtig anwenden
S. 170	**Nomen – Große Worte im Poesiealbum**	
S. 174	**Pronomen – Kleine Wörter, vielseitig verwendbar**	
S. 175	**Adjektive – Wörter für Rekorde**	
S. 179	**Verben – Wörter für alle Zeiten**	
S. 187	**Präpositionen – Wörtchen für alle Lagen**	
S. 189	**11.2 Sagenhafte Satzglieder**	– die Satzglieder mit Hilfe der Umstellprobe ermitteln – Subjekt, Prädikat und Objekt bestimmen – das Genitivobjekt erfragen, seine modernen Ersatzfomen erkennen und anwenden – die adverbiale Bestimmung der Zeit, des Ortes, der Art und Weise sowie des Grundes mit Hilfe von W-Fragen bestimmen – die Bedeutung der adverbialen Bestimmung für die Aussagefähigkeit eines Textes erkennen und erklären – die Funktion der Attribute erkennen, ihre Stellung im Satz erläutern – durch die Weglassprobe die Bedeutung der Attribute für die Aussagefähigkeit von Texten erkennen
S. 189	**Subjekte und Objekte**	
S. 192	**Adverbiale Bestimmungen – Wer nicht fragt, bleibt dumm**	
S. 194	**Attribute – Schreib treffend!**	
S. 196	**Alle Satzglieder in einer Sage**	
S. 197	**11.3 Krokodile und Götter – Satzreihen und -gefüge**	– den Unterschied zwischen Haupt- und Nebensatz erkennen – Satzreihen und Satzgefüge unterscheiden – neben- und unterordnende Konjunktionen unterscheiden und richtig verwenden – das Komma in Satzreihen und Satzgefügen richtig setzen
S. 197	**Satzreihen**	
S. 198	**Satzgefüge**	

11.1 Alte Bekannte – Die wichtigsten Wortarten

S. 169

Auftaktseite

1 *Je nach der unterrichtlichen Situation kann die Bastelanleitung in der Schule oder zu Hause ausprobiert werden. Auf jeden Fall sollte die Motivation, die diese Aufgabe bietet, zielgerichtet genutzt werden.*

2 *a/b) Mögliches Tafelbild:*

Nomen	Artikel	Pronomen	Adjektive	Verben
Eierraupe	die (7x)	du	weißen	brauchst
Tonkarton (4x)	dem	es	grünen (2x)	geht
Eier (2x)	einen	sie (3x)	schwarzen (4x)	ausblasen
Eiern	den (4x)	deiner	grüne	halbieren
Plakafarbe (2x)	ein (3x)		vorsichtig	bemalen
Pinsel	einem (2x)		halben	ausschneiden (2x)
Filzstift (2x)	der (2x)		grüner	befestigen
Klebestift (2x)	eines		kleines	anfertigen
Schere			bunten	zusammenkleben
Locher			grünem	überlappen
Blumenerde (2x)			leicht	bekleben
Kressesamen (2x)			kleine	aufmalen
Eierschalen (2x)			schwarzem	schneiden
Kreis			feucht	kleben
Kreise (2x)			warm	füllen
Kopf (2x)			schnell	stellen
Schwänzchen			buschiges	halten
Teile				wächst
Füße				
Größe				
Zwei-Euro-Stückes				
Hälfte				
Augen				
Locherpunkten				
Pupillen				
Mund				
Raupenfühler				
Raupe (2x)				
Fenster				
Erde				
Fell				

c) Nomen werden am häufigsten, Pronomen am seltensten benutzt. In einer Bastelanleitung werden viele Nomen benutzt, weil die Materialien genau bezeichnet werden müssen.

3 *Vorgaben für ein Balkendiagramm: 44 Nomen, 21 Artikel, 6 Pronomen, 21 Adjektive, 19 Verben*

4 *In dieser Bastelanleitung ist als Tempus der Infinitiv Präsens gewählt worden. So werden wie beim Imperativ unschöne Wiederholungen (man, du, werden/wird) vermieden.*

S. 170

Nomen – Große Worte im Poesiealbum

3 *a/b) Die Schülerinnen und Schüler werden sicherlich unterschiedliche Einteilungskriterien nennen. In Klasse 5 sind bereits die Kategorien „Lebewesen", „Gegenstände", „Gedanken/Gefühle" eingeführt worden. Deshalb wird diese Einteilung hier aufgenommen und durch die Unterteilung in „Personen/Namen" und „andere Lebewesen" erweitert. Schwierigkeiten kann die Unterscheidung von „Gegenständen" und „Gedanken/Gefühlen" bereiten. Hilfreich ist es, die Schülerinnen und Schüler danach sortieren zu lassen, ob das Nomen etwas bezeichnet, das man mit seinen Sinnen erfassen kann oder nicht.*
Mögliches Tafelbild:

Personen, Namen	Andere Lebewesen	Gegenstände	Gedanken, Gefühle
Jannik	Schwan	Sonne	Heiterkeit
Engel	Biene	Hütten	Frohsinn
Eltern		Flut	Andenken
Kindern		Herz	Lebenszeit
		Federlein	Segen (2 x)
		Honig	Glück
		Blütenhonig	Zufriedenheit
			Weisheit
			Blütezeit

4 *Nomen werden immer großgeschrieben, haben einen Numerus und ein Genus. Zu Artikel- und Pluralprobe siehe Orientierungswissen im Schülerbuch, S. 258.*

5 *a/b) In den Sprüchen finden sich die Suffixe -keit, -lein und -heit. Weitere Suffixe sind: -ung, -ling, -nis, -erei, -e, -ierung, -(at)ion, -igkeit, -sal, -le, -schaft, -tum, -in, -ner, -ler, -ist und für Koseformen -i.*

6 *Die Gruppen sollten die Nomen aufschreiben, sodass sie gegenseitig kontrolliert werden können. Weitere Übungsmöglichkeiten mit diesem Material sind: Nachschlagen im Wörterbuch, Artikel dazusetzen, Plural bilden, Gebrauch in sinnvollen Sätzen. Anspruchsvoller ist es, von den Schülerinnen und Schülern prüfen zu lassen, ob der Wortstamm auch mit anderen Suffixen verbunden werden kann, z. B. Prüf-**ung**, Prüf-**ling**, Prüf-**er**, Prüf-**erin**, Prüf-**erei**.*

7 *Damit die ganze Klasse beschäftigt werden kann, sollte in Kleingruppen von max. 3 Schülern gearbeitet werden. Da die Arbeitsfläche auf DIN-A3- bzw. DIN-A2-Bogen begrenzt ist, erscheint es sinnvoll, jeweils zwei, maximal drei Schülerinnen und Schüler gemeinsam das Plakat entwerfen und gestalten zu lassen.*

8 *a) Mögliche Lösung:*
Schönheit – Dichtung – Hindernis, Hinderung – Gemeinheit, Gemeinschaft – Bewegung – Sauberkeit, Säuberung – Beobachtung – Leidenschaft – Traurigkeit – Ausstellung – Freiheit – Finsternis, Finsterkeit – Gesundheit, Gesundung – Entscheidung, Entschiedenheit – Bekanntheit – Leistung – Verbesserung – Wirklichkeit – Bedeutung – Aufmerksamkeit – Erzeugung, Erzeugnis – Erzählung – Zufriedenheit – Gleichgültigkeit – Erfahrung, Erfahrenheit – Ereignis – Pünktlichkeit – Erkältung – Erlaubnis – Kostbarkeit

9 *a) Englische Nomen sind: bed, man, drops, water, grains, sand, ocean, land.*

b) Großgeschrieben werden im Englischen u. a. Personennamen, geografische Bezeichnungen, Titel.

c) Typische Nomen-Endungen sind: -er, -ess, -y, -ing, -age, -ion, -ment, -ity.

10 *das Kamel, der Luchs, das Schaf, das Fohlen, die Ente, der Elefant, die Antilope, der Pelikan, das Kaninchen, der Hengst, der Stier, der Erpel, die Elster, der Terrier*

11 *Nur bei „der Hengst", „der Stier", „der Erpel" stimmt das natürliche Geschlecht (männlich) mit dem grammatischen Geschlecht überein. In allen anderen Fällen haben Tierarten ein grammatisches Geschlecht, das nichts über das natürliche Geschlecht aussagt.*

12 „die Ziege“, „der Ziegenbock“; zur Verdeutlichung ist in diesem Fall die Zusammensetzung mit -bock gewählt (vgl. Gams-, Geiß-, Schaf-, Hirsch-, Reh-, Karnickelbock)

13 Die Schülerinnen und Schüler müssen erkennen, dass es zwei Möglichkeiten gibt, „der Ziege“ zu verwenden: als Genitiv oder Dativ.

14 Die Ziege (der Ziegenbock, das Zicklein) meckert.
Das Fell der Ziege (des Ziegenbocks, des Zickleins) ist struppig.
Der Bauer gibt der Ziege (dem Ziegenbock, dem Zicklein) Futter.
Wir streicheln die Ziege (den Ziegenbock, das Zicklein).

15 a/b) Abgebildet sind der Esel, der Hund, die Katze, das Schaf, das Schwein, das Rind (die Kuh), die Ente, das Huhn, das Pferd. Die Schülerinnen und Schüler können auch Sätze mit Leerstellen entwerfen, die von anderen ausgefüllt werden müssen (Aufg. 16).

16 **Die Zugvögel** brechen auf, bevor es in **den Gebieten** kalt wird, in denen sie ihre **Nester** gebaut und ihre **Brut** aufgezogen haben. Die ersten haben schleswig-holsteinische **Laubwälder** oder die Städte **des Ruhrgebiets** bereits Ende Juli verlassen. Die weiteste Reise macht **die Seeschwalbe**. Von Grönland bis zur Antarktis legt sie 38 000 Kilometer zurück. Der charakteristische Keilflug **der Zugvögel** hat **den Vorteil**, dass immer ein nachfolgender Vogel in **dem Windschatten** des anderen Vogels unterwegs ist.

Nominativ	Genitiv	Dativ	Akkusativ
die Zugvögel die Seeschwalbe	des Ruhrgebietes der Zugvögel	(in) den Gebieten (in) dem Windschatten	(ihre) Nester (ihre) Brut Laubwälder den Vorteil

S. 174

Pronomen – Kleine Wörter, vielseitig verwendbar

1 Die acht Personalpronomen lauten:
du → Anna-Lena; wir → Anna-Lena + Hannah; du → Jonas; wir → Jonas + Marius; dir → Madita; mich → Leander; dich → Lisa-Maria; dir → Lisa-Maria.
Diese Aufgabe soll noch einmal herausstellen, dass Personalpronomen Rollen in Gesprächen bezeichnen. Wer jeweils gemeint ist, wird nur in der Sprechsituation deutlich. Diese Stellvertreterfunktion ist bereits in Klasse 5 ausführlich behandelt worden, ebenso die Deklination der Personalpronomen. Sollte es erforderlich sein, können an dieser Stelle oder nach der nächsten Aufgabe Übungen zur Deklination angeschlossen werden.
Die Sprüche können so umgeschrieben werden, dass jeweils mehrere Empfänger angesprochen (Aufg. 4) oder mehrere Absender genannt werden. – Ändern sich die Personalpronomen, wenn Jungen statt Mädchen, wenn Erwachsene angesprochen werden? Was ändert sich bei erwachsenen Absendern? Hier können sich Überlegungen zum Duzen und zum Gebrauch des „Sie“ anschließen.

2 Possessivpronomen:
Als Hilfe für die Schülerinnen und Schüler bei der für sie nicht leichten Unterscheidung von Personal- und Possessivpronomen kann die Funktion der Possessivpronomen als Artikelwörter herangezogen werden. Deshalb sollen sie auch die Namen der „Besitzer“ mit herausschreiben:
Unser Herz → Anna-Lenas + Hannahs Herz; von deiner Freundin → von Anna-Lenas Freundin; unsrer kleinen Schülerbank → Jonas' + Marius' kleine Schülerbank; dein Marius → Jonas' Marius; deinem Herzen → Maditas Herzen; dein Leander → Maditas Leander; dein Leben → Lisa-Marias Leben; dein Herz → Lisa-Marias Herz; dein Begleiter → Lisa-Marias Begleiter; deine Freundin → Lisa-Marias Freundin.

3 Personalpronomen: dir, dich, ich, es
Possessivpronomen: dein Herz, sein Federlein, deiner ganzen Lebenszeit, dein (Blütenhonig)

4 *Vgl. Erläuterungen zu Aufgabe 2.*

Wollt ***ihr*** *glücklich sein im Leben, tragt bei zu anderer Glück; denn die Freude, die wir geben, kehrt in unser Herz zurück. Von* ***eurer*** *Freundin Hannah*

Wenn ***ihr*** *einst in späten Jahren nehmt dies Büchlein in die Hand, denkt daran, wie froh wir waren in unserer kleinen Schülerbank. Ciao sagt* ***euer*** *Marius*

Das höchste Glück sei ***euch*** *beschieden! So wandelt froh durchs Leben hin. In* ***eurem*** *Herzen wohne Frieden, auch sei für mich ein Plätzchen drin. Wünscht* ***euer*** *Leander*

Euer *Leben sei fröhlich und heiter, kein Leiden betrübe* ***euer*** *Herz. Glück sei stets* ***euer*** *Begleiter, nie treffe* ***euch*** *Kummer und Schmerz. Das schrieb* ***euch eure*** *Freundin Aylin*

S. 175

Adjektive – Wörter für Rekorde

Adjektive sind bereits in der Klasse 5 behandelt worden. Der Schwerpunkt war dort ihre Funktion als *Attribut* bei *Nomen* und die Möglichkeit der *Steigerung*. In diesem Kapitel werden diese Funktionen wiederholt und erweitert um die *adverbiale* Rolle („Der Sperber fliegt *schnell*.") und die Bildung von *Wortfeldern*.

1 *Als Einstieg werden motivierende Rekorde aus dem Tierreich gewählt, die herausfordern, andere Rekorde zu finden. Die Abbildungen bieten z. T. witzige Übungen zu den Satzbaumustern der Steigerung.*

2 *a–c) Lösung der Teilaufgaben:*

Das Chamäleon hat eine lange Zunge. Der Ameisenbär hat eine längere Zunge. Die Giraffe hat die längste Zunge.
Die Alpendohle kann hoch fliegen. Der Singschwan kann höher fliegen. Die Nilgans kann am höchsten fliegen.

d) In diesen Sätzen werden Nomen und Verben von Adjektiven begleitet (attributive und adverbiale Funktion).

3 *a/b) Die Rekorde sind deshalb seltsam zu lesen, weil die vom Leser erwarteten Adjektive durch Antonyme ersetzt worden sind. Diese Übung führt über die Gegensatzpaar-Bildung hin zum Wortfeld in den Aufgaben 5 bis 8.*

4 *a) Mögliches Tafelbild:*

Gegensatzpaare	
kleinste	*größte*
leicht	*schwer*
niedrig	*hoch*
kürzeste	*längste*
kurz	*lang*
wenigsten	*meisten*
unfruchtbarste	*fruchtbarste*
schnellste	*langsamste*
tief	*hoch*
jüngsten	*ältesten*
kürzesten	*längsten*

Im Folgenden geht es um stilistische Leistungen der Adjektive. Die Wortfeldarbeit kommt der Überarbeitung von Texten zugute und sollte deshalb ausführlich behandelt werden. Adjektive haben in stilistischer Sicht unterschiedliche Funktionen, sie können werten („Das ist eine gute Arbeit."), klassifizieren („Deine mündlichen und schriftlichen Leistungen ..."), beschreiben („Die Elster hat eine schwarz, weißes Gefieder."), charakterisieren („Grins nicht so überheblich!") und schmücken („Die zarteste Versuchung ..."). Die Werbesprache benutzt hauptsächlich wertende („die neuesten Modelle") und schmückende Adjektive („samtig weiche Haut").

5 *a) Auflösung des Buchstabensalats:*

eindrucksvoll, erstaunlich, erheblich, umwerfend, riesenhaft, hervorragend
beeindruckend, ungewöhnlich, sensationell, imposant, erwachsen, flügge
lang, grandios, unermesslich, bedeutend, beachtlich, mächtig
immens, berühmt, reif

b) Mögliche Lösung:
Die Stubenfliege hat eine ***unermessliche*** *Nachkommenschaft.*
Zugvögel vollbringen eine ***beeindruckende*** *Leistung, wenn sie Tausende von Kilometern ... zurücklegen.*
Kaum sind sie ***flügge****, verlassen Küken auch schon das Nest.*

6 *b) Mögliches Tafelbild:*

Im Positiv	*Im Komparativ*	*Im Superlativ*
neue *frisch* *preiswert* *frische*	*billiger*	*neuesten* *schönsten* *kraftlosestem* *zarteste* *günstigsten*

7 *Die Werbesprache nutzt in großem Umfang die auch in der Alltagssprache bekannte Möglichkeit der Adjektivbildung (meist als Superlativ genutzt), die auf Vergleichen beruht, die oft noch mitgehört werden.*

9 *flink wie ein Wiesel*
stumm wie ein Fisch
stark wie ein Bär
frei wie ein Vogel
scheu wie ein Reh
stur wie ein Esel
schlau wie ein Fuchs
Tipp: *Wenn die Schülerinnen und Schüler eigene Fabeln schreiben (Schülerbuch, S. 116), können Tiervergleiche bei der Auswahl der Fabeltiere helfen.*

10 *Beispiele für Farbvergleiche:*
rot *wie Blut (blutrot), orangerot, scharlachrot, kirschrot, ziegelrot, rosenrot, rubinrot, weinrot, krebsrot*
schwarz *wie die Nacht (nachtschwarz), pechschwarz, kohlschwarz, rabenschwarz, kohlrabenschwarz*
grün *wie ein Smaragd (smaragdgrün), jadegrün, apfelgrün, flaschengrün, meergrün, grasgrün, giftgrün, olivgrün*

12 *Beispiel für eine Regel:*
Wenn die zu vergleichenden Wesen oder Dinge gleich sind, verwendet man ***wie*** *(mit dem Adjektiv im Positiv), wenn sie nicht gleich sind, verwendet man* ***als*** *(mit dem Adjektiv im Komparativ).*

S. 179
Verben – Wörter für alle Zeiten

S. 179
Präsens – Eine Zeit für viele Fälle

Bereits in der 5. Klasse sind die Funktionen des Präsens eingeführt worden. Das Präsens wird benutzt, wenn:
(1) das Berichtete gegenwärtig abläuft
(2) in naher Zukunft (als sicher) erwartet wird
(3) allgemein gültig ist
(4) immer wieder vorkommt
Deshalb stehen im Präsens:
- Reden, *aktuelle* Berichte, Reportagen, Nachrichten, Schilderungen im Präsens (1)
- ebenso Wettervorhersagen (2)
- Sachtexte und Beschreibungen wie Inhaltsangaben, Lehrbuchtexte, Gesetzestexte, Bastelanleitungen (3)
- Redewendungen, Volksweisheiten, Bauernkalender (3, 4)

1 *a/b) Diese Aufgabe eignet sich für Gruppenarbeit.*
Text 1: *Heute* ***scheint*** *bei vielen Wolkenfeldern selten die Sonne, es* ***bleibt*** *aber trocken. Mit 5 bis 7 Grad* ***wird*** *es etwas wärmer als zuvor. Der Sonntag* ***startet*** *freundlich mit Sonne. Mittags* ***wird*** *es allmählich wolkiger,* ***bleibt*** *aber meist trocken. Montag ist es stark bewölkt, vereinzelt* ***fällt*** *Regen. (2)*

Text 2: *Wir **suchen** dich! (1) Für eine Ausbildung bei der Gemeinde Hiddenhausen! Das kann dein Arbeitsplatz sein: Verwaltungsfachangestellte/-fachangestellter. (2) In diesem Beruf geht es nicht nur um Zahlen und Paragrafen, sondern vor allem um Menschen. (3)*
Text 3: *Wer jetzt im Frühling durch die Stadt geht, der sieht, dass in vielen Gärten Sträucher und Bäume kräftig zurückgeschnitten sind. Jetzt muss es nur noch wärmer werden, damit die Pflanzenpracht sich entwickeln kann. (1)*
Text 4: *Hallo, schön, dass Sie bei PLANET-WISSEN vorbeischauen. Es gibt hier einiges zu entdecken. Ich wünsche Ihnen viel Spaß dabei. Wie Planet-Wissen entsteht, erfahren Sie hinter den Kulissen. Jetzt geht es hier hoch her. (1, 3)*
Text 5: *Der lateinische Fachausdruck Verb kommt von „verbum" und heißt einfach „Wort". Die deutsche Bezeichnung Zeitwort weist darauf hin, dass Verben Zeitangaben machen: Gegenwart, Vergangenheit … Die Bezeichnungen „Tätigkeitswort" und „Tuwort" geben an, dass Verben Tätigkeiten nennen. (3)*

Tipp: *An dieser Stelle können auch Redensarten gesammelt werden (Wer andern eine Grube gräbt …), Prognosen des Bauernkalenders (Mai kühl und nass, füllt dem Bauern Scheun' und Fass) und Lehren aus Fabeln (Reden ist Silber, Schweigen ist Gold). Siehe auch Schülerbuch, S. 105 ff.*

S. 180

Präteritum – Die Form fürs Vergangene

Das Präteritum ist in der 5. Klasse als Tempus in schriftlichen Erzählungen, Berichten über Vergangenes und Märchen behandelt worden. Dabei wurde die Unterscheidung von starken und schwachen Verben angesprochen.

1 *a) Mögliche Zusammenfassung: Biber haben versteckte Banknoten zum Bau eines Dammes benutzt.*

b) Mögliche Erklärung: Ein „Biberdamm" ist ein von Bibern gebauter Damm.

*c) **Wer?** Eine Biberfamilie. – **Wann?** Wahrscheinlich in der vergangenen Woche. – **Wo?** In Greensbury, im US-Staat Louisiana. – **Was?** Bankräuber verstecken drei Geldsäcke im Unterholz an einem Bach, Polizisten finden zwei Säcke unversehrt, einer ist aufgerissen; die Banknoten finden sie verbaut in einem Biberdamm.*

2 *Der Bericht benutzt das Präteritum, nicht das Präsens, da er schriftlich von Vergangenem berichtet.*

3 *Der Bericht steht im Präteritum, weil er schriftlich sagt, was bereits geschehen ist.*
(Siehe Deutschbuch Band 5, Merkkasten S. 181.)

4 *a) Mit der Weglassprobe kann der Minimalsatz (Subjekt und Prädikat) ermittelt werden. Die Umformung ins Präsens dient der grammatischen Übung. Wenn es notwendig ist, kann an dieser Stelle der Unterschied zwischen starken und schwachen Verben thematisiert werden.*

b) Mögliches Tafelbild:

Präteritum	*Präsens*
Biberfamilie baute	*Biberfamilie baut*
eine emsige Biberfamilie baute	*eine emsige Biberfamilie baut*
ein Kasinoräuber warf	*ein Kasinoräuber wirft*
die Biber fanden und nutzten	*die Biber finden und nutzen*
die Polizei in Greensbury ermittelte	*die Polizei in Greensbury ermittelt*
sie fand	*sie findet*
der Täter gab	*der Täter gibt*
die Beamten durschsuchten	*die Beamten durchsuchen*
sie entdeckten	*sie entdecken*
sie öffneten	*sie öffnen*
die feuchten … Banknoten fielen	*die feuchten … Banknoten fallen*
der dritte Geldsack lag	*der dritte Geldsack liegt*
die Biber wurden nicht angeklagt	*die Biber werden nicht angeklagt*

S. 181 **Präteritum oder Perfekt – Schriftlich oder mündlich: Darauf kommt es an!**

„Die Zeitform Perfekt wird vor allem in mündlichen Erzählungen verwendet, um etwas wiederzugeben, was vor Kurzem geschehen ist" (Deutschbuch 5, S. 183). Damit lässt sich den Schülerinnen und Schülern der Wechsel vom Präteritum zum Perfekt in dem Zeitungsartikel erklären: In den wörtlichen Zitaten steht – um der Authentizität willen – das Perfekt. Die Bildung aus dem Hilfsverb „haben" oder „sein" und dem Partizip II wird dort behandelt.

1 *b) stahl, dauerte, entwendeten, sah, fügte hinzu*

2 *haben angerührt, hat gelegen, haben angeknabbert, habe gedacht, haben verwechselt, haben verscheucht, hat genutzt, sind zurückgekehrt, haben gekehrt*

3 *Mögliches Tafelbild (mit Ergänzungen aus der Aufgabe 4b):*

Perfekt	
Präsens von „haben" + Partizip II	*Präsens von „sein" + Partizip II*
haben angerührt *hat gelegen* *haben abgeknabbert* *habe gedacht* *haben verwechselt* *haben verscheucht* *hat genutzt* *haben gekehrt*	*sind zurückgekehrt*
habe bemerkt *habe gelassen* *habe gesehen* *habe entdeckt*	*bin gekommen*

4 *a/b) Im Telefongespräch wird vom Interviewer das Präsens und vom Befragten das Perfekt benutzt. Zur Eintragung der Verben siehe Tafelbild zu Aufgabe 3.*

5 *Wenn wir **mündlich** von Vergangenem erzählen, benutzen wir meist das Perfekt, **schriftlich** ... das Präteritum.*

6 *a/b) Mögliches Tafelbild:*

Infinitiv	*Präsens*	*Präteritum*	*Perfekt*
gehen	*Ich gehe.*	*Ich ging.*	*Ich bin gegangen.*
sehen	*Du siehst.*	*Du sahst.*	*Du hast gesehen.*
fragen	*Sie fragt.*	*Er fragte.*	*Es wurde gefragt.*
fahren	*Wir fahren.*	*Wir fuhren.*	*Wir sind gefahren.*
finden	*Ihr findet.*	*Ihr fandet.*	*Ihr habt gefunden.*
laufen	*Sie laufen.*	*Sie liefen.*	*Sie sind gelaufen.*
berichten	*berichtet*	*berichtete*	*hat berichtet*
helfen	*hilft*	*half*	*hat geholfen*
vermissen	*vermisst*	*vermisste*	*hat vermisst*
wählen	*wählt*	*wählte*	*hat gewählt*
vernehmen	*vernimmt*	*vernahm*	*hat vernommen*
folgen	*folgt*	*folgte*	*ist gefolgt*
feststellen	*stellt fest*	*stellte fest*	*hat festgestellt*
kommen	*kommt*	*kam*	*ist gekommen*
machen	*macht*	*machte*	*hat gemacht*

7 *Diese Übung greift noch einmal den unterschiedlichen Gebrauch von Präteritum und Perfekt auf und übt ihre Verwendung bei eigener Textproduktion, die gegenüber dem Zeitungsbericht kreativ und lustig sein kann.*

S. 183

Plusquamperfekt – Mehr als vergangen

1 *Der flüchtige Strafgefangene wird mit Robin Hood verglichen, der der Legende nach als Anführer einer Schar von treuen Gesellen im Sherwood Forest bei Nottingham lebte und Reiche ausraubte, um das Diebesgut an Arme zu verteilen. (Vgl. dazu den ausführlichen Artikel in Wikipedia: http://de.wikipedia.org/wiki/Robin_Hood.)*

2 *a)* ***Präteritum:*** *nahm fest, verbüßte;* ***Plusquamperfekt:*** *war zurückgekehrt, war aufgefallen, hatte behalten, war gereist, hatte verteilt, hatte gemacht*

b) Das Plusquamperfekt wird mit dem Präteritum von „sein" oder „haben" und dem Partizip II gebildet. Mögliches Tafelbild:

Plusquamperfekt	
„sein" + Partizip II	„haben" + Partizip II
war zurückgekehrt war aufgefallen war gereist	hatte behalten hatte verteilt hatte gemacht

3 *Zusätzlich zum Beispiel im Merkkasten kann das Orientierungswissen (Schülerbuch, S. 246ff.) herangezogen werden. Es können auch Sätze mit den Zeitangaben des Zeitstrahls gebildet werden.*

4 *a) Wir fuhren los,* ***nachdem*** *wir eingekauft hatten.*
Wir machten eine Frühstückspause, ***nachdem*** *wir eine Stunde gefahren waren.*
Wir machten eine Wanderung, ***nachdem*** *wir angekommen waren.*
Wir machten eine längere Pause, ***nachdem*** *wir den Gipfel erreicht hatten.*
Wir erreichten das Dorf, ***nachdem*** *wir den Abstieg geschafft hatten.*
Wir fielen erschöpft ins Bett, ***nachdem*** *wir zu Abend gegessen hatten.*
Mögliche ***Zusatzfrage:***
Die Satzgefüge können umgestellt werden, sodass die Nebensätze vorne stehen. Wo steht dann das Komma?

b) ***Bevor*** *wir losfuhren, hatten wir eingekauft.*
Wir waren eine Stunde gefahren, ***bevor*** *wir eine Frühstückspause machten.*
Wir hatten zu Abend gegessen, ***bevor*** *wir erschöpft ins Bett fielen.*

5 *Die Verben lauten in der richtigen Zeitform: hielten, sorgten, aufgeschlagen hatte, meldete, konnte, flüchtete, suchten, entdeckten, reagierte, stieg, setzte, mussten, konnte.*

6 *Diese Aufgabe entspricht Aufgabe 7 im Schülerbuch, S. 182.*

S. 185

Futur I – Die Form der Zukunft

1 *a/b) Die Romreise findet in der Zukunft statt; man erkennt es an der Zeitform und auch an der Zeitangabe (am Samstag).*

2 *Peter erzählt im Präsens von seinen Plänen.*

3 *b) Im Futur klingen die Sätze z. T. schwerfällig; das Präsens ist umgangssprachlich geläufiger.*

4 *b) Auch hier ist das Präsens umgangssprachlich geläufiger. Der letzte Satz muss jedoch im Futur I stehen, da er andernfalls eine andere Bedeutung bekommt. Die Präsensform „Ich vermisse dich bestimmt!" kann so verstanden werden, dass Petra den Adressaten im Augenblick (zur Zeit des Schreibens) schon vermisst.*

c) Tempus für Zukünftiges: Präsens und Futur I

5 *a) In Wettervorhersagen ist das Präsens vorherrschend; es wird durch Temporaladverbien präzisiert.*

b) Zur Vorbereitung können Wetterberichte aus verschiedenen Tageszeitungen auf den Tempusgebrauch (und die Temporaladverbien) hin untersucht werden. Für leistungsschwächere Schülerinnen und Schüler werden dabei Satzbaumuster gewonnen.

6 *Es bietet sich an, in einem ersten Schritt (evtl. in Gruppen) mit Hilfe eines Ideensterns Material zu sammeln, das als Textgrundlage dienen kann.*

S. 186

Prüft euer Wissen: Die verschiedenen Zeitformen

2 *errichtete (Präteritum) – errichten; hatten geschrieben (Plusquamperfekt) – schreiben; sind entstanden (Perfekt) – entstehen; ist (Präsens) – sein; bedeutet (Präsens) – bedeuten; hat gehabt (Perfekt) – haben; brauchte (Präteritum) – brauchen; nutzen (Präsens) – nutzen; werden bewahren (Futur I) – bewahren*

3 *gibt (Präsens), zählt (Präsens), erteilte (Präteritum; auch Plusquamperfekt möglich), brauchte (Präteritum), erkennt (Präsens), findet (Präsens), hat gedruckt (Perfekt)*

S. 187

Präpositionen – Wörtchen für alle Lagen

1 *a) Die Präpositionen in der Reihenfolger der Bilder von links nach rechts:*
vor dem Korb – hinter dem Korb – zwischen zwei Baumstämmen – unter dem Korb – auf dem Korb
neben dem Korb – auf vier Pfoten – mit ihren Vorderpfoten – auf dem Rücken.

*b) Präpositionen sind Verbindungswörter und erhalten ihre Bedeutung erst aus dem Kontext. Die meisten bezeichnen räumliche Verhältnisse der Lage oder Richtung; sie sind mit „Wo?", „Woher?" oder „Wohin?" zu erfragen. Seltener sind temporale (**vor** drei Wochen), kausale (**vor** Ärger) und modale (**in** Ruhe) Präpositionen.*

2 *Der Rabe Xaver steht **auf** (1), liegt **unter** (2), sitzt **neben** (3), steht (versteckt sich) **hinter** (4), sitzt **in** der Kiste (5). Er geht **in** (6) und **durch** (7) die Kiste. Er fliegt **um** die Kiste **herum** (8) und er fliegt **über** die Kiste (9). Sein Schnabel steckt **zwischen** Deckel und Kiste (10).*

3 *Mögliche Lösung:*
Die Prager, der Alchemist, das Gold und der große Knall
Nach einer sensationellen Kunde zog **vor** 400 Jahren ein arabischer Alchemist **in** die Stadt Prag ein. Er versprach, das Gewicht **von** Gold zu verdoppeln, und wollte dies **in** aller Öffentlichkeit beweisen.
Die reichen Bürger schleppten ihre Goldmünzen **zu** dem Festsaal, **in** den der geheimnisvolle Fremdling eingeladen hatte. Sie liehen ihm ihre Münzen **in** der Hoffnung, ihr Gewicht würde sich schlagartig vergrößern. Der weise Magier begann seine feierliche Prozedur. **Während** der allergrößten Spannung ereignete sich eine donnernde Explosion **mit** Rauch, Gestank und Flammen. Als sich die Aufregung gelegt hatte, war der Fremde spurlos verschwunden und **mit** ihm das Gold der Prager.

4 *a/b) Mögliche Lösung:*
Dieser hübsche Garten wird **in** einem Kartondeckel **(Dativ)** angelegt. Die Beete sind **aus** Wellpappe **(Dativ)**, die Regentonnen **neben** dem Haus **(Dativ)** ist **aus** einer Pappröhre **(Dativ)** und das Frühbeet **aus** einer kleinen Schachtel **(Dativ)** gebaut. Alles wird **auf** eine zweite Pappe **(Akkusativ)** geklebt. Eine etwa 1 cm dicke Styroporplatte befindet sich **unter** dieser Pappe **(Dativ)**. So kann man die Bäume, Sträucher und Bohnenstangen **in** das Styropor **(Akkusativ)** stecken.
Das Haus wird **auf** Karton **(Akkusativ)** gezeichnet, dann schneidet man es aus und klebt es zusammen. Das Dach wird **zum** Schluss **(Dativ)** geklebt.
Aus den Beeten **(Dativ)** sprießen die jungen Pflanzen, gedreht und geknüllt **aus** kleinen Fetzen **(Dativ)** Seidenpapier. **Im** Frühbeet **(Dativ)** wachsen Kopfsalat, Lauch und Karotten, **aus** Seidenpapier **(Dativ)** hergestellt und **auf** Zahnstocher **(Akkusativ)** gespießt.

11.2 Sagenhafte Satzglieder

S. 189

Subjekte und Objekte

1 a/b) ***Wie Siegfried das Schmiedehandwerk erlernte***
Nachdem er die Burg seiner Eltern bei Xanten heimlich verlassen hatte, kam ***Siegfried*** *(Subjekt) eines Tages zur Hütte eines Schmiedes tief im Wald. Am nächsten Morgen nahm Mime, der Schmied,* ***Siegfried*** *(Akkusativobjekt) mit in seine Werkstatt, gab* ***ihm*** *(Dativobjekt) den schweren Hammer in die Hand und* ***führte*** *(Prädikat) ihn zum Amboss.*
Die Merkreime sollten auswendig gelernt werden; sie helfen bei der Satzgliedbestimmung. Wenn es sich bei dem Subjekt oder dem Akkusativobjekt nicht um Personen handelt, kann man beide Satzglieder mit „Was?" erfragen; deshalb sollten die Fragen immer in der Form: „Wer ***oder was****?" bzw. „Wen* ***oder was****?" gestellt werden.*

2 a) *„waren nicht müßig" (Z. 4): waren nicht untätig, faul o. Ä.*
„wie es Eurem Rang geziemt" (Z. 11): wie es Eurem Rang entspricht, wie es sich für Euren Rang gehört

b) *„Frau Ute ... befahl": Die Königinmutter lenkt verantwortlich den Bereich der Versorgung, den die Frauen innehaben; sie hat in diesem Bereich Befehlsgewalt.*
Es ist nicht selbstverständlich, dass sie an dem Fest teilnehmen, da Gunter sie ausdrücklich dazubittet. Die Formulierung „[Gunter] ließ sie zum Fest bitten" zeigt aber auch die Achtung, die ihr nach höfischer Etikette entgegengebracht wird.

3 a) *Mögliches Tafelbild:*

Subjekt (Wer? / Was?)	*Dativobjekt (Wem?)*	*Akkusativobjekt (Wen? / Was?)*
Siegfried	*den Gästen*	*die schöne Kriemhild*
viele Gäste	*Eurem Rang*	*alles*
die Zeit	*Eurer Schwester Kriemhild*	*Zelte*
die ersten Gäste		*Schmuck und Kleider*
fünfzigtausend Gäste		*Festgewänder*
die Frauen des Hofes		*diese Bitte*

4 *Siegfried verhält sich „höfisch": wohlerzogen, so wie es sich bei Hofe geziemt; ritterlich.*

5 a/b) *Unterstrichen sind Genitivobjekte, die mit „Wessen?" erfragt werden können. Weitere Genitivobjekte sind: „keines schöneren Paares" (Z. 9), „Kriemhilds Gesellschaft" (Z. 11).*

6/**7** *Mögliche Lösung:*
„wir harren ***des Boten****" (wir warten auf den Boten)*
„erinnerte sich ***des Vorfalls****" (erinnerte sich an den Vorfall)*
„hatte sich ***des Boten*** *bemächtigt" (hatte den Boten gefangen genommen)*
„und ihn ***einer grauenhaften Kitzelfolter*** *unterzogen" (und ihn durch Kitzeln gefoltert)*
„hatte ihn ***der Spionage*** *bezichtigt" (hatte ihm Spionage vorgeworfen)*
„war ***eines unrühmlichen Todes*** *gestorben" (war dabei gestorben)*
*„****eines treuen Dieners*** *beraubt worden sein" (einen treuen Diener verloren haben)*
„besann er sich ***eines Besseren****" (hatte er eine bessere Idee)*
„wollte sich ***der Sache*** *höchstpersönlich annehmen" (wollte sich selber um die Sache / darum kümmern)*
„ist ja ***seines Lebens*** *nicht mehr sicher" (muss Angst um sein Leben haben, um sein Leben fürchten)*

S. 192

Adverbiale Bestimmungen – Wer nicht fragt, bleibt dumm

Adverbiale Bestimmungen (Umstandsbestimmungen) sind freie Satzglieder, Erweiterungen, die grammatisch nicht notwendig sind. Sie sind jedoch für die Aussage ebenso bedeutsam wie die anderen Satzglieder. Adverbiale Bestimmungen können unterschiedliche Formen haben: *Adverb* (Morgen komme ich.), *Adjektiv* (Fahr nicht so schnell!),

Satzglied mit Nomen (Drei Stunden dauert die Fahrt nach Hause.), *Gliedsatz* (Wenn es regnet, fahr vorsichtig.), *Infinitivsatz* (Um sicher anzukommen, lass dir Zeit!).
Adverbiale Bestimmungen haben vier Bedeutungsfelder: *lokal* (Ort, Ziel, Herkunft, Weg), *temporal* (Zeitpunkt, Zeitraum, Beginn, Ende, Häufigkeit), *modal* (Art und Weise, Umstand, Bedingung, Instrument, Maß) und *kausal* (Ursache, Folge, Motiv, Zweck, Hinderungsgrund).

1 *Der Text kann auf unterschiedliche Weise in modernes Deutsch übertragen werden; Beispiel für eine Übersetzung: Im Jahre 1284 nach Christi Geburt/wurden aus Hameln entführt/hundertunddreißig Kinder, die dort geboren waren,/von einem Pfeifer, sie gingen bei den Bergen verloren.*

2 *Beantwortung der W-Fragen: „**Wer** entführte die Kinder?" – ein Pfeifer; „**Wann** geschah das?" – 1284 nach Christi Geburt; „**Wo** fand die Entführung statt?" – in Hameln; „**Wen** entführte der Pfeifer?" – einhundertdreißig Kinder aus Hameln; „**Was** tat der Pfeifer?" – führte sie in die Berge.*
*Die Fragen „Wie?" und „Warum?" können allein aufgrund der Inschrift nicht beantwortet werden. Die Schülerinnen und Schüler können sie vielleicht aus ihrer Kenntnis der Sage beantworten: „**Wie** lockte der Pfeifer die Kinder fort?" – indem er sie mit seiner Flöte anlockte; „**Warum** entführte er sie?" – wegen des Wortbruchs der Hamelner Bürger.*

3 *(Jahrelang) (sammelten) (die Brüder Grimm) (auf langen Reisen) (unermüdlich) (Sagen für ihr Buch).*
Die Aussage über die Brüder enthält sechs Satzglieder.

4 *a) Subjekt: die Brüder Grimm; Prädikat: sammelten; Akkusativobjekt: Sagen für ihr Buch*

b) jahrelang – wie lange? (temporal); auf langen Reisen – wo? (lokal); unermüdlich – wie? (modal)

5 *Einige Schülerinnen und Schüler werden wahrscheinlich den Text als Sage identifizieren und das eine oder andere Merkmal nennen (weit zurückliegendes Ereignis an einem bestimmten Ort, Erklärung eines geschichtlichen Ereignisses unter Einbeziehung von Übernatürlichem, mahnend/belehrend). Es bietet sich an, danach (in Partnerarbeit) die Angaben im Merkkasten auf Seite 91 im Schülerbuch am Text überprüfen zu lassen.*

6 Die Menschen stehlen Brot, um Geld zu sparen. – **falsch**
Der Bischof lässt die Menschen verbrennen, um ihre Not zu beenden. – **falsch**
In der brennenden Scheune pfeifen die gefangenen Mäuse. – **falsch**
Der Bischof wird wegen seiner ungeheuerlichen Tat von Gott bestraft. – **richtig**

7 *Mögliches Tafelbild:*

Adverbiale Bestimmung			
des Ortes (lokal) Wo? Wohin? Woher?	**der Zeit (temporal)** Wann? Wie lange?	**der Art und Weise (modal)** Wie? Auf welche Weise? Womit?	**des Grundes (kausal)** Warum? Weshalb?
zu Bingen unter den Flammen	im Jahre 974 bald Tag und Nacht	in Haufen mit Gewalt mit Feuer mit aller seiner Gewalt	aus Not

8 *Mögliche Lösung:*
Im Jahre 974 wurde Bischof Hatto in diesem Turm von Mäusen zur Strafe lebendig aufgefressen. Er hatte zuvor die Armen der Stadt in einer Scheune verbrennen lassen und über ihre Wehklagen gespottet.

S. 194

Attribute – Schreib treffend!

1 *Mitleid und die Bereitschaft zu helfen werden belohnt, Hartherzigkeit wird bestraft.*

2 *Die kursiv gedruckten Wörter machen die zugehörigen Nomen genauer und treffender.*

3 *Die Attribute können auch durch runde Klammern gekennzeichnet werden:*
eine (kranke) Schlange, seinen Krug (mit Milch), ihrem (reichen, stolzen) Vater, der (alte) Hirt, der (hartherzige) Vater (des Mädchens), einen (feurigen) Drachen, der (arme) Jüngling, an dem Tag (der Hochzeit), auf deren (gewundenem) Schweif, eine (schöne) Jungfrau, die (gute) Hirtin, ihre (glänzende) Krone, die (jungen) Leute, (großen) Segen.

4 *Die Hirtenjungen*
Am Johannistag kamen ***zwei*** *Hirtenknaben, indem sie den* ***jungen*** *Vögeln nachstellten, in die Gegend des Heilingsfelsens und erblickten unten an demselben eine* ***geöffnete*** *Türe. Die Neugierde trieb sie hinein; in der Ecke standen zwei* ***eiserne*** *Truhen* ***mit schweren Deckeln****, eine offen, die andere verschlossen. In der offnen lag ein Haufen* ***von Geld****, sie griffen hastig danach und füllten ihre Brotsäcklein voll. Drauf kam's ihnen gräulich; sie eilten nach der Türe, glücklich trat der erste durch. Als aber der zweite folgte, knarrten die Angeln fürchterlich, er machte einen jähen* ***weiten*** *Sprung nach der Schwelle, die Tür fuhr schnell zu und riss ihm noch den* ***hölzernen*** *Absatz* ***seines linken Schuhes*** *ab. So kam er noch heil davon, und sie brachten das Geld ihren* ***erfreuten*** *Eltern heim.*

5 *Mögliche Lösung:*

Die Schlangenkönigin	Die Hirtenjungen
Hirtenmädchen hilft aus Mitleid einem Tier stolzer, hartherziger Vater lehnt Bräutigam ab Vater wird dafür bestraft Hirtenmädchen wird von verwunschener Jungfrau belohnt	(arme) Hirtenjungen stellen jungen Vögeln nach Jungen finden zufällig einen Schatz

S. 196

Alle Satzglieder in einer Sage

1 *Mögliches Tafelbild:*

Merkmal	Die Schlangenkönigin	Die Hirtenjungen	Die Springwurzel ...
Ort	oben auf dem Fels	am Heilingsfelsen	auf dem Köterberg bei Holzminden
Zeit	---	am Johannistag (24. Juni)	Einst ...
Hauptperson(en) Tiere	Hirtenmädchen Schlange (verwunschene Jungfrau)	zwei Hirtenjungen Vögel	Schäfer, Jungfrau ---
Belohnung Strafe	glänzende Krone ---	ein Haufen Geld ---	Gold, Edelsteine findet Eingang nicht mehr

2 *Möglicher Hefteintrag:*

Prädikat	ermahnte, dachte, glaubte
Subjekt	ein Schäfer, der Teufel
Genitivobjekt	ihrer Worte
Dativobjekt	mir
Akkusativobjekt	die Wurzel, gewaltige Mengen von Gold und glitzernden Edelsteinen
adv. Bestimmung der Zeit	plötzlich
adv. Bestimmung des Ortes	durch eine Höhle, unten am Tisch
adv. Bestimmung der Art und Weise	frei, ohne Zaudern, ohne die Wurzel
adv. Bestimmung des Grundes	auf ihren Rat hin, zur Sicherheit
Attribut	weiteren, großen, zur Schatzkammer, wunderschöne

11.3 Krokodile und Götter – Satzreihen und -gefüge

S. 197

Satzreihen

In Satzreihen (Parataxen) stehen Hauptsätze gleichgeordnet hintereinander. Sie werden häufig durch Konjunktionen verbunden, die ihr inhaltliches Verhältnis zueinander ausdrücken, z. B.: *Ich trinke gerne Kaffee,* ***aber*** *Mutter trinkt lieber Tee.* Die Sätze einer Satzreihe können auch unverbunden nebeneinanderstehen; auch in solchen Fällen ist ihr inhaltliches Verhältnis verständlich: *Ich trinke gerne Kaffee, Mutter lieber Tee* (Gegensatz).
Zur Zeichensetzung heißt es in den Empfehlungen des Rechtschreibrates: „Bei der Reihung von selbstständigen Sätzen, die durch *und, oder, beziehungsweise / bzw., entweder – oder, nicht – noch* oder durch *weder – noch* verbunden sind, kann man ein Komma setzen, um die Gliederung des Ganzsatzes deutlich zu machen. [...] *Entweder du kommst(,) oder du schreibst einen Brief. Nicht einmal ein Dank kam von seinen Lippen(,) noch fand er sonst wohlwollende Worte. Weder schrieb er einen Brief(,) noch kam er selbst. – Ich fotografierte die Berge(,) und meine Frau lag in der Sonne. [...] Wir warten auf euch(,) oder die Kinder gehen schon voraus.*“

1 *Die Ägypter nannten ihr Land „Keme" nach dem fruchtbaren schwarzen Schlamm, den die Nilflut auf die Äcker trug. Das wichtigste Fortbewegungsmittel war das Boot.*

2 *a/b) Mögliche Lösung:*
Zur Zeit der Pharaonen trat der Nil jedes Jahr über die Ufer, ***und*** *die Beamten markierten die Wasserhöhe im Gestein am Ufer.*
Im Oktober zog sich der Nil vollständig in sein Bett zurück, ***jedoch*** *ließ er eine kostbare Fracht, dunklen Schlamm, zurück.*
Dieser Schlamm schenkte den Ägyptern reiche Ernten, ***deshalb*** *nannten sie ihre Land „Keme - schwarzes Land".*
Zwar begann es im November überall zu sprießen, ***aber*** *die Erntemenge wurde von der Höhe des Wassers bestimmt.*
Manchmal stiegen die Fluten zu hoch, ***deshalb*** *wurden die Lehmhäuser weggespült.*
Längere Reisen wurden fast immer mit dem Boot gemacht, ***denn*** *der Nil war die wichtigste Verkehrsverbindung im Land* ***und*** *die Ägypter kannten anfangs noch kein Rad.*
Heute reguliert der große Staudamm bei Assuan die Wasserhöhe, ***deshalb*** *tritt der Nil nicht mehr über die Ufer.*
Das führt zu neuen Problemen, ***denn*** *die Bauern müssen teuren Dünger kaufen.*

c) Die Verknüpfung der Sätze durch Bindewörter (Konjunktionen) wirkt gewandter und verdeutlicht den Inhalt.

3 *Mögliche Lösung (Die Reihenfolge der Einzelsätze ist beibehalten worden. Mit leistungsstarken Schülerinnen und Schülern können Lösungen erarbeitet werden, bei denen die Reihenfolge in der Satzreihe verändert wird.):*
Vom Nil hing alles Leben in Ägypten ab, ***deshalb*** *teilten die Ägypter das Jahr in drei Jahreszeiten ein: Flutzeit, Pflanzzeit, Erntezeit. Jedes Jahr nach der Flut mussten die Bauern neue Bewässerungskanäle bauen, die Beamten mussten das Land neu vermessen (,)* ***und*** *das Nilwasser wurde in Vorratsbecken aufgefangen. Die Felder konnten auch bei Dürre bewässert werden. Die Bauern leiteten zuerst das Wasser über Kanäle ins Land(,)* ***und*** *dann schöpften sie es mit einem „Schaduf" auf die Felder. Ein Schaduf ist ein Gestell mit einem Querbalken. An einem Ende des Balkens hängt ein Gewicht(,)* ***und*** *am anderen Ende hängt ein Schöpfgefäß. Mit ihm konnte man täglich Tausende Liter Wasser schöpfen. Heute gibt es natürlich Wasserleitungen,* ***aber*** *die Bauern benutzen immer noch den praktischen Schaduf.*

S. 198

Satzgefüge

1 *Einzelne Zähne sind deshalb sichtbar,* ***weil*** *das Nilkrokodil auf beiden Seiten des Oberkiefers Einbuchtungen zur Aufnahme des jeweils vierten Unterkieferzahnes besitzt. - Mittags steigen die Krokodile auf eine Sandbank,* ***damit*** *sie sich in der Sonne wärmen und schlafen können. - Sie beginnen zu jagen,* ***während*** *es dämmert. - Sie überwältigen große Landtiere,* ***indem*** *sie diese mit den mächtigen Kiefern zerreißen. - Nilkrokodile sind fortpflanzungsfähig,* ***wenn*** *sie etwa drei Meter lang sind. - Weibchen graben Mulden an Land,* ***damit*** *sie in ihnen ihre Eier ablegen können. - Das Nilkrokodil stand vor dem Aussterben,* ***weil*** *das „Krokoleder" begehrt war. - Der Bestand an Nilkrokodilen ist wieder angewachsen,* ***seitdem*** *Krokodilfarmen eingerichtet worden sind.*

S. 199 **Der Krokodilsgott Sobek**

Satzgefüge entstehen, wenn Nebensätze in einen übergeordneten Satz eingefügt und untergeordnet werden. Der übergeordnete Satz kann ein Haupt- oder ein Nebensatz sein. Nebensätze stehen an der Stelle von Satzgliedern oder Attributen des übergeordneten Satzes. Deshalb wird in manchen Grammatiken der Begriff „Gliedsatz" bevorzugt. Nach ihrer Funktion werden Nebensätze (Gliedsätze) in Subjekt-, Objekt-, Adverbial- und Attributsätze unterteilt. Sie werden häufig durch eine Konjunktion eingeleitet; gemeinsam ist ihnen die Endstellung des finiten Verbs.
In einem ersten Schritt lernen die Schülerinnen und Schüler, dass Satzgefüge aus Haupt- und Nebensätzen bestehen, die durch Konjunktionen verbunden und durch Komma getrennt werden. Weitere grammatische Unterscheidungen werden im nächsten Band angesprochen, ebenso der Relativsatz. Da in der Umgangssprache zunehmend die Endstellung des finiten Verbs (auf dieser Stufe vereinfacht als *Prädikat* bezeichnet) missachtet wird, bietet Aufgabe 4 hierzu eine Übung an.

1 Im alten Ägypten wurde dem Krokodil hohe Verehrung zuteil, **weil** es als Träger göttlicher Kraft galt. [...] Sümpfe, Seen, Flüsse und Kanäle standen unter seinem Schutz, **da** er der Herr des Wassers war. Allerdings wurden Krokodile nicht in ganz Ägypten verehrt, **weil** sie nicht in allen Landesteilen beliebt waren.
Die Stadt Krokodilopolis heißt so, **weil** hier besonders bemerkenswerte Heiligtümer dieses Tieres standen. In einem See wurde ein Krokodil verehrt, **solange** es lebte. Das Tier trug sogar Ohrgehänge und Fußschmuck, **damit** sich der Krokodilsgott Sobek geschmeichelt fühlte. Und nach seinem Tod wurde die Echse mumifiziert und bestattet, **da** sie die Ägypter weiter schützen sollte.

2 *Die Schülerinnen und Schüler erkennen, dass das Komma bei der Umstellung der Satzglieder in der Fuge zwischen Haupt- und Nebensatz bleibt. Eventuell kann thematisiert werden, dass die Umformung teilweise stilistisch unschöne Satzverbindungen erzeugt.*
Weil hier besonders bemerkenswerte Heiligtümer dieses Tieres standen, heißt die Stadt Krokodilopolis. **Solange** es lebte, wurde in einem See ein Krokodil verehrt. **Damit** sich der Krokodilsgott Sobek geschmeichelt fühlte, trug das Tier sogar Ohrgehänge und Fußschmuck. **Da** sie die Ägypter weiter schützen sollte, wurde die Echse nach ihrem Tod mumifiziert und bestattet.
Mögliche Erweiterung: Leistungsstarke Schülerinnen und Schüler können die Prädikate in den Haupt- und Nebensätzen heraussuchen und mit zwei unterschiedlichen Farben markieren, um so die Regel des Merkkastens selbstständig zu erarbeiten. Im Allgemeinen reicht es, vom Merkkasten ausgehend nach der Aufgabe 4 die Stellung der Prädikate überprüfen zu lassen. (Ähnliche Übungen werden im Band 7 vertiefend angeboten.)

3 *a/b) Die beiden Satzgefüge unterscheiden sich in der Stellung des Prädikats. Die Konjunktion „weil" leitet einen Nebensatz ein, deshalb muss das Prädikat am Ende stehen.*

4 *a) Mögliche Lösung:*
Mit dem Pharao Echnaton hatten die Ägypter das Problem, **dass** er nur an einen einzigen Gott - Aton - glaubte, **während** sonst die alten Götter weiter verehrt wurden. Der eigenwillige Pharao beschäftigte sich so sehr mit Aton, **dass** er völlig vergaß, das Land gegen Feinde zu verteidigen. Seine Wesire tobten(,) **und** einige beschlossen, **dass** er verschwinden müsse.
Echnaton starb, **als** sein Onkel Ay der höchste Staatsbeamte war. Ay sorgte dafür, **dass** Tutanchamun neuer König wurde. **Da** dieser gerade erst neun Jahre alt war, brauchte er einen Vertreter. Ay sprang gerne ein, **sodass** er zu großer Macht kam. Im Grunde regierte er das Land allein, **während** Tutanchamun mit seiner jungen Gemahlin Anch-en-Amun gerne zur Jagd ging.
Tutanchamun starb, **als** er gerade einmal 18 Jahre alt war. Er starb wahrscheinlich eines natürlichen Todes, **aber** vielleicht wurde er auch ermordet.
Nun wollte Ay die junge Witwe Anch-en-Amun heiraten, **obwohl** sie seine Enkelin war. Anch-en-Amun liebte einen Hethiterprinzen, **obwohl** die Hethiter Erzfeinde der Ägypter waren. Der Hethiterkönig sandte seinen Sohn zur Hochzeit, **aber** der Ärmste kam nie an, **weil** er unterwegs ermordet wurde.
Als das bekannt wurde, blieb Anch-en-Amun keine Wahl(,) **und** sie heiratete ihren Großvater. Ay wurde Pharao. Aber er konnte die Macht nur kurz genießen, **weil** er schon nach vier Jahren starb.

Brief ins Jenseits

Ein hoher ägyptischer Offizier erkrankte. Seine Frau war gestorben. (nachdem)

Er schrieb ihr einen Brief. Er glaubte. (weil)
Sie sei ihm böse und habe ihm deshalb die Krankheit geschickt. (dass)

Die Papyrusrolle wurde auf dem Grab der Frau gefunden. Die Forscher entzifferten folgenden Text. (und)

„Habe ich dir Böses getan? Ich bin so schlimm erkrankt.“ (dass)

„Ich habe dich zur Frau genommen. Ich war noch ein junger Mann.“ (???)

„Ich bin immer bei dir geblieben. Ich durchlief alle meine Ämter.“ (???)

„Ich bildete Offiziere für den Pharao aus. (???)
Ich sorgte dafür. Sie begrüßten dich und brachten dir Geschenke.“ (???)

„Ich habe dich immer wie ein Kavalier behandelt. Ich wollte dir nie Böses tun.“ (???)

1 *Verbinde die Einzelsätze zu Satzreihen oder Satzgefügen, indem du Bindewörter (Konjunktionen) einfügst. Einige sind vorgegeben, andere musst du passend wählen.*

2 *Welche der neuen Sätze sind Satzreihen, welche Satzgefüge?*

Guams lautloser Tod

(?) der Insel Guam (?) Westpazifik begann (?) dem Zweiten Weltkrieg ein rätselhaftes Vogelsterben. (?) Anfang der Achtzigerjahre starben sechs der elf waldbewohnenden Vogelarten aus. (?) Süden der Insel waren schließlich fast alle Vögel verschwunden.

Erst 1983 wurde der lautlose Täter entdeckt: die Braune Baumschlange. Einige Exemplare waren (?) den Vierzigerjahren als blinde Passagiere vermutlich (?) Australien in Militärfahrzeugen nach Guam gelangt, wo die großen Giftschlangen paradiesische Bedingungen vorfanden: Es fehlten dort Feinde und Konkurrenten. So fielen den nachtaktiven Jägern nicht nur Vögel und Eier, sondern auch fast der gesamte Bestand an Flughunden, Echsen und Nagern zum Opfer.

Die Reptilien vermehrten sich unglaublich: Über 5 000 Schlangen leben (?) einem einzigen Quadratkilometer. An Hochspannungsmasten verursachten sie (?) Stromausfälle Schäden in beträchtlicher Höhe. [...] Seit geraumer Zeit werden Schlangen gezielt getötet sowie Projekte (?) Wiederaufzucht und (?) Schutz der heimischen Vogelwelt durchgeführt.

(aus: WWF-Magazin 1/2007, S. 13; gekürzt; © WWF Deutschland)

1 *Setze folgende Wörter an den passenden Stellen ein:*
auf – auf – aus – bis – durch – im – im – in – nach – zum – zur
Um welche Wortart handelt es sich? Welche Funktion haben diese Wörter?

Auf der Insel Guam im Westpazifik begann nach dem Zweiten Weltkrieg ein rätselhaftes Vogelsterben.

2 *a) Stelle mit Hilfe der Umstellprobe die Anzahl der Satzglieder fest.*

Anzahl der Satzglieder: ______

b) Bestimme in dem Satz über das rätselhafte Vogelsterben das Subjekt und das Prädikat.

Subjekt: ______

Prädikat: ______

c) Der Satz enthält auch adverbiale Bestimmungen.
Auf welche Fragen antworten sie? Um welche adverbiale Bestimmung handelt es sich jeweils?

---

3 *In diesem Bericht wurde neben den Zeitformen Präteritum und Plusquamperfekt auch das Präsens verwendet. Markiere einen Satz deiner Wahl und begründe die Verwendung des Präsens.*

---

12 Rechtschreibtraining

Konzeption des Gesamtkapitels

Wer schreibt, möchte verstanden werden. Wer mit seinen Texten etwas bewirken will, muss sich deshalb an die Rechtschreibnormen halten. Um diesem Zusammenhang Rechnung zu tragen und ihn zur Motivation der Schülerinnen und Schüler fruchtbar zu machen, sollte Rechtschreibung grundsätzlich aus konkreten Sprachverwendungssituationen heraus thematisiert werden. Jedes der drei Teilkapitel enthält zu diesem Zweck **mehrere kurze, eigenständige Einheiten**, in denen einzelne Rechtschreibphänomene erarbeitet, geübt und gefestigt werden können. Sie stellen also keine in sich geschlossenen Lehrgänge dar. Das ganze Kapitel ist von vornherein darauf angelegt, in kleineren, über das Schuljahr verteilten Einheiten genutzt zu werden. Insgesamt orientiert sich das Angebot an folgenden Überlegungen zur unterrichtlichen Bearbeitung von Rechtschreibphänomenen:
Recht-Schreiben lernt man beim Schreiben. Dabei gilt: **Kurze Lerneinheiten** mit vielfältigen Arbeitsformen, Wiederholen und Anwenden des Gelernten in neuen Schreibsituationen unterstützen den Lernprozess nachhaltiger als einmaliges ausgedehntes Üben.
Die Übungen sollen **mehrkanaliges Lernen** ermöglichen, d. h., es müssen Angebote zum Einprägen von Wortschemata und zur Nutzung akustomotorischer, analoger und logischer Lösungswege gemacht werden.
Um keine Lernschwierigkeiten durch die **Ähnlichkeitshemmung** (Ranschburg'sche Hemmung) zu provozieren, vermeiden die angebotenen Materialien Übungen mit Minimalpaaren.
Die Rechtschreibdidaktik unterscheidet zwischen satzabhängigen und satzunabhängigen Phänomenen; letztere machen ca. zwei Drittel aller Fälle aus. Da sich das Rechtschreibkapitel für die 6. Klasse auf **wortbezogene Regelungen** konzentriert und die Übungen schwerpunktmäßig verwendungshäufige und fehlerhäufige Wörter aufgreifen, die einem auf dem Grundschulwissen aufbauenden Rechtschreibwortschatz zuzuordnen sind, empfiehlt es sich, als begleitende und stützende Maßnahme eine Rechtschreibkartei einzuführen bzw. die in der 5. Klasse begonnene Rechtschreibkartei weiterzuführen. Hier sollten auch die Beispielwörter aus den Übungen dieses Kapitels festgehalten werden. Vielen Schülerinnen und Schülern dürfte die Arbeitsweise aus der Grundschule bereits bekannt sein.
Durch induktives Vorgehen im Rahmen der einzelnen Sequenzen sollen sich die Schülerinnen und Schüler so weit wie möglich an der Formulierung von Rechtschreibregelungen beteiligen können. Dabei dienen die Einstiegsaufgaben jeweils zur Anknüpfung an die konkrete Unterrichtssituation; sie wollen Regelungen bewusst machen. Die anschließenden Übungen konzentrieren sich auf die jeweils kleineren Fallgruppen. Denn bei eindeutiger quantitativer Verteilung bestimmter Schreibungen ist die Wahrscheinlichkeit, dass unsichere Schülerinnen und Schüler die häufigere Version wählen und sich damit für die richtige Schreibung entscheiden, relativ hoch. Rechtschreibphänomene dagegen, bei denen die Schülerinnen und Schüler ohnehin nicht gegen die Norm verstoßen, z. B. weil sie in der Laut-Buchstaben-Beziehung gut erkennbar sind, brauchen nicht eigens geübt zu werden. In diesem Zusammenhang sind die „Rechtschreibtipps" zu sehen, die neben den „Rechtschreibregelungen" praktische Bedeutung haben, indem sie den Schülerinnen und Schülern Entscheidungshilfen in Zweifelsfällen vorschlagen.
Das vorliegende Material kann somit sowohl zum lehrgangsmäßigen Erfassen und zur Systematisierung von Rechtschreibphänomenen, zur Festigung des Gelernten wie für (spätere) punktuelle Wiederholungsübungen genutzt werden.

Das Kapitel ist in drei Teile gegliedert: Das erste Teilkapitel **(„Kinder in aller Welt – Tipps zum Rechtschreiben")** enthält allgemeine Tipps zum Rechtschreiben, zeigt Möglichkeiten der Anwendung und trägt zur Selbstständigkeit der Schülerinnen und Schüler bei.
Das zweite Teilkapitel **(„Feste feiern – Rechtschreibregeln beherrschen")** stellt in Abschnitten einzelne Rechtschreibphänomene vor, die anlassbezogen und unabhängig voneinander behandelt werden sollen. Die einzelnen Abschnitte sind jeweils dreiteilig aufgebaut: Auf eine Einführungssituation zur induktiven Erarbeitung des einzelnen Phänomens folgt die lernsystematische Darstellung des Rechtschreibphänomens. Daran schließen sich Übungen an, die nicht mehr auf das isolierte Phänomen beschränkt sind und in andere Lernbereiche überleiten. Sie sind damit auch geeignet, Klassenarbeiten nach integrativem Verfahren vorzubereiten oder entsprechendes Material zur Verfügung zu stellen.
Das dritte Teilkapitel **(„Unterwegs in fremden Ländern – Übungen")** bietet vielfältige Trainingsmöglichkeiten für die erarbeiteten Regeln und Tipps zum Rechtschreiben.

Literaturhinweise

Augst, Gerhard / Dehn, Mechthild: Rechtschreibung und Rechtschreibunterricht. Können – Lehren – Lernen. Stuttgart / Düsseldorf / Leipzig [2]2002

Bünting, Karl-Dieter / Eichler, Wolfgang / Pospiech, Ulrike: Handbuch der deutschen Rechtschreibung. Berlin 2000

Die neue Rechtschreibung. Regeln und Beispiele im Überblick. Berlin 2006

Empfehlungen des Rats der deutschen Rechtschreibung. Teil 1: Regeln. Teil 2: Wörterverzeichnis. Mannheim 2006 (siehe http://rechtschreibrat.ids-mannheim.de)

Gallmann, Peter / Sitta, Horst: Handbuch Rechtschreiben. Zürich 1996

Gerstenmaier, Wiebke / Grimm, Sonja: Praxishandbuch Deutsch. Berlin 2004

Orthographische Zweifelsfälle. Praxis Deutsch 198 / 2006

Rechtschreiben erforschen. Praxis Deutsch 170 / 2001

Wahrig. Die deutsche Rechtschreibung. Grundlegend neu bearbeitete und aktualisierte Ausgabe. Gütersloh/München 2006

Zeichen setzen. Praxis Deutsch 191 / 2005

	Inhalte	Kompetenzen
S. 201	**12.1 Kinder in aller Welt – Tipps zum Rechtschreiben**	Die Schülerinnen und Schüler können – durch deutliches Mitsprechen das Schreiben von Wörtern üben
S. 202	**Tipp 1 – Pilotsprechen**	– mit dem Wörterbuch die Schreibung von Wörtern überprüfen
S. 203	**Tipp 2 – Elektrisches Eigendiktat**	– ein Eigendiktat mit Hilfe elektronischer Geräte durchführen
S. 204	**Tipp 3 – Silbentrennung**	– Wörter nach Sprechsilben trennen – Wörter mit Silbenbögen kennzeichnen
S. 204	**Tipp 4 – Verwandte Wörter suchen**	– verwandte Wörter suchen – Wörter verlängern
S. 205	**Tipp 5 – Wörter verlängern**	– in einem Text Fehler erkennen – Fehler bestimmten Fehlerarten zuordnen
S. 205	**Die eigenen Rechtschreibkenntnisse testen**	– mit einem Fehlerbogen arbeiten – am PC Fehler mit dem Rechtschreibprogramm korrigieren
S. 206	**Mit einem Fehlerbogen arbeiten**	– Übungsmöglichkeiten zum Wörtertraining nutzen
S. 207	**Rechtschreibung am Computer**	
S. 208	**Mit Wörterlisten üben**	
S. 210	**12.2 Feste feiern – Rechtschreibregeln beherrschen**	– Vokallängen beim Sprechen und Schreiben erkennen
S. 210	**Karneval – Kurze Vokale, doppelte Konsonanten**	– den kurzen Vokal als Signal für mögliche Konsonantenverdopplung erkennen – bedeutungsgleiche Wörter mit langem *i* finden
S. 211	**Huhn oder Hase – Lange Vokale mit *h***	– Verben ins Präsens und Präteritum setzen und damit Sätze bilden
S. 212	**Viel Fantasie – Langes *i***	– einen Text mit gleich klingenden Konsonanten ergänzen – die Verlängerungsprobe anwenden
S. 214	**Am Lucia-Tag – Gleich klingende Konsonanten**	– den stimmhaften und stimmlosen *s*-Laut unterscheiden
S. 215	**Süße Delikatessen genießen – *s*-Laute**	– die Großschreibung von Nomen durch die Artikelprobe bestimmen
S. 217	**Die Hochzeit der Eltern (1) – Nomen großschreiben**	– die ursprüngliche Wortart nominalisierter Wörter erkennen und eine Regel für die Großschreibung ableiten
S. 218	**Die Hochzeit der Eltern (2)**	– mit der Artikelprobe über Groß- oder Kleinschreibung entscheiden
S. 218	**Die Hochzeit der Eltern (3) – Verben nominalisieren und großschreiben**	– Adjektive, die nominalisiert werden, mit passenden Begleitern kombinieren – eine Regel für Kommas bei Aufzählungen nennen
S. 220	**Die Hochzeit der Eltern (4) – Adjektive nominalisieren und großschreiben**	– den Redebegleitsatz erkennen und seine Stellung benennen – einen Dialog unter Berücksichtigung der Redezeichen fortsetzen
S. 221	**Ramadan und Zuckerfest – Kommas bei Aufzählungen**	
S. 222	**Aqualand oder Kletterwand? – Wörtliche Rede**	

	Inhalte	Kompetenzen
S. 224	**12.3 Unterwegs in fremden Ländern – Übungen**	Die Schülerinnen und Schüler können – ein Rätselgedicht mit Doppelkonsonanten verfassen – Zusammensetzungen bilden und verwandte Wörter sammeln – mit der Verlängerungsprobe Wörter ergänzen – Wörter mit unterschiedlicher Schreibung des langen *i* sicher erkennen – die Vokallänge vor dem *s*-Laut erkennen – stimmhafte und stimmlose *s*-Wörter aus einem Text heraussuchen – nominalisierte Verben anhand der Artikelprobe in einem Text erkennen – eine Grafik in einem kontinuierlichen Text umwandeln und die fehlenden Kommas bei Aufzählungen einsetzen – einen Text mit Zeichen der wörtlichen Rede richtig ergänzen
S. 224	**Chirriadas und Zitronen – Kurze Vokale, doppelte Konsonanten**	
S. 225	*Johann Wolfgang Goethe* Mignon	
S. 225	**Zehn mühsame Kilometer – Lange Vokale mit *h***	
S. 226	**Der Uhuru Peak – Mit langem *i***	
S. 226	**Windig, ziemlich windig! – Gleich klingende Konsonanten**	
S. 227	**Süße, gelbe Babys – *s*-Laute**	
S. 228	**Kleine Chinesin, große Leistung – Großschreibung**	
S. 229	**Träumen großgeschrieben – Verben und Adjektive nominalisieren**	
S. 230	**Kinder in Not – Aufzählungen**	
S. 230	**Das Jugendorchester aus dem Regenwald – Wörtliche Rede**	

12.1 Kinder in aller Welt – Tipps zum Rechtschreiben

S. 201

Auftaktseite

Aufgabe des Rechtschreibunterrichts ist es, die Schülerinnen und Schüler für die eigenen Fehler zu sensibilisieren. Sie sollen ihre persönlichen Fehlerschwerpunkte erkennen, um so gezielt üben zu können. Die Auftaktseiten des Rechtschreibkapitels widmen sich daher der Fehleranalyse und den entsprechenden Übungsmöglichkeiten.

2 *a/b) Diese Aufgabe bietet die Möglichkeit, bereits bekannte Rechtschreibtipps aufzulisten, die mit den Rechtschreibphänomenen verbundenen Regeln zu wiederholen und über die Effektivität der Tipps zu sprechen.*

S. 202

Tipp 1 – Pilotsprechen

2 *a) Farbige Bestandteile der Zeichnung: Esel, Baum, Blumen, Hose, Arm, Schule, Ampel, Ast*

Buntes Europa

1 *In Deutschland und Österreich sowie in Teilen der Schweiz und Italiens (Südtirol) wird Deutsch gesprochen; in Frankreich, Belgien, Luxemburg sowie in Teilen der Schweiz wird Französisch gesprochen; in England, Schottland und Irland ist Englisch die Landessprache.*

S. 203

Tipp 2 – Elektrisches Eigendiktat

Das Pilotsprechen sollte geübt werden, um auch einer überdeutlichen und letztlich falschen Aussprache vorzubeugen (übertriebene Betonung des Auslauts, von Doppelkonsonanten etc.). Als **Zusatzmaterial** sind alle Diktattexte geeignet, die als **Kopiervorlagen** am Ende dieses Kapitels angeboten werden (Lösungen siehe S. 227 ff. und CD-ROM).

S. 204

Tipp 3 – Silbentrennung

2 *a) Ein Tag mit Lu-pi-ta*
So wie Lu-pi-ta le-ben Tau-sen-de Fa-mi-li-en in El Sal-va-dor. Die Kin-der le-ben bei den Groß-el-tern, während die El-tern in den USA ar-bei-ten. Lu-pi-ta und ihr Bru-der Ti-to ste-hen um fünf Uhr mor-gens auf. Sie waschen sich mit dem Was-ser aus dem Was-ser-tank und zie-hen sich an. Ih-re Groß-mut-ter hat schon Kaf-fee ge-kocht. Ge-le-gent-lich gibt es ein Stück Brot. Der Schul-weg dau-ert ei-ne Stun-de, da-bei durch-que-ren sie ei-ne wun-der-schö-ne Land-schaft mit Pi-ni-en-bäu-men. Lu-pi-ta ist ei-ne gu-te Schü-le-rin. Um zwölf Uhr ist Schul-schluss. Zum Mit-tag-es-sen gibt es ei-ne war-me Mahl-zeit aus Reis, Ei-ern und fri-schen, selbst ge-mach-ten Tor-til-las. Nach-mit-tags hü-tet sie ih-re Zie-ge „Pe-lu-da“ und ih-re Kuh. Am spä-ten Abend er-zählt der Groß-va-ter noch Ge-schich-ten aus der Ge-mein-de. Da-nach geht sie ins Bett.

4 *b) Tril ler pfei fe, Pflau men ku chen, be quem, Quel le, Stei ne, Spei se plan, Spros sen, Kar ten spie le, te le fo nie ren, krie chen, Stra ßen la ter ne, au ßer ir disch, Os ter grü ße, Fuß ball, Li ni en rich ter, Elf me ter, Kopf ball tor, Spiel feld rand, Ge gen spie ler*

S. 204

Tipp 4 – Verwandte Wörter suchen

1 *tats**ä**chlich – Tats**a**che; sch**ä**dlich – Sch**a**den; Gel**ä**chter – **l**achen; n**ä**hen – N**a**ht; B**ä**ckerei – b**a**cken;*
***aber:** f**e**tt; Bettgest**e**ll; Hundegeb**e**ll*

2 *l**äu**ten – L**au**t; Ger**äu**sch – r**au**schen; tr**äu**men – Tr**au**m; K**äu**zchen – K**au**z; **äu**ßerlich – **au**ßen; h**äu**fig – H**au**fen; k**äu**flich – k**au**fen;*
***aber:** h**eu**te Morgen; viele L**eu**te; große B**eu**te; Fr**eu**de; Lederb**eu**tel*

S. 205

Tipp 5 – Wörter verlängern

1 *a) Trie**b**, Sta**b**, trü**b**, Gra**b**, Stau**b***

*b) Ber**g**, staubi**g**, Sie**g**, Erfol**g**, We**g**, weni**g***

*c) Han**d**, Wir**t**, Wal**d**, Kin**d**, Gel**d**, Hau**t**, Wel**t***

S. 205

Die eigenen Rechtschreibkenntnisse testen

2/3 *Mögliches Tafelbild:*

Fehler (in Zeile)	Fehlerart gemäß Fehlerbogen	Korrektur
pakt (Z. 1)	Nr. 1: Doppelte Konsonanten vergessen (ck entspricht kk)	packt
Milchschnite (Z. 1)	Nr. 1: Doppelte Konsonanten vergessen	Milchschnitte
glenzen (Z. 2)	Nr. 4: Verwechslung von ä und e	glänzen
süsen (Z. 2)	Nr. 5: Wörter mit s, ss oder ß	süßen
Berk (Z. 3)	Nr. 3: Gleich oder ähnlich klingende Konsonanten verwechselt	Berg
interessirt (Z. 4)	Nr. 2: Lange Vokale vergessen	interessiert
Mase (Z. 5)	Nr. 5: Wörter mit s, ss oder ß	Masse
heißhunger (Z. 6)	Nr. 6: Großschreibung	Heißhunger
one (Z. 7)	Nr. 2: Lange Vokale vergessen	ohne
Nod (Z. 7)	Nr. 3: Gleich oder ähnlich klingende Konsonanten verwechselt	Not
nimt (Z. 8)	Nr. 1: Doppelte Konsonanten vergessen	nimmt

S. 206

Mit einem Fehlerbogen arbeiten

In dem hier vorgestellten Fehlerbogen werden alle Fehler den entsprechenden Kategorien zugeordnet. Die Schülerinnen und Schüler können ihn als eine Art Statistik über ihre persönlichen Fehlerschwerpunkte führen und auf dieser Grundlage einen individuellen Trainingsplan erstellen.
Weitere Übungen zum Arbeiten mit einem Fehlerbogen siehe die **Kopiervorlagen** „Die Wilden Hühner auf Klassenfahrt" und „Meggie betritt die Tintenwelt" von Cornelia Funke auf Seite 207 und 208 (Lösungen siehe S. 227 ff. und CD-ROM).

S. 207

Rechtschreibung am Computer

Bei der Arbeit mit der Rechtschreibprüfung des Textverarbeitungsprogramms sollten die Schülerinnen und Schüler darauf aufmerksam gemacht werden, dass die automatische Rechtschreibprüfung zwar zum schnellen Auffinden von Fehlern durchaus geeignet ist, aber immer vom Nutzer überprüft werden muss. So kann das Rechtschreibprogramm wohl den Fehler „englishen" erkennen, nicht aber die Großschreibung des Anredepronomens „Sie", da auch das kleingeschriebene „sie" an dieser Stelle richtig sein könnte. Der PC erkennt weder grammatische noch inhaltliche Zusammenhänge. Diese Unzulänglichkeit kann auch bei Nominalisierungen gezeigt werden, die nicht an ihren Endungen eindeutig erkennbar sind (backen – beim Backen). Die Kinder sollten erkennen, dass die automatische Rechtschreibprüfung lediglich eine Hilfe für den PC-Nutzer darstellt, mögliche Fehler zu entdecken und gegebenenfalls zu korrigieren.

1 *Die zwei Rechtschreibfehler: englis**c**hen, **S**ie. Falls die Schülerinnen und Schüler diese Fehler den Fehlerarten des Fehlerbogens zuordnen wollen, können sie als neue Fehlerklassifizierung „Flüchtigkeitsfehler" oder auch „Verwechslung mit englischer Schreibweise" für „sh" statt „sch" aufnehmen. Die Großschreibung des Anredepronomens kann der Fehlerart Nr. 6 „Großschreibung" zugeordnet werden.*

S. 208

Mit Wörterlisten üben

Wörterliste und Rechtschreibkartei – beide aus der 5. Klasse bekannt – sollen auch in diesem Schuljahr als Trainingsmöglichkeiten eingesetzt werden (s. Deutschbuch 5, S. 196 ff. „Persönliche Rechtschreibschwächen erkennen und verbessern").

12.2 Feste feiern – Rechtschreibregeln beherrschen

S. 210

Karneval – Kurze Vokale, doppelte Konsonanten

3 *Mögliches Tafelbild:*

Kurzer Vokal + zwei Konsonanten	Kurzer Vokal + Doppelkonsonant
Ursprünge, (Mittel-)Alter, Fest, Christen, gedenken, Kirche, fasten, anfangs, Fastenzeit, wurde, elften, Jahrhundert, fast, Wochen, richtig, krachen, Fasten, dort	Mittel(alter), zurück, wollte, sollten, essen, stellten, dann, Aschermittwoch, Ostersonntag, irgendwann, Einfall, lassen, begann, stammt

4 *Mögliche Lösung: Hunde, Widder (oder: Winter), Stifte (oder: Stille, Stimme), Grippe (oder: Grille), stoppen (oder: stocken, stopfen), beginnen, nummerieren, Bretter (oder: Bremser), Gewitter (oder: Gewinner), Herbst (oder: Hengst), Krankheit, Kinder (oder: Killer, Kicker), Elefanten, Wunde, unten (oder: ulken), Klette (oder: Klemme), packen (oder: passen, paffen, parken)*

5 *Mögliches Beispiel: Holzwolle – Wollmaus – Mausefalle – Fallstrick – Strickmuster – Musterkind – Kinderschreck – Schreckgespenst – Gespensterschloss – Schlossgarten – Gartenhacke – Hackebeil*

S. 211

Huhn oder Hase – Lange Vokale mit *h*

2 *Huhn, früher, fröhlich, Frühlings, kühlen, allmählich, Auferstehung, Gottessohnes, wohl, gewöhnten, erzählen, Vermehrung, Jahr (Bei Wörtern wie „Auferstehung", „stehen", „sehen", „ruhen", „ziehen" etc. dient das h zur Markierung der Silbenfuge zwischen zwei Vokalen; „Auferstehung" wird hier trotzdem angeführt, um die Schülerinnen und Schüler nicht zu irritieren.)*

3 *a/b) Auswertung des Rätsels:*

J				M	A	H	N	U	N	G		L	E	H	M			A
A	K	E	H	R	E	N	E		L	A	H	M	A					R
H	M	E	H	L	H	A	H	N		S	N	A	H	R	U	N	G	M
R							M			D	E	H	N	E	N			L
V	E	R	K	E	H	R	E	F	S	E	H	N	E	K	A	H	L	E
V	M	E	H	R	W		N	E				B	A	H	N			H
E				N	A	H		H	V	E	M	P	F	E	H	L	E	N
R				I	H	M	B	L	I		Ü		D	R	A	H	T	E
F	A	R	O	H	R		E	E	E	I	L	E	H	R	E			
A	N						G	R	H	P	L	O				F		
H	G						E			R	A	H				A		A
R	E	M	U	H	R		H			A	B	R	Z	W		H	N	B
E	N	E		S	E	H	R			H	F		A	A		R	A	W
N	E	H	M	E	H	L	E			L	U		H	H		R	H	E
	H	R					N			E	H		N	L		A		H
	M		B	E	F	E	H	L		N	R					D		R
	E	I	N	K	E	H	R	E	N		G	E	W	Ö	H	N	E	N
					S	A	H	N	E			B	E	Z	A	H	L	T

Senkrecht können die Schülerinnen und Schüler 22 Wörter finden, waagerecht 28 Wörter.
Findige Schülerinnen und Schüler können weitaus mehr Lösungswörter finden, z. B.: EHRE (2. Zeile); NAH (3. Zeile); EHRE (5. Zeile); FEHLEN (7. Zeile); EILE und EHRE (9. Zeile); MUH 12. Zeile; NEHME (14. Zeile); FEH (= Pelzwerk, 16. Zeile); KEHREN (17. Zeile); ZAHL (18. Zeile).
Auch einige der senkrechten Lösungswörter können mehrere Einzelwörter ergeben, z. B. VERFAHREN + FAHREN; MÜLL + ABFUHR; auch AHR kann gelesen werden (Nebenfluss des Rheins). In PRAHLEN sind die RAH (= Querstange am Mast von Segelschiffen für das Rahsegel) und die AHLE (= Schusterwerkzeug zum Stechen von Löchern in Leder) enthalten.

S. 212

Viel Fantasie – Langes *i*

2 v**ie**r, s**ie**, d**ie**se, L**ie**blingssüßigkeiten, einzuschm**ie**ren, r**ie**sigen, fantas**ie**vollen, ausg**ie**big, bel**ie**bte, d**ie**, v**ie**r, f**ie**len, w**ie**, s**ie**, w**ie**der, s**ie**, R**ie**senspaß, v**ie**lleicht, s**ie**, B**ie**nenstich

3 kar**i**bischer (Z. 9) und Gumm**i**bärchen (Z. 18)

4 Mögliche Lösung: Fl**ie**ge, Sp**ie**le, v**ie**r, L**ie**d, D**ie**b, Sch**ie**nen, S**ie**b, sch**ie**len, Kr**ie**g

5 a) Die Verben im Präteritum: ich br**ie**t – ich st**ie**g – ich tr**ie**b – ich r**ie**b – ich bl**ie**b – ich h**ie**lt – ich schr**ie**b – ich l**ie**f – ich f**ie**l – ich entsch**ie**d – ich schr**ie**

6 Die Lösungssätze mit dem Prädikat im Präsens:
Er b**ie**gt ab. - Das Wasser fl**ie**ßt schnell. - Er bez**ie**ht seine neue Wohnung. - Sie sch**ie**bt alles zur Seite. - Er sch**ie**ßt ein Tor. - Sie schl**ie**ßen das Tor. - Wir fr**ie**ren. - Sie l**ie**gt im Schnee. - Sie erz**ie**ht das Kind alleine. - Wir fl**ie**gen in Urlaub. - Die Tiere fl**ie**hen. - Ich gen**ie**ße die Wärme. - Ich kr**ie**che durch das hohe Gras.

S. 214

Am Lucia-Tag – Gleich klingende Konsonanten

1 Lucia-Ta**g**, wir**d**, Jahrhunder**t**, heili**g**, Namensta**g**
Lucia-Brau**t**, häufi**g**, Gewan**d**
run**d**, brennen**d**, Lie**d**, singen**d**, lachen**d**, strahlen**d**, Lo**b**, wichti**g**

2 a–c) der Krie**g** – der Sie**g** – der Trie**b** – der Sta**b** – das Lan**d** – der Verstan**d** – das Pfer**d**
das Kin**d** – der Abstan**d** – merkwürdi**g** – völli**g** – lie**b** – trü**b** – tau**b** – mil**d** – wil**d**
elen**d** – er glaub**t** – sie pfleg**t** – es beweg**t** sich – du frags**t** – ihr lob**t** – sie sag**t**

S. 215

Süße Delikatessen genießen – *s*-Laute

1 la**ss**en, mu**ss**, gemä**ß**, i**ss**t, schlie**ß**lich, gro**ß**er, Spa**ß**, Delikate**ss**en, genie**ß**en, gescho**ss**en, hei**ß**t, Geno**ss**en, Schie**ß**en, regelmä**ß**ig, Stra**ß**en, blo**ß**, bi**ss**chen, mü**ss**en, Fu**ß**gelenk

2 Mögliches Tafelbild:

Stimmhafter s-Laut	Stimmloser s-Laut (ss oder ß)
lesen, Hase, Preise, leise, Dose, Rasen, reisen, nieseln, Hose, Rose, Speise, Käse, Riese, losen	zerreißen, heißen, Kloß, fleißig, wissen, hassen, Kessel, grüßen, Messer, stoßen

4 **Die 11 stimmhaften s-Wörter:** Le**s**eratten, Le**s**eratte, Gru**s**elgeschichten, Rei**s**egeschichten, le**s**en, le**s**enswert, Le**s**ens, Mu**s**ikhören, Fern**s**ehen, schmu**s**en, sau**s**en
Die 9 stimmlosen ss-Wörter: mü**ss**en, mu**ss**, pa**ss**ieren, Ka**ss**etten, intere**ss**iert, lä**ss**t, gefe**ss**elt, da**ss**, vergi**ss**t
Die 3 stimmlosen ß-Wörter: einigerma**ß**en, spa**ß**en, gro**ß**

S. 217

Die Hochzeit der Eltern (1/2) – Nomen großschreiben

2 Die Hochzeit, die Eltern, die Jahre, die Anstrengung, die Familie, die Hochzeit, das Leintuch, das Wasser, der Stein, der Stein, das Tuch, das Wasser, der Bach, die Leintücher, die Männerhosen, die Frauenkleider, die Hemden, die Tücher, der Morgen, die Hitze, die Brüder, das Geld, die Eltern, die Eltern, die Hochzeit, die Brüder, die Eltern, die Überraschung

3 *Mädchen, Wäsche, Dorf, Lehmhütte, Kleider, Zaun, Hütte, Mutter, Blechtasse, Kaffee, Zucker, Stück, Maisbrot, Frühstück, Wasser, Brunnen, Zwillinge, Bett, Eltern*

S. 218

Die Hochzeit der Eltern (3) – Verben nominalisieren und großschreiben

2/**3** *Die hervorgehobenen Wörter gehören ursprünglich zur Wortart der Verben; sie wurden nominalisiert. Dass es sich um Nomen handelt, erkennt man mit Hilfe der Artikelprobe.*

S. 220

Die Hochzeit der Eltern (4) – Adjektive nominalisieren und großschreiben

1 *erfreulich, erwartet, überraschend, rührend, ungewöhnlich, wesentlich, nützlich, klein, groß*

2/**3** *Die hervorgehobenen Wörter gehören ursprünglich zur Wortart der Adjektive; sie wurden nominalisiert. Dass sie großgeschrieben werden müssen, erkennt man mit Hilfe der Artikelprobe.*

4 *a) Mögliche Beispiele: viel Süßes, nichts Gutes, wenig Interessantes, alles Mögliche, etwas Neues, das Aufregende, etwas Lustiges*

5 *Die Schülerinnen und Schüler können die Sätze in ihr Heft übertragen und – als Zusatzaufgabe/Hausaufgabe – mit weiteren Beispielen ergänzen, z. B.:*

*Alles **Liebe** zum Hochzeitstag!*	*Ich muss manches **Unangenehme** sagen.*
*Viel **Neues** gibt es nicht zu berichten.*	*Für die Zähne ist etwas **Süßes** schädlich.*
*Ich dachte an nichts **Böses**.*	*Es gab nichts **Interessantes** zu sehen.*
*Ferien sind das **Schönste** an der Schule.*	*Man soll über andere nichts **Schlechtes** reden!*
*Ich wünsche dir alles **Gute** zum Geburtstag!*	*Hier findest du das **Beste** aus seinem Musikalbum.*
*Weißt du schon das **Neueste** vom Klassenfest?*	*...*

S. 221

Ramadan und Zuckerfest – Kommas bei Aufzählungen

1 *a) Das Zuckerfest wird zum Abschluss des Fastenmonats Ramadan gefeiert.*

2 *Die unterstrichenen Kommas stehen wegen der Aufzählung von Wörtern und Satzteilen.*

4 *Das Abendessen während des Ramadan ist immer sehr umfangreich und schön.*
Als Vorspeise gibt es zum Beispiel: Zucchinipuffer, gefüllte Schafskäsetaschen, gefüllte Weinblätter und Bohnensuppe. Dann folgen als Hauptgericht: Tomaten-Kebap, Hähnchenkeule im Gemüsenest oder Tintenfisch aus dem Kessel. Als Gemüsebeilage kann man wählen zwischen gefüllten Paprikaschoten, gebratenen Auberginen und Knoblauchjogurt. Das Dessert bildet den Abschluss: Mandelpudding, Rosinenkuchen mit Nüssen oder Spritzkuchen mit Zitronensirup.
Man isst in großer Gemeinschaft, mit der Familie, mit Freunden und mit Bekannten.

S. 222

Aqualand oder Kletterwand? – Wörtliche Rede

1 *Der Redebegleitsatz kann*
- *am Satzanfang (Z. 2),*
- *in der Satzmitte (Z. 5) oder*
- *am Satzende (Z. 8)*

stehen. Je nach Leistungsstand der Klasse kann auch zunächst der Merkkasten gemeinsam erarbeitet und anschließend die Aufgabe 1 gelöst werden.

5 *a/b) Paul erinnert Lena daran: „Zwei Feiern kommen nicht in Frage. Hast du vergessen, was Mama gesagt hat?", fragt er. „Dann lass uns doch alle zusammen ins Kino gehen", schlägt Lena vor. „Der neue Harry Potter läuft doch gerade an." – „Super Idee", meint Paul, „Taner hat mich auch schon darauf aufmerksam gemacht. Das machen wir." Lena überlegt: „Vielleicht bekommen wir ja von Mama oder Papa noch Geld für Popcorn und Getränke?" – „Und Oma", fällt Paul ein, „backt uns abends Pizza!"*

12.3 Unterwegs in fremden Ländern – Übungen

S. 224

Chirriadas und Zitronen – Kurze Vokale, doppelte Konsonanten

1 *Chirriadas, Stadt, Ausflugsziel, offenen, sitzen, sonntagmittags, Kindern, Freundesgruppen, frisch, gegrillten, Fische, Katzen, Tische, Hoffnung, dass, etwas, abfallen, Geschmack, knusprigen, lässt, sich, Pfanne, ganz, s. icher,nicht, gibt, Nachtisch, Hand, genommen, genossen, wird, dünne, Pfannkuchen, schmecken*

2 *Chirriadas*
250 g Maismehl mit 1 l Milch, 2 Eiern, etwas Salz, Zucker und Zimt zu einem dünnflüssigen Teig verquirlen. Eine halbe Stunde stehen und quellen lassen. Pro Pfannkuchen eine Kelle Teig in eine heiße, gefettete, flache Pfanne laufen lassen und dünn ausbraten. Je nach gewünschtem Bräunungsgrad wenden. Am besten sofort aus der Pfanne servieren – entweder solo oder mit Konfitüre oder Nuss-Nougat-Creme bestrichen.

Johann Wolfgang Goethe

Mignon

2 *Kennst, Land, Zitronen, dunkeln, Goldorangen, sanfter, Wind, Himmel, still*

S. 225

Zehn mühsame Kilometer – Lange Vokale mit *h*

1 *zehn, mühsame, drohte, mühsamer, 16-Jährigen, beinahe, näherte, fröhlich, Jahr, wahnsinnige, ihm, fehlen, Berührung, Ehrgeiz, lohnt*

3 *Mögliche Beispiele: jedem, über, Müdigkeit, Südpol, Pole, Starkstrom*

S. 226

Der Uhuru Peak – Mit langem *i*

1 *Mögliches Tafelbild:*

ie	*ih*
Aufstieg, stieg, vierzehn, dies, viele, hielt, sie, tiefer, ziemlich, schwierigen, Ziel, schießt, sie, zufrieden, Meeresspiegel	*ihm, ihren, ihrem, ihr, ihnen, ihren, ihnen, ihr*

S. 226

Windig, ziemlich windig! – Gleich klingende Konsonanten

1 *Mögliche Verlängerungen: Richti**g**e, ziemli**ch**e, lässi**g**e, Zü**g**e, des Fahrtwin**d**es, Hän**d**e, tägli**ch**e, Arbei**t**er, an den Nachmitta**g**en, völli**g**e, gefährli**ch**e, des Lan**d**es, wil**d**e, Grün**d**e, Gegen**d**en, häufi**g**e, übri**g**e, riskan**t**e, niemand**d**em*

2 *Hier genügt es, bei der Verlängerungsprobe ein -e anzuhängen; lediglich bei „Stab" – „Stäbe" ist auf den Umlaut zu achten: run**d**e, Ber**g**e, Sie**b**e, lachen**d**e, gel**b**e, Erfol**g**e, Stä**b**e, wichti**g**e, gro**b**e, blin**d**e.*

S. 227

Süße, gelbe Babys – s-Laute

2 *Mögliches Tafelbild:*

Wörter mit ß		Wörter mit ss	
süße	Großblättriges	umschlossen	dass
größten	schweißtreibend	müsste	Trinkwasser
Maß	süßlichem	Kochwasser	Waschwasser
schließlich	weiß	müssen	missachten
fließenden	gießt		
weiß			

3 *a/b) Den beiden s-Lauten geht ein kurz gesprochener Vokal voran. – Bei der Suche nach weiteren Beispielen kann auch mit Reimwörtern gearbeitet werden, z. B.: Ross, Tross, kross, floss, goss, Schloss. Zusätzlich können entsprechende Wörter mit lang gesprochenem Vokal und ß als Kontrast gesucht werden: Floß, groß, Schoß; evtl. auch Moos. Die Schülerinnen und Schüler bilden mit den gefundenen Wörtern Sätze und verwenden sie für ein Partnerdiktat.*

5 **Die 15 stimmhaften s-Wörter:** *Rie**s**enrad, Dino**s**aurier, Festwie**s**e, Rie**s**enrad, Papierro**s**en, Glückslo**s**e, Blechdo**s**en, ra**s**enden, Wahn**s**inn, Blu**s**e, E**s**elchen, Wie**s**e, rie**s**iger, aufgebla**s**ener, Dino**s**aurier*
Die 3 stimmlosen ss-Wörter: *fa**ss**en, ma**ss**enhaft, bla**ss**en*
Die 3 stimmlosen ß-Wörter: *Stra**ß**en, grü**ß**t, wei**ß**en*

S. 228

Kleine Chinesin, große Leistung – Großschreibung

2 *der Tag, die Stunde, der Bus, das Zuhause, die Hochhausanlage, die Schule, die Stadt, die Mitschüler, das Klassenzimmer, der Stoff, der Tag, der Unterrichtsbeginn, die Stunden, der Morgen, die Stunden, der Nachmittag, das Mädchen, das Haus, die Hausaufgaben, die Stunden*

Hallo! Ich heiße Nasima ...

2 **Die 18 Nomen:** *Jahre, Monaten, Steinbruch, Stunden, Steine, Staub, Augen, Gefühl, Luft, Schule, Eltern, Schule, Teil, Projekt, Familien, Schule, Kinder, Schule*
Die 3 Namen: *Nasima, Indien, Europa*

S. 229

Träumen großgeschrieben – Verben und Adjektive nominalisieren

2 **Die 10 nominalisierten Verben mit Artikel:** *das Beobachten, beim Erfüllen, das Ankommen, das Aufstellen, das Hissen, das Betreten, das Fehlen, das Erscheinen, das Arbeiten, das Fliegen*

3/4 **Die 11 nominalisierten Adjektive mit Artikel:** *das Große und Ganze, das Richtige, das Erfreuliche, das Schönste, das Nützliche, das Gute, das Spannende, das Interessante, das Unbekannte, das Wunderbare*

S. 230

Kinder in Not – Aufzählungen

1 *Es geschieht an jedem Tag, in jeder Stunde, in diesem Moment, jetzt: Kinder wühlen in den Müllkippen der philippinischen Hauptstadt Manila nach Brauchbarem, Verwertbarem oder Essbarem. Sie marschieren mit Gewehren durch die Berge Kolumbiens, sie arbeiten auf den Feldern in Afrika, sie waschen alte Plastiktüten in Indien. Überall auf der Welt müssen Kinder, Mädchen und Jungen, ihr Leben ohne Hilfe, Fürsorge und Hoffnung meistern.*
Die Mitarbeiter/innen des Kinderhilfswerks UNICEF werden nicht müde, gegen die schlimmsten Probleme zu kämpfen – Armut, Krieg, Krankheit, Wassermangel …

3 *b)* ***Kinderleid in Zahlen***

Zu kleine, schmutzige, ärmliche Unterkunft
Keine Toilette
Kein Brunnen, Trinkwasser
Kein Radio, Fernseher, Telefon
Zu wenig Eiweiß, Fette, Vitamine
Kaum Schwestern, Ärzte, Krankenhäuser
Kaum Schulen, Lehrer, Unterricht

S. 230 **Das Jugendorchester aus dem Regenwald – Wörtliche Rede**

1 *In keinem anderen Ort Boliviens sind Kinder so fasziniert von klassischer Musik wie in Urubichà. Mehr als 400 Mädchen und Jungen lernen an der Musikschule ein Instrument.*
„Noch einmal ganz von vorn!", ruft der Lehrer Juan-Carlos und tippt mit dem Fuß den Takt.
„Ich fühle die Musik tief in mir", sagt Froilán. „Ist sie traurig, bin auch ich traurig. Ist sie fröhlich, fühl auch ich mich gut."
Sein Lehrer berichtet: „Dass Froilán erst seit zehn Monaten Cello spielt, kann man kaum glauben. Was andere in zwei Jahren lernen, kann er schon jetzt", lobt Juan-Carlos seinen talentierten Schüler.
„Bezahlen können meine Eltern den Unterricht nicht", gibt Froilán zu. „Wir leben von dem, was wir auf kleinen Gemüsefeldern im Regenwald anbauen."
Sein Lehrer ergänzt stolz: „Die Schule ist auf Spenden angewiesen. Deshalb schicken uns Musiker aus der ganzen Welt ihre ausgedienten Instrumente."

Vorschläge für Übungen und Klassenarbeiten

Vorschlag 1: Fehler in einem Text finden und mit Hilfe des Fehlerbogens die Fehlerart bestimmen

Siehe hierzu die **Kopiervorlage** „Die Wilden Hühner auf Klassenfahrt" von Cornelia Funke auf Seite 207 und den „Fehlerbogen" auf Seite 209 (Lösungen siehe S. 227 ff. und CD-ROM). Diese Übung eignet sich für *leistungsschwächere* Schülerinnen und Schüler.
Variante: Schreibe weiter, wie das Gespräch von Frieda, Melanie, Trude und Sprotte verläuft (mindestens 10 Sätze).

Vorschlag 2: Fehler in einem Text finden und mit Hilfe des Fehlerbogens die Fehlerart bestimmen

Siehe hierzu die **Kopiervorlage** „Meggie betritt die Tintenwelt" von Cornelia Funke auf Seite 208 und den Fehlerbogen auf Seite 209 (Lösungen siehe S. 227 ff. und CD-ROM). Diese Übung eignet sich für *leistungsstärkere* Schülerinnen und Schüler.
Variante: Schreibe die Geschichte weiter (mindestens 10 Sätze).

Vorschlag 3: Groß- und Kleinschreibung / Ein Laufdiktat durchführen

Diese Übung eignet sich für *leistungsstärkere* Schülerinnen und Schüler. Der Text liegt auf einer Fensterbank. Eine Schülerin / Ein Schüler läuft immer wieder zum Text, merkt sich eine Wortgruppe oder einen Satz und diktiert diesen am Tisch den Mitschülerinnen und Mitschülern.

Festvorbereitungen

Zum Abschluss des Germanenlagers feiern alle Kinder ein großes Zeltfest. Seit dem Aufstehen sind sie mit den Vorbereitungen beschäftigt. Lautes Rufen schallt über den Zeltplatz. Jeder hat etwas Wichtiges zu tun. Im Mittelpunkt soll ein Geländespiel stehen, bei dem die Kinder ihr Wissen über die germanische Lebensweise nutzen können. Einige von den Älteren sind unbemerkt zum Markieren der Strecke durch den Wald aufgebrochen. Für das abendliche Festmahl ist bereits manches Köstliche vorbereitet. Auf Holzgittern lagern knusprige Fladenbrote. Leider sind beim Backen einige fast verbrannt, aber die Bäcker haben das Schwarze gründlich weggeschnitten. Jetzt sind die Fladen ein bisschen kleiner. Gegen den Durst soll es reichlich frische Beeren geben. Nina, Sven und Anja haben vom Sammeln viele Schrammen an Armen und Beinen. Einige Kinder kommen beim Auspressen von Beeren und Äpfeln ins Schwitzen. Ohne Küchenmaschine ist das ganz schön anstrengend. Wer bastelt noch neue Zielscheiben für den Wettkampf im Bogenschießen?

Nachdem gemeinsam die Fehler markiert und korrigiert wurden, können in Gruppen- oder Einzelarbeit die folgenden Aufgaben bearbeitet werden.

1 *Schreibe alle Ausdrücke mit Nominalisierungen heraus und bestimme deren ursprüngliche Wortart, z. B.:*
Tim beobachtet Sonja beim Flechten des Siegerkranzes.
beim Flechten – nominalisiertes Verb

2 *Unterstreiche die Wörter mit Konsonantenverdopplung und erkläre die Rechtschreibung.*

3 *Dehnung kann durch -ie, Doppelvokal oder Dehnungs-h gekennzeichnet werden.*
Schreibe zu jedem Rechtschreibphänomen ein Wort aus dem Text heraus.

Vorschlag 4: Ein Laufdiktat schreiben und Fragen zum Text beantworten

Siehe hierzu die **Kopiervorlage** „Haruns große Flussfahrt" auf Seite 210 f. (Lösungen siehe S. 227 ff. und CD-ROM). Mehrere Kopien des Laufdiktats sind im Klassenraum ausgelegt. Die Lehrkraft liest die Arbeitsanleitung vor („Arbeitstechnik Laufdiktat" unter dem Diktattext). Die Kinder, die mit dem Laufdiktat fertig sind, suchen sich einen Partner und korrigieren gegenseitig ihre Diktate. Nachdem alle Kinder die Partnerkontrolle durchgeführt haben, kann im Plenum beispielhaft eine gemeinsame Fehleranalyse anhand des Fehlerbogens (Folie) erfolgen. Zur eigenen Fehleranalyse erhält jedes Kind eine Kopie des Laufdiktats und bearbeitet die Fragen zum Text. – Zusätzlich können die Schülerinnen und Schüler im Atlas die genaue Lage von Bangladesch erkundet und im Internet nach weiteren Informationen gesucht werden (empfehlenswert: die Homepage der Botschaft www.bangladeshembassy.de).

Vorschlag 5: Ein Eigendiktat schreiben und Fragen zur Rechtschreibung beantworten

Siehe hierzu die **Kopiervorlage** „Das richtige Outfit" und „Lukas hebt ab" auf Seite 212 (Lösungen siehe S. 227 ff. und CD-ROM).

Vorschlag 6: Ein Lückengedicht mit vorgegebenen Wörtern in richtiger Schreibweise ergänzen und ein Parallelgedicht schreiben

Siehe hierzu die **Kopiervorlage** „Es ist aber wichtig" auf Seite 213 (Lösungen siehe S. 227 ff. und CD-ROM).

Weiteres Übungsmaterial

Übungen im **„Deutschbuch Arbeitsheft 6"**:
- Rechtschreibung, S. 51 ff.
  (Mit einem Fehlerbogen arbeiten; Partner- und Eigendiktat; Groß- und Kleinschreibung; kurze und lange Vokale, s-Laute; Einzelphänomene wie „ks-Laut", weiche und harte Auslaute; Komma bei Aufzählungen; Zeichen der wörtlichen Rede)

Die CD-ROM **„Deutschbuch 6 interaktiv"** bietet zur Rechtschreibung verschiedene Übungen, Diktate und Tests mit unterschiedlichem Schwierigkeitsgrad an (Synopse, S. 237 ff.).

Unter www.cornelsen.de/deutschbuch-realschule und www.cornelsen.de/deutschbuch-gesamtschule finden Sie weitere Übungsmaterialien.

Die Wilden Hühner auf Klassenfahrt

Der dritte Tag begann wider mit Herrn Staubmanns Trillerpfeife.

Stönend zogen sich die Wilden Hühner die Decken über die Köpfe. Bei Staubmanns virtem Pfiff kroch Sprotte aus dem Bett. Die Halbe Nacht hatte sie am Fenster gehockt und zum Strant runtergestarrt, trotz Kelte und gestank, während die andern friedlich schliefen, aber kein Gespenst hatte seine bleiche Nase da drausen gezeigt.

Im Zimmer stank es immer noch.

Sprotte wankte zum Fenster und guckte nach draußen. Über dem Meer hingen dunkle Wolken. Nur ab und zu brach die Sonne durch und das Wasser begann zu glitzern, als hätte jemand flüsiges Silber hineingegosen. Im nächsten Moment zogen wieder schwarze Wolkenschatten über die Welen.

„Wird heute wieder nichts mit baden“, stellte Sprotte fest. „Aber genau das richtige Wetter für unseren Friedhofsbesuch, was?“ Gänend schlurfte sie zu dem kleinen Waschbecken neben dem Fenster, das ihnen morgens den großen Waschraum ersparte. Das Dink war wirklich das einzig Gute an einem Sechserzimmer.

„Oh, ich mak Friedhöfe.“ Trude schob die Decke zurück und setzte ihre Brile auf. „Wir gehen manchmal auf dem Friedhof spazieren, lesen die Sprüche auf den Grabsteinen und gucken uns die Engel an. Wunderschöne Engel stehen da.“

„Stimmt, aber so einen kriegen wir bestimmt nicht auf unser Grap“, sagte Melanie. Sie setzte sich auf ihr Bett und bürstete sich die Haare. Das tat sie jeden Morgen als Erstes, wenn sie wach war. „Nee, wir kriegen garantiert irgend so einen komischen Stein mit nichts als dem Namen drauf.“

(aus: Cornelia Funke: Die Wilden Hühner auf Klassenfahrt. Cecilie Dressler Verlag, Hamburg 1996)

Die Schülerinnen und Schüler der Klasse 6 a sollten aus ihrem Lieblingsbuch eine Passage abschreiben und der Klasse vorstellen. Das ist ihnen aber nicht fehlerfrei gelungen, wie dieses Beispiel zeigt.

1 *Lies den Text aufmerksam und markiere die 17 Fehler.*

2 *Korrigiere die 17 Fehler, indem du die jeweiligen Wörter richtig unter die fehlerhaften Wörter schreibst.*

3 *Ordne nun die 17 Fehler der jeweiligen Fehlerart auf dem Fehlerbogen zu.*

4 *Was können die Kinder aus der 6 a gegen ihre Fehler tun? Notiere Tipps in die 3. Spalte des Fehlerbogens.*

Meggie betritt die Tintenwelt

Farid lächelte erleichtert. Seine Unbeschwertheit beschwichtigte Meggies Angst und zum ersten Mal sah sie sich wirklich um. Sie waren in einem Tal, einem weiten, dicht bewaldeten Tal zwischen Hügeln, an deren Hengen die Blumen so eng beieinanderstanden, dass ihre Kronen ineinanderwuchsen. Kastanien und Steineichen an den Hängen, Eschen und Pappeln weiter unten, die ihre Blätter mit dem silbrigen Laup von Weiden mischten. Der „Weglose Walt" verdinte seinen Namen. Er schien keinen Anfang und kein Ende zu haben, wie ein grünes Meer, in dem man ebenso leicht ertrinken konnte wie in den Wellen seiner salzigen Namensvetern.

„Ist es nicht unglaublich? Ist es nicht unglaublich wunderbar?" Farid lachte so ausgelasen, dass ein Tier, Unsichtbar zwischen all den Blättern, ärgerlich auf sie herabkleckerte. „Staubfinger hat es mir beschrieben, aber es ist noch viel schöner. Wie kann es nur so viele arten Blätter geben? Und sieh nur all die Blüten und Beeren! Verhungern werden wir hier nicht!" Farid pflückte eine Beere, rund und blauschwarz, beschnuperte sie und schob sie in den Mund. „Ich kannte mal einen alten Mann", sagte er, während er sich den Saft von den Lippen wischte, „der nachts am Feuer Geschichten über das paradies erzählte. Genau so hat er es beschrieben: Teppiche aus Mos, küle Teiche, Blüten und süse Beeren überall, Bäume, die bis in den Himmel wachsen, und über einem sprechen ihre Blätterstimmen mit dem Wint. Hörst du sie?"

Ja, Meggie hörte sie. Und sie sah Elfen, Schwärme von ihnen, winzige, rotheutige Wesen, Feuerelfen. Resa hatte ihr von ihnen erzählt. Wie Mücken schwirrten sie über einem Tümpel, in dem sich nur wenige Schritte entfernt das Laub der Bäume spiegelte. Rot blühende Büsche umgaben ihn, das Wasser war bedeckt von ihren verwelkten Blüten.

Blaue Feen entdeckte Meggie keine, doch dafür Falter, Bienen, Vögel, Spinnennetze, noch silbrik vom Tau, obwohl die Sonne schon hoch stand, Eidechsen, Kaninchen ... Es raschelte und rauschte, knisterte, kratzte, klopfte um sie her, zischte, gurrte, zirpte. Diese Welt schien zu bersten vor Leben, und doch schien sie still, ganz wunderbar still, als gäbe es keine Zeit, als klebte an keinem Augenblick ein Anfang oder ein Ende.

(aus: Cornelia Funke: Tintenblut. Cecilie Dressler Verlag, Hamburg 1996)

Die Schülerinnen und Schüler der Klasse 6 a sollten aus ihrem Lieblingsbuch eine Passage abschreiben und der Klasse vorstellen. Das ist ihnen aber nicht fehlerfrei gelungen, wie dieses Beispiel zeigt.

1 *Lies den Text aufmerksam und markiere die 17 Fehler.*

2 *Korrigiere die 17 Fehler, indem du die jeweiligen Wörter richtig unter die fehlerhaften Wörter schreibst.*

3 *Ordne nun die 17 Fehler der jeweiligen Fehlerart auf dem Fehlerbogen zu.*

4 *Was können die Kinder aus der 6 a gegen ihre Fehler tun? Notiere Tipps in die 3. Spalte des Fehlerbogens.*

Fehlerbogen

Fehlerart	Beispiele	Was können die Kinder aus der 6 a gegen solche Fehler tun?
1 Doppelte Konsonanten vergessen		
2 Lange Vokale vergessen		
3 Gleich oder ähnlich klingende Konsonanten verwechselt *b* und *p* *g* und *k* *d* und *t*		
4 Verwechslung von *ä* und *e* *äu* und *eu*		
5 Wörter mit *s*, *ss* oder *ß*		
6 Großschreibung		
7 Kleinschreibung		

Haruns große Flussfahrt (Laufdiktat)

Heute beginnt Haruns große Fahrt: auf einem Bambusfloß den Fluss hinunter, mit der Strömung immer Richtung Dhaka, der Hauptstadt von Bangladesch. Schlafen auf dem Wasser! Mit den Männern kochen! Wilde Vögel beobachten! „Vor allem arbeiten“, sagt der große Bruder und gibt Harun einen Klaps.

Bambus: In Haruns Heimat Bangladesch, ja in fast ganz Asien, ist das ein Superstar unter den Pflanzen. Die Stangen sind leicht und biegsam, aber so stabil, dass man Brücken und Baugerüste daraus macht, wie bei uns aus Stahl. Manche Arten werden bis zu 50 Meter hoch. Kaum zu fassen, denn der Bambus zählt zu den Gräsern.

Haruns Dorf liegt im Nordosten des Landes, nahe der indischen Grenze. Die Menschen dort leben davon, die Halme zu fällen und zu verkaufen. Neben dem Dorf beginnt ein dichter Bambuswald, in dem Affen und Schlangen leben – und durch den sich die Bambusschnitter nun ihren Weg zum Fluss schlagen.

(aus: Geolino 5/2005, S. 34)

Arbeitstechnik Laufdiktat

1. *Präge dir ein Wort oder einen Satzteil ein.*
2. *Auf dem Weg zu deinem Platz sprichst du leise dieses Wort oder diesen Satzteil vor dich hin.*
3. *Schreibe dieses Wort oder diesen Satzteil auf. Sprich beim Schreiben leise mit.*
4. *Markiere deine Fehler und verbessere sie.*

Haruns große Flussfahrt (Fragen zum Text)

Lies noch einmal den Text, bevor du die folgenden Fragen **in ganzen Sätzen** beantwortest.

1 *Mit welchem Fahrzeug gelangt Harun den Fluss hinunter?*

2 *An welchen Nachbarstaat grenzt Bangladesch? Wie heißt die Hauptstadt von Bangladesch?*

3 *Welche Tätigkeiten üben die Männer auf dem Fluss aus?*

4 *Was erfährst du im Text über den Bambus?*

5 *Wo liegt Haruns Dorf?*

6 *Welche Tiere leben im Bambuswald?*

7 *Bilde aus folgenden Wörtern Nomen (**Tipp:** Denke an die Artikelprobe!). Verwende jedes Nomen in einem Satz.*

wichtig, biegsam, besonders, sauber, hoch, beobachten

8 *Begründe die Schreibung des s-Lautes bei folgenden Wörtern: groß, Floß – aber: fassen, Fluss.*

Das richtige Outfit

Ebenso wichtig wie das passende Rad ist die richtige Kleidung. Damit du im Straßenverkehr gut gesehen wirst, gilt: je bunter und auffälliger, desto besser. Reflektoren – zum Beispiel an der Jacke – machen sich besonders gut. Allzu weite Klamotten lässt du am besten im Kleiderschrank. Denn sie bremsen nicht nur deine Fahrt, sondern können auch leicht in Speichen und Kette geraten, sodass du dich gefährlich auf die Nase legst.

(aus: Susanne Tommes/Anke Faust: Rauf aufs Fahrrad! © 2007 Coppenrath Verlag, Münster)

Lukas hebt ab

Den Körper zur Seite stemmen, den linken Holm loslassen und die Beine hoch über das Pauschenpferd schwingen. Die Übung heißt „Spreizflanke“ und ist so knifflig, dass selbst Weltmeister sich dabei manchmal verheddern. Aber bei Lukas sieht sie aus wie ein Kinderspiel. Der Elfjährige ist ein kleiner Star. Er gehört in seiner Altersklasse zu den besten Turnern Deutschlands. Neben Kraft und Geschick ist beim Turnen vor allem Mut nötig: Wer nicht aufpasst, kann hart gegen das Gerät prallen, zu Boden fallen und sich verletzen.

(aus: Geolino 5/2005)

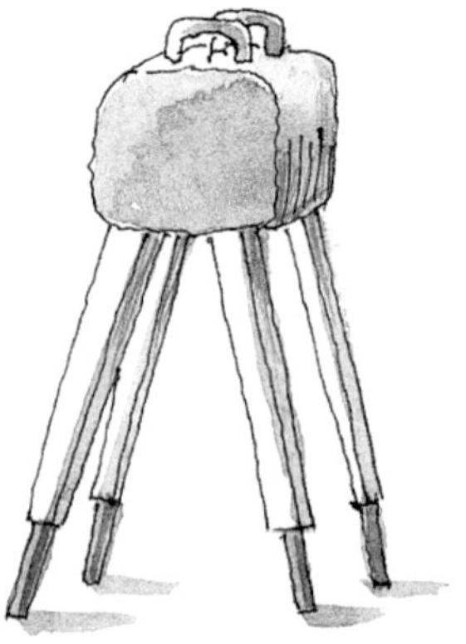

1 *Wähle einen der beiden Texte aus und schreibe ein Eigendiktat.*

1. *Lies zuerst aufmerksam den ganzen Text.*
2. *Lies anschließend mehrere Wörter oder den ganzen Satz. Merke dir dabei Besonderheiten in der Schreibweise.*
3. *Decke den Text nun ab.*
4. *Schreibe die Wörter oder den Satz auswendig auf. Sprich beim Schreiben die Wörter mit.*
5. *Wenn du den gesamten Text geschrieben hast, deckst du ihn auf und überprüfst ihn Wort für Wort.*
6. *Markiere deine Fehler und berichtige sie.*

2 *Schreibe aus den beiden Texten die Wörter mit „ss“ und „ß“ heraus und begründe die Rechtschreibung.*

3 *Klamotten, auffällig, Kette: Warum werden diese Wörter mit Doppelkonsonant geschrieben?*
Schreibe aus dem Text „Lukas hebt ab“ weitere Wörter mit Doppelkonsonant heraus.

Es ist aber wichtig

Ob du auf einem __________,
in einem Hochhaus
oder in einem runden Lehmhaus __________,
ist unwichtig.
Ob du einen Sari __________,
eine __________ oder einen Poncho,
ist unwichtig.
Ob du dir Reis kochst,
Jamswurzeln oder Maisfladen __________,
ist unwichtig.
Eines aber ist wichtig:
dass du ein Dach über dem Kopf,
Kleidung und __________ hast.
Denn wohnen, sich __________ und essen
sind Grundbedürfnisse.
Sie zu __________
ist ein Recht
für alle Menschen.

(© Hans-Martin Große-Oetringhaus, United Kids, Spiel- und Aktionsbuch Eine Welt – Ein Terre-des-hommes-Buch, erschienen 2002 bei Elefanten Press/C. Bertelsmann Jugendbuch Verlag München, einem Unternehmen der Verlagsgruppe Random House GmbH)

1 *Wähle die Wörter mit der richtigen Schreibweise aus und setze sie oben in die Textlücken ein.*

Hausboot – Hausbot	wohnst – wonst	befridigen – befriedigen	ist – isst
Kleiden – kleiden	tregst – trägst	nahrung – Nahrung	Jake – Jacke

2 *Schreibe zu den ersten 10 Versen ein Parallelgedicht.*

13 Das Lernen lernen

Konzeption des Gesamtkapitels

Das den Schülerbuch abschließende Methodenkapitel bemüht sich um konkrete Vermittlung von Lernstrategien und -methoden, die den Schülerinnen und Schülern ein selbstständiges Lernen im Fach Deutsch – und darüber hinaus – ermöglichen. Berücksichtigung finden dabei sowohl die Lebenswirklichkeit der Schülerinnen und Schüler als auch die unterschiedlichen Lerntypen.
Im ersten Teilkapitel **(„Richtig planen – Klassenarbeiten vorbereiten")** steht die Lernorganisation zu Hause im Fokus. Vorgestellt werden Möglichkeiten der Zeitorganisation mit Blick auf Klassenarbeiten. Hilfreich hierfür sind sinnvoll erstellte Stichwortzettel, die in der Auswahl und Differenzierung von Informationen und Lernstoff Wesentliches von Unwesentlichem unterscheiden. Möglichkeiten des selbstständigen Lernens werden an verschiedenen Beispielen vorgestellt. Es werden nicht nur Lernstrategien für die Zeit *vor* einer Klassenarbeit, sondern auch Verhaltenstipps und Strategien für die Zeit der Durchführung und ebenso *nach* einer Klassenarbeit aufgezeigt.
Im zweiten Teilkapitel **(„Richtig lesen – Lernstrategien anwenden")** wird die Fünf-Schritt-Lesemethode, bereits bekannt aus Band 5, nochmals aufgegriffen und als eine grundlegende Technik des sinnverstehenden Lesens in aufeinander aufbauenden Etappen geübt. Ferner wird an Beispielen von Wörterbuch- und Lexikonauszügen der selbstständige Gebrauch dieser Hilfsmittel aufgezeigt und anhand entsprechender Aufgabenstellungen eingeübt.
Das dritte Teilkapitel **(„Richtig präsentieren – Gut vortragen")** geht insbesondere auf die Methode des Mind-Mappings ein. Gezeigt werden aber auch weitere Möglichkeiten der übersichtlichen Gliederung eines Themas zur Vorbereitung von Vorträgen. Das aktive Zuhören rundet mit einem entsprechenden Rückmeldebogen für die Vortragenden das Kapitel ab.
Alle in diesem Kapitel vorgestellten Methoden lassen sich getrennt voneinander besprechen, sind also an keine bestimmte Abfolge gebunden. Sie sind frei in andere Kapitel des „Deutschbuchs" integrierbar (Hinweise geben entsprechende Pfeilverweise) und somit an verschiedenen Stellen des Deutschunterrichts einzusetzen.

Literaturhinweise

Brenner, Gerd / Brenner, Kira: Fundgrube Methoden I. Cornelsen Scriptor, Berlin 2005

Brenner, Gerd: Fundgrube Methoden II. Cornelsen Scriptor, Berlin 2007

Deutschbuch. Orientierungswissen. Hg. v. Bernd Schurf. Cornelsen, Berlin 2002

Gugel, Günter: Praxis polititscher Bildungsarbeit. Methoden und Arbeitshilfen. Verein für Friedenspädagogik e. V., Tübingen 1999

Holtwisch, Herbert: Power-Pack-Lernen. Paderborn 2005

Kliebisch, Udo / Schmitz, Peter: Methodentrainer. Arbeitsbuch für die Sekundarstufe 1: Gesellschaftswissenschaften. Berlin 2001

Mattes, Wolfgang: Methoden für den Unterricht. Paderborn 2006

Meyer, Hilbert: Was ist guter Unterricht? Berlin 2004

Schoenbach, Ruth, u. a.: Lesen macht schlau. Berlin 2006

	Inhalte	Kompetenzen
S. 231	**13.1 Richtig planen – Klassenarbeiten vorbereiten**	Die Schülerinnen und Schüler können – selbstständig Lernstrategien zur Vorbereitung auf Deutschtests erarbeiten – mit Hilfe von Brainstorming Ideen sammeln – ihr persönliches Lernverhalten reflektieren – unterschiedliche Lerntypen erkennen – verschiedene Lernstrategien unterscheiden – sich Zeit für das Lernen sinnvoll und langfristig einteilen – Arbeitstechniken und Formen der Zusammenarbeit anwenden – Lerntipps verwerten, die zur Bewältigung einer Klassenarbeit nützlich sind – Möglichkeiten erarbeiten, mit ihren Fehlern und Schwächen umzugehen
S. 231	**Brainstorming um die Klassenarbeit**	
S. 232	**Den Lernstand testen**	
S. 233	**Lerntypen**	
S. 234	**Sicher in die Klassenarbeit**	
S. 235	**„Spickzettel" zur Klassenarbeit**	
S. 235	**Die Klassenarbeit auf dem Karussell**	
S. 235	**Sicher in der Klassenarbeit**	
S. 236	**Aus Fehlern lernen**	
S. 237	**13.2 Richtig lesen – Lernstrategien anwenden**	– Strategien anwenden, Texte selbstständig lesend zu erschließen – schrittweise Texte nach unterschiedlichen Methoden erfassen – diese Methode zur selbstständigen Texterschließung anwenden – selbstständig mit Nachschlagewerken umgehen – anhand von Auszügen aus Nachschlagewerken konkrete Vorgehensweisen zum Auffinden von Begriffen bzw. Wörtern erarbeiten
S. 237	**Lesespaß mit Lesepass**	
S. 237	*Manfred Mai* Der Müll muss weg!	
S. 239	**Aus Umwelt und Technik**	
S. 240	**Ich war eine PET-Flasche**	
S. 241	**Die Fünf-Schritt-Lesemethode**	
S. 241	**Nachschlagen – Gewusst wo!**	
S. 243	**13.3 Richtig präsentieren – Gut vortragen**	– die zwei Methoden zur Gliederung eines Vortrags – Mind-Map und Karteikarten – anwenden – die verschiedenen Möglichkeiten der Gliederung von Vorträgen beurteilen – selbstständig Themen für einen Vortrag auswählen und bearbeiten – Kriterien für die Beurteilung von Vorträgen entwickeln
S. 243	**Mind-Map zur Klassenarbeit**	
S. 244	**Kurzvortrag zur Klassenarbeit**	
S. 245	**Aktiv zuhören**	

13.1 Richtig planen – Klassenarbeiten vorbereiten

S. 231

Brainstorming um die Klassenarbeit

1 *a) Freude (Umarmungen, Lachen, strahlende Gesichter); Spannung/Ungeduld (neugierige Blicke); Enttäuschung (leerer Blick, Kopf abstützen); Langeweile …*

2 *Die Zeichnung verdeutlicht die unterschiedlichen Gemütszustände, in denen sich die Schüler und Schülerinnen bei der Rückgabe einer Klassenarbeit befinden können. Die Spannbreite ist dabei natürlich sehr groß (Angst vor Versagen – Vorfreude auf Erfolg). Die Gedanken kreisen, der Kopf „schwirrt": Die Sternchen lassen noch Platz für weitere emotionale Ausdrücke (Gleichgültigkeit, Tränen, Lachen/Freude etc.).*

3 *a) Beim Brainstorming werden spontan Gedanken zu einem Thema gesammelt. Ein Gruppenmitglied schreibt die Ideen mit. Durch ihre Beiträge können sich die Schülerinnen und Schüler gegenseitig zu neuen Ideenkombinationen anregen, wodurch insgesamt mehr Ergebnisse produziert werden als bei Einzelarbeit. Nach einer vorher festgelegten Zeit (etwa 20 Minuten) werden die gesammelten Ideen ausgewertet und besprochen. Diese Methode eignet sich sehr gut für Gruppenprozesse, muss mit schüchternen Jugendlichen allerdings erst eingeübt werden.*
Bei der Durchführung ist besonders zu beachten:
- *Jede Idee, gleichgültig wie absurd oder realistisch, ist willkommen. Es kommt auf die Menge der Vorschläge an, nicht auf ihre Qualität.*
- *Killerphrasen, Kritik und Selbstkritik an den vorgebrachten Ideen sind streng verboten.*
- *Jede/Jeder darf Ideen der anderen aufgreifen und für eigene Ansätze verwenden.*
- *Jede/Jeder darf jeweils nur eine Idee vorbringen. Hat er/sie mehrere Vorschläge, sollte er/sie diese notieren, um sie in der Zwischenzeit nicht zu vergessen.*

Während der Brainstorming-Sitzung hat die Lehrkraft (in höheren Klassen kann diese Funktion auch eine Schülerin/ein Schüler übernehmen) die Aufgabe, die Gruppe zu motivieren und zu ermutigen. Unsichere oder zögernde Teilnehmer/innen sollten unterstützt werden, jede/jeder in der Gruppe muss zu Wort kommen. Von Zeit zu Zeit sollten die Ergebnisse vom Gruppenleiter/von der Lehrkraft in eigenen Worten zusammengefasst und Pausen festgelegt werden. Befindet sich die Gruppe in einer festgefahrenen Situation, so ist es Aufgabe des Leiters/der Leiterin, diese wieder aufzubrechen. Dies kann z. B. durch einen Wechsel der Perspektive geschehen: Das Problem wird umformuliert, vergrößert, verkleinert oder mit anderen Fragestellungen in Verbindung gebracht. Die in der Brainstorming-Sitzung gesammelten Ideen werden anschließend geordnet (Cluster oder Mind-Map). Nun können an verschiedene Gruppen Teilthemen verteilt und von diesen weiterentwickelt werden. Stimuliert durch die aufgeführten Vorschläge, können weitere Ideen entstehen und ergänzt werden.

S. 232

Den Lernstand testen

Die zwölf angebotenen Aussagen sprechen verschiedene Strategien der Vorbereitung auf eine Klassenarbeit an.
- Neben dem Erkennen unterschiedlich sinnvoller Strategien sollen die Schülerinnen und Schüler die ungeeigneten Verhaltensweisen herausfiltern: ungünstige Lernzeitpunkte (Aussagen b, c, f); ungeeignete Strategien (Aussage d); ein Lernen für das Kurzzeitgedächtnis, also eine schnelle, daher flüchtige und ungenaue Art des Aneignens von Wissen (Aussagen h und k).
- Die angemessenen Strategien sollten verdeutlichen, dass ein wiederholendes Lernen von kleinen „Lernportionen" und das Ansprechen unterschiedlicher Lernkanäle wie das Nutzen auditiver, interaktiver oder haptischer Wege zu einem sicheren und sinnvolleren Lernen führen. Das Wissen ist dann auch nach längerer Zeit noch abrufbar und kann vernetzt werden.

1 *Nach Erledigung des Lerntests werden die Schülerinnen und Schüler zu dem Ergebnis kommen, dass für jede/jeden ein* ***individueller Lernweg*** *zum Erfolg führt, das heißt, dass es nicht eine richtige Reihenfolge oder Lernstrategie gibt, sondern jede/jeder seinen eigenen Weg finden muss.*

S. 233

Lerntypen

1 *Die Thematik wird den Kindern zunächst in Form von vier Schülerbeispielen nahegebracht. In einem Unterrichtsgespräch oder in der Kleingruppe können lernstrategische bzw. organisatorische Schwächen diskutiert werden. Zu thematisieren wären hierbei:*

- ***Rosellas „Aufschiebetaktik",*** *ein Fehlverhalten, das auch viele Erwachsene entwickeln und viele Ursachen haben kann. Aufschieben kann aus Scham wegen der eigenen Unzulänglichkeit (Perfektionismus) geschehen, aus Versagensangst, aus Unlust oder mangelndem Realitätssinn. Solche Menschen sind häufig insgesamt schlecht organisiert und vermeiden es oft, sich selbst realistisch zu bewerten und ihre eigene Leistungsfähigkeit zu akzeptieren. Da das Aufschieben seinerseits wiederum Angst hervorruft, entsteht ein Teufelskreis, aus dem der Einzelne unter Umständen nicht ohne Hilfe herausfinden kann. Hier kann auf die Möglichkeit verwiesen werden, ggf. einen Schulpsychologen aufzusuchen. (Literaturempfehlung: Hans-Werner Rückert: Schluss mit dem ewigen Aufschieben. Campus Verlag, Frankfurt 1999, auch als CD erhältlich)*
- ***Johanns Verträumtheit,*** *sein Mangel an Konzentration. Hier kann die Beachtung einfacher Tipps helfen: alle Gedanken, die nebenher kommen, sofort aufschreiben und beiseitelegen; zu Hause alle Störquellen (auch visuelle) ausschalten. Die Gedankennotizen können bei längerer Beobachtung ausgewertet werden, z. B. nach Themenkreisen; lenkt ein bestimmtes Thema immer wieder ab, kann es als Grundlage für ein – ernsthaftes – Hobby dienen und so kanalisiert werden.*
- ***Bettinas negative Einstellung zu sich selbst und ihrer Leistungsfähigkeit;*** *ein typisch weibliches Phänomen, das auf mangelndem Selbstvertrauen beruht und sich negativ auswirkt; in der Psychologie wird von selbst erfüllender Prophezeiung gesprochen: Es handelt sich dabei um eine Voraussage, die der Betreffende selbst erfüllt: „Ich kann einfach kein Englisch." Auch hier kann es sich um ein Verhalten handeln, das im einfachen Fall durch erzieherische Maßnahmen (Stärkung des Selbstvertrauens und einer realistischen Einschätzung der eigenen Leistungsfähigkeit) korrigiert werden kann oder eine professionelle Beratung erfordert. Hier wäre wie in den anderen Fällen sicher auch ein Gespräch mit den Eltern aufschlussreich.*
- ***Ertans Panik vor Klassenarbeiten;*** *auch er rechnet mit Versagen, allerdings trotz guter Vorbereitung; an Ertans Beispiel kann man sehen, dass Angst oft unrealistisch ist.*

S. 234

Sicher in die Klassenarbeit

2 *Die Schritte zur Vorbereitung einer Klassenarbeit werden als Ideal verstanden, von dem es sicher individuelle Abweichungen gibt, mit denen es den Schülerinnen und Schülern trotzdem gelingt, eine Klassenarbeit erfolgreich zu bestehen. Es wird auch Schülerinnen und Schüler geben, die bestimmte Schritte wiederholen und/oder andere Schritte auslassen. Auch dies ist möglich, da es unterschiedliche Lerntypen gibt.*
Eine sinnvolle Vorbereitung auf eine Klassenarbeit könnte so aussehen:

1. Tag: *Ich verschaffe mir einen Überblick über den Stoff:*
- *Was ist das Thema der Arbeit?*
- *Wo kann ich das Wichtigste nachlesen?*
- *Was muss ich noch üben und was kann ich schon?*

2. Tag: *Ich lerne gezielt und konzentriere mich darauf, die „harten Nüsse" zu knacken.*
3. Tag: *Ich lerne gemeinsam mit Klassenkameraden. Wir stellen uns Fragen.*
4. Tag: *Ich schreibe eine Übungsarbeit unter Zeitdruck, z. B. mit Hilfe eines Weckers.*
5. Tag: *Pause*
6. Tag: *Ich lerne nichts Neues mehr und wiederhole nur den gelernten Stoff.*
7. Tag: *Heute schreiben wir die Deutscharbeit.*

S. 235

„Spickzettel" zur Klassenarbeit

Das „Deutschbuch" bietet eine Vielzahl an Texten und Inhalten, die sich für die Erstellung eines „Spickzettels" eignen, z. B. Schülerbuch, S. 41: Richtig berichten; S. 111: Merkmale einer Fabel; S. 189: Subjekte und Objekte.

S. 235 **Die Klassenarbeit auf dem Karussell**

Diese Arbeitstechnik ist ein sinnvolles Training vor einer Deutscharbeit. Den Schülerinnen und Schülern wird beim Gespräch mit den Mitschülerinnen und -schülern deutlich, welche Defizite sie oder die anderen noch bis zur Klassenarbeit aufarbeiten sollten. Darüber hinaus können sich durch das Karussellgespräch erneut Fragen ergeben, sodass noch bestehende Unklarheiten vor der Klassenarbeit beseitigt werden können.

S. 235 **Sicher in der Klassenarbeit**

1 *Die Verhaltenstipps für die Zeit während der Klassenarbeit bieten den Schülerinnen und Schülern noch einmal die Möglichkeit, im Gespräch Erfahrungen auszutauschen und eventuell noch weitere „gute Tipps" zu diskutieren.*

2 *Von Schülern gestaltete Plakate sollten gut sichtbar im Klassenraum aufgehängt werden. So geben sie sowohl für die Vorbereitung als auch für die Durchführung einer Klassenarbeit noch mehr Sicherheit.*

S. 236 **Aus Fehlern lernen**

1 *Die Korrektur der Klassenarbeit hilft, die eigenen Fehlerschwerpunkte zu erfassen und daran zu arbeiten.*

Zur Erfassung der eigenen Fehlerschwerpunkte und der sprachlichen Stärken und Schwächen können die tabellarischen Übersichten der **Kopiervorlage** „Fehlerschwerpunkte finden und bearbeiten", S. 222 verwendet werden.

3 *Ein gezieltes Vorgehen gegen Schwächen ist auch durch ein Üben mit den Wörterlisten möglich (Kapitel Rechtschreibung, S. 208 f.).*

13.2 Richtig lesen – Lernstrategien anwenden

S. 237 **Lesespaß mit Lesepass**

Die eigenständige Erstellung des Lesepasses verschafft nicht nur einen Überblick – für Schülerinnen und Schüler bzw. für Lehrerinnen und Lehrer – über den Stand der Textbearbeitungen, sondern schult darüber hinaus die Schülerinnen und Schüler im Umgang mit dem Computer.

S. 237 *Manfred Mai*

Der Müll muss weg!

1 *Der Text behandelt das Problem der wachsenden Müllberge.*

2 *Hier können individuell Fragen gestellt werden. Beispiele:*
- *Wer ist für die Müllberge verantwortlich?*
- *Wo entstehen die Müllberge?*
- *Was geschieht an einem trüben Montagmorgen?*
- *Wie verhalten sich die Menschen, als der Müllberg zusammenbricht?*
- *Warum versammelt sich der Bürgermeister mit seinen Stadträten?*

3 *Es handelt sich um ein Märchen. Merkmale:*
„Es war einmal …" (Z. 1) – „Und wenn sie nicht im Müll versunken sind …" (Z. 77 f.)

4 *Falsch – **Die Stadtbewohner** verursachten …*
*Falsch – Der Müllberg wuchs **draußen vor der Stadt** …*
*Falsch – An einem trüben **Montag**morgen …*
Richtig – …
*Falsch – **Der Bürgermeister** und die Stadträte …*

5 *Verben können in ihrer Grundform (Infinitiv) wie ein Nomen gebraucht (nominalisiert) werden. Nominalisierte Verben schreibt man groß.*

S. 239

Aus Umwelt und Technik

1 *b) Mögliche Überschriften:*
- *Mülllagerung auf Deponien*
- *Auf einer Mülldeponie*

2 *Es handelt sich um einen Sachtext. Er informiert zum Thema „Mülllagerung".*

3 *Mögliche W-Fragen:*
- ***Wo** werden mehr als zwei Drittel des Mülls gelagert?*
- ***Wer** transportiert täglich Tonnen von Müll zu den Deponien?*
- ***Warum** werden die Müllschüttungen mit schweren Raupen befahren?*
- ***Wie** wird der Müllberg abgedeckt?*
- ***Wann** kann gelagerter Müll ausgewaschen werden?*

4 *(oben von links nach rechts:) Grundwasserkontrollbrunnen – Müllschüttung eines Tages – Abdeckmaterial – Faulgasableitungen – (unten:) Dichtungsfolien*

S. 240

Ich war eine PET-Flasche

1 *Der Text informiert über die Wiederverwertung von PET-Flaschen.*

3 *Es handelt sich um einen Sachtext. Merkmale:*
- *Viele Informationen werden geliefert*
- *Definitionen werden gegeben*
- *Sachlicher Berichtsstil*

4 *Mögliche Quizfragen:*
- *Wofür steht die Abkürzung PET?*
- *Wie kommen die PETs in China an?*
- *Wie viele PETs gehen jährlich nach China?*
- *Was kann aus weißen Flakes hergestellt werden?*

5 *Zwischenüberschriften in der Reihenfolge:*
- *Auswirkungen des Pflichtpfandes (b)*
- *PET-Recycling in Deutschland (d)*
- *PET-Recycling in China (a)*
- *PETs in Textilien (f)*

Zusatzmaterial siehe die **Kopiervorlage** „Kaffee, Kaffee ...", S. 223 (Lösungen siehe S. 227 ff. und CD-ROM).

S. 241

Nachschlagen – Gewusst wo!

1 *a)* ***Wörterbuch:*** *Angaben zu: Betonung, Herkunftssprache, kontextuelles Anwendungsbeispiel, Genus, die entsprechende Verbform*
Lexikon: *Genus, Herkunftssprache, ausführliche Definition, umfangreiche Erklärung*

b) Der Name „Homer" hat keinen Eintrag im Wörterbuch, wird aber im Lexikon ausführlich erläutert, mit einer Kurzbiografie und einer Abbildung versehen.

Arbeitsanregung: Ein Klassenwörterbuch anlegen
Jeden Tag begegnen den Schülerinnen und Schülern im Unterricht und im Alltag neue Wörter. Diese könnten sie in einem Klassenwörterbuch sammeln und jederzeit nachschlagen. Als Form bietet sich eine ***Wörterbuchmappe*** *an. In diese können die Schülerinnen und Schüler z. B. Wortschatzlisten abheften oder Bildwörterbuchseiten gestalten.*
- *Beispiel Wortschatzliste: Müllauto – Mülleimer – Müllberg – Mülltonne – …*
- *Beispiel Bildwörterbuchseite zur Mülltrennung: Zeichnet die unterschiedlichen Behältnisse. Gebt ihnen die passende Farbe und beschriftet sie.*

Zur Arbeit mit dem Lexikon siehe die **Kopiervorlage** „Surfen im Lexikon“, S. 224 (Lösungen siehe S. 227 ff. und CD-ROM).

13.3 Richtig präsentieren – Gut vortragen

Kommunikation und Präsentation gehören zu den Schlüsselqualifikationen des gegenwärtigen beruflichen und gesellschaftlichen Alltags. Diese Schlüsselqualifikationen müssen so früh wie möglich systematisch trainiert werden. Das A und O des Vortrags ist eine sinnvolle Gliederung, die es einem Zuhörer ermöglicht, dem Vortrag gut zu folgen. Das Kapitel schlägt die Möglichkeiten der Mind-Map und der Gliederung mit Hilfe von Karteikarten vor, aus denen die Schülerinnen und Schüler individuell ihre bevorzugte Gliederungsform wählen können. Neben der Gliederung ist die Visualisierung von interessanten oder komplexen Inhalten der zweite zentrale Aspekt. Hierdurch wird der Vortrag anschaulich, verständlich und interessant. In beiden Bereichen lernen die Schülerinnen und Schüler, Informationen auszuwählen und in Sinnzusammenhängen darzustellen.
Neben der Möglichkeit, einen Vortrag zu Hause vorzubereiten, ist es für die Schülerinnen und Schüler hilfreich, ihnen im Unterricht Vorbereitungszeit zur Verfügung zu stellen, während der die Lehrkraft Fragen beantworten kann und beratend zur Seite steht. Dies ist vor allem notwendig, wenn die Schülerinnen und Schüler mit Vorträgen noch so unerfahren sind wie in der Jahrgangsstufe 6.

S. 243 Mind-Map zur Klassenarbeit

1 ***Auffälligkeiten:***
- *Abbildungen und Zeichnungen vorhanden*
- *Ein Sachgebiet/Ein Thema wird in einem geordneten Überblick präsentiert.*

Gliederung:
- *zentraler Begriff steht im Zentrum*
- *Oberbegriffe bezeichnen Hauptäste*
- *Unterbegriffe, Bildimpulse, Grafiken o. Ä. bilden die Zweige der Mind-Map*

Eine weitere Übungsmöglichkeit zum Mind-Mapping bietet die **Kopiervorlage** „Die Welt der Sagen – Eine Mind-Map ergänzen“, S. 225 (Lösungen siehe S. 227 ff. und CD-ROM).

S. 244 Kurzvortrag zur Klassenarbeit

1 *Mögliche Eintragungen auf den Karteikarten:*
1 Einleitung
1.1 Was ist das Besondere am Thema?
(Stress, Noten, Versetzung …)
1.2 Warum ist das Thema für andere interessant?
(betrifft alle, nützliche Tipps …)
3 Hauptteil
3.1 Die wichtigsten Fakten nennen
(Sinn und Zweck der Klassenarbeit, Behalten und Vergessen, Lerntipps)
Tipp: *Fachwörter erklären*

6 Schluss
6.1 Das Wichtigste zusammenfassen (Zeiteinteilung, Wiederholung …)
6.2 Die Zuhörer/innen ansprechen (Appell: Lerntipps beachten)

Die Karteikarten 2, 4 und 5 fügen sich in die festgehaltenen möglichen Eintragungen auf den Karteikarten ein; je nach Platz benötigen die Schülerinnen und Schüler eine unterschiedliche Anzahl an Karteikarten für ihre Präsentation.

2 *Vollständige Sätze aufzuschreiben würden das freie Sprechen behindern und ist allein aus Platzgründen nicht ratsam.*

3 *Beispiel für Overlay-Folien:*

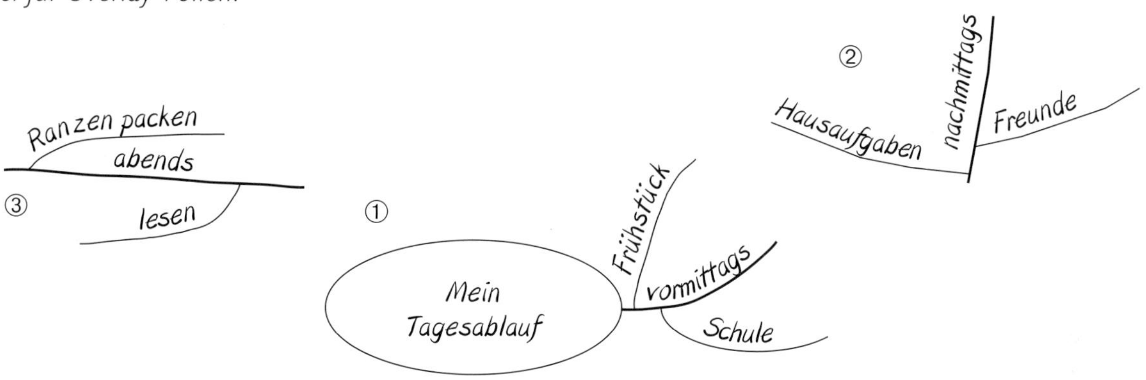

S. 245 **Aktiv zuhören**

1
- *konzentriert zuhören*
- *Blickkontakt halten*
- *Notizen machen*
- *…*

Zum aktiven Zuhören siehe die **Kopiervorlage** „Mitschreib-Seite", S. 226.

Vorschlag für Übungen

Siehe die **Kopiervorlage** „Die Welt der Sagen – Eine Mind-Map ergänzen", S. 225 (Lösungen siehe S. 227 ff. und CD-ROM).

Weiteres Übungsmaterial

Übungen im **„Deutschbuch Arbeitsheft 6"**:
- Klassenarbeiten vor- und nachbereiten, S. 3 ff.
  (Erfolg mit dem Sieben-Tage-Plan; Einen Spickzettel anlegen; Klassenarbeit schreiben; Nacharbeiten)

Fehlerschwerpunkte finden und bearbeiten

Checkliste 1: Fehlerschwerpunkte allgemein

	Lernstoff beherrscht	Aufgaben verstanden	Text(e) verstanden	Arbeit gegliedert	Recht-schreibung	Zeichen-setzung	Grammatik	Satzbau
KA ...								
KA ...								
KA ...								
KA ...								
KA ...								
KA ...								

Checkliste 2: Sprachliche Stärken und Schwächen

Korrekturzeichen	bedeutet:	1. KA	2. KA	3. KA
R	Rechtschreibfehler			
Gr	Grammatikfehler			
Z	Zeichensetzungsfehler			
Sb	Satzbaufehler			
A	Ausdrucksfehler			

Kaffee, Kaffee ...

Kaffee ist nicht nur das beliebteste Getränk der Deutschen, sondern auch ein wichtiges Handelsgut. Mehr als 100 Millionen Menschen leben weltweit vom Kaffeeanbau.

Hamburg – Im September beginnt in vielen Kaffee-Exportländern die Erntezeit. Auf den Plantagen streifen die Pflücker mit ihren Händen die Kaffeekirschen von den Kaffeesträuchern. Mit Maschinen werden dann die Bohnen vom Fruchtfleisch getrennt und anschließend getrocknet. In Säcken werden die Kaffeebohnen zu den Verbraucherländern, z. B. Deutschland, verschifft. Hier werden die Bohnen geröstet und als ganze Bohne oder gemahlen an Händler verkauft.

Der Kaffeepreis ist ständig in Bewegung. Weil von 1997 bis 2001 das Angebot auf dem Weltmarkt immer größer als die Nachfrage war, ist der Preis für Rohkaffee in dieser Zeit gesunken. Im Jahr 2001 war Kaffee so billig wie nie zuvor.

Was die Verbraucher freut, bedeutet für viele Kaffeebauern in Entwicklungsländern eine Katastrophe. Vom Preis eines in Deutschland verkauften Kilo Kaffees sehen sie nur einige Cent. Kaffeebauern müssen sogar ihre Kinder von der Schule nehmen, weil sie das jährliche Schulgeld nicht aufbringen können. Die großen Kaffeekonzerne hingegen melden Rekordgewinne.

Jetzt ist wieder mit steigenden Preisen zu rechnen, denn in den großen Anbaugebieten Brasilien und Vietnam wird die Ernte wegen schwerer Dürre deutlich geringer ausfallen. Hinzu kommt, dass der Kaffeeverbrauch in vielen Ländern stärker als erwartet gestiegen ist. So ist die Nachfrage nach Rohkaffee weltweit größer als das Angebot und die Preise steigen wieder.

(© Matthias Bahr, Vechta)

1 *Worum geht es in dem Text? Formuliere eine passende Überschrift.*

2 *Formuliere fünf W-Fragen zum Text. Gib auch die passenden Antworten in ganzen Sätzen an.*

3 *Welche Zwischenüberschrift passt zu welchem Abschnitt? Trage sie ein.*
- *Alltag der Kaffeebauern*
- *Kaffee-Ernte und -Verkauf*
- *Auf einer Kaffeeplantage*
- *Schwankungen im Kaffeepreis*
- *Nachfrage höher als Angebot*
- *Hohes Angebot – hohe Preise*

4 *Fasse den Inhalt des Textes kurz zusammen.*

KOPIERVORLAGE

Surfen im Lexikon

Außer in Wörterbüchern kann man auch in einem Lexikon nachschlagen, um Informationen zu einem Begriff zu erhalten. Informationen gibt es in Buchform oder online aus dem Internet.

Fleece (fli:s; englisch), leichte, voluminöse, stark geraute Maschenware aus Chemiefaser (meist Polyester, Polyesterfaser) mit sehr gutem Wärmeisolationsvermögen, Trage- und Pflegeeigenschaften; besonders geeignet zur Herstellung von kälteschützender Bekleidung; für sommerliche Bekleidung werden den Mikrofasern auch bis zu 50 % Baumwolle beigemischt. Neuerdings z. T. auch aus recycelten Kunststoffen hergestellt.

(www.wissen.de)

Kläranlage, eine Einrichtung, die der Abwasserreinigung dient. Wichtige Bestandteile einer Kläranlage sind: *Grob-* und *Feinrechen* zur Abtrennung von groben Abwasserbestandteilen, *Siebe* zur Zurückhaltung mittelgrober Stoffe, Sandfang zur Abscheidung von schweren Körnern, *Ölabscheider* zur Entfernung von aufschwimmenden Stoffen. Im Absetzbecken werden langsam sinkende Stoffe abgeschieden (lange Verweilzeiten des Abwassers bei geringer Fließgeschwindigkeit) ...

(www.wissen.de)

1 *Lest die Lexikoneinträge und entscheidet, ob die nachfolgenden Sätze richtig sind.*
Stimmt es, dass ...
a) Bekleidung aus Fleece besonders vor Kälte schützt?
b) Fleece aus Baumwolle hergestellt wird?
c) in einer Kläranlage Siebe grobe Stoffe zurückhalten?
d) Kläranlagen nur Öl aus dem Wasser filtern?

2 *a) Schlagt das Wort „fleece“ in einem Wörterbuch (Englisch – Deutsch) nach.*
b) Erklärt den Unterschied zwischen den Eintragungen im Wörterbuch und im Lexikonartikel (oben).

____

____

____

____

3 *Warum sind einige Begriffe in den hier abgedruckten Lexikonauszügen kursiv hervorgehoben bzw. unterstrichen?*

____

____

____

____

4 *Besucht eine Bibliothek und fertigt eine Liste zu den dort vorhandenen Wörterbüchern und Lexika an.*

Die Welt der Sagen – Eine Mind-Map ergänzen

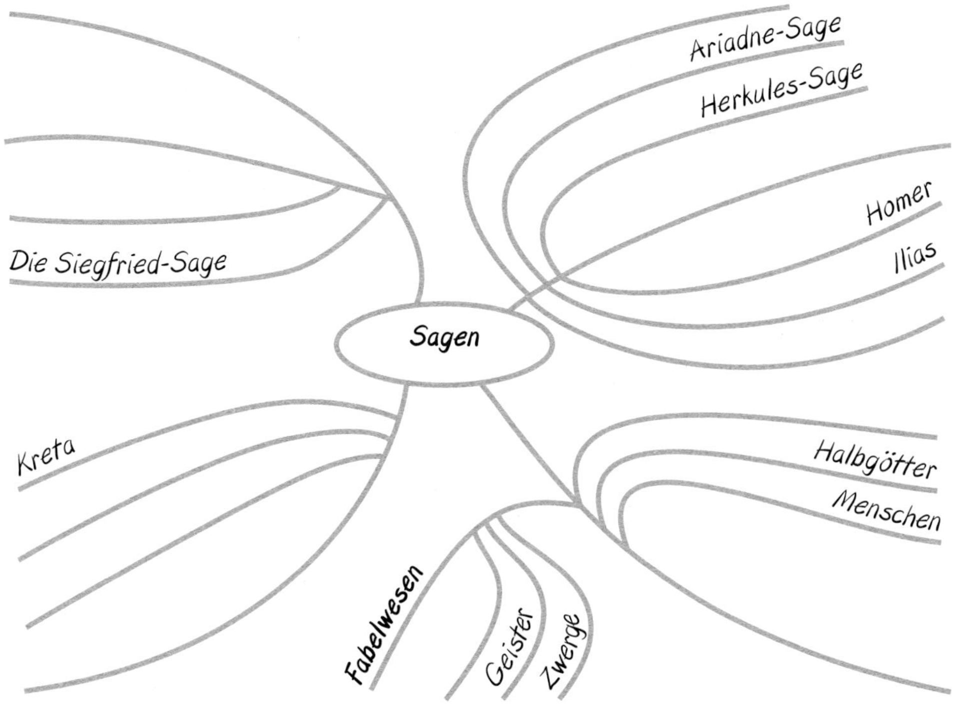

1 *Trage die Hauptast-Bezeichnungen ein, wo sie passen:*
- *Sagengestalten*
- *Sagenorte*
- *Sagenstoffe*
- *Sagen des klassischen Altertums*

2 *Trage auf Unteräste ein:*
- *Odyssee*
- *Prometheus-Sage*
- *Götter*
- *Elfen*
- *Athen*
- *Griechenland*
- *Das Nibelungenlied*
- *Germanische Heldensagen*

3 *Lege eine Mind-Map mit dem Titel „Siegfried der Drachentöter" an. Lies dazu die Seiten 95 bis 98 im Schülerbuch, um Eintragungen für die Mind-Map zu finden.*

4 *Erkundige dich bei deinen Mitschülerinnen und Mitschülern nach Sagen aus Russland, der Türkei und aus zwei europäischen Ländern deiner Wahl. Gestalte eine Mind-Map mit Mittelkreis, Hauptästen und Unterästen.*

Mitschreib-Seite

Ein aufmerksames Zuhören bei einem Vortrag ist Voraussetzung, um sich Notizen zum Inhalt des Vortrags machen zu können.

Fach: Deutsch **Thema: Üben und wiederholen**	**Vortrag von: ...** **Datum: 7. Mai 2007**	**Bemerkungen**
- *verteiltes Üben = beste Methode* - *z. B. kleine Portionen machen* - *Langzeitgedächtnis erreichen* - *Wdhl. bes. wichtig* - *Zeitplan für Wdhl. aufstellen* - *Vok. im Zusammenhang lernen* - *vor Klassenarbeiten frühzeitig mit Wdhl. beginnen*		*???? Lexikon nachschlagen/fragen* *Ergebnis:* *!!! Verteilte Wiederholung = Erfolg !!!*

1 *Schaut euch die Mitschreib-Seite genau an.*
a) Welche Informationen liefert die Kopfzeile der Seite?
b) Wie wurden die Notizen vorgenommen?
c) Was verbirgt sich hinter den Abkürzungen? Kennt ihr weitere?
d) Warum stehen im Feld „Bemerkungen" Frage- oder Ausrufezeichen?

____

____

____

____

____

____

2 *Übt das Notizenmachen während des nächsten Vortrags und tauscht euch mit einem Lernpartner/einer Lernpartnerin aus.*

Lösungen

1 Freundschaft schließen – Erzählen und gestalten

Seite 24/25: Das Dransfeld

1 a) Dransfeld; b) einen Kombi; c) multipliziert; d) damit Peter mit den kleinen Kindern spielen kann, falls Konrad nicht auf einen gleichaltrigen Jungen trifft; e) stehen dauernd die Haustüren offen; f) in einer Doppelhaushälfte.

2 Beispiel für eine Skizze von Konrads neuem Wohngebiet:

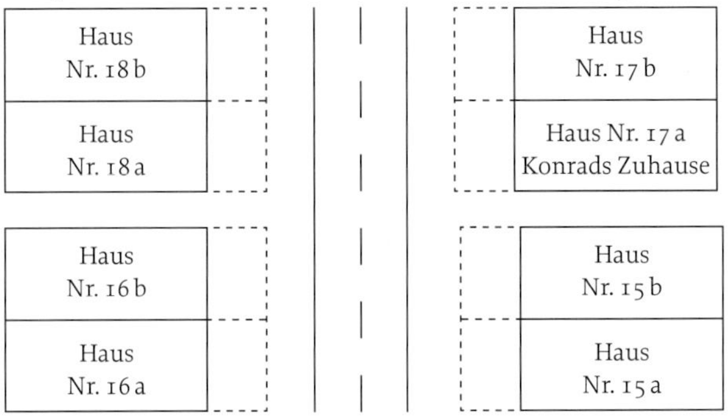

3 Konrad berechnet, wie viele Kinder in der Nachbarschaft wohnen. Da die Haustüren überall dauernd offenstehen, geht Konrad einfach hinein und klopft an die Türen der Kinderzimmer im 1. Stock. Ruft jemand „Herein!", dann öffnet er die Tür und sagt: „Hallo, ich bin der Konrad aus Nummer 17 a." Es besteht die Gefahr, dass er auf Mädchen trifft, manchmal sind auch die Jungen nicht im richtigen Alter. Konrad nimmt deshalb seinen kleinen Bruder Peter mit, der kann dann mit den Kleinen spielen und Konrad sucht weiter nach einem Spielkameraden.

Seite 26: Eine

1 Beispiellösung: Der Neue
Den neuen Mitschüler, den wir in unserer Klasse bekommen haben, muss ich mir noch mal genauer ansehen. Viel hat er noch nicht gesagt, wahrscheinlich muss er sich erst noch eingewöhnen. Ein Streber scheint der Neue auch nicht zu sein. Er hat sich ganz nach hinten gesetzt. Das halbe Klassenzimmer liegt zwischen uns und ich kann seine Augenfarbe gar nicht erkennen. Wo er wohl herkommen mag? Ob er Fußball spielt? Wenn er mag, könnte ich ihm den Bolzplatz am Stadtrand zeigen. Er hat vorhin schon zu mir hergeschaut. Vielleicht frage ich ihn in der Pause oder falls ich ihn im Bus treffe. Jetzt drehe ich mich aber noch mal ein wenig um und wenn er nicht wegschaut, wäre das ja schon ein Anfang.

3 Beispiellösung: Der Junge denkt, dass seine neuen Mitschüler sich nicht besonders für ihn interessieren. Nur ein Mädchen mit Sommersprossen in einem blauen Kleid scheint über ihn nachzudenken. Er hält sie für eine Struppige, die nicht zu den Niedlichen und Netten gehört und auch nicht mit Freundinnen rumkichert. Der Junge vermutet, dass sie viel allein in der Stadt rumläuft und sich deshalb gut auskennt. Er glaubt, dass er sie mögen könnte.

4 Es fiel ihm ein, dass er sich irren könnte, aber er glaubte es nicht. Ich werde ihr ein Zeichen geben, sagte er sich, und wenn sie reagiert, dann habe ich mich nicht geirrt. Dann ist sie eine, die ich mögen könnte, zumindest mögen. Als sie sich wieder umsah, lächelte er.

Seite 29: Im Gruselhaus

1 Beispiellösung: **1.** An welchem Wochentag gehen Rainer und die Ich-Erzählerin in das Gruselhaus? Antwort: An einem Samstag. Textbeleg: „Samstagvorabendmesse" (Z. 36). – **2.** Warum hätte die Ich-Erzählerin das Gruselhaus freiwillig sowieso nicht betreten? Antwort: Weil ihr Opa Thiemann die Geschichte vom erstickten Kind erzählt hatte. Textbeleg: Z. 55–57. – **3.** Wie sieht es im Inneren des Gruselhauses aus? Antwort: „Überall waren Löcher: im Holzfußboden, in der Zimmerdecke ... Es roch modrig und es war kühl." Textbeleg: Z. 70–74. – **4.** Woran erkennt die Ich-Erzählerin, dass sie Rainer helfen muss? Antwort: Sie spürte, dass mit ihm etwas nicht stimmte. „Er zitterte, sein Atem ging schneller. Er zog die Luft ein und machte ganz seltsame Geräusche ... Das war unheimlich." Textbeleg: Z. 117–123. – **5.** Warum führt die Ich-Erzählerin Rainer die Treppe rückwärts hinunter? Antwort: „Ich wusste, wenn man sich umdreht, hat man verloren. Dann würde die Ratte in unseren Nacken springen und sich dort festbeißen." Textbeleg: Z. 136–139.

Seite 30/31: Im Gruselhaus (1 und 2)

1 a) Folgende Sätze sind falsch: Sie begleitet Rainer, weil er sie darum bittet. – Vor langer Zeit wurde in dem Gruselhaus angeblich eine junge Frau ermordet. – Als Rainer die Ratte erblickt, bleibt er ganz ruhig.

b) Beispiellösung: Das Gruselhaus steht in der Nähe des Bahndamms. Textbeleg: Rainer ging um die Ecke, dahin, wo unten am Bahndamm das Gruselhaus stand (Z. 40/41).
Durch ein offenes Fenster klettern die beiden Kinder in das Gruselhaus. Textbeleg: Er zog mich hinter das Haus und zeigte auf ein offenes Fenster. „Da rein! Los!" (Z. 67/68).
Die Ich-Erzählerin sieht die Ratte zuerst. Textbeleg: So kam es, dass ich sie zuerst sah. Ich drückte Rainers Hand und nickte mit dem Kopf in ihre Richtung (Z. 98–100).

4 Beispiellösung:

Bestimmungswort	Grundwort	Zusammensetzung
unter	Lippe	Unterlippe
Monster	Spinne	Monsterspinne
alt	Stadt	Altstadt
Keller	Katze	Kellerkatze
lebend	Fallen	Lebendfallen
scharf	Schützen	Scharfschützen
Ratten	König	Rattenkönig
Mauer	Segler	Mauersegler
Nacht	Musik	Nachtmusik
Bahn	Damm	Bahndamm

2 Klassengespräche – Argumentieren und überzeugen

Seite 45: 10 goldene Diskussionsregeln

Beispiellösung: **1:** Ich überlege, ob mein Beitrag zum Thema passt. **2:** Ich lasse andere ausreden. **3:** Ich konzentriere mich auf die Diskussion und störe sie nicht. **4:** Ich äußere meine Meinung in der Ich-Form. **5:** Ich höre geduldig zu und warte, bis ich drankomme. **6:** Ich widerspreche, wenn nach meiner Ansicht eine Äußerung falsch war. **7:** Wir lassen jede/n zu Wort kommen. **8:** Ich höre aufmerksam zu und halte meinen eigenen Beitrag kurz. **9:** Ich knüpfe an den Beitrag meines Vorredners / meiner Vorrednerin an. **10:** Ich sage, was mir wichtig ist, und lasse das Unwichtige weg.

Seite 46/47: Ralf möchte seine Freunde selbst wählen

1 a/b) Z. 4: Ralf: „Mensch, das musste dir so denken." – Z. 10 / 11: Ralf: „Is doch egal. Little Bick Horn ... im Film!" – Z. 51 / 52: Mutter: „Aber mein Junge, das ist doch wirklich kein Umgang für dich." – Z. 55 – 57: Mutter: „Spielen? Na, schau ... nur Radau." – Z. 60 – 64: Mutter: „Na, von alleine ... manchmal muss ich dir doch helfen." – Z. 66 / 67: Mutter: „Ich finde ... auch für dich tun?" – Z. 69 – 72: Mutter: „Na siehst du, ... möchte ich nie wieder hören." – Z. 86 – 88: Mutter: „Na also, du willst ... wie dieser Jochen!"

c) Ralf überredet Jochen, sich Kissen als Berge vorzustellen, damit die Indianerschlacht beginnen kann. Ralfs Mutter versucht Ralf davon zu überzeugen, dass Jochen kein guter Umgang für ihn ist. Dafür bringt sie viele verschiedene Gründe vor und lässt Ralfs Antworten nicht gelten.

2 Die Mutter ist unfair, weil sie keinen Widerspruch duldet: „Kein Aber, so etwas gehört sich nicht" (Z. 79), weil sie beleidigend wird: „Du bist wohl nicht ganz bei Trost!" (Z. 82), als sie Ralf unterbricht und die Diskussion einfach beendet: „So, und nun Schluss mit der Diskussion" (Z. 94).

Seite 49: Der Sprung ins Wasser (Text)

Beispiele für Bildunterschriften: Die Angst vor dem Wasser – Das wasserscheue Mädchen – Das Mädchen und die Monsterwelle – Gefahr aus dem Wasser – Die unheimliche Welle

Seite 50/51: Der Sprung ins Wasser (1 und 2)

1 a) Beispiellösung: Seitdem Eva Schwimmen statt Sport in der Schule hat, ist sie alles andere als glücklich. Um nicht in die Schule gehen zu müssen, versäumt sie absichtlich den Bus. Manchmal fragt sie auch ihre Mutter, ob sie ihr nicht eine Entschuldigung schreiben kann.
Zu Beginn des Schuljahres wussten die anderen Mädchen noch nicht, dass Eva Angst vor dem Wasser hat. Weil Eva sich beim Schwimmen aber immer drückte, fiel es den anderen auf und sie ließen sie nicht mehr in Ruhe. Einmal erging es Eva dabei ganz schlimm. Sie sollte vom Sprungbrett ins Becken springen, traute sich aber nicht. Da machten sich die anderen Mädchen über sie lustig. Auch die Lehrerin sagte zu ihr, sie solle jetzt endlich springen oder wieder herunterkommen. Eva reagierte nicht und sagte auch nichts mehr. Stefanie wollte sogar um ein Eis wetten, dass Eva es nicht schafft zu springen. Das machte Eva wütend. Sie ließ die Haltebügel los und ging auf dem Sprungbrett nach vorn ...

b) Beispiellösung: „... fragt sie ihre Mutter, ob sie ihr nicht eine Entschuldigung schreiben kann" (Z. 8 – 10). „‚Wir können doch nicht ewig warten', ruft Frau Vogt ungeduldig. ‚Die Stunde ist gleich aus! Dann lass es eben und komm wieder runter!'" (Z. 70 – 73). „‚Total uncool', sagt Stefanie. ‚Ich wette um ein Eis, dass sie es nicht schafft zu springen. Wer wettet dagegen?'" (Z. 104 – 106).

Seite 52/53: Der Sprung ins Wasser (1 und 2)

1 Beispiellösung: Wir haben zusätzlich zum normalen Sportunterricht Schwimmen bekommen. – Nein! Statt Sport gibt es Schwimmen! (Z. 2 / 3). Vor allem am Donnerstag versuche ich eine Krankheit vorzutäuschen, damit ich nicht zur Schule muss. – Nein! Mittwoch (Z. 5). Einmal hat mich Jana im Spaß ins Wasser getunkt und da habe ich wie wild um mich geschlagen. – Nein! Jessica (Z. 36). Meine Lehrerin hatte keine Ahnung, dass ich wasserscheu bin, und wollte deshalb, dass ich mich nicht so anstelle. – Nein! Schon längst gemerkt (Z. 44 – 45). Immerhin wollte Stefanie keine Wetten abschließen, ob ich springe oder nicht. – Nein! Stefanie wollte Wetten abschließen (Z. 104 – 106).

2 a) Beispiellösung: Eva starrte gebannt auf das Brettende vor sich und ließ mit einer Hand den Haltebügel los. Das Brett war glitschig und wippte ganz leicht auf und nieder. Eva ging ein winziges Schrittchen nach vorne. Unten schien es keiner zu bemerken. Die Mädchen hatten schon wieder das Interesse an ihrem Scheitern verloren und besprachen wahrscheinlich, was sie am Nachmittag unternehmen könnten.

b) Beispiele für eine Zwischenüberschrift: Eva überwindet ihre Angst – Eva am Wendepunkt

4 Beispiellösung: Die Szene im Schwimmbad – aus der Sicht von Jessica
Am Mittwoch ist es wieder passiert: Eva hatte mal wieder Angst vor dem Wasser. Wir sollten vom Sprungbrett springen und Eva blieb stur auf dem Brett stehen. Ich wartete mit den anderen Mädchen und uns wurde allmählich langweilig. Als ich Eva zum Springen aufforderte, tat sich nichts.
Ich habe schon ziemlich früh gemerkt, dass sie kein Wasserfan ist. Einmal habe ich sie im Spaß getunkt, woraufhin sie total panisch reagierte. Seitdem lassen die anderen sie nicht mehr in Ruhe und ärgern sie, wann immer sie können. Mir tat das anfangs eigentlich leid und ich habe Eva vor den anderen verteidigt. Aber mit der Zeit war mir Evas Verhalten ziemlich peinlich und ich konnte verstehen, dass man sich über sie lustig machte.
Jedenfalls stand sie in der Schwimmstunde oben auf dem Brett und reagierte nicht auf unsere Zurufe. Wir machten wieder Witze über sie und Frau Vogt versuchte ihr Mut zu machen. Plötzlich ging sie einen Schritt weiter nach vorne ...

3 Wir sind mobil – Berichten und appellieren

Seite 62: Schülerunfälle 2004 nach Art der Verkehrsbeteiligung

1 Beispiellösung: Im Jahr 2004 ereigneten sich insgesamt 59 384 Schülerunfälle. Die meisten Schülerinnen und Schüler, nämlich 27 058, verunglückten mit dem Fahrrad. Das sind 45,6 %, also fast die Hälfte aller Schülerunfälle! Als Pkw-Mitfahrer/Mitfahrerin waren immerhin 12 856 Schülerinnen und Schüler in einen Unfall verwickelt. Auch die Anzahl der Fußgänger an den Schülerunfällen ist mit 5850 erstaunlich hoch. Am sichersten fahren Schülerinnen und Schüler mit den öffentlichen Verkehrsmitteln. Nur 0,7 % aller Schülerunfälle ereignen sich mit schienengebundenen Fahrzeugen. Auch mit dem Schulbus ist man relativ sicher unterwegs, denn der Anteil der Schülerunfälle beträgt hier nur 4,9 %.

Seite 63: Unfallanzeige

Beispiellösung für Punkt 14: Der Schüler Florian zog sich während des Sportunterrichts in der Turnhalle eine Verletzung des Halswirbels zu. Bei der Turnübung „Rolle rückwärts" hielt er den Kopf nicht gerade, obwohl der Sportlehrer, Herr Krupp, das so angeordnet hatte. Weil Florian den Kopf schräg gehalten hatte, verstauchte er sich vermutlich den Halswirbel. Herr Krupp verständigte sofort per Handy den Notarzt. Dieser versorgte den Schüler und brachte ihn in ein Krankenhaus.

Seite 64: Auf der Suche nach einer Jugendherberge

1 Ein neues Fenster mit der Landkarte des jeweiligen Bundeslandes öffnet sich. Darauf sind alle Jugendherbergen des Bundeslandes eingezeichnet.

2 Man kann zunächst die einzelnen Jugendherbergen, dann den Link „weitere Infos zur JH" anklicken oder mit der Funktion „Suchen" bzw. „Erweiterte Suche" mit Schlagwörtern suchen.

3 Auf der Insel Sylt gibt es drei Jugendherbergen.

4 a) Graf-Zeppelin-Jugendherberge, Lindauer Straße 3, 88046 Friedrichshafen
b) 235 Betten in 65 Zimmern
c) Bodensee mit Rundrad- und Wanderweg, Insel Mainau, Schloss Salem, Meersburg, Unteruhldingen mit Pfahlbauten (Stand: 2007)

Seite 66: Unfall beim Radfahren

1 Beispiellösung: Gestern Nachmittag ereignete sich ein schwerer Fahrradunfall. Zwei Jugendliche waren mit ihren Mountainbikes im Gelände unterwegs. Die flotte Fahrt endete für den 12-jährigen Philipp P. nach der Einfahrt in den Bergtunnel. Weil er trotz der schlechten Sicht im Tunnel sehr schnell unterwegs war, übersah er ein Schlagloch und stürzte. Da er keinen Fahrradhelm trug, zog er sich schwere Kopfverletzungen zu. Sein Freund verständigte den Notarzt. Mit dem Krankenwagen wurde er ins Krankenhaus gebracht.

2 Beispiellösung: Der Junge hätte bei der schlechten Sicht im dunklen Tunnel nicht so schnell fahren dürfen. Dann hätte er das Schlagloch gesehen und vielleicht noch ausweichen können. Wenn er einen Fahrradhelm getragen hätte, wäre er vielleicht ohne Kopfverletzungen davongekommen.

Seite 67: Beim „Bahn-Surfen" getötet

1 **Wer?** ein Jugendlicher, 16 Jahre alt – **Was?** ein tödlicher Unfall – **Wo?** Porz-Ensen, Köln – **Wann?** am Dienstagabend – **Wie?** beim Bahn-Surfen gestürzt und vom Zug überrollt – **Warum?** Leichtsinn, Übermut, Alkohol

4 Ein Blick in die Steinzeit – Beschreiben und erklären

Seite 80: Brot wie in der Steinzeit – Stockbrot

1/**3** Beispiellösung: **Zutaten:** 1 Päckchen Trockenhefe, 500 g Vollwertmehl, 2 Esslöffel Öl, 1 Prise Salz, 1 Tasse lauwarme Milch, 1 Schüssel, lange gewaschene Stöcke
Die Herstellung des Hefeteiges: Das Mehl in eine Schüssel geben, eine Vertiefung in die Mitte drücken und die Trockenhefe hineingeben. Die Milch, das Salz und das Öl hinzugeben und die Teigmasse gut durchkneten. Den fertigen Teig noch eine halbe Stunde ruhen lassen.
Für das Stockbrot eine Handvoll Teig zunächst zu einer Kugel und dann zu einer langen Schlange formen. Die Teigschlange spiralförmig um einen Stock wickeln und über der Glut des Feuers goldbraun backen. Die Teigschlange darf nicht zu dick sein, weil sonst der Teig außen verbrennt, aber innen noch roh ist. Den Stock mit der Teigschlange nicht in die offene Flamme halten, sonst bekommt das Stockbrot eine Rußschicht, die gesundheitsschädlich ist.

Seite 81: Unkrautsuppe

1 Die Zutaten des Rezepts sind sinnvoll zusammengestellt.
Die Reihenfolge ist völlig durcheinandergeraten.
Das Rezept ist vollständig (aber: Für wie viele Personen?)
Es werden viele unterschiedliche Satzarten benutzt.
Nicht immer werden unnötige Wiederholungen vermieden, z. B. könnte man den Satz Nr. 5 streichen.
Fachausdrücke aus der Kochsprache wurden zum Teil benutzt.
Häufig wurden auch treffende Verben verwendet, z. B. verrühren, nachsalzen, auftischen.
Die Sätze in der richtigen Reihenfolge: 15, 14, 16, 1, 4, 2, (5), 3, 6, 7, 8, 9, 10, 11, 12 und 13.

2 Beispiellösung: **Unkrautsuppe** (für 4 Personen)
Zutaten: 500 g Brennnesseln oder Vogelmiere oder Gänsefuß, 1 Brühwürfel, 1 Liter Wasser, Salz, 1 Esslöffel Butter, 1 Esslöffel Mehl, 4 hart gekochte Eier
Zubereitung: (15) Man sucht etwa 500 g Brennnesseln auf Beeten, Kartoffeläckern und Unkrautstellen in Wohngebieten. – **(14)** Statt Brennnesseln kann man auch Gänsefuß oder Vogelmiere nehmen. – **(16)** Den Gänsefuß erkennt man an seinem geraden Stängel, der einen Rotstich hat. Die grauen Blattunterseiten fühlen sich mehlig an. Die Blüten ähneln kleinen grünweißen Kugeln. – **(1)** Zuerst wäscht man die Blätter sorgfältig und sortiert dabei die verwelkten Blätter aus, die man für

die Suppe nicht gebrauchen kann. – **(4)** Dann zerkleinert man die Blätter im Mixer oder man zerhackt sie fein mit einem Küchenmesser. – **(2 / 5)** Man bringt 1 Liter Wasser zum Kochen und gibt den Brühwürfel und die 500 g gehackten Brennnesseln oder Gänsefuß oder Vogelmiere hinein. – **(3)** Nun lässt man das Gemisch 3 Minuten kochen. – **(6)** Dann verrührt man in einer Tasse den Esslöffel Butter mit 1 Esslöffel Mehl. – **(7)** Jetzt rührt man die Mehlmasse in die Suppe, während sie aufkocht. – **(8)** Nun lässt man die Suppe bei kleiner Hitze 3 Minuten kochen. – **(9)** Anschließend muss man die Herdplatte ausschalten. – **(10)** Man kann die Suppe jetzt probieren und eventuell vorsichtig nachsalzen. – **(11)** Dann schält man die hart gekochten Eier und schneidet sie in 2 Hälften. – **(12)** Man legt auf jeden Teller 2 Eierhälften und schon kann man die Suppe auftischen. – **(13)** Die Unkrautsuppe serviert man mit Brot, Butter und Käse.

Seite 84/85: Moora – das Mädchen aus dem Moor (1 und 2)

1 Beispiellösung: **Wie** alt ist die Mädchenleiche ungefähr? **Wann** hat das Mädchen nach den Angaben der Forscher gelebt? **Wo** fand man das tote Mädchen? **Warum** könnte das Mädchen ins Moor gelangt sein? **Welche** Wirkung hat das Moor auf die Haut des Menschen? **Was** haben Archäologen unter anderem noch in Mooren gefunden? **Warum** soll der Kopf der Moorleiche rekonstruiert werden?

2 b) Beispiel für eine Überschrift: **Sensationsfund im Moor**
1. Im Uchter Moor fanden Arbeiter im Jahr 2000 Leichenteile einer jungen Frau. **2.** Am Anfang dachte die Polizei einem Verbrechen auf der Spur zu sein. **3.** Die Mädchenleiche kam ins Museum, denn sie war 2700 Jahre alt. **4.** Für die Forscher ist sie ein Sensationsfund, weil sie das Alter der Knochen auf das Jahr 650 v. Chr. datieren konnten. **5.** „Moora", das Mädchen aus dem Moor, starb vielleicht, weil sie Nahrung gesucht hat oder geflüchtet ist. **6.** 700 Moorleichen wurden bereits in Europa gefunden. **7.** Durch die Säuren der Torfmoose wird verhindert, dass Bakterien den Körper zerstören. **8.** Archäologen haben in den Mooren weitere Dinge gefunden, z. B. Werkzeuge, Waffen oder Schmuck. **9.** Die gut erhaltenen Moorleichen informieren über das damalige Leben. **10.** Damit „Moora" wieder ein Gesicht bekommt, soll der Kopf rekonstruiert werden.

5 Das Blaue vom Himmel – Lügen- und Schelmengeschichten

Seite 96: Die unleserliche Handschrift

1 Der Text lautet in der richtigen Reihenfolge:
(2) Eines Tages kam ein armer Bauer, der weder lesen noch schreiben konnte, mit einem Brief zu Nasreddin Hodscha und bat ihn darum, ihm doch den Brief vorzulesen.
(1) „Welcher Ungebildete hat dir denn diesen Brief geschrieben?", fragte Nasreddin Hodscha. „Die Handschrift ist so schlecht, dass ich sie unmöglich lesen kann!"
(3) Verwundert sagte der Bauer: „Obwohl du den Turban des Gelehrten trägst, kannst du nicht einmal einen Brief lesen."
(4) Da nahm Nasreddin Hodscha den Turban ab und reichte ihn dem Bauern mit den Worten hin: „Wenn du glaubst, dass jeder, der einen Turban trägt, ein Gelehrter ist, dann setz du ihn doch auf und versuche, ob du den Brief lesen kannst."

2 Nasreddin Hodscha kann dem armen Bauern den Brief nicht vorlesen, weil er selbst nicht lesen kann.

3 Der arme Bauer hält Nasreddin deshalb für einen Gelehrten, weil Nasreddin sich Hodscha nennt und den Turban des Gelehrten trägt.

6 Beispiellösung: **Absender:** der Bruder des armen Bauern; **Inhalt:** Einladung zur Hochzeit seines Sohnes
Mein lieber Bruder, uns steht eine große Freude bevor: Mein Sohn heiratet! Das Hochzeitsfest findet am 1. August statt. Ihr seid alle sehr herzlich eingeladen und müsst unbedingt kommen. Wir lassen keine Ausrede gelten! Macht euch keine Sorgen wegen eines Geschenks. Das schönste Geschenk ist, dass ihr alle kommt und wir zusammen feiern können. Grüße deine liebe Familie von uns! Dein Bruder Iskender

Seite 97: Wo ist der Kater?

Die Gattin Nasreddins, die sehr gefräßig war, besaß einen Kater. Jedes Mal wenn der Hodscha ein schönes Stück Fleisch oder eine Leber nach Hause brachte, fand er auf seinem Tisch nur die spärlichen Überreste davon, denn sie behielt die besten Brocken für sich oder setzte sie ihren Freundinnen vor. Wenn ihr Mann sich dann beklagte, dass er von allem immer nur das Schlechteste bekomme, beschuldigte sie regelmäßig ihren Vierbeiner, dass er alles oder fast alles gestohlen habe.

Eines Tages wurde Nasreddin fuchsteufelswild. Er packte das arme Tier und setzte es auf die Waage. „Ich habe ein Kilogramm Fleisch mitgebracht", sagte er. „Dieser Kater ist ein Kilogramm schwer. Wenn er es ist, der auf der Waage sitzt, wo ist das Fleisch geblieben? Und wenn das, was ich abwiege, das Fleisch ist, wo bleibt dann der Kater?"

Seite 98: Wunderbare Reisen zu Wasser und zu Lande

1 Beispiellösung: **Autor:** Das ist eine typische Lügengeschichte von Münchhausen (auch „Lügenbaron" genannt).
Begründung: Dass diese Geschichte der Lügenbaron Münchhausen erzählt, erkennt man an der unsinnigen Aufgabe (Bienen auf die Weide treiben und den ganzen Tag lang hüten), den unwahren Begebenheiten (zwei Bären sollen eine Biene angefallen haben), den Übertreibungen und Angebereien (Münchhausen will eine silberne Axt bis auf den Mond geworfen haben, die Gärtner und Landarbeiter des Sultans sollen silberne Äxte haben) und an der Heldentat, die durch Übertreibung und Unsinnigkeit lächerlich wirkt (Münchhausen schenkt einer Biene die Freiheit).

Seite 99: Käpt'n Blaubär

1 **Notizen zu Runde 92:** Die Klabautergeister wollen Angst und Schrecken einjagen und sind gierig nach Tränen. – Ein Tränentenor heult dicke Krokodilstränen und erregt dadurch Mitleid. – Schluss: Käpt'n Blaubär weint als Tränentenor so überzeugend, dass die Klabautergeister anfangen mitzuheulen.
Notizen zu Runde 93: Käpt'n Blaubär flieht aufs Meer hinaus. – Die Tratschwellen bringen ihm das Sprechen bei. – Auf dem Rücken des Tyranno-Walfisches Rex zieht er weiter. – Er zieht dem Wal etliche Harpunen aus dem Rücken. – Dieser setzt ihn zum Dank nahe der Feinschmeckerinsel aus.

6 Helden, Zwerge, Zauberinnen – Sagen von Griechenland bis Hameln

Seite 107/108: Skylla und Charybdis (1 und 2)

1 Beispiellösung: Charybdis war früher eine schöne Najade gewesen, eine Tochter des Poseidon. Weil sie als Helferin ihres Vaters die Erde überschwemmte und das Land zur See machte, wurde Zeus sehr wütend und verwandelte sie in ein Ungeheuer. Wie sie früher Land verschlungen hatte, musste sie nun dreimal am Tag Wasser trinken und wieder ausspeien, sodass ein Strudel vor der Höhle entstand, in die Zeus sie gesperrt hatte. Auch Skylla war vorher eine wunderschöne Najade gewesen. Poseidon verliebte sich in sie, worauf seine Frau Amphitrite eifersüchtig wurde. Sie verwandelte Skylla in das abscheulichste weibliche Wesen der Welt.

2 Beispiellösung: Z. 1–7: Odysseus erfährt von Skylla und Charybdis; Z. 8–38: Das Ungeheuer Charybdis wird beschrieben; Z. 39–54: Das Ungeheuer Skylla wird beschrieben; Z. 55–72: Odysseus schätzt die Lage ein; Z. 73–83; Odysseus rüstet sich zum Kampf; Z. 84–99: Das Schiff fährt auf die Meerenge zu; Z. 100–114: Skylla greift das Schiff an; Z. 115–123: Odysseus verliert sechs Männer; Z. 124–130: Odysseus bringt das Schiff auf Kurs; Z. 131–136: Odysseus beobachtet, wie Skylla die sechs Männer frisst; Z. 137–145: Odysseus sorgt für Ordnung und das Schiff durchquert die Meerenge.

3 Beispiel für einen Anfang: Seit meinem Besuch im Hades sind mir die beiden Ungeheuer Skylla und Charybdis bekannt. Man hat mir von ihnen Schreckliches erzählt ...

Seite 109: Herakles' Kindheit

1 Beispiel: **Herakles:** bedeutendster Held der griechischen Sage, ein Halbgott: der Sohn des Zeus und der Alkmene – **Zeus:** oberster Gott der Griechen, wohnt auf dem Olymp, einem Berg in Griechenland – **Alkmene:** Gattin des Amphitryon und Mutter von Herakles – **Theben:** hier:griechische Stadt nordwestlich von Athen (Es gibt noch eine andere berühmte Stadt Theben in Ägypten.) – **Olympier:** Zeus, der auf dem Olymp thront – **Hera:** griechische Göttin; Schwester und Gattin des Zeus; Göttin der Ehe – **Seher Teiresias:** blinder Prophet der griechischen Sagenwelt, kann in die Zukunft schauen – **Giganten:** gewaltige Riesen der griechischen Sage, kämpften gegen die Götter Griechenlands

2 a) Der König von Theben heißt Kreon. – Der König von Tiryns heißt Amphitryon und lebt nun am Hofe König Kreons in Theben. – Herakles ist der Stiefsohn Amphitryons.

3 Herakles erwürgt mit Riesenkraft zwei Schlangen, obwohl er noch ein Baby ist.

4 Beispiellösung: Der Vater freut sich, weil er einen so kräftigen Sohn hat. Entsetzt ist er vermutlich wegen der übermenschlichen Kraft des Kindes. Diese ungeheure Kraft konnte Herakles nicht von Amphitryon geerbt haben, da dieser nur ein Mensch war. Hier zeigt sich, dass Herakles von einem Gott abstammt.

Seite 113: Odyssee – Auf Kirkes Insel

1 Beispiel für eine Fortsetzung: ... kommen ihnen Wölfe und Löwen friedlich entgegen. Es sind Menschen, die von der Zauberin Kirke in Tiere verwandelt wurden, aber das wissen die Männer noch nicht. Aus dem Palast erklingt eine schöne Stimme. Es ist Kirke, die am Webstuhl arbeitet und dabei singt. Als die Männer rufen, öffnet ihnen Kirke die Pforte und alle treten ein. Nur Eurylochos bleibt draußen, weil er ihr nicht traut und Böses ahnt. Die Zauberin bietet den Männern köstliche Speisen an, die aber vergiftet sind. Als Odysseus' Gefährten davon essen, verwandeln sie sich in Schweine. Eurylochos sieht das von draußen. Schnell läuft er zum Schiff zurück und berichtet Odysseus vom Unglück der Männer.
Sofort bricht Odysseus auf, um die Gefährten zu befreien. Unterwegs gibt ihm der Götterbote Hermes eine schwarze Wurzel, die gegen Kirkes Zauberkraft hilft. Als Odysseus am Palast ankommt, wird er von Kirke hineingebeten und bekommt auch vergiftetes Essen. Aber diesmal wirkt der Zauber nicht und Odysseus droht Kirke, sie zu erschlagen. Da schwört Kirke, ihm nichts mehr anzutun und seine Gefährten wieder in Menschen zurückzuverwandeln. Sie geht in den Stall und bestreicht die verwandelten Männer mit Zaubersaft, sodass sie wieder Menschen werden. Zuletzt überredet Kirke Odysseus und seine Männer, doch eine Zeit lang ihre Gäste zu sein. Sie bringen noch ihr Schiff in Sicherheit und lassen es sich dann bei der Zauberin gut gehen.

2 Beispiel für eine Fortsetzung: „... bat die Fremden einzutreten. Dann setzte ich ihnen mein verzaubertes Essen vor und verwandelte sie in Schweine. Später kam noch ein Mann, bei dem aber der Zauber nicht wirkte. Es war Odysseus, von dem mir Hermes geweissagt hatte, dass er meinen Zauber brechen werde. Er bedrohte mich und ich musste schwören, ihm nichts zu tun und seine Freunde wieder in Menschen zu verwandeln. Sie freuten sich sehr beim Wiedersehen und ich bat sie, doch eine Zeit lang meine Gäste zu bleiben."

3 Beispiellösung: seltsam → merkwürdig; herumgelaufen → herumgetobt; borstigen → behaarten; Freude → Begeisterung; Gefährten → Freunde; bereden → überzeugen; verweilen → bleiben; Felsengrotte → Höhle

Seite 114/115: Odyssee – Auf Kirkes Insel (1 und 2)

1 In der richtigen Reihenfolge muss die Geschichte so lauten: **(2)** Odysseus landet mit seinen Kameraden auf der Insel Aiaia. **(1)** Eurylochos erkundet mit weiteren Männern die Insel und stößt auf Kirkes Palast. **(4)** Kirke lässt die Männer bei sich speisen und verzaubert sie in Schweine. Nur Eurylochos, der nicht mit in den Palast geht, bleibt verschont. **(6)** Odysseus, von Eurylochos über Kirkes Taten informiert, will seine Männer befreien. Er bekommt vom Götterboten Hermes eine schwarze Wurzel zum Schutz vor Kirkes Zauber geschenkt. **(5)** Odysseus bricht Kirkes Zauber. Diese verwandelt die Kameraden wieder in Menschen zurück. **(3)** Odysseus und seine Kameraden feiern ihr Wiedersehen in Kirkes Palast.

2 Beispiel für die Verbindung der Sätze mit einer der angegebenen Konjunktionen: **1.** Eurylochos musste mit anderen Männern die Insel erkunden, **weil** das Los ihn traf. **2.** Die Raubtiere in Kirkes Palast näherten sich den Männern friedlich, **obwohl** sie sehr grimmig waren. **3.** Kirke sang ein Lied, **während** sie am Webstuhl arbeitete. **4.** Die Männer verwandelten sich in borstige Schweine, **da** Kirke Gift in das Essen mischte. **5.** Odysseus bekam neuen Mut, **als** er auf den Götterboten Hermes traf. **6.** Kirke erkannte Odysseus, **denn** Hermes hatte ihr einst das Ende ihrer Zauberkünste durch ihn geweissagt.

3 Beispiel für eine Fortsetzung: „Als wir Kirkes Palast erreichten, trafen wir auf grimmige Raubtiere, die uns friedlich entgegenkamen. Kirke begrüßte uns freundlich und bat alle Männer herein. Ich traute ihr nicht und blieb draußen. Sie setzte ihnen köstliche Speisen vor. Alle aßen mit großem Appetit, aber kaum hatten sie gegessen, verwandelten sie sich in Schweine. Entsetzt rannte ich zum Schiff zurück und erzählte Odysseus vom Schicksal unserer Freunde."

7 Tiere wie Menschen – Fabeln verstehen und verändern

Seite 129: Der Fuchs und der Storch

1 a) Die richtige Reihenfolge der Bausteine: 4, 3, 5, 2, 6, 1

2 Aus der Fabel kann man lernen, dass man zwar jemanden übertölpeln kann, dann aber damit rechnen muss, später auch hereingelegt zu werden. Der Storch hat den Spieß umgedreht und am Ende muss der schlaue Fuchs hungrig nach Hause gehen. – Beispiele für eine Lehre: „Wer zuletzt lacht, lacht am besten." – „Wer andern eine Grube gräbt, fällt selbst hinein."

Seite 130: Was du tust, wirst du erleiden

1 Beispiellösung: Als die Tiere noch alle die gleiche Sprache redeten, gewann eine Maus einen Frosch lieb. Daher lud sie ihn zum Mahle und führte ihn in die Vorratskammer eines Reichen. Da gab es Brot, Käse, Honig, Feigen und alle anderen Leckerbissen. „Nun iss nach Herzenslust, lieber Frosch", sagte die Maus. Der ließ sich das nicht zweimal sagen und alle beide schwelgten in auserlesenen Genüssen.
Dann sagte der Frosch: „Nun komm auch einmal zu mir, liebe Maus, und mäste dich an meinen Schätzen! Damit du aber bei deiner Reise durchs Wasser keine Angst bekommst, will ich deinen Fuß an meinen anbinden." Das tat er auch und sprang in den Teich, wobei er die Maus gefesselt mit sich zog.
Als diese nun merkte, dass sie ertrinken musste, sprach sie: „Ich werde von dir getötet werden, aber von einem Stärkeren werde ich gerächt werden." So starb sie. Aber wie sie noch auf dem Wasser dahintrieb, flog ein Habicht über den Teich. Der sah die Maus, schoss herab und ergriff sie und zugleich mit ihr den Frosch. Und er verschlang sie beide.

2 Beispiel: „Was immer du tust, bedenke das Ende!"

Seite 131: Der Rabe und der Fuchs

1 Dem Fuchs ergeht es in dieser Fabel sehr schlecht. Er stirbt an vergiftetem Fleisch.

2 a) Der Dialog mit den Zeichen der wörtlichen Rede:
Und eben wollte er es auf einer alten Eiche verzehren, als sich ein Fuchs herbeischlich und ihm zurief: „Sei mir gesegnet, Vogel des Jupiters!" – „Für wen siehst du mich an?", fragte der Rabe. – „Für wen ich dich ansehe?", erwiderte der Fuchs. „Bist du nicht der rüstige Adler, der täglich von der Rechten des Zeus auf diese Eiche herabkömmt, mich Armen zu speisen? Warum verstellst du dich? Sehe ich denn nicht in der siegreichen Klaue die erflehte Gabe, die mir dein Gott durch dich zu schicken noch fortfährt?"
„Ich muss", dachte er, „den Fuchs aus diesem Irrtume nicht bringen."
b) Beispiellösung: Fuchs: „Hallo, guten Tag, Vogel des Jupiters!" – „Für wen hältst du mich?", fragte der Rabe. – „Für wen ich dich halte?", erwiderte der Fuchs. „Bist du nicht der kräftige Adler, der täglich von der rechten Hand des Zeus auf diese Eiche herabfliegt, um mir armem Fuchs etwas zum Essen zu bringen? Warum verstellst du dich? Ich sehe doch in deiner schönen Klaue die milde Gabe, die mir dein Gott immer durch dich zukommen lässt."

3 **Unterschiede** in den Fabeln von Lessing und Luther:

Lessing	**Luther**
vergiftetes Fleisch	Käse
alte Eiche	Baum
göttlicher Vogel / Adler	schöner Gesang
Rabe glaubt an einen Irrtum	Rabe fühlt sich geschmeichelt
Rabe lässt Fleisch fallen	Rabe verliert den Käse
großmütig dummer Rabe	eitler, törichter Rabe
Fuchs als Verlierer	Fuchs als Gewinner
Schmeichler wird verflucht	Luther warnt vor Schmeichlern

Gemeinsamkeiten: Ein Fuchs trifft auf einen Raben. – Der Fuchs kann den Raben überreden, ihm das Futter zu überlassen. – Die „Lehre" ist gegen Schmeicheleien gerichtet.

4 Die typischen Merkmale einer Fabel in „Der Rabe und der Fuchs": kurze Erzählung; Tiere sprechen und verkörpern menschliche Charaktereigenschaften (der schlaue Fuchs, der dumme Rabe); Kritik an menschlichen Verhaltensweisen; die „Lehre" wird am Ende hervorgehoben

8 Lyrische Landschaften – Gedichte untersuchen und gestalten

Seite 142: Der Nebel

1 Die Textstellen, in denen der Nebel wie ein Lebewesen handelt: er frisst; rückt näher; drückt; leckt; frisst alles; frisst dich (zusätzlich möglich: ist unersättlich; gemästet; mit feuchter, grau belegter Zunge).

3 a) Beispiel für einen ergänzten Cluster:

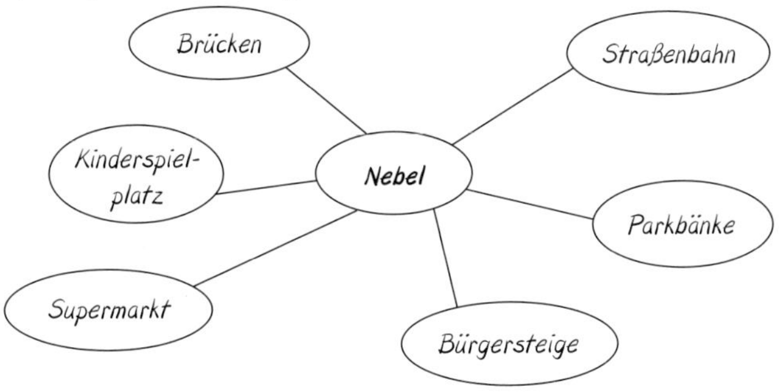

Seite 143: Sommer

1 **Der Sommer riecht nach ...** Birnen und Nelken, Äpfeln und Vergissmeinnicht, heißem Sand und kühlem See, nassen Badehosen, Wasserball und Sonnenkrem, Straßenstaub und Rosen.
Der Sommer schmeckt nach ... Aprikosen, Himbeereis, Vanilleeis, Eis aus Schokolade, Sauerklee, Brauselimonade.
Der Sommer klingt ... nach einer Flötenweise, wie leises Vogelzwitschern, dumpf wie ein Apfel, der ins Gras fällt, wie ein Rauschen des Windes, wie ein Kinderlachen.

Seite 144: Wetterwendischer Tag

1 Beispiellösung: Das Wetter wechselt an diesem Tag sehr oft. Es hat geregnet und gleich darauf sind wieder Wolken gekommen. Dann schneit und hagelt es, zum Schluss kommt wohl die Sonne hinter den Wolken hervor.

2 Beispiellösung: Die Veilchen wachsen im Frühling, man findet sie in der freien Natur Ende März oder Anfang April. Es regnet und schneit aber noch, also könnte es März oder April (Aprilwetter) sein. Der April ist für sein launisches Wetter bekannt.

3 Beispiellösung: Die Metapher „Wolkenpferd" macht das Gedicht sehr anschaulich, der Leser / die Leserin sieht ein Bild vor sich. Am Himmel sind Wolken zu sehen, die wie Pferde aussehen, davonreiten, wiederkommen, ihre nassen Mähnen schütteln. Das ist ein sehr lebendiges Bild.

Seite 145: April

2 Beispiellösung: Das Bild ist in den Farben Grün, Braun, Blau, Silber und Grau gemalt. Das Gedicht hat drei Sätze: zwei Sätze in der ersten Strophe und einen Satz in der zweiten Strophe. Das Gedicht ist im Kreuzreim geschrieben: a b a b – c d c d. Die beiden Vergleiche (wie auf der stillen See; wie Silberschleier) sind an dem Wort „wie" zu erkennen. Das Gedicht enthält die Personifikation „so ruhn die Berge". Die Berge liegen bewegungslos wie ein schlafender Mensch. Dadurch wirken sie fern und erhaben vor dem blauen Himmel im Hintergrund.

9 „Im Viertelland" – Wir spielen Theater

Seite 155: Kreuzworträtsel zum „Viertelland"

1.											G	E	L	B										
2.											E	R	B	S										
3.				E	R	D	B	E	E	R	M	A	R	M	E	L	A	D	E	N	L	I	E	D
4.							K	I	N	D	E	R												
5.										Z	I	T	R	O	N	E	N	B	L	U	E	S		
6.									P	U	N	K	T											
7.											S	P	I	N	A	T								
8.	K	R	E	I	D	E	S	T	R	I	C	H	E											
9.						S	P	R	U	C	H	B	Ä	N	D	E	R							
10.									S	P	A	T	E	N										
11.											F	R	O	S	C	H	H	Ü	P	F	E	N		
12.								B	U	N	T													

Das Lösungswort lautet: Gemeinschaft.

Seite 156: Weitere Fragen zum „Viertelland"

1 Beispiellösung: Die Kinder merken, dass ihr Leben mit nur einer Farbe zu eintönig ist. Bei Erbs in Grün ist alles grün und bei den Kindern in Rot ist alles rot. Der Satz „Manchmal ist ihnen, als fehle ihnen etwas" (Z. 74/75) weist darauf hin, dass andere Farben fehlen. Die Kinder möchten eine bunte Welt.

2 Beispiellösung: Von Geburt an sind die Kinder nur von einer Farbe umgeben. Sie werden von ihren Eltern an diese eine Farbe gewöhnt und denken deshalb später als Erwachsene, nur ihre Farbe sei die richtige. Auch in der Schule lernen sie, dass es nur eine wahre Farbe gibt. Außerdem laufen Tag und Nacht Spruchbänder, die nur für eine einzige Farbe werben.

3 Mögliche Antwort der Autorin Gina Ruck-Pauquèt: Die Leserinnen und Leser sollen erkennen, dass es besser ist, einander zu tolerieren und fremde Meinungen zu akzeptieren. Es macht mehr Spaß, sich nicht abzugrenzen, sondern gemeinsam etwas zu unternehmen. Gemeinsam schafft man mehr als allein, die Unterschiede machen das Leben abwechslungsreicher, man kann voneinander lernen und sollte einander helfen. Menschen mit anderer Lebensweise, aus anderen Kulturen und mit anderen Ansichten bereichern das Leben, machen es abwechslungsreicher, bringen Farbe in den grauen Alltag.

Seite 157: Erbs schreibt an seinen Onkel in Amerika

1 Eigennamen und Nomen werden großgeschrieben. Nomen erkennt man daran, dass sie einen Begleiter haben können, z. B. den bestimmten Artikel (der, die, das) oder den unbestimmten Artikel (ein, eine, ein). Auch Verben und Adjektive können zu Nomen werden, z. B. grün – das Grün. Sie werden dann ebenfalls großgeschrieben.

2 Land **Grün** – dir sei alles zu **grün** – zu **grün** hinter den Ohren – in unserem **grünen** Land – die Farbe **Grün** – in unserer **grünen** Schule – die **grüne** Tafel – die **grünen** Tische und Stühle – **grünen** Kleidung – trotz der **gelben** Sonnenstrahlen – in **Grün** getaucht – mir ist es zu **grün** – von dem langweiligen **Grün** – im Land **Rot**, im Land **Gelb** und im Land **Blau** – im

Land **Blau** – in einer **blauen** Diskothek – von dem **blauen** Discjockey – von **Blau** umgeben – im **roten** Nachbarviertel – ein **Roter** in eine **Blaue**
auf einer **grünen** Wiese – eine **gelbe** Rose – in einem hübschen **Gelb** – dieses **Gelb** – viele **grüne** Polizisten – **grüne** Spaten – die **gelbe** Rose – von dem **Gelb** – meinen **grünen** Löffel in meinen **grünen** Spinat – mein **grüner** Vater – **grüne** Stirn – das **Grün** – von der **grünen** Wand – die **grüne** Tür – ins **gelbe** Viertel, ins **rote** Viertel und auch ins **blaue** Viertel – die **grünen**, die **gelben**, die **roten** und die **blauen** Kinder – wir **Gelben**, **Roten**, **Blauen** und **Grünen** – bis kein **Grün**, kein **Rot**, kein **Gelb** und kein **Blau** – **bunte** Kinder – dass unsere Welt wieder **bunt** wird – dein (noch) **grüner** Neffe Erbs

10 „Das fliegende Klassenzimmer" – Roman und Film im Vergleich

Seite 172: Ulis Fallschirmabsprung in der Diskussion

1 Ulis Mitschüler sind der Meinung, dass Uli sich als „Mordskerl" (Z. 3/4) erwiesen hat und so „tollkühn" war, wie sie es ihm nicht zugetraut hätten (Z. 5). Auf die Einwände von Sebastian, dass der Sprung nichts mit Mut zu tun habe, spricht ein Sekundaner vom „Mut der Verzweiflung", der Uli getrieben habe (Z. 10).

2 Sebastian erläutert, dass für ihn der Unterschied zwischen Uli und seinen Mitschülern nicht darin besteht, dass Uli weniger Mut hat als sie. Für Sebastian zeichnet sich Uli vielmehr dadurch aus, dass er unter seiner vermeintlichen Schwäche, dem Mangel an Mut, leidet, dass er seine Angst zeigt und sich dafür schämt. Sebastian bekennt, dass er selbst auch manchmal ängstlich ist, aber dass er sich nicht daran stört und seine Schwäche nicht vor anderen zeigt.

3 Mögliche Gesichtspunkte für die Beurteilung:
- Uli war leichtsinnig, weil er nicht bedacht hat, welche Folgen sein Sprung haben könnte.
- Uli litt so sehr unter seiner Feigheit und Angst, dass er keinen anderen Ausweg mehr wusste.
- Uli glaubt, dass der Ratschlag seines Freundes Matthias, wie er die „Angst vor der Angst" verlieren könne, gut ist.
- Nach dem Sprung hat Uli mehr Selbstvertrauen, weil er sich zu etwas überwunden hat, vor dem er Angst hatte.
- Matthias wollte, dass sein Freund nicht mehr als Angsthase bezeichnet wird. Er hatte aber nicht bedacht, was er mit seinem Vorschlag auslöst.
- Die Mitschüler von Uli sind darauf aufmerksam geworden, dass er ein Problem mit seiner Angst hat. Sie finden Ulis Sprung mutig, selbst wenn es nur ein „Mut aus Verzweiflung" war.

Seite 173: „Essen, Matz!"

1 Beispiellösung: historisch gewordener Stoff: veralteter Textinhalt – aktualisiert: zeitgemäß gemacht – Thomaner: Mitglied des Thomanerchors an der Thomaskirche in Leipzig – Leipzig: eine Stadt in Sachsen – etablierten: die aus Kästners Erzählung bekannten Figuren – Pointen: überraschende Schlusseffekte (besonders bei Witzen) – Weihnachtsoratorium: eine Musikkomposition für Solostimmen, Chor und Orchester, die an Weihnachten in der Kirche vorgetragen wird – Chorreihen: der Chor ist in Reihen aufgestellt – Kantor: Leiter des Kirchenchores – Choral: der Kirchengesang – Fehde: Streit, Kampf – Ost-West-Geschichte: eine Geschichte, die sich mit der Teilung Deutschlands nach dem Zweiten Weltkrieg in Ost- und Westdeutschland befasst – DDR-Zeiten: die Zeit von 1949 bis 1990, in der es die Deutsche Demokratische Republik (DDR) gab – munter gerappte Revue: ein im Sprechgesang (Rap) lustig vorgetragenes musikalisches Bühnenstück mit aufwendiger Ausstattung – Externen: die nicht im Internat wohnenden Schüler

2 Zeile 27–53 („Die Handlung folgt im Wesentlichen dem Roman ...") und Zeile 56–69 („Wenn etwa die zärtliche Jungenfreundschaft zwischen Matz und Uli ...").

3 Folgende Textstellen enthalten Wertungen: „Tomy Wigands Film gelingt das Kunststück, ... den Geist des Buches nicht zu verfehlen" (Z. 7–9) – „... ohne die etablierten Figuren zu verbiegen" (Z. 18) – „einige besonders hübsche Pointen" (Z. 19/20) – „mit leichter Hand" (Z. 35) – „ein anspielungsreiches und rebellisches Werk" (Z. 40/41) – „ein braves, farbiges Stück über eine Bildungsreise durch Zeit und Raum" (Z. 42/43) – „eine munter gerappte Revue" (Z. 45) – „Die offensichtlich sentimentalen Töne ... hebt er im nächsten Schritt regelmäßig wieder auf" (Z. 54–56) – „... spielen Ulrich Noethen und Sebastian Koch diesen Augenblick [...] so nüchtern und gleichzeitig warmherzig, dass von ihm eine Würde ausgeht, die das vertrauensvolle Verhältnis ... erst glaubhaft macht" (Z. 63–68).

4 Die Kritik von Tilman Spreckelsen ist sehr positiv. Er lobt Tomy Wigands Verfilmung und hebt die gute Leistung einzelner Schauspieler hervor.

11 Grammatiktraining

Seite 191: Hund fuhr zu schnell

1 **Vor zwei Wochen** bekam die Polizei in Oberhausen ein nicht alltägliches Foto einer Radarkontrolle zu Gesicht. Die Beamten sahen sich das Foto **erstaunt** an. Darauf war **ganz deutlich** ein Hund am Steuer zu erkennen. Sein „Herrchen" saß **links neben ihm**. Die Ordnungshüter konnten beide in **wenigen Tagen** ausfindig machen. „Herrchen" entschuldigte sich **verlegen**: „Waldi saß **auf dem Beifahrersitz** und versetzte mir **plötzlich** einen Nasenstupser. Ich musste **schnell** in Richtung Seitenscheibe ausweichen, um der feuchten Annäherung zu entgehen." Das „Beweisfoto" ist vermutlich in diesem Augenblick geschossen worden.

2 Der Text enthält folgende adverbiale Bestimmungen:
Vor zwei Wochen – adverbiale Bestimmung der Zeit
erstaunt – adverbiale Bestimmung der Art und Weise
ganz deutlich – adverbiale Bestimmung der Art und Weise
links neben ihm – adverbiale Bestimmung des Ortes
in wenigen Tagen – adverbiale Bestimmung der Zeit
verlegen – adverbiale Bestimmung der Art und Weise
auf dem Beifahrersitz – adverbiale Bestimmung des Ortes

plötzlich – adverbiale Bestimmung der Zeit
schnell – adverbiale Bestimmung der Art und Weise

Seite 192: Brief ins Jenseits

1 / 2 Ein hoher ägyptischer Offizier erkrankte, **nachdem** seine Frau gestorben war. (Satzgefüge)
Er schrieb ihr einen Brief, **weil** er glaubte, **dass** sie ihm böse sei und ihm deshalb die Krankheit geschickt habe. (Satzgefüge)
Die Papyrusrolle wurde auf dem Grab der Frau gefunden **und** die Forscher entzifferten folgenden Text: (Satzreihe)
„Habe ich dir Böses getan, **dass** ich so schlimm erkrankt bin?" (Satzgefüge)
„Ich habe dich zur Frau genommen, **als** ich noch ein junger Mann war." (Satzgefüge)
„Ich bin immer bei dir geblieben, **während** ich alle meine Ämter durchlief." (Satzgefüge)
„Ich bildete Offiziere für den Pharao aus **und** ich sorgte dafür, **dass** sie dich begrüßten und dir Geschenke brachten." (Satzreihe mit Satzgefüge)
„Ich habe dich immer wie ein Kavalier behandelt, **weil** ich dir nie Böses tun wollte." (Satzgefüge)

Seite 193: Guams lautloser Tod

1 **Auf** der Insel Guam **im** Westpazifik begann **nach** dem Zweiten Weltkrieg – **Bis** Anfang der Achtzigerjahre – **Im** Süden der Insel – **in** den Vierzigerjahren – **aus** Australien – **auf** einem einzigen Quadratkilometer – **durch** Stromausfälle – **zur** Wiederaufzucht – **zum** Schutz der heimischen Vogelwelt

2 a) **1.** Auf der Insel Guam im Westpazifik – begann – nach dem Zweiten Weltkrieg – ein rätselhaftes Vogelsterben. **2.** Ein rätselhaftes Vogelsterben – begann – nach dem Zweiten Weltkrieg – auf der Insel Guam im Westpazifik. **3.** Nach dem Zweiten Weltkrieg – begann – auf der Insel Guam im Westpazifik – ein rätselhaftes Vogelsterben. **4.** Begann – auf der Insel Guam im Westpazifik – ein rätselhaftes Vogelsterben – nach dem Zweiten Weltkrieg?
Anzahl der Satzglieder: 4

b) **Subjekt:** Ein rätselhaftes Vogelsterben (Wer oder was begann?) **Prädikat:** begann (Was tat das Vogelsterben?)

c) Nach dem Zweiten Weltkrieg: adverbiale Bestimmung der Zeit; Frage: Wann fand das Ereignis statt?
Auf der Insel Guam im Westpazifik: adverbiale Bestimmung des Ortes; Frage: Wo fand das Ereignis statt?

3 Beispiellösung: Über 5 000 Schlangen leben auf einem einzigen Quadratkilometer. Das Präsens wird verwendet, weil zu der Zeit, als der Artikel in der Zeitschrift erschien, auf der Insel Guam über 5 000 Schlangen lebten.

12 Rechtschreibtraining

Seite 207: Die Wilden Hühner auf Klassenfahrt

1 / 2 wieder – stöhnend – viertem – halbe – Strand – Kälte – Gestank – draußen – flüssiges – hineingegossen – Wellen – Baden – gähnend – Ding – mag – Brille – Grab

3 / 4 Fehlerart und Tipps (Fehlerbogen):
Fehler 1: doppelte Konsonanten vergessen; Beispiele: Wellen, Brille. Tipps: in Silben sprechen: Wel|len, Bril|le; auf den kurzen Vokal davor achten: Wẹlle, Brịlle. **Fehler 2:** lange Vokale vergessen; Beispiele: wieder, stöhnend, viertem, gähnend; Tipps: mit einer Wörterliste oder Wörterkartei üben: stöhnend, gähnend; gleich geschriebene verwandte Wörter (Wortfamilie) suchen: wieder – Wiederholung, viertem – Vier. **Fehler 3:** gleich oder ähnlich klingende Konsonanten verwechselt: b und p, g und k, d und t; Beispiele: Strand, Ding, mag, Grab; Tipps: Verlängerungsprobe machen: Ding – Dinge, mag – mögen; gleich geschriebene verwandte Wörter (Wortfamilie) suchen: Strand – gestrandet – Strandhotel, Grab – vergraben – Grabung. **Fehler 4:** Verwechslung von ä und e, äu und eu; Beispiel: Kälte; Tipp: verwandte Wörter mit a oder au suchen: Kälte – kalt. **Fehler 5:** Wörter mit s, ss oder ß; Beispiele: draußen, flüssiges, hineingegossen; Tipps: auf den Diphthong davor achten: draußen; auf den kurzen Vokal davor achten: flụ̈ssiges, hineingegọssen. **Fehler 6:** Großschreibung; Beispiele: Gestank, mit (dem) Baden; Tipp: Artikelprobe machen: der Gestank; auf den Begleiter achten: mit (dem) Baden. **Fehler 7:** Kleinschreibung; Beispiel: halbe; Tipp: mit einer Wörterliste oder Wörterkartei üben: halbe.

Seite 208: Meggie betritt die Tintenwelt

1 / 2 Hängen – Laub – Wald – verdiente – Namensvettern – ausgelassen – unsichtbar – Arten – beschnupperte – Paradies – Moos – kühle – süße – Wind – rothäutige – spiegelte – silbrig

3 / 4 Fehlerart und Tipps (Fehlerbogen): **Fehler 1:** doppelte Konsonanten vergessen; Beispiele: Namensvettern, beschnupperte; auf den kurzen Vokal davor achten: Namensvẹttern, beschnụpperte; Tipp: in Silben sprechen: be|schnup|per|te. **Fehler 2:** lange Vokale vergessen; verdiente, Moos, kühle, spiegelte; Tipps: gleich geschriebene verwandte Wörter (Wortfamilie) suchen: verdiente – Verdienst, kühle – Unterkühlung, spiegelte – Spiegel; Mit einer Wörterliste üben: Moos. **Fehler 3:** gleich oder ähnlich klingende Konsonanten verwechselt: b und p, g und k, d und t; Beispiele: Laub, Wald, Wind, silbrig; Tipp: Verlängerungsprobe machen: Laub – entlauben, Wald – Wälder, Wind – windig, silbrig – silbrige. **Fehler 4:** Verwechslung von ä und e, äu und eu; Beispiele: hängen, rothäutige; Tipp: verwandte Wörter mit a oder au suchen: hängen – Hang, rothäutige – Rothaut. **Fehler 5:** Wörter mit s, ss oder ß; Beispiele: ausgelassen, süße; Tipps: auf den kurzen Vokal davor achten: ausgelạssen; auf den langen Vokal davor achten: süße. **Fehler 6:** Großschreibung; Beispiele: (das) Paradies, (die) Arten; Tipp: Artikelprobe machen: das Paradies, die Arten. **Fehler 7:** Kleinschreibung; Beispiel: unsichtbar; Tipp: Adjektiv-Wortbausteine beachten: unsichtbar

Seite 210/211: Haruns große Flussfahrt

1 Harun fährt auf einem Bambusfloß den Fluss hinunter.

2 Bangladesch grenzt an Indien. Die Hauptstadt von Bangladesch heißt Dhaka.

3 Die Männer arbeiten als Flößer und bringen geschnittene Bambusstangen auf dem Fluss in die Hauptstadt Dhaka. Sie kochen, essen und schlafen auch auf dem Floß.

4 Bambus kommt in fast ganz Asien vor. Die leichten Stangen sind biegsam und sehr stabil, sodass sie z. B. beim Brückenbau benutzt werden. Bambus ist ein Gras und kann bis zu 50 Meter hoch werden.

5 Das Dorf liegt im Nordosten von Bangladesch, nahe der indischen Grenze.

6 Im Bambuswald leben Affen und Schlangen.

7 Fleiß ist für die Arbeit auf dem Floß von großer **Wichtigkeit**. – Harun staunt über die **Biegsamkeit** der Bambusstangen. – Die **Besonderheit** des Bambus ist seine Stabilität. – Die **Sauberkeit** des Wassers ist für alle Lebewesen wichtig. – Die Bambusstangen erreichen eine **Höhe** bis zu 50 Meter. – Die **Beobachtung** der Vögel würde Harun großen Spaß machen.

8 groß, Floß: Der stimmlose s-Laut wird nach langem Vokal meist mit „ß“ geschrieben.
fassen, Fluss: Nach kurzem Vokal folgt meist „ss“.

Seite 212: Das richtige Outfit / Lukas hebt ab

2 Wörter mit „ss“: passende, besser, lässt, sodass, loslassen, dass, Altersklasse, aufpasst. Begründung: Der stimmlose s-Laut wird nach kurzem Vokal meist mit „ss“ geschrieben.
Wörter mit „ß“: Straßenverkehr, heißt. Begründung: Der stimmlose s-Laut wird nach langem Vokal und Diphthong (Doppellaut) meist mit „ß“ geschrieben.

3 Klamotten, auffällig, Klette: Nach einem kurzen Vokal oder Umlaut wird meist ein Doppelkonsonant geschrieben. – Weitere Wörter mit Doppelkonsonanten aus dem Text „Lukas hebt ab“: stemmen, knifflig, verheddern, prallen, fallen.

Seite 213: Es ist aber wichtig

1 Hausboot – wohnst – trägst – Jacke – isst – Nahrung – kleiden – befriedigen

13 Das Lernen lernen

Seite 223: Kaffee, Kaffee ...

1 Beispiel: Der Kaffee auf dem Weltmarkt

2 **Wer** muss seine Kinder von der Schule nehmen? Antwort: Die Kaffeebauern müssen ihre Kinder von der Schule nehmen, weil sie das Schulgeld nicht bezahlen können.
Was ist in vielen Ländern stärker als erwartet gestiegen? Antwort: Der Kaffeeverbrauch ist stärker als erwartet gestiegen.
Wann beginnt die Erntezeit für Kaffee? Antwort: Im September beginnt in vielen Kaffee-Exportländern die Erntezeit.
Wo wird die Kaffee-Ernte deutlich geringer ausfallen? Antwort: In den großen Anbaugebieten Brasilien und Vietnam.
Wie wird Kaffee geerntet? Antwort: Auf den Plantagen streifen die Pflücker mit den Händen die Kaffeekirschen von den Kaffeesträuchern.

3 Kaffee-Ernte und -Verkauf – Schwankungen im Kaffeepreis – Alltag der Kaffeebauern – Nachfrage höher als Angebot

4 Beispiellösung: Der Text „Der Kaffee auf dem Weltmarkt“ berichtet über den weltweiten Handel mit Kaffee. Mit Einsatz von Arbeitern und Maschinen wird der Kaffee geerntet und per Schiff in die Verbraucherländer gebracht. Der Kaffeepreis schwankt ständig. Die Kaffeebauern verdienen nur sehr wenig, aber die großen Kaffeekonzerne machen Rekordgewinne. Die Preise für Kaffee steigen, weil die Nachfrage weltweit größer ist als das Angebot.

Seite 224: Surfen im Lexikon

1 Stimmt es, dass a) Bekleidung aus Fleece besonders vor Kälte schützt? – Stimmt; b) Fleece aus Baumwolle hergestellt wird? – Stimmt nicht; c) in einer Kläranlage Siebe grobe Stoffe zurückhalten? – Stimmt nicht; d) Kläranlagen nur Öl aus dem Wasser filtern? – Stimmt nicht.

2 a) Beispiel für den Eintrag in einem Englisch-Lexikon: Schaffell; Webpelz, Fleece, Vlies
b) Das Wörterbuch gibt nur die deutschen Wörter für das englische Wort „Fleece“ an. Das Lexikon erklärt, woraus Fleece besteht und welche Eigenschaften es hat.

3 Nach den kursiv hervorgehobenen Begriffen kann man im Onlinelexikon surfen. Die unterstrichenen Begriffe werden erklärt, wenn man sie anklickt.

Seite 225: Die Welt der Sagen – Eine Mind-Map ergänzen

1 / **2** Beispiel für die ergänzte Mind-Map:

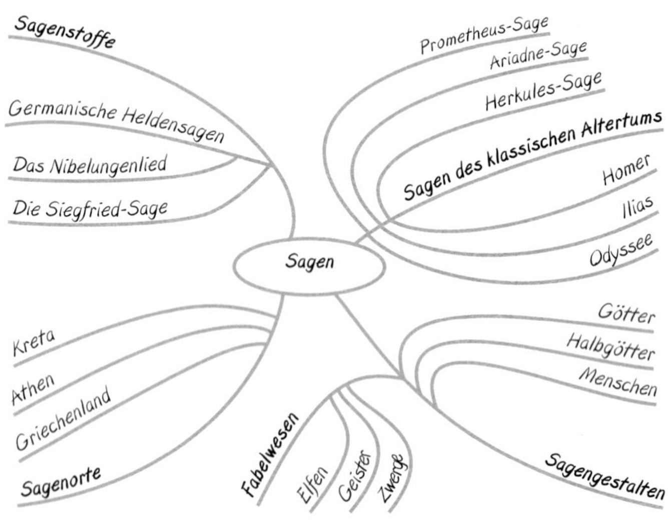

3 Beispiel für die Eintragungen in einer Mind-Map:
In den Kreis in der Mitte: Siegfried
Hauptäste mit Nebenästen:
Familie: Xanten / Niederrhein / Eltern: König Siegmund und Königin Sieglinde
Fähigkeiten: Speer / Steine werfen / kräftig / stark
als Schmied: schmiedet ein Schwert / Amboss zerspringt
und der Drache: schrecklich / finstere Höhle / Ungeheuer
als Held: schnell und gewandt / rasch und sicher / (fast) unverwundbar

Verknüpfungen von „Deutschbuch“-Kapiteln mit Übungen in der Software „Deutschbuch 6 interaktiv“

„Deutschbuch 6 interaktiv“ ermöglicht das Testen und Üben der Kenntnisse in Rechtschreibung, Grammatik und Zeichensetzung am Computer. Außerdem sind Übungen zur Textarbeit in einer Detektivhandlung (Bereich „Aktion“) integriert.
Die Übersicht über die Software-Übungen zeigt Ihnen Verknüpfungen mit einzelnen Kapiteln im „Deutschbuch 6 Neue Grundausgabe“. In der Spalte **Deutschbuch 6 Neue Grundausgabe** finden Sie die entsprechenden Kapitelangaben, in der Spalte **Wegweiser** die Angaben zu den passenden Software-Übungen. Die Spalte **Schwierigkeitsstufe** gibt an, auf welchem Anspruchsniveau – leicht, mittel, schwer – die Übung angesiedelt ist, sodass eine Binnendifferenzierung möglich ist. In der Handreichung zur Software sind die Lösungen sämtlicher Übungen aufgeführt.

Deutschbuch 6 Neue Grundausgabe	Wegweiser	Schwierigkeitsstufe
Kapitel 1 S. 23–26 Briefe schreiben	→ Training → „Übung zur Klassenarbeit“ / Diktat → Diktat 5 („Liebe Paulina“)	schwer
Kapitel 3 S. 39–50 Bericht	→ Aktion (Detektivhandlung): Wer verursacht die technischen Pannen in der Stadt? In der Detektivhandlung enthalten sind Übungen zum Bericht.	leicht / mittel / schwer
Kapitel 7 S. 105–116 Fabeln	→ Training → „Übung zur Klassenarbeit“ / Diktat → Diktat 4 („Die starrköpfigen Ziegenböcke“)	schwer
	→ Training → „Übung zur Klassenarbeit“ / Diktat → Diktat 9 („Pferd und Löwe“)	schwer
Kapitel 11 S. 169 Wortarten	→ Training → „Schritt für Schritt“ / Grammatik → Wortarten	leicht / mittel / schwer
	→ Training → „Übung zur Klassenarbeit“ / Grammatik → Wortarten	leicht / mittel
	→ Training → „Übung zur Klassenarbeit“ / Grammatik → Wortbildung und Wortarten	schwer
	→ Test → Grammatik	leicht / mittel / schwer
S. 170–173 Nomen	→ Training → „Schritt für Schritt“ / Grammatik → Wortbildung	leicht / mittel / schwer
	→ Training → „Übung zur Klassenarbeit“ / Grammatik → Wortbildung und Wortarten	schwer
	→ Test → Grammatik	leicht / mittel / schwer
S. 171 Wortbausteine	→ Aktion → Stadtplan → Orte → Textreparaturen	leicht / mittel / schwer

Deutschbuch 6 Neue Grundausgabe	**Wegweiser**	**Schwierigkeitsstufe**
S. 179–186 Tempusformen	→ Training → „Schritt für Schritt“ / Grammatik → Tempusformen	leicht / mittel / schwer
	→ Training → „Übung zur Klassenarbeit“ / Grammatik → Tempusformen	leicht / mittel
	→ Training → „Übung zur Klassenarbeit“ / Grammatik → Verben und adverbiale Bestimmungen	schwer
	→ Test → Grammatik	leicht / mittel / schwer
S. 189–196 Satzglieder	→ Training → „Schritt für Schritt“ / Grammatik → Satzglieder	leicht / mittel / schwer
	→ Training → „Übung zur Klassenarbeit“ / Grammatik → Satzglieder	leicht / mittel / schwer
	→ Training → „Übung zur Klassenarbeit“ / Grammatik → Verben und adverbiale Bestimmungen	schwer
	→ Test → Grammatik	leicht / mittel / schwer
S. 198–200 Satzgefüge	→ Training → „Übung zur Klassenarbeit“ / Grammatik → Satzgefüge und Satzarten	schwer
Kapitel 12		
S. 210 / 211, S. 224 / 225 Kurze Vokale	→ Training → „Schritt für Schritt“ / Rechtschreibung → Doppelte Konsonanten	leicht / mittel / schwer
	→ Training → „Übung zur Klassenarbeit“ / Diktat → Diktat 6 („Ein Kind aus der Nachbarschaft“)	leicht
	→ Training → „Übung zur Klassenarbeit“ / Diktat → Diktat 3 („Ein spannendes Jugendbuch“)	mittel
	→ Test → Rechtschreibung	leicht / mittel / schwer
S. 211–213, S. 225 / 226 Lange Vokale	→ Training → „Schritt für Schritt“ / Rechtschreibung → Lange Vokale	leicht / mittel / schwer
	→ Training → „Übung zur Klassenarbeit“ / Diktat → Diktat 9 („Manni fährt in die Freiheit“)	leicht
	→ Training → „Übung zur Klassenarbeit“ / Diktat → Diktat 7 („Ausflug in die Vergangenheit“)	mittel
	→ Test → Rechtschreibung	leicht / mittel / schwer
S. 214, S. 226 Ähnliche Konsonanten	→ Training → „Schritt für Schritt“ / Rechtschreibung → Ähnliche Konsonanten	leicht / mittel
	→ Training → „Schritt für Schritt“ / Rechtschreibung → Wortfamilien	schwer
	→ Training → „Übung zur Klassenarbeit“ / Diktat → Diktat 4 („Spaziergang im Herbst“)	leicht

Deutschbuch 6 Neue Grundausgabe	Wegweiser	Schwierigkeitsstufe
	→ Training → „Übung zur Klassenarbeit“ / Diktat → Diktat 1 („Badefreuden“)	mittel
	→ Test → Rechtschreibung	leicht / mittel / schwer
S. 215 / 216, S. 227 s-Laute	→ Training → „Schritt für Schritt“ / Rechtschreibung → s-Laute	leicht / mittel / schwer
	→ Training → „Übung zur Klassenarbeit“ / Diktat → Diktat 7 („Dreijähriger löst Suche aus“)	leicht
	→ Training → „Übung zur Klassenarbeit“ / Diktat → Diktat 2 („Das Wettessen“)	mittel
	→ Test → Rechtschreibung	leicht / mittel / schwer
S. 217–220, S. 228 / 229 Groß- und Kleinschreibung	→ Training → „Schritt für Schritt“ / Rechtschreibung → Groß- und Kleinschreibung	leicht / mittel / schwer
	→ Training → „Übung zur Klassenarbeit“ / Diktat → Diktat 8 („Eine seltsame Schulordnung“)	leicht
	→ Training → „Übung zur Klassenarbeit“ / Diktat → Diktat 4 („Riesenspaß für Jung und Alt“)	mittel
	→ Test → Rechtschreibung	leicht / mittel / schwer
S. 221 / 222, S. 230 Kommas	→ Training → „Schritt für Schritt“ / Zeichensetzung → Satzschlusszeichen und Kommas	leicht / mittel / schwer
	→ Test → Zeichensetzung	leicht / mittel / schwer
S. 222 / 223, S. 230 Wörtliche Rede	→ Training → „Schritt für Schritt“ / Zeichensetzung → Wörtliche Rede	leicht / mittel / schwer
	→ Test → Zeichensetzung	leicht / mittel / schwer

Die Grundlage für dieses Werk wurde in Teilen erarbeitet von Christa Becker-Binder, Gert Brenner, Annette Brosi, Wolfgang Butz, Ulrich Campe, Carmen Collini, Günther Einecke, Dietrich Erlach, Ute Fenske, Karlheinz und Margret Fingerhut, Dorothea Fogt, Heinz Gierlich, Cordula Grunow, Angelika von Hochmeister, Mireille Hoppen, Simone Hörburger, Rolf Kauffeld, Markus Langner, Monika Lenkaitis, Angela Mielke, Kerstin Muth und Norbert Pabelick.

Weitere Bestandteile des „Deutschbuchs" neben diesen „Handreichungen für den Unterricht" sind:
- der Schülerband (978-3-06-060797-6)
- das Arbeitsheft (978-3-06-060803-4)
- die Unterrichtssoftware *Deutschbuch 6 interaktiv* für zu Hause (978-3-06767-1) und für den Unterricht (978-3-464-60751-0)
- das *Trainingsheft für Klassenarbeiten und Lernstandstests* (978-3-06-060840-9)
- die CD-ROM *Deutschbuch – ITG im Deutschunterricht* (978-3-06-060155-4)
- das *Hörbuch 5/6* (978-3-464-60377-2)

Redaktion: Gerlinde Bauer, Regensburg

Illustrationen: Konrad Golz, Isabel Große Holtforth, Barbara Schumann
Layoutkonzept und Umschlaggestaltung: Katharina Wolff (Foto: Thomas Schulz; Illustration: Klaus Müller)
Layout: Anna-Maria Klages, Wuppertal
Technische Umsetzung: Verlagsbüro Bauer & Lutz GbR, Regensburg

www.cornelsen.de

1. Auflage, 3. Druck 2010

Druck: CS-Druck CornelsenStürtz, Berlin

ISBN 978-3-06-060809-6

Inhalt gedruckt auf säurefreiem Papier aus nachhaltiger Forstwirtschaft.